高等院校金融类专业规划教材

投资银行学

（第二版）

Investment Banking

主编 夏红芳

图书在版编目(CIP)数据

投资银行学／夏红芳主编．—2版．—杭州：浙江大学出版社，2015.7
ISBN 978-7-308-14809-2

Ⅰ．①投… Ⅱ．①夏… Ⅲ．①投资银行—银行理论—高等学校—教材 Ⅳ．①F830.33

中国版本图书馆CIP数据核字（2015）第137250号

投资银行学（第二版）

夏红芳 主编

丛书策划 朱 玲
责任编辑 朱 玲
封面设计 周 灵
出版发行 浙江大学出版社
（杭州市天目山路148号 邮政编码310007）
（网址：http://www.zjupress.com）
排 版 杭州中大图文设计有限公司
印 刷 富阳市育才印刷有限公司
开 本 787mm×1092mm 1/16
印 张 16.75
字 数 420千
版 印 次 2015年7月第2版 2015年7月第1次印刷
书 号 ISBN 978-7-308-14809-2
定 价 36.00元

浙江大学出版社发行部联系方式：0571—88925591；http://zjdxcbs.tmall.com

前言

2007年发端于美国的金融危机对投资银行学科的影响是不言而喻的，作为从事投资银行学教学多年的高校教师，有义务通过教学内容、教学方法的改革，对这场危机中投资银行的得失成败进行理性分析。通过教材这一知识载体，在传授知识、训练技能和发展智力的同时，提高学生发现问题、分析问题、解决问题的综合素质。

本教材立足于投资银行是什么，围绕资本市场中投资银行所做的核心业务及其内在逻辑展开阐述，主要内容包括企业上市、证券承销、证券交易、并购、资产管理、资产证券化、基金管理、风险及其监管等，在撰写过程中，我们总结了投资银行在业务运作中所创造的新知识、新理念和新方法，针对这次金融危机，特别强调了监管部门对这些“创新”的“监管创新”。

我校金融专业开设投资银行学课程已经十几年了，以夏红芳博士为学术带头人的投资银行学教学团队，依托投资银行学理论和实践科研项目，在资本市场、证券发行、公司并购、资产重组和风险管理等方面均做出了一定成绩。作为浙江省省级精品课程，已经形成一套较为完整的教学体系，教材的编写计划得到专家好评，获得浙江省“十一五”规划教材项目资助。本教材可作为高等院校金融学专业、经济类与管理类专业有关课程的教材，也适合金融从业人员以及社会读者使用。我们相信，本教材一定能够给有志于投资银行事业的学子以教益，引领他们成为未来新一代投资银行业的领军人物。

本教材由浙江财经大学金融学院部分教师参与编写，参编教师均在我国各名牌大学获得博士学位或博士在读。夏红芳拟定总体写作大纲和撰写重点章节，各章撰写作者如下：第一、二、八、九、十章，夏红芳；第三、六章，涂琳琳；第四、五章，武鑫；第七章，张红。

本教材自2010年出版以来，受到了读者的广泛好评，此次修订，补充了部分最新的案例，以便读者了解投资银行领域最新的发展动态。在写作本教材时，作者参考了国内外已出版的相关教材、著作和论文，其中主要部分已在参考文献中列出，除此之外，还有一些国内著名文献未列入，并引用了部分作者的部分资料，在此特向所有被引用的参考文献作者表示感谢。

在教材写作过程中，金融学院研究生梁涛、王文岗承担了资料整理工作，付出了辛勤劳动，在此深表感谢。浙江财经大学领导和金融学院领导对本教材的编写给予了大力支持和帮助，在此一并致谢！

感谢浙江省教育厅、浙江大学出版社的支持！也希望同行专家和读者不吝赐教，共同进步！

编　者

2015 年 6 月于杭州

目 录

第一章 投资银行概述……1

第一节 投资银行的概念与功能……1

一、投资银行的广义与狭义概念……1

二、投资银行的功能……2

第二节 投资银行产生及发展……8

一、投资银行产生于欧洲……8

二、以美国为代表的现代投资银行发展……9

三、其他国家和地区投资银行业的发展……14

四、我国投资银行的发展……15

五、金融危机与投资银行业的未来发展……18

第三节 投资银行的结构与组织方式……20

一、合伙制……20

二、公司制……22

三、金融控股公司……23

第二章 企业上市……26

第一节 上市的条件创造及利弊权衡……26

一、企业上市的利弊权衡……26

二、上市的条件……27

三、上市前的改制……29

第二节 上市市场的选择……38

一、中国内地证券市场……38

二、中国香港证券市场……39

三、美国证券市场……41

四、日本证券市场……44

五、英国证券市场 …… 45
六、上市地点选择 …… 46
第三节 上市方式选择 …… 47
一、整体上市与分拆上市 …… 47
二、买壳上市与借壳上市 …… 49
第四节 境外上市及其具体方式 …… 50
一、境外上市 …… 50
二、境内企业境外上市的具体方式 …… 52

第三章 证券发行与承销 …… 53

第一节 股票发行的核准 …… 53
一、我国股票发行制度 …… 53
二、承销与保荐的业务资格 …… 55
三、募股文件的准备 …… 56
四、我国首次公开发行股票的核准 …… 56
第二节 股票发行与承销的实施 …… 58
一、股票的承销方式 …… 58
二、公开招股的推销努力 …… 59
三、股票发行的估值方法 …… 60
四、首次公开发行股票的询价与定价 …… 63
五、发行方式 …… 64
六、超额配售选择权 …… 66
第三节 国债的发行与承销 …… 68
一、我国国债的发行 …… 68
二、国债的承销程序 …… 69
三、国债承销的价格、收益和风险 …… 70
第四节 其他债券的发行与承销 …… 72
一、企业债券的发行与承销 …… 72
二、公司债的发行与承销 …… 74
三、金融债券的发行与承销 …… 76

第四章 证券交易业务 …… 81

第一节 证券交易概述 …… 81
一、证券交易中的相关主体 …… 81
二、证券交易的对象 …… 82

三、证券交易市场 …… 83
第二节　证券经纪业务 …… 85
一、证券经纪业务的含义与特点 …… 85
二、建立经纪关系 …… 86
三、委托买卖 …… 87
四、竞价与成交 …… 89
五、信用交易 …… 90
六、禁止行为与其他事项 …… 92
第三节　自营业务 …… 93
一、自营业务的特点与原则 …… 93
二、国外对投资银行自营业务监管的经验 …… 94
三、我国对投资银行自营业务的规定 …… 94
第四节　做市商业务 …… 96
一、证券做市商的含义 …… 96
二、做市商的作用 …… 97
三、做市商优缺点比较 …… 99
第五节　证券交易业务的发展趋势 …… 101
一、网上证券交易业务的开拓 …… 101
二、逐步推行规范的经纪人制度 …… 102
三、理财顾问的个性化服务 …… 104

第五章　并购与重组业务 …… 106

第一节　并购与重组概述 …… 106
一、并购与重组的基本概念与分类 …… 106
二、兼并收购的发展趋势 …… 108
三、投资银行在并购中的作用 …… 110
第二节　扩张性并购与重组 …… 111
一、企业扩张的动因分析 …… 111
二、扩张性并购的业务流程 …… 113
第三节　反收购及防御策略 …… 119
一、反收购的总体防御策略 …… 119
二、反收购的主要手段 …… 120
第四节　收缩性并购与重组 …… 124
一、企业收缩的动因分析 …… 124
二、企业收缩的具体形式 …… 125

第五节　企业所有权或控制权结构变更 …… 127
一、股票回购 …… 127
二、杠杆收购 …… 128
第六节　全流通时代的中国并购市场 …… 129
一、全流通带来并购机会 …… 129
二、全流通对并购行为的影响 …… 130
三、在新条件下要注意的问题 …… 132

第六章　资产管理业务 …… 134

第一节　资产管理业务概述 …… 134
一、资产管理业务的内涵 …… 134
二、我国资产管理业务的种类 …… 136
三、我国开展资产管理业务的基本要求 …… 136
四、资产管理业务与其他业务的关系 …… 137
第二节　资产管理业务的运作管理 …… 138
一、投资银行资产管理业务的方案设计 …… 138
二、资产管理业务的操作程序 …… 141
三、资产管理业务的模式 …… 141
四、禁止行为和监管措施 …… 142
第三节　委托资产的投资管理 …… 144
一、委托资产投资管理的投资目标 …… 144
二、投资限制 …… 145
三、投资管理策略 …… 146

第七章　资产证券化业务 …… 157

第一节　资产证券化概述 …… 157
一、资产证券化的内涵 …… 157
二、资产证券化的特征 …… 157
三、资产证券化的类型 …… 158
四、资产证券化的起源与发展 …… 160
第二节　资产证券化的运作 …… 161
一、资产证券化的参与主体 …… 161
二、资产证券化的一般流程 …… 162
三、资产证券化的核心——破产隔离 …… 165
四、投资银行在证券化过程中的作用 …… 166

第三节　资产证券化实践的经验借鉴 …… 167
一、美国资产证券化的实践 …… 168
二、欧洲资产证券化的实践 …… 170
三、亚太国家和地区资产证券化的实践 …… 172
第四节　资产证券化在中国 …… 174
一、我国资产证券化的背景 …… 174
二、我国资产证券化实践的阶段 …… 175
三、美国次贷危机对我国资产证券化发展的启示 …… 178

第八章　基金管理业务 …… 182

第一节　基金的当事人及其运营 …… 182
一、基金当事人 …… 182
二、基金的设立、发行和交易 …… 187
第二节　基金投资运作和管理 …… 192
一、基金投资目标 …… 192
二、基金的投资政策 …… 193
三、基金的投资限制 …… 194
四、信息披露 …… 195
五、基金的费用 …… 196
六、基金的收益和分配 …… 197
七、基金的税收 …… 198
八、基金的选择及其调整 …… 198
第三节　基金家族管理 …… 201
一、基金的规模效应 …… 202
二、基金的明星效应 …… 203
三、基金家族的投资策略 …… 203

第九章　投资银行风险管理 …… 205

第一节　投资银行风险概述 …… 205
一、风险的含义 …… 205
二、风险分类 …… 206
第二节　投资银行风险管理系统 …… 211
一、投资银行风险管理目标及思路 …… 211
二、风险管理系统构建的基本原则 …… 212
三、投资银行风险管理程序 …… 212

四、风险管理组织机构及其职能 …… 213
第三节 投资银行风险管理外部配套系统 …… 214
一、建立完善的投资银行保险制度 …… 214
二、建立投资银行信息披露制度 …… 216
三、建立投资银行退出机制 …… 216
四、建立投资银行资信评级制度 …… 216
第四节 投资银行风险管理的国际经验及趋势 …… 217
一、具有清晰的风险管理理念 …… 217
二、具有完善的风险管理架构 …… 217
三、具有先进的风险管理方法 …… 218
四、具有科学完善的内外部监管机制 …… 218
第五节 风险管控技术工具 …… 219
一、VaR方法 …… 219
二、VaR方法的补充 …… 223
三、Creditmetrics模型 …… 226

第十章 投资银行监管 …… 230

第一节 国际证监会组织(IOSCO)的证券监管目标和原则 …… 230
一、监管目标 …… 230
二、监管原则 …… 231
第二节 对投资银行的监管 …… 236
一、市场准入的监管 …… 236
二、日常经营活动的监管 …… 238
三、主要业务活动的监管 …… 239
四、投资银行从业人员管理制度 …… 244
五、投资银行主要违法违规行为监管 …… 246
第三节 投资银行监管体制 …… 249
一、投资银行的监管体制模式 …… 249
二、我国对投资银行的监管体系 …… 251

参考文献 …… 254

第一章

投资银行概述

在现代经济系统中，各类金融活动在各国经济发展中扮演着愈来愈重要的角色，为了提升金融活动经营效率和竞争力，通过非银行体系筹资的直接金融比重大大超过了通过银行体系间接筹资的比重。投资银行作为活跃于金融市场上的一类重要的金融机构，以灵活多变的形式参与资本市场进行金融资源的配置，成为资金供给者和资金需求者之间重要的联系纽带，引导资金流向，节省交易环节和交易费用，实现了资本的高效配置。本章主要介绍投资银行发展基本情况及组织结构。

第一节　投资银行的概念与功能

投资银行是证券和股份公司制度发展到特定阶段的产物，是发达证券市场和成熟金融体系的重要主体，在现代社会经济发展中发挥着沟通资金供求、构造证券市场、推动企业并购、促进产业集中和规模经济形成、优化资源配置等重要作用。

纵观经济发达国家，其健全的金融体系都包括了中央银行、商业银行、政策性银行、投资银行和其他金融机构。其中，投资银行由于现代经济的高度发展，尤其是证券行业的发展和金融市场的繁荣而更显示其活力和重要性。目前，理论界对投资银行尚无一致定义，实践中各国也存在差异。

"投资银行"(investment bank)，在世界各国有多种不同称呼，投资银行主要是美国的叫法，同时又称"华尔街金融公司"(Wall Street Firms)，那是因为它们大多集聚在纽约华尔街金融区；在英国、澳大利亚等国家称为商人银行；德国称为私人承兑公司、全能银行；法国称为实业银行；日本称为证券公司(Security Firms)；泰国称为金融证券公司；新加坡称为商人银行或证券银行等；我国称为证券公司。虽然这些金融机构在各国业务侧重点有所不同，但都是我们所要研究的一类特殊的金融机构。

一、投资银行的广义与狭义概念

早期的投资银行在市场扮演资金中介角色，作为投资人和发行公司资金融通的桥梁，其主要业务为股票和债券的承销，但随着金融环境的日益复杂化，投资银行将业务多元化，推出了层出不穷的新业务，从并购、创业投资到利率互换及资产证券化等，投资银行新业务的开展使得对投资银行的界定就变得较为困难。美国著名金融投资专家罗伯特·库恩根据投资银行业务的发展和趋势，曾对投资银行有过以下四个方面的描述：

(1)任何经营华尔街金融业务的银行,都可以称作投资银行。这是针对投资银行的最广义定义,它不仅包括从事证券业务的金融机构,甚至还包括保险公司和不动产经营公司。

(2)只有经营一部分或全部资本市场业务的金融机构才是投资银行。这是一个次广义的定义。这里所说的资本市场是与货币市场相对应的,即指期限在一年或一年以上的中长期资金市场。因此,证券承销、公司资本金筹措、兼并与收购、证券投资咨询服务、资产管理、创业资本及证券私募发行等都应当属于投资银行业务,而不动产经纪、保险、抵押等则不应属于投资银行业务。

(3)较狭义的投资银行业务的定义仅包括某些资本市场业务。诸如承销业务、兼并收购等;另外的资本市场业务如基金管理、创业资本、风险管理和风险控制工具的创新等则排除在外。

(4)最狭义也是最传统的投资银行定义,仅把在一级市场上承销证券、筹集资金和在二级市场上交易证券的金融机构当作是投资银行(这一定义排除了当前各国投资银行正在经营着的许多业务,因而显然已不合时宜)。

罗伯特·库恩认为,上述第二种观点最符合美国投资银行的现实状况,因而是目前投资银行的最佳定义。但是他根据"以为公司服务为准"的原则,认为那些业务范围仅限于帮助客户在二级市场上出售或者买进证券的金融机构不能称为投资银行,而只能叫作"证券公司(security firm)"或者叫证券经纪公司(brokerage firm)。由以上可以清晰地看到,投资银行是在资本市场为各种投融资主体提供中介服务的金融机构。

根据投资银行的定义和业务经营范围,我国证券公司就是广义上的投资银行。在我国,证券公司主要业务包括:证券发行承销业务、证券经纪业务和自营业务、兼并与收购、理财业务、咨询业务、资产管理以及《中华人民共和国证券法》(以下简称《证券法》)规定的其他业务。我国《证券法》把证券公司主要分为两大类;综合类与经纪类,这两者的主要区别就在于其所经营的业务范围有所不同。

二、投资银行的功能

现实经济生活中,不同的金融机构提供了不同的金融或金融衍生产品以及不同的金融服务,因而对社会经济的发展起着不同的作用。但作为金融机构的一种,除了在刺激投提高融资数量、提高投融资效率、完成中介职能作用以外,投资银行具有其独特的作用。虽然投资银行是在商业银行等传统信贷机构基础上发展起来的,但它的出现对金融的繁荣和经济的推动做出了独特贡献。

1. 直接融资媒介

投资银行通过帮助资金需求者发行证券等所有权和债权凭证,将其售给资金供应者,把资金供需双方联系起来,在这个过程中,投资银行充当了直接融资市场上重要的中介人。与间接融资相比,直接融资有更多的有利条件:

(1)直接融资可以有期限的多种选择,并容易提供中长期资金。从历史上看,投资银行最初的业务就是在商业银行无法提供中长期贷款,而市场有旺盛需求的基础上发展起来的;在资本市场中,资金的供给者希望将多余的资金转让给资金的需求者以获取收益,资金的需求者则希望筹集到所需资金谋求自身的发展。但在复杂的经济体系中,资金供给者和资金需求者相互之间是互不认识的，当然在少数偶然条件下也有双方认识的情况，但资金需求方希望寻求供应方的条件与资金供应方希望寻求需求方的条件往往难以满足，真正能够相互匹配的情况是非常偶然的。这就客观上要求有一个专门机构承担起相互沟通、寻求匹配的融资中介的作用。于是，投资银行和商业银行就历史地、客观地担当起了这样的角色。然而，商业银行和投资银行看似都是金融中介机构，其所起作用的方式和重点却大相径庭。商业银行在资本市场中充当存贷款中介，投资银行则充当直接融资的中介。

投资银行是资本市场上沟通互不相识的资金供求者之间的纽带和媒介。一方面，它为资金盈余者提供合适的投资机会，使其能够充分利用多余的资金来获取收益；另一方面，它又帮助资金短缺者获取了资本来源，对长期资本的形成起到了组织作用。在这一过程中，促使零星的分散资金转化为巨额资金、短期资金转化为长期资金、闲散资金转化为创造价值的生产资金。投资银行与商业银行在国民经济中都具有融资功能，但其功能的实现途径却截然不同。具体区别见表 1-1。

表 1-1 投资银行与商业银行的区别

	投资银行	商业银行
本源业务	证券承销	存贷款
功 能	直接融资和长期融资	间接融资和短期融资
业务概貌	不能通过资产负债表反映	表内业务和表外业务
利润主要来源	佣金	存贷利差
经营原则	创新开拓	稳健
宏观管理	证券监管机构、财政部、中央银行和证券交易所多层次管理	银行业监督委员会，中央银行

(2)直接融资将资金使用的风险分散给广大提供资金的投资者，风险由众多投资者承担。这在一定程度上放松了资金供应者出让资金使用权的条件，使不受银行青睐的融资者更容易筹到资金。投资银行不仅为投资者和融资者提供了资金融通渠道，而且为投资者和融资者降低了投融资风险。通过多样化的组合投资为投资者降低了风险。投资银行在其资产管理业务中，将多个客户的资金聚集起来，再用这些聚集起来的资金购买多种债券和股票的组合，这种组合是单个客户资金难以达到的。通过这种投资组合，投资银行有效地降低了每一个客户的风险。同时，投资银行通过提供风险中介的功能，也为融资者降低了风险。因为投资银行利用其对金融市场的深刻了解，为融资者提供了关于资金需求、融资成本等多方面的信息，并通过各种证券的承销大大降低了融资者的风险。但从总体上看，直接融资的风险高于间接融资，投资者需要承担一定的投资风险。

(3)直接融资使资金供求双方联系紧密，有利于资金的快速配置和使用效益的提高。直接融资的金融工具具有较好的流动性，能够在金融市场上便利地交易，直接融资能够提高金融市场的会计、信息披露和公司治理结构的标准化和规范化。

2. 完善资本市场

投资银行是资本市场上从事证券发行买卖及相关业务的一种金融机构，最初的投资银行产生于长期证券的发行及推销要求，随着资本市场的发展，投资银行的业务范围也越来越广泛。目前，投资银行除了证券的承销外，还涉及证券的自营买卖、公司理财、企业并购、咨询服务、基金管理等。在当今世界上，投资银行已成为资本市场上最重要的金融中介机构，它们时时处于市场之中，无论是在一级市场还是二级市场上都发挥着重要作用。

第一，从一级市场来看，证券发行是一项非常繁复的工作，证券发行者必须准备各种资料，进行大量的宣传活动，提供各种技术条件，办理复杂的手续，因而仅仅依靠其自身的力量向投资者发售证券不仅成本很高，而且效果也往往很差。所以，证券发行工作总是要依靠投资银行的协助方能顺利完成。作为直接融资的中介机构，投资银行为证券一级市场构建发挥了重要作用。在证券发行过程中，投资银行充当了承销商的角色。具体来说，投资银行在辅助构建证券一级市场发挥了以下作用：①咨询。投资银行在为证券发行者提供服务的同时，也为投资者提供咨询服务。对于证券发行者，投资银行凭着自己丰富的经验，通过调查研究，向其建议发行何种证券、按何种价格、在何时发售等，并为其提供有关行业、企业、市场的分析资料，作为其发行证券时的参考。同时，投资银行还向投资者提供不同证券的资料，建议其投资何种证券。②承销。证券发行者在确定将发行证券的金额、种类、时间等基本因素后，往往需要对其即将发行的证券进行承销（一般是包销）。这样，证券发行者就可以将证券发售不出或必须降价方能售出的风险转嫁到投资银行的身上。一旦该证券没有完全售出，投资银行就有义务买入所有剩余证券，从而使发行者的风险和成本都大大降低。③分销。在承销证券之后，投资银行还利用自身的分支机构组织一定规模的分销集团及销售网络，向投资者出售其承销的证券。④代销。有时投资银行可能认为某些证券具有很高的风险，不愿进行承销保证，而仅仅是尽最大努力为之推销，但并不承诺买入未发售的剩余证券。⑤私募。在证券的私募发行中一般也需要投资银行联系发行者和投资者，设计证券发行的各种条件，使发行过程得以顺利进行。由此可见，没有投资银行，就不可能有高效率、低成本的规范的证券一级市场。

第二，就证券的交易市场即二级市场而言，投资银行以做市商（market maker）、经纪商（broker）和自营交易商（trader）的身份参与二级市场，起着重大的作用。①做市。在证券承销完毕后的一段时间，投资银行经常作为做市商，维持其所承销证券上市后的价格相对稳定。②委托代理。在二级市场中，如果证券交易在证券持有者和购买者之间直接进行，必然会造成交易活动混乱不堪，效率低下，安全性没有保障，因此，需要投资银行以经纪商的身份接受顾客委托，进行证券买卖，提高交易效率，维持场内秩序，保障交易活动的顺利进行。③自营交易。投资银行以交易商的身份活跃于二级市场中，搜集市场信息，进行市场预测，吞吐大量证券，发挥了价格发现的职能。投资银行的证券交易业务还方便了客户买卖，活跃了市场交易，保障了证券价格的连续性和稳定性。

第三，无论其在一级市场还是在二级市场，投资银行是金融领域内最活跃和最积极的力量，它们推陈出新，从事金融工具的创新，开拓了一个又一个新的业务领域。通过这些新业务的开展，从主观上讲，投资银行不仅有效地控制了自身风险，更重要的是靠革新证券设计和包装而获得新的利润增长点。客观上还使包括证券市场在内的各种金融市场得以在衍生工具的辅助下更加活跃，发展更为迅猛。

【专栏 1-1】

摩根士丹利发明股票权证

1969 年，由于扩张需要大量融资，美国电话电报公司需要发行一笔超过 10 亿美元的债券。10 亿美元的债券是美国当时证券市场上最大的发行规模之一，而且美国电话电报公司还是一个政府垄断型企业，这要求承销商不仅要有非凡的声誉、出色的组织能力和敏锐的市场洞察能力，调控有度地组织发行，还需要谨慎地定价，因为监管者不希望对投资者过于慷慨。此项目淋漓尽致地体现了摩根士丹利的承销能力，不仅是声誉、关系和市场判断方面的能力，还有金融创新方面的能力。

摩根士丹利的应对之策是提出了一项金融创新。它将股票权证(equity warrants)附加在债券之上，为投资者提供了一个在未来将权证换为普通股的机会。此项目由摩根士丹利的罗伯特・鲍德温(Robert Baldwin)负责。在项目完成之后，仅债券一项募集奖金就高达 1.6 亿美元，是美国历史上规模最大的一项债券发行之一。

第四，投资银行作为一个资本市场的中介组织，还是一个重要的市场信息机构。现实生活中，任何人想要投资于某种资产，首先要了解有关该企业、该证券的信息，收集、加工信息需要花费的时间和金钱称为信息加工成本；谈判、撰写合约也要花费时间，称为合约成本；同时还包括监督和管理合约履行的成本。由于投资银行在证券市场中的特殊地位和其业务多样化，因而成为人才、知识、信息的高度密集地，通过搜集资料、调查研究、提供咨询、介入交易，投资银行极好地促进了各种有关信息在资本市场中的传播，使信息更迅捷、更客观地反映在交易之中，保障了资本市场的信息效率和信息公平。同时，投资银行还可以雇用经济、金融、会计、法律等各方面的专家来完成这些工作，投资银行通过规模效益、专业化和分工来减低信息成本。

总之，投资银行在创造货币财富的同时，聚敛着大量的信息财富，并将其向市场发散。特别是超一流投资银行，其业务网络遍及全球，大到对全球金融市场的动态密切关注，小到对某个公司的财务、经营状况的详细分析。投资银行上述功能的发挥，都离不开其信息中介作用的发挥。

第五，投资银行在自身的进步成熟中推动了整体资本市场的运营。投资银行自身的成熟和壮大与资本市场的发展是相辅相成的。资本市场为投资银行的发展搭建了良好的平台，投资银行在这个平台上的优异表现为资本市场运营效率的提高起了关键作用。投资银行作为连接筹资者和投资者之间的桥梁，其优良、高效率的服务，极大地提高了资本市场的整体运作效率，降低了市场运作成本，使整个资本市场具有经久不衰的吸引力，促进了市场规模的不断扩大。投资银行在一级市场提供的服务，使筹资者以尽可能低的成本快速地筹得所需资金，投资者以自己愿意接受的价格获得证券。在二级市场上，投资银行为投资者提供迅捷的低成本交易服务。同时，投资银行还通过代理发放股息、红利、债息，代理偿还债券本金等业务，使投资者及时获得投资收益，并成为投资者与证券发行者沟通的重要的中间环节。一定程度上成为投资者与证券发行者沟通的渠道，降低了有关成本，提高了资本市场整体的运营效率。由此可见，没有投资银行就不可能有健康、高效的资本市场。

以投资银行的典型代表华尔街为例，华尔街的经纪人只是在一个稳定、公正的证券市场中寻求他们自己的利益，但他们在这样做的同时，客观上为美国经济工业化提供了一个稳定的融资渠道，而美国也很快成了世界上规模最大、实务最强的经济实体。在这一过程中，华尔街也得到了极大的发展，而获益更多的是美国，它作为一个国家获得了空前繁荣。

3.优化资源配置

投资银行在经营中开展的诸如证券发行和承销、管理投资基金、并购等业务，均为资源的优化配置起到了关键作用。

在市场经济条件下，资源总是向效益高的部门流动。当社会经济资源都能在相应的部门发挥出最佳效益时，就被认为达到了经济理论中的帕累托最优原则。投资银行正是通过在资本市场的运作，促进了社会资源的合理流动，提高了国民经济运行的整体效益。

第一，投资银行通过其资金媒介作用，使能获取较高收益的企业通过发行股票和债券等方式来获得资金，同时为资金盈余者提供了获取更高收益的渠道，从而使国家整体的经济效益和福利得到提高，促进了资源的合理配置。投资银行在一级市场中承销证券，将企业的经营状况和发展前景向广大投资者作充分的宣传介绍，同时设计了较为合理的证券发行价格。证券发行以后，又在二级市场上形成了更为合理的交易价格。社会经济资源依照这种价格信号的导向进行配置，促进了效益高的部门获得更快发展，限制了低效或无效部门的盲目扩张，使资源配置趋向合理。

第二，投资银行的兼并收购业务使社会资本存量资源重新优化配置。如果说投资银行一级市场的发行承销业务是对社会增量资源的配置，那么，投资银行的兼并收购业务就是对社会存量资源的重新配置。投资银行的兼并和收购业务促进了经营管理不善的企业被兼并或收购，经营状况良好的企业得以迅速发展壮大，实现规模经济，从而促进了产业结构的调整和生产的社会化。通过企业并购，使被低效配置的存量资本调整到效率更高的优势企业或者通过本企业资产的重组发挥出更高的效能。这种社会存量资产的重新配置使社会产业结构得到进一步调整，优势企业能够迅速发展，社会整体效益得到进一步提升。

第三，投资银行为企业向社会公开筹资，投资银行帮助企业发行股票和债券，不仅使企业获得了发展和壮大所需的资金，并且将企业的经营管理置于广大股东和债权人的监督之下，有益于建立科学的激励机制与约束机制以及产权明晰的企业制度，从而促进了经济效益的提高，推动了企业的发展。加快了企业所有权与经营权的分离，有利于产权的明晰和现代企业制度的建立，有利于股东和债权人对企业的监督，从而强化企业的经营管理，使企业原有经济资源的效率进一步提高。

第四，投资银行承销了大量政府债券的发行，使政府筹得足够的资金用于基础设施和其他公共部门的投资，缓和了这一领域资源紧缺的矛盾。同时，国债流通量的增加，也有利于中央银行充分利用货币政策工具调节货币流通量，进行经济资源的宏观调控。投资银行便利了政府债券的发行，使政府可以获得足够的资金用于提供公共产品，加强基础建设，从而为社会经济的长远发展奠定基础。同时，政府还可以通过买卖政府债券等方式，调节货币供应量，借以保障经济的稳定发展。

还有，投资银行的风险资本业务为高技术产业的迅速发展提供了巨大的动力，促进了高技术产业的升级和发展。高技术产业在初创阶段风险很大，很少人愿意投资或贷款，许多尚处于新生阶段、经营风险很大的朝阳产业的企业难以从商业银行获取贷款，往往只能通过投资银行发行股票或债券以筹集资金求得发展。投资银行的风险业务正是在于其敢冒风险，通过为有发展前景的中小企业发行股票或债券，或直接进行股本投资的方式，促使它们在激烈的竞争中快速发展以获取高额利润。

4.促进产业结构升级换代

在经济发展的过程中，市场的高度社会化必定会导致产业的集中和垄断，而产业的集中和垄断反过来又促进了生产社会化向更高层次发展，从而实现产业结构的升级，推动经济的前进。投资银行一方面通过推动企业兼并与收购促进和实现产业结构的调整，另一方面又通过发展风险投资业务，促进高新技术产业化发展，实现产业结构的升级换代。这些高科技产业的兴起在很大程度上得益于华尔街的发现和推动。在投资银行的初期发展中，其业务从汇票承兑、贸易融资发展到政府债券、铁路债券的发行和销售，以及企业收购和兼并，企业创立与改组，由此产生了一批具有影响的著名的投资银行。

投资银行参与和推动的企业并购业务促进了产业的升级换代。在企业并购过程中，投资银行发挥了重要作用。因为企业兼并与收购是一个技术性很强的工作，选择合适的并购对象、并购时间、并购价格及进行针对并购的合理的财务安排等都需要大量的资料、专业的人才和先进的技术，这是一般企业所难以胜任的。尤其在第二次世界大战之后；大量的兼并与收购活动是通过证券二级市场进行的，其手续更加烦琐、要求更加严格、操作更为困难。没有投资银行作为顾问和代理人，兼并收购几乎不可能进行。因而，从这一意义上来说，投资银行促进了企业实力的增加、社会资本的集中和生产的社会化，成为企业并购和产业集中过程中不可替代的重要力量。投资银行通过参与并购与产权交易，影响企业组织乃至产业结构的调整。在经济的发展中，生产的社会化和专业化要求产业结构不断地调整，既要有符合大规模社会生产的垄断性企业，又要求有高度专业化、多样化的小型企业参与竞争。经济发展到现代，企业兼并、收购重组成为时常发生的现象，不仅制造业，金融业、通讯业、运输业等行业也纷纷掀起并购热潮，且有愈演愈烈的趋势。投资银行活跃于并购的各个环节，提供信息服务和融资安排。投资银行家在并购中对资金运作的惊人能力，造就了一批批企业的整合重组。

【专栏 1-2】

J. P. 摩根公司与美国铁路集中

20 世纪初，J. P. 摩根公司（当时是全能型投资银行）以其拥有的占全美三分之一的金融资产，在资本市场上呼风唤雨。在促进当时美国的产业集中方面，J. P. 摩根公司所起的巨大作用是当时任何其他金融机构无法替代的。19 世纪，铁路是高科技行业，自从 1828 年美国巴尔的摩和俄亥俄州铁路公司成立以来，美国投资界对铁路的热情不断膨胀，铁路投资在 19 世纪 40 年代大约是 3 亿美元，到 19 世纪 50 年代达到了 8.4 亿美元，而到 19 世纪 80 年代，铁轨已经遍布全美国了。但是从 19 世纪 90 年代开始，铁路行业的问题开始显现出来，不仅“轨满为患”，分散经营的铁路公司众多，而且各自为政，管理十分落后，效率也相当低。根据美国州际贸易委员会统计，当时有 192 家铁路公司无力还债，约占全国铁路资本的四分之一。那些勉强维持下来的公司也是摇摇欲坠，整个铁路行业混乱不堪。

在这种情况下，当时著名的投资银行 J. P. 摩根公司开始进入铁路行业。在随后的几年里，J. P. 摩根公司对铁路行业进行了大规模的兼并和重组。到 1900 年，经过收购和兼并的铁路公司恢复了正常，铁路市场的格局基本确定，曾经被资本市场抛弃的铁路证券也再次成为抢手货。在这次铁路大规模的并购重组结束后,美国铁路总长的65%已经掌握在J.P.摩根公司手中,美国的钢铁石油、行业也经过了这样的历程。

5.风险管理

提供风险管理是投资银行的重要功能之一。投资银行从不同的层面、运用多种工具和方法为市场参与者管理金融风险。

当新证券发行时,受市场环境和投资者心理等多重因素的影响,新证券的交易价格可能偏离其合理价格,投资银行会采取价格稳定技巧,如运用超额配售权以维持新证券价格的稳定,从而降低了投资者的风险,提高了市场接纳新证券的信心。

投资银行以自身丰富的专业知识和理财技能,通过证券投资基金这种金融工具,将募集的资金投资于多样化的资产组合,为小额投资者和缺乏理财知识的普通居民分散投资风险。

在资产证券化中,投资银行通过设立专司证券化的特殊目的实体和资产的真实出售,在证券化基础资产和原始权益人之间建立破产风险隔离机制;通过对证券化基础资产的现金流重组,实现对资产的风险与收益结构的重新配置和组合,以及运用信用增级机制,为投资者控制和管理资产证券化风险。

第二节　投资银行产生及发展

投资银行的产生和发展与各国经济发展密切相关。欧洲作为世界文明发源地之一,商品经济发展领先于世界各国。随着欧洲商品经济的发展,金融业随之出现,投资银行业在其产生之初形式为商人银行。

一、投资银行产生于欧洲

投资银行原始形态可以追溯到3000多年前在美索不达米亚平原上出现的金匠;当时的货币主要以贵金属为主,所以,金匠能够利用职务之便帮助商人进行资金融通。此后,区域贸易和国际贸易的日渐兴起;许多商人不仅累积了财富,而且也积累了许多专业商品和国内外市场的知识。随着商品经济的日益发展和金融意识的不断启蒙,一些有先见之明的商人开始为工商业提供有利可图的融资业务,并不断拓展以融资业务为核心的其他金融业务,于是,这些商人便演变成为汇票经纪人或银行家,他们与金匠家族联合而成为早期的商人银行。

到了18世纪的后期,伦敦成为欧洲和国际的贸易金融中心,它的核心地位维持到第一次世界大战。正是在这一时期,英国对商人银行业的发展起了至关重要的作用,当时,英国向海外殖民地扩张势力,发展对外贸易,客观上需要有与外贸业务相适应的融资服务机构,商人们已经无力负担贸易中拓展市场的财务风险,由此产生了许多金融商号,这些商号由一些出色的商人主持,专门承担出口业务中的财务风险,这就是商人银行的雏形。最初,商人银行只是商人家族的家庭式企业,主要承兑汇票,进行国际贸易的资金融通。由于起初从事承兑业务的机构是从事经营贸易的商人,因此,这类机构就被称作商人银行。

随着伦敦在国际金融市场中的地位不断上升，商人银行获得了很大的发展。最早出现的商人银行是巴林兄弟公司，巴林兄弟最初进行木材贸易，由于与荷兰公司的密切联系，逐步转向金融业，巴林兄弟公司从1717年就开始从事商人银行业务。拿破仑战争期间，英国的商人银行得到了充分的发展。欧洲大陆的战乱使大批寻找发财门路的富商来到伦敦建立了不少商人银行。1814年的英法滑铁卢战役中，洛·希尔通过资助威灵顿公爵击败拿破仑，赚到第一桶金，英国的罗斯柴尔德家族也因提前得知战争结果而在国债市场上获得巨额财富。19世纪的欧洲，一些有能力影响和控制各大公司财务状况和经营状况的大投资银行，如巴林家族、海姆布鲁斯家族和罗斯柴尔德家族，在欧洲资本市场乃至整个国民经济生活中发挥了举足轻重的作用。国际贸易持续发展，从事承兑业务的商人银行逐渐成为贸易商和海外私人客户的顾问，许多国家的政府在发债时也向它们咨询，伦敦因此成为主持发行外国政府债券的世界金融中心，使得英国商人银行以及欧洲各国债券市场规模空前扩大，各种银行和非银行类金融机构得以蓬勃发展。与此对应的是，商人银行拥有了巨大的权力和影响：1914年（第一次世界大战爆发）以前，欧美大陆铁路建设的资金主要来源于英国商人银行；从1870年到1913年，英国为外国筹集了6亿英镑的铁路资金，其中40%由商人银行募得。第一次世界大战爆发后，英国作为国际贸易中心的地位下降，外汇控制以及海外银行进入全球贸易市场竞争；使得欧洲政府转向依靠美国银行发行债券，英国商人银行的地位随之衰落。第二次世界大战结束后，英国在国际金融市场的地位下降极大地影响了商人银行的发展。英镑作为国际通货已经无法实行自由兑换，作为国际贸易工具的伦敦票据交易量也在萎缩。英国政府对资本发行和外汇交易进行了严格的控制，禁止伦敦继续作为外国债券的发行中心，而这些业务都被纽约全盘接收，欧洲商人银行没有及时调整发展策略；将业务拓展到迅速发展的美国证券市场，致使其最终失去了全球资本市场的王者地位。

二、以美国为代表的现代投资银行发展

跨越大西洋的英美贸易在18世纪得到快速发展，日益繁荣的英美贸易也推动了商业、贸易和银行业在美国的发展，为美国投资银行业快速崛起创造了有利环境。但是，美国投资银行的生存环境和发展路径与英国又有所不同。美国政府出于战争和铁路建设等基础工业设施发展的需要，发行了大量的政府债券和铁路债券来筹集资金，这是推动美国投资银行业发展的强有力因素。美国投资银行业产生后，加入了与英国等欧洲老牌商人银行竞争的行列。美国的投资银行不仅从事贸易、承兑汇票、持有汇票和为贸易融资的业务，而且在19世纪70和80年代中，开始大量进入政府债券、铁路债券的发行和销售业务，在迅速占领本土市场后，它们又向英国乃至欧洲大量派出投资银行家，设立分支机构和营运场所，这些美国投资银行后来发展成为立足美国的国际商号。1826年由内萨尼尔·普莱姆创立的普莱姆·伍德·金投资银行，一开始就从小小的经纪人转为证券批发商，取得纽约证券交易委员会的成员资格，大量承销企业债券和股票。19世纪中叶的杰伊·库克则在美国南北战争前后，多次买下大量政府债券，由公司成员及时地推销到全美各地。在美国南北战争结束后，库克继续把他的证券推销术运用到铁路、桥梁等大的项目建设中，从此进一步敞开了投资银行业作为证券推销商的大门。此后相继成长起来的纽约雷曼兄弟公司、克鲁斯公司和库恩·洛布公司、费城德雷克塞尔公司、波士顿基德尔·皮博迪公司等，也大刀阔斧地开展了

投资银行业务。此间,美国最杰出的投资银行家当数成立于1880年的J.P.摩根公司。1879年,摩根公司利用与英国的天然联系,在伦敦为拥有美国最早铁路主要股票的范德比尔德家族所控制的纽约中央铁路公司包售25万股股票,此举不仅使摩根公司得到推销费,而且受持股者的委托还获得了拥有在中央铁路委员会中的代表权,并在金融事务上提供咨询和指导。从此投资银行家纷纷仿效这种做法,拉开了金融控制工商业的时代帷幕。

在美国,早期投资银行有的是与商业银行相融合,但更多的是保持独立形态。这种分离不是依靠法律规定,而是历史自然形成的。商业银行与投资银行各自业务较明确,前者经营业务是较典型的资金存贷和其他信用业务,后者主要是证券承销等业务。在20世纪初,美国金融市场的主体是商业银行,商业银行也经营投资银行业务。20世纪20年代经济扩张以前,曾经有过一段经济衰退时期,但随着经济复苏和发展,公司越来越多地依赖于股票和债券市场进行资本扩张,商业银行的融资作用下降,从资本市场筹集的长期资本成本较低,此时投资银行利润最大的业务是发行债券,不仅为国内公司发行公司债券,而且为外国公司和政府发行债券。这种债券就是即所谓"扬基债券",外国公司或其他国家用美元借款,由美国投资者认购其发行的债券。在当时自由主义经济盛行之时,投资银行家的这种业务大大提高了美国的经济福利水平,为资本主义发展奠定了坚实基础。整个20世纪20年代投资银行业务主要是证券发行和承销,在为投资银行家带来巨大利润的同时,也带来了一些隐患。这是因为美国的投资银行不仅为国内公司发行公司债券,而且为外国公司和政府发行债券。但是这些投资银行拥有外国顾客的信息是非常有限的,由于信息的不完整必然为未来的经济危机埋下了隐患,而大危机的爆发对经济的打击是灾难性的。第一次世界大战之初,投资银行帮助协约国在中立的美国发行债券20多亿美元,美国参战后,投资银行业积极参与并领导了"自由"债券运动和"胜利"债券运动,同时还为生产战争物资的私营公司销售证券。1929年之前,证券市场日益繁荣和膨胀,证券市场上的投资、投机、包销、经纪活动迅猛发展,金融家尤其是商业银行家充分利用自己雄厚的资金实力,通过贷款与股权投资参与竞争主承销商地位,并在证券经纪市场上大刀阔斧地投入和赚取财富。可以说,这是一个证券市场在世界范围内大举挺进的时代。

本来商业银行是不允许承销股票的,但从1927年开始商业银行分支机构开始从事股票发行业务,所有银行都尽量从其银行总部借款参与股票炒作。大多数情况下,这种炒作活动不是为了投资,而是在股市中投机,或者为了私人目的。商业银行向投资银行业务大力扩张,并直接担任证券承销商,投资银行也四处筹措资金肆无忌惮地扩张自己的业务,投资银行与商业银行在业务上融为一体。它们各自具有无限的权力,除了结婚、举行宗教仪式及举行礼拜仪式之外,似乎能做一切事情,几乎所有的金融机构都进行狂热的证券投机,此阶段金融业的主要特点是:银行业务综合化和自由化,银行业务从存贷、结算、汇兑、信托到有价证券买卖到发行银行券、代保管钱物,无所不包,银行经营活动自由,政府很少进行限制。商业银行介入投资银行领域的原因是:证券业持续高涨长期繁荣和来自于这种业务的高额利润。一旦公众被调动起情绪参与到股票炒作当中,股票价格飞涨,远远脱离其内在价值。1929年以前的投资银行可以概括为:

(1)投资银行是在与商业银行"融合—分离—融合"中产生和发展的。

(2)投资银行业务为债券和股票承销以及证券批发零售,与商业银行形成鲜明对比。

(3)世界经济发展使企业直接融资规模不断扩大,为投资银行业务飞跃发展提供了条件。

(4)投资银行业务发展初期的回报很高,既可获发行差价,又可得到佣金。高额利润驱动使各类金融机构,尤其是商业银行大刀阔斧地闯进投资银行领域,两者融为一体。

(5)商业银行参与投资银行业务主要途径是:通过对企业贷款或股权投资,参与竞争企业债券、股票发行主承销权;并从银行信贷和股权参与部门中分划出证券推销部门从事投资银行业务,其后证券推销部门独立出来成为投资银行,投资银行仍然保留银行称谓与此有直接关系。

(6)为了业务竞争和争夺高额利润,各银行机构在四处罗织资金大肆拓展各类业务,当时的证券金融机构成了业务万能的机构。

在1929年以前,由于美国规定发行新证券的公司必须有中介人,因此在其后几十年里,许多行业垄断公司的形成和发展都有投资银行参与催生和运作,投资银行控制了这些公司的债券和股票发行,成为不可一世的金融寡头。据美国国会1913年发表的《货币托拉斯调查报告书》统计,摩根财团控制着美国钢铁公司、通用电器公司等53家大公司,其中包括金融机构13家,资产30.4亿美元,工矿企业14家,资产24.6亿美元,铁路公司19家,资产57.6亿美元;公用事业公司7家,资产14.4亿美元,所控资产总额高达127亿美元。在同一金融实体中,投资银行业务与商业银行业务混合在一起必然带来隐患,证券市场的迅猛扩张和膨胀背后必定潜伏着萧条和危机。首先体现在商业银行的主要资产业务是贷款和投资,而主要资产业务的规模、期限和结构等受到主要负债业务存款和借款的限制,在资本金只占总资产4%的情况下,商业银行主要资产业务受制于以储蓄存款为主的主要负债业务。商业银行业务最禁忌的是将短期资金来源作为长期资金使用,然而在竞争压力和利益驱动下,商业银行业务最终还是跨出了禁界线。为了争夺对企业发行债券或股票的主承销权,商业银行竞相向企业贷款和股权投资,以加强与企业的合作关系;为了在二级市场上获取证券差价暴利,不惜大量投入资金以低买高卖股票。这样,一方面商业银行短期资金大量涌入证券市场,造成证券市场的虚假繁荣和空前高涨;另一方面金融机构在证券市场中的盈利产生了示范效应促使更多的居民纷纷到银行提款投入证券市场,银行被迫采取抛售所持证券和收回老贷款等办法来缓和资金紧张,从而又造成证券市场上价格暴跌和信用链的断裂,最终导致了经济危机。

1929年10月28日"黑色星期一",股票市场狂跌浪潮如决堤洪水冲击着金融业与世界经济,"泡沫"破碎了,繁荣消失了,取而代之的是破产、挤兑、倒闭、失业、自杀,终于导致1929—1933年世界性经济大危机。在经济大危机期间,纽约证券交易所上市股票价值从897亿美元跌到156亿美元,其中美国钢铁公司的股票每股价格由292美元降到21美元,美国电报电话公司股票价格由310美元降到70美元,通用汽车公司股票价格由92美元降到7美元,而有些声誉较差的公司股票则只好摘牌。许多靠炒股成功的百万富翁一夜之间又变成了穷光蛋,破产倒闭的金融机构不计其数。

从1929年年末到1933年年末,美国商业银行数目由23695家减少到14352家,其中停业银行7763家,合并银行2322家,4年之内净减近万家银行,出现了世界金融历史上空前绝后的惨状。这场由证券市场大崩溃引起的西方经济大衰退,严重地打击了整个世界经济。沉重的代价促使人们进行深刻的反思,在对证券市场和银行业务活动进行精密的调查之后,美国政府认识到银行信用的盲目扩张和商业银行直接或间接地卷入风险很大的股票市场,是1929年股市大崩溃的罪魁祸首。一旦处于全国经济核心的银行倒闭,整个经济便不可避免地陷于崩溃。因此，美国国会通过了《1933 年银行法》，其中主要条例是集中地对证券投资活动的布局和渠道做了大规模调整，制定了证券投资活动的根本原则，这些原则通常被称作《格拉斯—斯蒂格尔法》(Glass Steagall Act)，它将商业银行业务和投资银行业务截然分开，从而根本上确定了投资银行的地位。同样，在认识到投资银行与商业银行混业经营、混业管理的缺陷之后，英国在 1933 年也将投资银行和商业银行业务分开，并进行分业管理。从此，一个崭新的、独立的投资银行业在经济大危机的废墟中崛起。

投资银行和商业银行分业经营之后，许多既从事商业银行业务又从事投资银行业务的大银行将两种业务分离开来，成立了专门的投资银行和商业银行。例如，J. P. 摩根公司根据 1933 年银行法关于商业银行业务和证券业务必须分离的决定，于 1935 年决定维持原有的商业银行业务，而部分高级合伙人和职员退出公司，成立摩根士丹利(Morgan Stanley)证券公司，由此，前者成为专业的商业银行，后者成为专业的投资银行。还有些银行在两者之间，根据自身情况进行选择，成为专门的投资银行或商业银行。例如，花旗银行和美洲银行成为专门的商业银行，而所罗门兄弟公司(Solomon Brother)、美林公司和高盛公司等则选择投资银行业务，成为专业的投资银行类金融机构。

经历了经济大危机之后，美国经济在罗斯福新政政策措施的刺激下开始复苏。1934 年，以美国华尔街为代表的世界证券市场逐渐从“黑色星期一”的阴影中走出，沉寂多时的投资银行又重新活跃起来。可惜不久以后，欧洲和日本便陷入了战争的灾难之中，其证券业的发展受到严重制约。相反，远离第二次世界大战主战场的美国的证券市场则在日趋完善的法律护航下平稳地发展了数十年。第二次世界大战结束后，美国证券市场更是突飞猛进。20 世纪 50 年代末，美国的股价和交易量同步增长，1963 年的股票交易量首次超过 1929 年的水平，使 1963—1968 年交易量增长了三倍。在此过程中，美国投资银行获得了迅猛的发展，为其成为世界上最具典型性、实力最雄厚的投资银行奠定了坚实的基础。投资银行和商业银行分别在证券领域和信贷领域，为美国经济发展和成为世界头号强国做出了重大的贡献。

但是，随着证券交易额的大幅上升，证券交割制度的落后就愈显突出，从而对美国投资银行的发展造成了严重伤害。1968 年 12 月末交割金额达 41 亿美元，清算的差错率高达 25%～40%，人工交割的落后和未交割业务的堆积使 100 多家投资银行因此倒闭。这次投资银行危机促使了证券业电子技术的普遍运用。此外，美国政府于 1970 年颁布了《证券投资者保护法》，设立了与商业银行存款保险制度类似的“投资银行保险制度”，并在此基础上建立了“证券投资者保护协会”(Securities Investors Protection Corporation, SIPC)。

20 世纪 70 年代以来，为了同其他金融机构竞争，投资银行不断在市场上推出各种各样的金融创新产品以争取顾客。例如，抵押债券、杠杆收购(leveraged buyout，简称 LBO)及其相关金融产品；期货、期权、互换等金融衍生工具等。投资银行开拓性的工作，使得金融行业尤其是证券行业变成了变化最快、最富革命性和最富挑战性的行业之一。同时，金融创新的突飞猛进，也反映了投资银行、商业银行、储贷机构、保险公司、信托公司等正在绕过传统的严格的分业管理体制的约束，互相进入对方的地盘，金融竞争越来越趋于白热化。面对这种形势和不断加剧的来自国外金融机构的竞争，实行分业管理的国家都不得不重新审视以往的金融管制政策，投资银行和商业银行业务的再度融合趋势。2007 年金融危机爆发前，美国投资银行规模发展空前，世界排名前十中有七家是美国公司。高盛集团、摩根士丹利、摩根大通公司、瑞士信贷第一波士顿、雷曼兄弟、贝尔斯登等大型投资银行集团均以骄人的业绩活跃于业界。

2007年以来，始发于美国次级抵押贷款市场的危机愈演愈烈，随着雷曼兄弟宣布进入破产保护、美林证券被收购，危机逐步演变为全面的金融风暴。投资银行业在这次金融危机中遭到重创，甚至有人认为投资银行业的风险直接导致了这场危机。

美国投资银行的经营模式在过去十年间发生了巨大变化，过度投机和过高的杠杆率使得投行走上了一条不归之路。传统上以赚取佣金收入为主、对资本金要求很低的投资银行，在高利润的诱惑和激烈竞争的压力下，大量从事次贷市场和复杂产品的投资，投行悄然变成了追逐高风险的对冲基金。例如，高盛公司在近年内，直接股权投资和其他投资所获占到其总收入的80%左右。出于竞争压力，其他投资银行也在做类似的转型。在对大量金融衍生品的交易中，投行赚取了大量利润，例如高盛和摩根士丹利两家投行在过去十几年中每年的平均净资产回报率高达20%左右，远远高出商业银行12%～13%的回报率。但同时，这些投行也拆借了大量资金，“钱不够就借”，杠杆比率一再提高，从而积累了巨大的风险。雷曼兄弟宣布进入破产保护时，其负债高达6130亿美元，负债权益比是6130∶260，美林被收购前负债权益比率也超过20倍。过高的杠杆比率，使得投行的经营风险不断上升，而投资银行在激进参与的同时，却没有对风险进行足够的控制。一方面，由于杠杆率较高，一旦投资出现问题会使其亏损程度远远超出资本金；另一方面，高杠杆使得这些投资银行对流动性要求较高，在市场较为宽松时，尚可通过货币市场融资来填补交易的资金缺口，而一旦自身财务状况恶化，评级公司降低其评级使融资成本上升，便可能造成投资银行无法通过融资维持流动性，贝尔斯登便是因此遭挤兑而倒下的。1998年，长期资本管理公司(LTCM)一家对冲基金倒下，就掀起了金融市场的轩然大波，而现在这么多投资银行实际上在变相从事对冲基金的业务却缺乏相应的风险控制措施，潜在的风险可想而知。

我们必须对此进行反思：

首先，是要对美国投资银行运作模式的缺陷深入分析。近年来，投资银行纷纷开始由传统上以服务为主、靠赚取佣金的业务模式转向以资金交易为主的经营模式，大量涉足衍生品交易、对冲基金这些风险较高的领域，变相成为对冲基金，而在这一过程中风险控制又没有及时跟上，导致其纷纷陷入困境。

华尔街金融机构过度强调短期回报的激励机制也是危机产生的诱因之一，金融机构高管的薪酬和激励机制没有与机构的风险管理、长期业绩相挂钩，形成了较高的“道德风险”，促成管理层短期行为倾向较重，为迎合追求利润的需要，投资银行不断设计复杂的产品以至于其自身都难以对这些产品的风险加以判断，也就难以进行风险控制了。

此外，此次危机暴露出投资银行资本金不足的问题和运营模式的缺陷。未来，全能银行是否会成为投行业务的唯一“宿主”？独立的投行还会不会有存在的空间？如果有，如何修正现有的投行的经营模式，是否需要对投资银行的资本金设定更加严格的要求？是否应该考虑将高风险的投资业务剥离成为独立子公司？高盛和大摩申请成为银行金融控股公司，并不意味着投资银行业务的结束，可能更多的是投行业务管理模式的转型，以及对过去一段时期激进风格的修正。商业银行和投资银行可以互相借鉴对方的管理模式。但与此同时，并入或转为商业银行的投资银行如何切实做到有效监控风险？与商业银行的文化冲突如何协调？这些问题仍然需要我们深入研究。

第三，如何对金融创新实施有效监管值得我们反思。此次危机表明，在证券化产品风险充分暴露前就进行大规模推广存在一定问题，也不符合审慎监管的原则。全球化和金融混业也加大了监管的难度。如何强化监管部门对创新产品的主观判断和裁量的权利，同时又能保证这种裁量的科学性及防范可能的道德风险？如何建立一个适应不断发展变化的金融市场的有效金融监管体系？这些都需要我们进一步思考。

三、其他国家和地区投资银行业的发展

日本投资银行业的发展。第二次世界大战后，随着日本经济从废墟中迅速崛起，日本投资银行也异军突起，成为国际投资银行界不可忽视的一支力量。1948 年 5 月，日本颁布第一部证券交易法，采用美国的银证分业经营模式，从而确立了证券公司存在和发展的基础。1949 年恢复和成立的东京、大阪等证券交易所又刺激了日本证券市场的发展。

进入 20 世纪 70 年代以后，日本政府十分注重对证券公司的管理，提高公司质量，扩大公司规模。进入 20 世纪 80 年代后，日本投资银行进入业务创新和规模扩大阶段，证券公司经过分化改组，出现了野村、大和、山一、日兴四大投资银行巨头。在 20 世纪 80 年代末期的泡沫经济中，随着日本证券市场市价总值雄居世界第一，野村等日本投资银行也在规模上傲视全球同行。但是好景不长，由于日本证券市场泡沫破灭，日本经济陷入长期低迷，以四大投资银行为首的日本投资银行界也陷入困境，特别是在亚洲金融危机爆发之后，1997 年和 1998 年日本投资银行界出现了行业性亏损，1997 年甚至出现多家证券公司破产的事例，引发日本战后最大的金融机构倒闭风潮，先是 11 月 3 日，名列日本第七的三洋证券因其债主拒绝把 200 亿日元债务的还款期限推迟而被迫向法院申请保票令，成为日本金融史上第一家宣布破产清盘的投资银行，后是 11 月 24 日，第四大投资银行山一证券在成立百周年之际突然宣布破产，负债高达 3.2 万亿日元，成为日本战后规模最大、负债金额最多、影响最大的倒闭事件。为了改革迟暮的日本金融业特别是证券业，提高其效率和国际竞争力，1996 年 11 月开始，日本公布金融体制改革方案，这场被称为金融大震荡的改革以“国际化、公平化、自由化”为原则，允许各金融机构业务相互渗透，允许股票交易手续费自由化。这场改革，在日本投资银行界引起商业银行、国际投资银行的激烈竞争，能否使日本投资银行业以大量证券公司倒闭为代价带来效率的提高，事关日本投资银行业 21 世纪的国际竞争力和生存能力。

在国内金融市场日趋饱和的前提下，发达国家投资银行积极向新兴证券市场如墨西哥、新加坡、韩国、印度、印尼等国乃至中国的台湾、香港地区及中国大陆的证券市场进军，并取得了可观的利润。整个 20 世纪 80 年代和 90 年代的上半期，投资银行都在一个不断变化的环境中发展壮大，新的金融工具、新的业务领域、新的金融市场、新的金融体制使得投资银行业经历着日新月异的变革。

和发达国家的成熟资本市场相对应，新兴市场(emerging market)是对发展中国家和地区创立时间短、发展速度快的资本市场的称呼。第二次世界大战之后国际投资银行界的一个重要特点，就是在发展中国家和地区涌现了一批新兴市场和活跃于这些新兴市场的投资银行。在 20 世纪 70 年代前后，处于东南亚的东盟各国纷纷引入投资银行。新加坡的第一

家投资银行是创立于 1970 年 3 月的渣打投资银行（Standard Chartered Merchant Bank Limited）；泰国的第一家投资银行是于 1969 年 3 月成立的泰国投资证券有限公司（Thai Investment and Securities Co. Ltd）。由于国际货币市场的充分流动性、东盟国家旺盛的贷款需求以及新加坡、中国香港证券市场的繁荣，也吸引了大量的国外金融机构涌入东盟各国。不过，其中绝大多数机构由于受到东道国对国外资本控制权方面的限制，采用了购买持有东道国其他投资银行类的非银行金融机构的股份方式进入东盟各国的金融市场。东盟各国的投资银行业在 1973 年至 1974 年发展至阶段性顶峰，以后各国都开始限制新进入者的数量（新加坡例外）。

在其他新兴市场，以国内业务为主的投资银行业也迅速得到发展，在亚洲，这类投资银行发展最为成功的是韩国。韩国最大的本土证券公司大宇证券前身是成立于 1970 年的东洋证券公司，1973 年被大宇收购，1983 年与三宝证券公司合并，实缴资本从 1970 年的 5000 万韩元增至 160 亿韩元，成为韩国大宇集团的核心成员机构。1996 年大宇证券公司资产达到 26.88 亿美元，按资产计，列全球各大投资银行的第 22 名。但是，在亚洲金融危机中，大宇证券和其他韩国本土投资银行一道受到沉重打击，1998 年开始，韩国证券业全面对外开放，目前，韩国的证券交易量已经超过日本，成为亚洲最为活跃的市场之一。在拉丁美洲，本土投资银行最为发达的是巴西和墨西哥；在中东是约旦；在非洲是尼日利亚。

四、我国投资银行的发展

1. 投资银行发展历史沿革

从 1987 年中国第一家证券公司“深圳经济特区证券公司”成立开始，证券公司呈现出持续高速的发展格局。回顾我国投资银行的发展历程，大致可以分为三个阶段：

第一阶段：1987—1990 年。这一阶段是证券公司发展的起步期，其特点是证券公司作为证券市场不可或缺的重要组成部分实现了零的突破，证券公司数目增加较快，但各公司的资产规模较小，业务很单一。1987 年深圳特区证券公司成立，这是我国第一家专业性证券公司。此后，为了配合国债交易和证券交易市场的发展，中国人民银行陆续牵头组建了 43 家证券公司，同时批准部分信托投资公司、综合性银行开展证券业务，初步形成了证券专营和兼营机构共存的局面。到 1990 年年底，全国共有证券公司 30 余家，总资产仅 50 多亿元。

第二阶段：1991—1998 年。这一阶段是证券公司的快速增长期，其特点是证券公司的数目大量增加，资产也同时迅速扩张。1991 年年底，上海、深圳证券交易所相继成立。1992 年，国务院证券委员会和证监会成立，同时，经中国人民银行批准，设立了以银行为背景的华夏、国泰、南方三个全国性证券公司。证券公司开始全面开展证券承销、经纪和自营业务，证券营业网点逐步由地方走向全国。这些证券公司股东的背景都是地方政府、银行或有关部委，业务包括证券承销、经纪自营和实业投资等，此外信托机构也兼营证券业务，商业银行也参与国债承销和自营，到 1998 年年底，全国有证券公司 90 家，证券营业部 2412 家。

一大批证券公司如广发证券、原君安证券、深国投等，通过大规模的增资扩股，注册资本分别达到原来的 2.5 倍至 50 倍，出现了我国证券公司发展史上的第一次增资扩股高潮。但一些证券公司开始从事实业投资、房地产投资和违规融资活动，产生了大量不良资产和违规负债。这些违规行为给证券公司的发展埋下了隐患。1996年中国人民银行发布《关于人民银行各级分行与所办证券公司脱钩的通知》，推动了银行、证券和保险的分业经营。国务院证券委和证监会先后发布了有关股票承销、自营、经纪、投资咨询业务的管理办法，使得证券行业步入良性发展阶段。

第三阶段：1998年至2003年。1998年年底《证券法》出台。证券业和银行业、信托业、保险业分业经营、分业管理、证券公司与银行、信托、保险业务机构分别设立。这一年国务院决定由证监会集中统一监督管理全国证券市场，证券经营机构的监管职责全部移交证监会。证券公司实行分类管理，分为综合类证券公司和经纪类证券公司。为了解决历史上形成的证券公司挪用客户资金等问题，2003年证监会发布了“三条铁律”：严禁挪用客户交易结算资金、严禁挪用客户委托管理的资产、严禁挪用客户托管的债券。随着行业秩序的规范，证券公司资产的总规模和收入水平都有快速增长。同时，在这一阶段，证券公司间的竞争加剧，通过兼并重组和系统内的整合，证券公司的数量有所下降，但资产规模大大提高。自2001年我国加入世贸组织后，资本市场对外开放步伐明显加快。

第四阶段：2004年至今，2004年《国务院关于推进资本市场改革开放和稳定发展的若干意见》明确提出，大力发展资本市场是一项重要的战略任务，提出把证券公司建设成为具有竞争力的现代金融企业。按照风险处置、日常监管和推动发展三管齐下、防治结合，以防为主、标本兼治，形成机制的整体思路，对证券公司进行综合治理。从2004年开始，中国证监会制定了创新类和规范类证券公司的评审标准，普查摸清证券公司风险底数，清理挪用客户保证金，客户债券、股东及关联方占用资金，违规委托理财和账外经营等违规经营风险事项，在维护市场和社会稳定的同时，积极稳妥地处置了31家风险暴露、自救无望或严重违规的高风险证券公司，并探索出多样化并购重组模式，依法追究了相关人员的责任，实行客户交易资金第三方存管制度，改革国债回购、资产管理自营等业务制度，建立证券公司财务信息披露及基本信息公示制度，完善以净资本为核心的风险监控和预警制度；加强对证券公司高管人员和股东的监管，规范高管和股东行为；为完善投资者保护机制，改变证券公司的市场退出模式，借鉴国际经验，成立中国证券投资者保护基金有限责任公司。

经过综合治理，证券公司长期积累的风险和历史遗留问题平稳化解，曾严重困扰证券行业发展的财务信息虚假、账外经营、挪用客户资产、股东及关联方占用等问题基本解决，初步建立了风险防范长效机制，各项基础制度得到改革和完善。截至2014年12月31日，120家证券公司总资产为4.09万亿元，净资产为9205.19亿元，净资本为6791.60亿元，客户交易结算资金余额（含信用交易资金）1.2万亿元，托管证券市值24.86万亿元，受托管理资金本金总额7.97万亿元。证券公司未经审计财务报表显示，120家证券公司全年实现营业收入2602.84亿元，各主营业务收入分别为代理买卖证券业务净收入1049.48亿元、证券承销与保荐业务净收入240.19亿元、财务顾问业务净收入69.19亿元、投资咨询业务净收入22.31亿元、资产管理业务净收入124.35亿元、证券投资收益（含公允价值变动）710.28亿元、融资融券业务利息收入446.24亿元，全年实现净利润965.54亿元，119家公司实现盈利。

按照加入WTO的承诺，我国资本市场已经开放，允许国外投资银行在中国参与资本市场业务，在中国设立合资、全资的投资银行和基金管理公司，目前共有QFII 95家，同时开放国内金融机构走出国门进入国际资本市场经营运作，目前共有266家QDII开始全球运作，中投公司初试在海外投资，这些现象和事件凸现了全球化背景下我国投资银行面临的严峻挑战，也表明了我国投资银行不得不参与全球竞争的必然趋势。

2013年我国证券公司总资产排名见表1-2。

表1-2　2013年我国证券公司总资产排名　　单位：万元

序　号	证券公司	总资产
1	中信证券	19293365
2	海通证券	12901784
3	国泰君安	11784112
4	广发证券	10884661
5	华泰证券	8834968
6	招商证券	7518404
7	国信证券	7076072
8	银河证券	6972940
9	中信建投	6568393
10	申银万国	5978954

资料来源：中国证券业协会网站。

2.目前存在的主要问题

20多年来，我国投资银行从无到有，在发展证券市场和推动国企改革等方面成就显著，但是也确实存在诸多突出问题。

(1)业务范围狭窄

所从事的业务比较单一，主要局限于证券承销、证券经纪和二级市场自营等三大传统业务，对于项目融资、企业并购、理财服务、财务顾问等业务的开展却十分有限，对于金融衍生工具的创新和运用还没有深入涉及，生存空间小，竞争无序。证券公司之间业务基本雷同，无自身的经营特色。

(2)水平低

我国投资银行主要依靠获取承销手续费，承销业务仍处于较低水平。虽然目前有些券商已介入新股配售和引入战略投资者等工作，但金融创新不多。由于承销佣金极其微薄，影响到投资银行的整体创利能力。在市场行情持续低迷时，投资银行的承销风险增大。今后我国投资银行承销股票时应具有综合开发意识，要搞金融产品深度加工，并通过进一步金融创新来规避传统业务的风险。

(3)证券业务力量分散、单薄

我国证券经纪业务由于以单个证券营业部为单位，力量过于分散和单薄，加之未能得到各项综合业务的配合与支持，目前证券营业部仍停留在一般的服务水平，在开发机构客户方面显得力不从心。随着机构投资者交易份额的越来越大和佣金的不断降低，证券营业部不可避免地面临严峻挑战。因此投资银行应专门设立机构客户服务部门，改进机构客户开发与服务工作。

(4)投资银行创造增值业务方面十分薄弱

通过企业并购创造增值是投资银行的核心业务之一,我国投资银行在这方面显得十分薄弱。目前不少证券公司将兼并收购部隶属于企业融资部,这显然不妥,他们所创造的企业增值是完全不同的。国际上对投资银行的评价,不仅要看承销金额和证券交易金额的排名,还要看企业并购成交金额排名,并且后者越来越成为投资银行的实力和品牌标志。近年来,我国上市公司资产重组花样翻新,也出现了不少非规范行为。目前国内少数证券公司在并购业务方面已迈出较大步伐,但由于融资渠道不畅,金融创新有限,影响了业务深入开展。

(5)金融创新业务开展不多

由于资本市场本身处于分割状态,缺乏衍生金融交易品种,加之法律不允许证券公司开展此项业务,因此投资银行在该领域的资产增值实现基本上是空白。目前一些券商未雨绸缪,已开始人才培训和业务准备工作;一些上市公司开始实施股票期权改革,各种金融创新业务正在启动,但总体效率不明显。

(6)投资银行融资渠道仍然不畅,资金营运能力亟待提高

资金融通是资本市场生存发展之命脉,创造资本价值无不以雄厚的资金保障为前提。国际投资银行在创造价值过程中,都已广泛介入短期融资业务,同时也分享了收益。相比之下,我国解决券商融资问题虽有不小进展,部分券商可以进入银行间资金拆借市场,但是对各类客户的融资业务受到有关金融分业经营法律的限制。

(7)投资银行资本实力较弱

一些规模较小的证券经纪公司资产额才几千万元,目前我国证券公司资本规模最大的海通证券公司也不到110亿元。1999年以来,我国券商经历了几次大规模的增资扩股,资本总规模已有相当大的提高,但是与美国等发达国家同行仍然不能同日而语。

(8)金融监管不力

虽然《中华人民共和国证券法》已经实施,但实施过程中存在一些问题,特别是实践中反映出《中华人民共和国证券法》和《中华人民共和国公司法》(以下简称《公司法》)中相互存在矛盾,部分限制过多、过死,不利于市场的发育。加之政策不配套和监管不力,往往事后处理较多,事前指导较少,给从业人员带来了一定的职业风险。

(9)国际交流与接轨尚处于初级阶段

国际业务竞争已日益增大,需要积极采取各种有效措施,通过与国际同行的交流与合作,加快培养国际性投资银行人才,按照国际标准对我国投资银行机构进行改造,逐步开放资本市场,努力培养自己的跨国性投资银行,壮大我国金融业的竞争实力。

五、金融危机与投资银行业的未来发展

美国华尔街五大投行的全军覆没,仅剩的摩根大通和高盛则被政府行为主导下,成为金融控股公司,尽管短期内摩根和高盛仍将以投行业务为主,然而五大投行的震动已经使得市场开始质疑独立投行的发展前景,这种思潮已经波及中国国内。目前中国整体的金融混业形势下,各大金融机构都在通过直接或者间接的途径,组成金融控股集团,投行业务还处于相对独立的发展阶段,从事投行业务的金融机构的业务都非常集中,竞争力非常弱,同美国

发达的投行制度差距十分遥远。中国投资银行业发生巨大的变革，以适应金融改革开放的要求，主要有：市场主体由“多而散”向“少而精”转变，市场态势由卖方市场向买方市场转变，竞争手段由“庸俗化”向规范化转化，业务范围由单一化向多元化转变，曰暴利时代向微利时代转变，市场角色由单纯“承销商”向“金融工程师”等多重角色转变，人才素质由“公关型”向“专家型”人才转变，市场管理由行政化向市场化、法制化转变，由封闭化向开放型市场转化等，这些变革集中体现了监管层对投资银行业的构想，也从业务层面，解答了中国投资银行的市场前景。

在中国，投资银行的产生与发展是与中国证券市场的发展密不可分的，中国资本市场20余年的发展史表明，投资银行已成为推动中国证券市场发展的重要主体，投资银行也就是实际意义上中国的投资银行，中国的投资银行业务在20世纪80年代就已开展，当时的中国国际信托公司、中国银行在境外设立的商业银行以及一些证券公司在一定层次和程度上扮演投资银行角色。

华尔街发生的危机，在我国也激起了广泛的讨论，要进一步探讨美国次贷危机可以给我们提供什么经验和教训，还要求我们深刻认识华尔街和中国资本市场的不同——发展阶段的不同和发展模式的不同。这场危机给我们提供了一次观察和反思投资银行发展模式和方向的机会。

在发展阶段上，美国市场经过了两百多年的发展，在一些领域中，如一些传统的投行业务，已经达到一定的饱和期，发展速度也明显放慢了。同时，我们还应该看到，尽管此次危机对其金融体系有很大的打击，但美国市场仍然是一个相对发达的市场。美国市场的金融产品高度复杂，甚至近年来高度泛滥。而我国的资本市场仍处于新兴加转轨的初级阶段，国民经济对于资本市场提供的服务还有巨大的需求，同时，我国经济的转型和自主创新经济体系的构建也需要资本市场提供有效的支持。从金融产品的角度来看，我们也处在发展的早期，我国投资银行开展的业务还处于传统的初级阶段，新兴的投行业务在我国所占比例极少，两者的情况有很大的不同。因此，我们不能因为美国金融市场的危机而停止我们发展的步伐。我们应该在认真研究和汲取美国市场的教训的同时，坚定不移地推动资本市场和投资银行的改革和发展，走稳健发展和可持续发展之路。不能因为美国投行犯了错误，我们也停下来，那将使我们错失良机。世界金融市场的竞争是非常激烈和残酷的，对此，我们一定要有非常清醒的认识。

从发展模式来看，美国金融市场的发展模式基本上是一个自下而上、自我演进的模式。总体来说，美国反对政府干预的力量非常强。相信这次危机以后，要求加强对投资银行相关业务监管的呼声又会高起来。而我们则是自上而下的发展模式，从市场发展早期开始，一直是政府和市场力量来共同推动市场的发展。应该说，没有绝对的自由也没有绝对的管制，投资银行业的健康发展需要寻找两者的平衡点。

同时，此次危机也再次证明，虚拟经济的发展如果脱离了实体经济发展的实际需要就会产生灾难性的结果。资产证券化等金融创新的出现本意，是将这些贷款在证券化市场上进行分拆、打包、定价和交易，为广大投资者所持有，进而起到分散风险的作用，但是由于金融衍生工具过于复杂，销售链条过长，同时出于对高额利润的盲目追求和竞争的压力，所有参与这些过程的金融机构都忽视了必要的风险控制。加之越来越多的金融机构纯粹为了追求高利润而参加到复杂金融衍生品的创设、交易和投机中，使这些业务变成了纯粹的金钱游戏，使得很多复杂产品尤其是金融衍生品的市场交易与其分散金融市场风险的初衷差之千里，远远脱离了实体经济发展的需求，金融危机的最终降临成为必然。

第三节 投资银行的结构与组织方式

投资银行作为金融机构，在其组织架构上既与一般企业有类似性但也具有其独到的架构和特点。同时，在投资银行漫长的历史发展过程中其组织架构也在不断地演化，从而得以发展。其组织形式主要有合伙制、混合公司制和现代公司制三种类型。

投资银行最初发展是以家庭商号的形式出现的，在组织形态上明显表现为建立在血缘关系基础上的家族式结构和管理模式。其典型的发展过程是：首先，由于一个创业者的辛勤工作，创建了一家具有相当信誉的商号，随着贸易的发展，商号逐步向中介服务方面发展，成为一家独立的中介服务商行，其主要业务是围绕发行商业票据等服务，久而久之，商行逐步渗透到多种中介服务中，于是出现了重点在于金融服务业性质的商行。开始，这种商行多数集中在某个地区，一般是单独开展业务，但随着业务发展的需要，商行要在不同地区甚至不同国家建立分支机构，于是以某个地区为核心、含分布于各地的分支机构的银行体系就由此逐步形成。在这一演化过程中，组织形态变化由家长为主的家族式管理，逐步向家庭合伙制方向演化。从而出现投资银行发展过程中的一种重要组织形式：合伙制。随着投资银行的逐步发展，跨地区建立的各种分支机构已经难以由家长制模式进行直接管理了，于是家族成员之间出现合伙制的模式，这就是投资银行发展过程中曾出现的重要组织形态——家族合伙制。家族合伙制是由家庭中不同成员之间合伙组成的企业模式，也是合伙制的基本形式。在该制度下，合伙人之间的关系主要是建立在血缘关系基础上的，合伙人之间是平等的，这不同于家长制的管理模式。家庭合伙制在相当程度上改变了投资银行的决策机制，逐步成为投资银行民主化管理的基础。但是家庭合伙制是主要建立在血缘关系上，不同成员在投资银行业务和管理能力上的差异并不能得到区分，因此，在企业发展中自然出现有些成员能力强，而有些成员能力弱的现象，而这一现象并不能够体现在投资银行的利益分配和风险分担上，其结果就出现投资银行进一步由家庭合伙制向真正的合伙制投资银行转化。

合伙制投资银行的产生是建立在合伙人的能力基础上的，随着家庭成员能力的分化，能力差的成员慢慢地不再受到欢迎，而投资银行为了发展又必须引进新的成员，这些新成员大多是在投资银行业务或管理的某个方面具有特殊才能。因此，合伙制投资银行就比家族合伙制一般更具有生命力。

一、合伙制

合伙制，是指两个或两个以上合伙人拥有并分享公司利润的形式。通过合伙人之间的法律契约建立起来，没有法定的形式，一般也不需要在政府有关部门注册。可分为普通合伙制和有限合伙制，在普通合伙制中，所有合伙人均对经营结果承担无限责任，企业信誉较高，有税务安排上的好处，但其重大决策需要所有合伙人的同意，因而造成决策迟缓，人员流动困难。合伙企业是根据合伙人之间的契约关系建立的，每当合伙人出现变动，都必须重新合伙关系，手续烦琐，风险承担不均，对合伙人而言，风险较大。一旦出现风验，合伙人的连带清偿责任，特别是那些对企业没有控制权的合伙人会面临更大的风险。

在有限合伙制中，至少一个普通合伙人（general partner）和至少一个有限合伙人（limited partner），普通合伙人负责合伙制项目的组织、经营和管理工作，并承担对合伙制结构债务的无限责任；有限合伙人不参与项目的日常经营管理，对合伙制结构的债务责任也被限制在有限合伙人投资于合伙制项目中的资金。有限合伙制既具备普通合伙制在税务安排上的优点，又在一定程度上避免了普通合伙制的责任连带问题。

一般来讲，合伙制企业的合伙人之间关系亲密，实力雄厚，现代合伙制投资银行的组织结构有多种选择，高层决策者一般都是合伙人，这种体制的一大优点就是有利于缓和股东与管理层之间的对立。

有限合伙主要适用于风险投资，由具有良好投资意识的专业管理机构或个人作为普通合伙人，承担无限连带责任，负责企业的经营管理；作为资金投入者的有限合伙人享受合伙收益，对企业债务只承担有限责任。从有限合伙的自身特点看，有限合伙的混合责任制吸收了普通合伙和公司的优点，扬弃了其缺点，它一方面使有限合伙能适应不同主体的条件和需要，使资金、资产、资源与技术、管理、劳务等诸要素的拥有者基于自己的意志通过有限合伙合同以无限责任和有限责任两种形式协调地组成一个整体，互相取长补短，优势互补，以实现社会资源的最佳配置和最佳的经济效益；另一方面，有限合伙能适应不同市场条件的需要，它的有限责任形式，在广泛吸纳各种投资者的同时，又能使之具有安全感和稳定感，从而使有限合伙能较长时期地存续；它的无限责任形式，虽然加重了合伙人的财务负担，但同时却又成为一种激励机制，将投资风险转化为竞争的动力，并促使有限合伙积极有效地运作。有限合伙的这些特点是单一责任制的普通合伙或公司不能同时具备的，这是有限合伙历经百年不衰的关键所在。

美国资产管理行业中合伙制企业数量不少，但总体来说规模都比较小，这主要是合伙制的特点决定的，一方面合伙人特别是个人合伙人在创业之初资金实力通常比较有限，要发展到一个比较可观的规模非常困难，而一旦企业决定要吸引投资或是上市融资，则等于放弃了原先合伙制的组织形式，造成合伙制企业要么长期维持较小规模，要么放弃合伙制改制为公司型，通过资本运作进行扩张。比如高盛，以前一直作为合伙制企业存在，后来为了拓展其资产管理等业务而上市，从合伙制变成了上市公司，而类似诺德·安博特公司这样延续八代，管理规模高达 1000 亿美元的合伙制企业，在美国合伙制基金中也算是一个异类。另一个原因在于，在不少合伙制企业，当合伙人退休时都会面临如何处置其份额的问题，如果主要合伙人退休时没有找到合适的接班人，或是主要合伙人之间出现矛盾，合伙企业也会面临散伙的风险。

除了主要合伙人以外，企业出于激励员工目的引入的普通合伙人，在本身资金实力不够的情况下，其获得相应份额的方式有两种，一是合伙人以平价而不是以市场价格从企业获得股份，退休后再以平价卖给企业，期间的分红以及其他收益归合伙人所有；另一种方式是企业为合伙人垫付部分认购费用，合伙人除了以后要逐步归还该费用外，还要负担一定的资金成本。

虽然合伙制基金公司做大的很少，但由于其漫长而独特的发展路径，往往在市场上建立起独立、积极、稳健的良好形象，并获得很高的客户忠诚度，如诺德·安博特公司，其基金产品的客户平均持有期限超过15年，其中一只基金的客户平均持有期限是美国基金产品客户平均持有期限的4倍；而很多人也将高盛此次能成功躲过次贷危机归功于其在合伙制时期建立起来的稳健团结协作的企业文化。

二、公司制

投资银行转化为现代公司制是现代投资银行与传统投资银行的根本区别之一，欧美各国的公司立法从19世纪50年代就开始兴起，经过整整一个世纪而日趋完善，使公司的形态从法律上得到明确的体现，也使这一时期的企业始终在公司法的规范下发展，受到法律的保护与调整。投资银行的现代公司化就是在这一背景下发展和完善起来的。由于它的建立和发展都受到了法律的保护，因而它具有多项合伙企业所不具备的功能和优越，具体体现在以下方面。

1. 集资功能

现代公司包括股份有限公司和有限责任公司两种公司制度，股份公司在集资过程中明确适用了权利义务对称和有限责任的法律原理，促进了资本的集中，有利于公司规模的扩大。当股份公司与股票市场联系在一起时，其筹资潜力得到了充分发挥，使那些需要巨额资本才能建立和发展的部门有了可靠的资金保障，使其迅速发展有了现实可能性。股份公司内部有一套完整的积累机制，包括提留利润作为公积金、公积金转增股本、股利发放政策、职工内部持股安排、债权转股权等。这套机制以内部章程或外部法律条文的形式固定下来。此外，股份公司的收购兼并、战略联合为资本积聚和积累提供了另一条重要途径。

2. 公司的法人功能和优点

公司法人制度赋予公司独立法人资格，其确立是以企业法人财产权为核心和重要标志的。法人财产权是指企业法人对包括投资和投资增值在内的全部企业财产所享有的权利。法人财产权的客观存在，显示了法人团体的权利不再表现为个人的权利。法人对包括动产、不动产在内的全部企业财产视为一个不可分割的整体来行使权利。法人不仅拥有对这些财产的占有权、使用权、收益权，而且还拥有处置权。公司行使法人财产权是通过其组织机构和代表来进行的，这就可以用法人财产权来对抗和排除包括股东在内的其他个人和机构对生产经营的直接干预。公司法人对财产权利的行使具有永续性。

3. 公司管理现代化的优点

现代投资银行多数采用股份公司的组织形式。股东大会是股份有限公司的最高权力机构。监事会是与董事会平等的监察部门，独立地行使其监督权力并向股东大会报告。董事会是股东大会的常设机构，负责投资银行的日常管理与经营决策。董事由股东代表组成，也有的董事不是股东，如劳工董事等，总裁行使日常事务决策权、业务拓展权、重大事件报告权和各项工作管理权。总裁办公室是总裁直属的办事机构，负责文案、日程安排。对于大的投资银行来说，董事会和总裁都会附设一些专门委员会以辅助决策。

在我国，证券公司的组织形式必须是有限责任公司或者股份有限公司，不得采取合伙及其他非法人组织形式。根据《公司法》的规定，有限责任公司或者股份有限公司可以下设子公司。证券公司根据自身的经营发展战略，在符合监管规定的前提下，经过批准可以设立从事某一类证券业务的专业子公司，组建证券控股公司，实现集团化发展。

三、金融控股公司

金融控股公司，是以控股形式构成的金融企业集团。根据1999年2月由巴塞尔银行监管委员会、国际证券联合会、国际保险监管协会三家联合发布的《对金融控股公司的监管原则》，金融控股公司被定义为“在同一控制权下，所属的受监管实体至少明显地在从事两种以上的银行、证券和保险业务，同时每类业务的资本要求不同”。简言之，就是金融控股集团本身是并账并表的，但下属的法人实体之间则是分立的，且至少分布在商业银行、投资银行、保险等两个以上的金融领域。这种浪潮其实起源于20世纪80年代初期的美国，主要是为规避美国的单一银行制和分业监管。目前我国相当一部分股份制金融机构对它很感兴趣，例如，中信、光大、平安等；也有一部分企业集团对它感兴趣，例如海尔、新希望等，甚至深圳地方政府也希望整合地方金融资源成立金融控股公司。

1.金融控股公司的特点

(1)集团控股，联合经营

集团控股是指存在一个控股公司作为集团的母体，控股公司既可能是一个单纯的投资机构，也可能是以一项金融业务为载体的经营机构，前者如金融控股公司，后者如银行控股公司、保险控股公司等。

(2)法人分业，规避风险

法人分业是金融控股集团的第二个重要特性，指不同金融业务分别由不同法人经营。它的作用是防止不同金融业务风险的相互传递，并对内部交易起到遏制作用。

(3)财务并表，各负盈亏

根据国际通行的会计准则，控股公司对控股51%以上的子公司，在会计核算时合并财务报表。合并报表的意义是防止各子公司资本金以及财务损益的重复计算，避免过高的财务杠杆。另一方面，在控股公司架构下，各子公司具有独立的法人地位，控股公司对子公司的责任、子公司相互之间的责任，仅限于出资额，而不是由控股公司统负盈亏，这就防止了个别高风险子公司拖垮整个集团。

2.金融控股公司的优势

(1)金融控股模式有利于实现分业向混业的转型

在金融分业监管体制下，设立控股公司，由控股公司持有证券、银行、保险和其他金融资产的股权，是实现由分业经营向混业转型的最佳模式。以控股公司作为资本运作平台，通过兼并收购或设立新的子公司以开展其他金融业务，构建金融服务平台，建立全功能金融服务集团。

(2)控股公司模式具有监管上的灵活性

①监管压力。在金融业分业经营的监管体制下，设立控股公司，由控股公司持有银行和其他金融资产的股权，各金融业务子公司各自持有相关业务牌照，独立经营，接受各自监管部门的监管，符合分业经营、分业监管的精神。同时减少单一金融机构同时开展其他金融业务带来的监管压力。

②公司治理。控股公司在公司治理结构上拥有更大的灵活性，不用满足各金融业务监管当局对公司治理结构的规定。例如，在香港，按照《银行业条例》，金融监管局有权审批银行董事会的委任，银行在公司治理方面受到的约束将大于控股公司。

(3)控股公司模式有利于形成协同效应

金融控股公司通过收购、兼并不同种类的金融机构，使得金融控股公司本身具有巨大的协同效应优势。此外，金融控股公司在制定企业发展战略时，可以将不同地区、不同金融品种之间的优势加以组合利用。在金融业激烈竞争的环境下，可以有两种选择：

①增加单一金融服务产品的数量，如扩大银行地区分行和营业网点，可以多吸收存款。这种做法的意义是大银行只要收购一家小银行，就可以降低小银行的高额成本，由于平均成本的降低而带来了规模经济。

②增加金融服务产品的种类，如银行经营证券业务和保险业务。银行的一个网点，可以同时销售证券、基金、保险等不同金融服务产品，这就大大地降低了成本，比分别设立网点要节省许多人力和设立网点的费用。通过增加金融服务产品的种类，由于平均成本的降低带来了范围经济。

(4)控股公司模式有利于业务发展

金融控股公司产生与存在的动力就在于它的创新业务，即金融部门内部各要素的重新组合和衍生。在控股公司下，银行、证券、保险等子公司独立运作，业务发展空间更大、自由度更高，有利于各子公司在各自领域更充分地发展业务；在控股公司模式下，各种业务和产品间的交叉销售更加市场化，透明度高。关联交易的处理也更加规范明确，有利于更好地实现业务和产品的交叉销售。20世纪后半叶是金融创新业务飞速发展的时期，与金融控股公司相关的金融创新业务主要内容包括“金融超市”或“一站式金融服务”以及网络金融服务。

(5)控股公司模式有利于降低风险

①控股公司模式有利于降低管理风险。控股公司只行使股权投资的职能，不同业务子公司的管理互相独立，可以保证较高的业务管理能力，避免单一金融机构同时管理其他金融业务的巨大压力。

②控股公司模式有利于降低市场风险。在控股公司模式下，银行与其他业务间的交叉销售等商业活动处于市场的监督之下，透明度更高，风险更低。

③控股公司模式有助于提高风险承受能力。各项金融业务分别在独立的子公司里进行，一家子公司无须为其他业务的风险承担损失；即使一家子公司出现经营危机，其他子公司还可照常经营，但需以自身的资金去承担责任，从而有利于保障其自身的资金安全。

(6)控股公司模式有利于资本运作

从募集资金用途来看，控股公司在资金调配上拥有更大的灵活性。例如，当银行因资本金过剩要降低资本金水平时，需要得到有关监管当局的认可，这一过程可能会耗时较长，而控股公司则没有上述限制，有利于提高资本金的使用效率。同时，控股公司模式在后续融资上更便利。例如，按香港的有关规定，向控股公司注入其他资产，只需遵守《香港上市条例》及《收购合并守则》，不需要香港金管局的批准；而任何资产注入上市银行时，都要接受证券监管机构和金管局的双重监管。

【专栏 1-3】

中国平安保险公司

中国平安保险(集团)股份有限公司是以保险为核心业务,融证券、信托、银行、资产管理、企业年金等多元金融业务为一体的综合金融控股集团,也是国内为数不多的以市场力量为主导催生的金融控股公司。中国平安保险公司是1988年在深圳成立的一家地方性保险公司,1992年发展成为全国性的保险公司,1996年收购中国工商银行珠江三角洲金融信托并更名为平安信托,并在信托公司名下成立平安证券,2004年平安信托收购福建亚洲银行成立平安银行,2005年先后成立了平安资产管理公司、平安养老公司和平安健康险公司,至此,平安集团金融控股格局基本完成。其控股结构如图1-1所示。

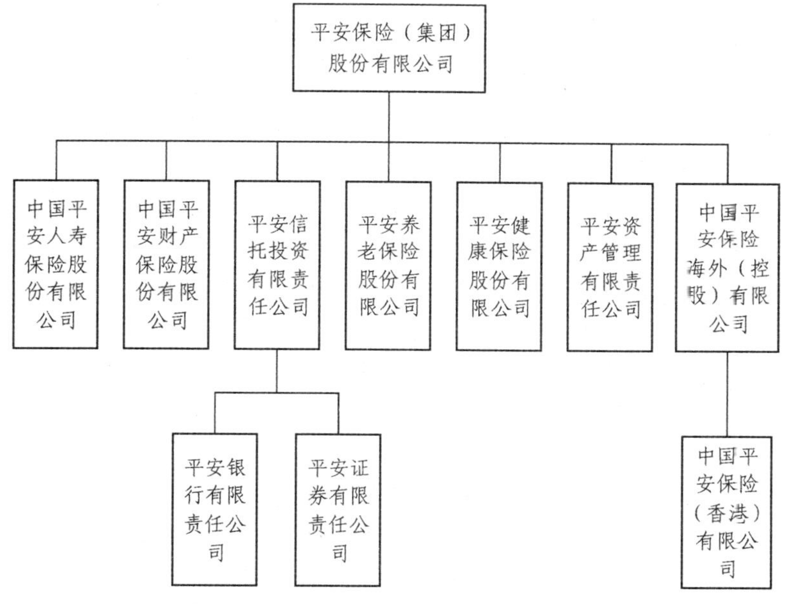

图 1-1　平安控股组织结构

第二章

企业上市

上市是指已经公开发行股票的股份有限公司经过证券交易所审核同意后，将其股票在交易所公开挂牌交易的行为。其上市行为包括上市前的改制，上市方式、场所的选择。

第一节　上市前的条件创造及利弊权衡

一、企业上市的利弊权衡

从企业发展的历史来看，企业要做大做强，大部分要经过上市这一过程，从现实情况看，世界知名的大型公司几乎全是上市公司。例如，美国500家最大公司中的95%是上市公司，其销售额占全美销售额的68%。我们每天的工作生活也与各种各样的上市公司分不开，从早晨喝的牛奶到工作用的电脑等。企业之所以要上市，是在权衡了上市的得失后的理性选择。通常而言，上市的好处有以下几个方面：

第一，上市开辟了公司直接融资的渠道，公司通过证券市场可以吸纳大量社会资金，增强自身的经济实力，为解决公司发展中存在的资金不足问题提供一条重要途径，使公司获得进入证券市场持续融资的机会。同时，与银行贷款和发行债券不同，公司在证券市场的融资成为公司的资本金，不存在还本付息的压力。上市有效地降低了公司的资产负债率，减少了财务费用，优化了公司资产负债结构，为公司参与市场竞争提供了较好的财务基础。

第二，可以推动公司建立完善、规范的经营管理机制，完善公司治理结构，不断提高运行质量。公司在上市前的改制过程中，需要经过资产重组、评估和审计，需要按照《公司法》等国家有关法律法规确立公司治理结构，需要明确募集资金的用途。上市后，需要依法定期和不定期披露信息，接受股东和社会的监督，接受证券交易所和监管部门的监管。这些要求有利于公司理顺产权关系，形成内部制衡和外部约束机制，逐步成为强有力的市场竞争主体。

第三，上市增强了公司股票的流动性，上市有利于发现公司的价值，有利于促进资源的优化配置。上市后股票价格的变动，形成对公司业绩的一种市场评价机制，也成为公司并购的重要驱动力，对公司管理层具有有效的鞭策作用。对于业绩优良，成长性好的公司，其股价会保持在较高的水平上，不仅能够以较低的成本持续募集资本扩大规模，而且还能够以股票作为工具进行并购重组，进一步培育和发展公司的竞争优势，增强公司的发展潜力和发展后劲。对于管理不善的、业绩较差的公司来说，在价格机制的引导下，资本流向优质公司，股价的下跌使公司面临随时被并购的可能。

第四，上市有利于提高公司的市场地位和影响力。公司能上市表明投资者对公司经营管理、发展前景等给予积极的评价，上市还能扩大公司的知名度，提高上市公司的市场地位和影响力。

上市对企业的不利之处：

支付费用，在上市过程中，上市公司需要支付上市费用。一般来说上市公司需要支付两种费用，即上市初费和上市月费。上市初费是公司上市时一次性支付的费用，一般在上市时支付给证券交易所。上海证券交易所的上市初费按照公司总股本的万分之三（0.03%）支付，但最多不超过 30000 元；深圳证券交易所的上市初费统一规定为 30000 元。上市月费是上市后每月向证券交易所支付的费用。上海证券交易所按每月 500 元计，全年 6000 元，深圳证券交易所根据不同公司规模收取不同的上市月费，其中股本在 5000 万元以上的为 500 元/月，此后股票每增加 1000 万元增收 100 元的月费，但最高限额不超过 2500 元/月。

上市之后，公司相当部分的股票在市场上交易，会使公司控制权分散，甚至出现频繁转让的可能，一方面会因为股东经常易人而影响公司的连续性发展，另一方面还会给公司决策带来困难。

股价是把“双刃剑”，一方面，股票的价格灵敏地反映了公司的发展变化，公司管理人员不得不尽力维持和提高股票价格；另一方面，股票价格对于公司经营状况的反映并非总是客观公正的，受投机、市场剧烈波动等因素的影响。股票价格可能会发生扭曲，对公司的经营产生不利影响。

由于上市必须及时、完整、准确地披露包括公司经营状况等在内的信息，使得公司在保守商业机密方面处于不利地位。

【专栏 2-1】

知名 CEO 论 IPO

“IPO 就是出卖企业的主权，所有人渐渐变成经理人，控制权削弱而风险加大，一旦业绩下滑，必遭千夫所指，这是企业上市前必须深思的。”

——苏宁电器副总裁　孙为民

“投资人的要求就是增长增长再增长，如果你并不想扩充人数和地盘，只希望做精，保持较高的质量，那 IPO 会打乱你的思路。”

——新东方教育科技集团董事长　俞敏洪

“未来的一两年，最大的压力还是如何保持高速增长，必须少睡觉、不休假、玩儿命干。所以，IPO 是我痛苦的开始。”

——上海巨人网络科技有限公司 CEO　史玉柱

“资本赚钱太快，品牌培育太苦。如果 IPO，我会不会被资本‘腐蚀’了，被各种投资机会吸引，距离我的品牌梦想越来越远？”

——红蜻蜓集团董事长　钱金波

二、上市的条件

上市条件是指证券交易所对申请企业提出的具体要求，只有符合要求的企业才有资格向证券交易所提出上市申请。上市条件一般包括两个方面：一是一套考察指标体系；二是在各个指标上申请公司应该满足的最低要求。

虽然各个证券交易所对具体指标的选择和要求满足的最低标准有所不同，但是大体上可以归纳为四个方面：业绩和业务、股本和股东、公司治理结构、信息披露。其中，前两个方面容易量化，申请公司必须满足刚性的最低要求。后两个方面侧重于定性而非定量，更加注重公司的承诺。在一般情况下，可以把前两个方面称为硬性条件，后两个方面称为软性条件。但硬性条件和软性条件的划分并不是绝对的，其中一个趋势是，证券交易所通过放松最低要求或予以豁免硬性条件以扩充上市资源；软性条件则存在硬性化的倾向，证券交易所通过软性条件的规范化选择上市公司，提高上市公司质量。

1. 业绩和业务

业绩和业务是上市指标中最重要的指标之一。该指标的目的是确定申请上市公司经营状况良好、经营稳定或具有一定的发展潜力；确定申请上市的公司具备一定的信誉，能够取信于投资者。在业绩和业务方面，证券交易所提出了具体的、量化的、刚性的要求。这方面的指标具体包括经营年限、盈利能力、发展潜力、特别产业要求等。

经营年限。能够持续经营是公司上市时必须达到的状态。在绝大多数情况下，证券交易所要求申请上市的公司已经具备若干年的营业记录。

盈利能力。盈利能力越强，投资者信心越足，上市公司就能以更高的价格进行再融资，证券交易所确定公司上市之后能够吸引广大投资者进行投资，从而形成足够的交易市场，证券交易所获得高额收益。大多数证券交易所对申请上市的公司盈利能力设定两个考察指标：一是过去几年达到的盈利总额。二是最近一年必须达到的盈利水平。证券交易所一般采取税前利润作为盈利指标。

发展潜力。证券市场的发展潜力主要来自高成长的新兴公司，但是高成长的新兴公司要么盈利能力不足，要么成立时间太短，导致它们难以符合严格的上市标准，不能在证券交易所上市。20 世纪 80 年代以来，各个证券交易所为了增强竞争能力，一些传统的证券交易所开始注重申请上市公司的发展潜力，将发展潜力作为公司申请上市的关键指标。

特别产业要求。对于某些特殊产业，例如保险、炼油、基建等产业，证券交易所一般会采用特殊处理的方式。一方面，证券交易所对这些特殊产业提供豁免；另一方面，证券交易所又会对特殊产业提出附加的上市条件。

2. 股本和股东

提出股本和股东方面的要求，证券交易所的主要考虑是：其一，保证申请上市的公司拥有足够的规模，从而确保公司上市后能够形成必要的流动性。其二，防止上市公司被大股东或内部人操纵。这方面的指标具体包括流通股份、资产或资本规模。

流通股份。证券交易所对申请上市的公司会提出流通股股份所占比例和公众投资者数量的要求。例如，中国香港、新加坡证券交易所明确要求上市公司拥有 25% 以上的公众流通股份。

资产或资本规模。资产或资本规模的大小是一个公司实力的基本标志。为了防止资产或资本规模较小的上市公司损害投资者利益，同时为了保证上市之后交易的必要流动性，绝大多数证券交易所对申请上市的公司资产或资本规模做出了最低要求。

3. 公司治理结构

公司治理结构不仅仅关乎公司上市之后的管理能力，而且关乎广大投资者的利益保护。

因此，各个证券交易所对申请上市的公司和已经上市的公司都提出了公司治理结构的要求，主要包括管理层的持续性、管理层的能力、独立董事制度和独立审计制度。

管理层的持续性。为了保证主要管理人员的连续性，各证券交易所主要从两个方面提出要求：其一，要求申请上市的公司管理层的核心人员稳定。其二，一定期限内锁定管理层持有的申请上市的公司股票。

管理层的能力。虽然申请上市的公司业绩已经能从一个侧面表明管理层的能力，但是大多数证券交易所还是专门对申请上市的公司管理层提出了胜任能力的要求。专业性较强的特殊产业申请上市的公司和新近更换管理层的申请上市的公司，证券交易所会对其管理层的能力提出更高的要求。

独立董事制度。独立董事在上市的公司董事会中占据大部分席位是成熟的证券市场中司空见惯的事情。证券交易所要求申请上市的公司和已经上市的公司的董事会拥有一定比例的独立董事，其主要原因是独立董事较少被公司内部利益牵制，能够有效防止内部人控制和损害中小股东利益的现象。

独立审计制度。为了保证财务数据和信息披露的真实性、准确性和完整性，一方面要求申请上市的公司和已经上市的公司的年度报告经过具有执业资格的会计师审计，另一方面要求设立审计委员会加强内部审计，即使内部审计，证券交易所同样要求保持相对的独立性，以确保公允，避免误导或欺诈投资者。

4. 信息披露

申请上市的公司和已经上市的公司进行信息披露时应当遵循三大原则：一是完整、准确、及时地披露财务报表以及其他对投资者的决策有重大意义的信息；二是所有股东都应受到公平和同等的待遇；三是会计和审计标准尽可能采用高标准和国际公认准则。

三、上市前的改制

企业发行上市的前提条件是要对企业进行股份制改组，使企业建立起完善的现代企业制度和公司治理结构，理顺企业产权关系。

投资银行在企业股份制改组过程中发挥着非常重要的作用，常常担任改组顾问或总协调人。对于投资银行而言，围绕改组所开展的大量工作属于证券发行承销的前期准备，在这个过程中，投资银行主要进行证券发行的前期策划，通过调查、分析和选择，从众多客户中筛选出未来有可能公开发行证券的目标企业进行培育，通过自我推荐公关、与企业双向选择、协助和指导企业进行股份制改组、安排改制上市进程、编制项目建议等准备工作，最终获得证券承销权。

1. 股份制改组的基本要求

根据我国《公司法》的规定，企业进行股份制改组，设立股份有限公司的，要求发起人符合法定人数；发起人认缴和社会公开募集的股本达到发行资本最低限额；股份发行、筹办事项符合法律规定；制定公司章程，并经创立大会通过；有公司名称，建立符合股份有限公司要求的组织机构；有固定的生产经营场所和必要的生产经营条件。

国有企业改组为股份有限公司时，严禁将国有资产低价折股、低价出售或无偿分给个人。净资产折股比例不得低于65%，有限责任公司依法经批准变更为股份有限公司时，其折合的股份总额应等于公司净资产额。

2. 企业改革为上市公司的基本程序

按照《公司法》、《证券法》、《股票发行与交易管理暂行条例》等法律、行政法规的规定，企业改组为股份有限公司并上市大致要经过以下程序：提出改组申请；批准设立股份有限公司；选聘中介机构；证券公司立项；企业改制方案的实施；发行及上市辅导；改制验收；提出股票发行与上市申请；证券公司推荐；发行核准；公开发行股票。

按现代企业制度组建的规范公司能够有效地实现出资者所有权与企业法人财产权的分离。在企业改组为股份公司后；公司拥有包括各出资者投资的各种财产而形成的法人财产权。法人财产权从法律意义上确定了资产的归属，同时，从经济意义上回答了资产的经营问题。公司法人财产的独立性是公司参与市场竞争的首要条件，是公司作为独立民事主体存在的基础，也是公司作为市场生存和发展主体的必要条件。从根本上讲，我国企业改革的目的在于明晰产权，塑造出真正的市场竞争主体，以适应市场经济的要求。通过企业股份制改组，可以实现企业投资主体的多元化，明晰产权关系，建立起以股东大会、董事会、监事会、经理之间分权与制衡为特征的公司治理结构，将公司直接置于市场的监督之中，使企业的经营情况能够迅速地反映出来，企业经营者的业绩也直接由市场加以评价，较好地建立起企业竞争机制、激励机制和管理结构，以促进企业的发展。

企业改组的基本要求有：①剥离非经营性资产及离退休人员；②主营业务突出，禁止将不同类、不相关的资产“捆绑”上市；③禁止同业竞争；④尽可能避免、减少关联交易；⑤机构独立；⑥禁止公司经理层及财务负责人双重任职；⑦国有资产折股比例不得低于65%；⑧会计报表中的收入、成本、费用分割合理；⑨符合产业政策；⑩生产、供应、销售部门应独立。

企业改组的步骤：

(1)企业首先向国务院授权部门或省级人民政府提出改组(或整体变更)为股份有限公司的申请。

(2)国务院授权部门或省级人民政府批准设立股份有限公司。

(3)选聘中介机构。

企业股份制改组必须聘请的中介机构及其主要任务是：①主承销商；②具有从事证券相关业务资格的会计、审计机构；③具有从事证券相关业务资格的资产评估机构；④具有从事证券相关业务资格的律师事务所。

(4)主承销商的立项和尽职调查。

(5)企业改制方案的实施。

公司改制的总体方案包括以下三个方面的内容，即政府政策、资产重组方案和股票发行方案。

企业改组涉及国有资产的管理、国有土地使用权的处置、国有股权管理等诸多问题，均须按要求分别取得有关政府部门的批准文件。需要明确的政策性问题主要包括明确国有股份的持有单位、国有土地使用权的处置方法等涉及国家利益的问题。

资产重组方案是整个企业重组中极为重要的环节。资产重组是指企业改组为上市公司时，将原企业的资产和负债进行合理划分和结构调整，经过合并、分立等方式，将企业资产和组织重新组合和设置。狭义的资产重组仅仅指对企业的资产和负债的划分和重组，广义的资产重组还包括企业机构和人员的设置与重组、业务机构和管理体制的调整。

股票发行方案主要是确定股票发行的规模、募集资金的用途、发行价格、发行方式与上市地等。

(6)发行及上市辅导

拟公开发行股票(A、B股)的股份有限公司在向中国证监会提出股票发行申请前，均须由具有主承销资格的主承销商辅导，辅导期限至少为一年。中国证监会派出机构负责对辖区内拟公开发行股票的公司的辅导工作进行监督管理。

辅导期结束后，辅导机构应组织拟公开发行股票的股份有限公司董事、监事、经理等高级管理人员进行《公司法》、《证券法》等法律、法规和相关规章的考试。

(7)改制辅导验收

首次拟公开发行股票的公司根据法律规定的要求进行改制工作。改制完成，经验收合格，方可报送正式申报材料。中国证监会派出机构对拟发行公司的改制、运行情况及辅导内容、辅导效果进行评估和调查，并出具调查报告。

首次拟公开发行股票的公司原则上必须整体改制，即剥离非经营性资产后，企业经营性资产整体进入股份公司。已成立的股份有限公司和有限责任公司原则上不得进行资产剥离。

(8)主承销商组织内审核

小组内审核通过后，即出具推荐该公司可公开发行股票的推荐函。

3. 产权界定

产权界定是指国家依法划分财产所有权和经营权等产权归属，明确各类产权形式的财产范围和管理权限的一种法律行为。

(1)国有资产产权的界定及折股

第一，国有资产的界定。产权界定应当依据“谁投资，谁拥有产权”的原则进行。在股份制企业中，国有资产所有权界定方法是：国家机关或其授权单位向股份制企业投资形成的股份，包括现有已投入公司的国有资产形成的股份，构成股份制企业中的国家股，界定为国有资产；构成国有法人股，界定为国有资产；在股份制企业的公积金、公益金中，国有单位按照投资比例应当占有的份额，界定为国有资产；在股份制企业的未分配利润中，国有单位按照投资比例所占的相应份额，界定为国有资产。

占有、使用国有资产，并已取得公司法人资格或申请取得公司法人资格，包括改组为股份制企业时，应当在向工商行政管理部门办理有关工商登记事宜前，依法向国有资产管理部门申请产权登记，由国有资产管理部门依法审核，并核发《国有资产授权占用证书》。

第二，国有股权的界定。组建股份有限公司，视投资主体和产权管理主体的不同情况，其所占用的国有资产分别构成国家股和国有法人股。国家股和国有法人股的性质均属国家所有，统称为国有资产股，简称为国有股。国家股是指有权代表国家投资的机构或部门向股份公司投资形成或依法定程序取得的股份。国有法人股是指具有法人资格的国有企业、事业及其他单位以其依法占用的法人资产向独立于自己的股份公司出资形成或依法定程序取得的股份。国有企业改建为股份公司时，可整体改组，也可根据实际情况对企业资产进行重组。股份公司设立时，股权界定应区分改组设立和新设成立两种不同情况。

国有企业改组为股份公司时的股权界定。①有权代表国家投资的机构或部门直接设立的国有企业以其全部资产改建为股份有限公司的，原企业应予撤销，原企业由净资产折成的股份界定为国家股。②有权代表国家投资的机构或部门直接设立的国有企业以其部分资产(连同部分负债)改建为股份公司的,如进入股份公司的净资产(指评估前净资产)累计高于原企业所有净资产的50%(含50%),或主营业务部分的全部或大部分资产进入股份制企业,其净资产折成的股份界定为国家股;若进入股份公司的净资产低于50%(不含50%),则其净资产折成的股份界定为国有法人股。国家另有规定的,从其规定。③国有法人单位(行业性总公司和具有政府行政管理职能的公司除外)所拥有的企业,包括产权关系经过界定和确认的国有企业(集团公司)的全资子企业(全资子公司)和控股子企业(控股子公司)及其下属企业,以全部或部分资产改建为股份公司,进入股份公司的净资产折成的股份,界定为国有法人股。

新设立股份公司的股权界定。①国家授权投资的机构或部门直接向新设立的股份公司投资形成的股份界定为国家股。②国有企业(行业性总公司和具有政府行政管理职能的公司除外)或国有企业(集团公司)的全资子企业(子公司)和控股子企业(控股子公司),以其依法占用的法人资产直接向新设立的股份公司投资入股形成的股份,界定为国有法人股。

第三,国有资产的折股。国有企业(指单一投资主体的企业)改组设立股份公司,在资产评估和产权界定后,须将净资产一并折股,股权性质不得分设;其股本由依法确定的国有持股单位统一持有,不得由不同的部门或机构分割持有。国有企业进行股份制改组,要按《在股份制试点工作中贯彻国家产业政策若干问题的暂行规定》,保证国家股或国有法人股(该国有法人单位应为国有独资企业或国有独资公司)的控股地位。

国有资产折股时,不得低估作价折股,一般应以评估确认后的净资产折为国有股股本。在一定的市场条件下,也允许公司净资产不完全折股,即国有资产折股的票面价值总额可以略低于经资产评估并确认的净资产总额,但折股方案须与募股方案和预计发行价格一并考虑,折股比率(国有股股本/发行前国有净资产)不得低于65%。股票发行溢价倍率(股票发行价格/股票面值)应不低于折股倍数(发行前国有净资产/国有股股本)。净资产未全部折股的差额部分应计入资本积金,不得以任何形式将资本(净资产)转为负债。净资产折股后,股东权益等于净资产。

4. 土地使用权的处置

公司改组为上市公司,其使用的国有土地使用权必须评估。评估应当先由管理部门提出申请,然后聘请具有A级土地评估资格的土地评估机构评估。经国家土地管理部门确认的土地评估结果,是确定土地使用权折股及土地使用权出让金、租金数额的基础。

从我国目前的实践看,公司改组为上市公司时,对上市公司占用的国有土地往往采取以下三种方式处置:

(1)以土地使用权作价入股。根据需要,国家可以以一定年限的国有土地使用权作价入股,经评估作价后,界定为国家股,由土地管理部门委托国家股持股单位统一持有。如果原公司已经缴纳出让金,取得了土地使用权,也可以将土地作价,以国有法人股的方式投入上市公司。

(2)缴纳土地出让金,取得土地使用权。拟上市的股份有限公司以自己的名义与土地管理部门签订土地出让合同,缴纳出让金,直接取得土地使用权。

(3)缴纳土地年租金。国家以租赁方式将土地使用权交给股份有限公司,定期收取租金。以租赁方式取得的土地不得转让、转租和抵押。改组前的企业取得土地使用权的,可以由上市公司与原企业签订土地租赁合同，由上市公司实际占用土地。

5.非经营性资产的处置

由于历史原因，我国原有的国有企业承担了一些不应当承担的社会职能甚至是政府管理职能，造成非经营性资产在企业的资产总额中占有相当大的比例。这些非经营性资产包括各类学校、职业教育系统、幼儿园、医院、疗养院、职工宿舍、宾馆、饭店、职工食堂、商店、康乐设施、建筑安装系统、治安、环境保护和社区服务、养老系统、非经营性房屋、建筑物及土地、其他劳务。

企业在改组为上市公司时，必须对承担政府社会管理职能的非经营性资产进行剥离。对承担社会管理职能的非经营性资产的处理，可以参考以下三种模式：

(1)将非经营性资产和经营性资产一并折股投入股份有限公司，留待以后逐步解决公司不合理负担的问题。

(2)将非经营性资产和经营性资产完全划分开，非经营性资产或留在原企业，或组建为新的第三产业服务性单位。该部分由国有股持股单位所分得的红利予以全部或部分地支持其生存和发展，或委托股份有限公司专项管理、有偿使用。

(3)完全分离经营性资产和非经营性资产，公司原承担的社会职能分别由保险公司、教育系统、医疗系统等社会公众服务系统承担，其他非经营性资产以变卖、拍卖、赠予等方式处理。

6.无形资产的处置

无形资产是指得到法律认可和保护、不具有实物形态，并在较长时间内(超过一年)使企业在生产经营中受益的资产。无形资产主要包括商标权、专利权、著作权、专有技术、土地使用权、商誉、特许经营权、开采权等。股份有限公司的发起人在出资时可以用货币，也可以用实物、工业产权、非专利技术或土地使用权。对作为出资的实物、工业产权、非专利技术或者土地使用权，必须进行评估作价，核实财产，并折合为股份。土地使用权的评估作价依照法律、行政法规的规定办理，不得高估或低估作价。在我国现有规定中，商誉通常不作为无形资产作价入股。发起人以工业产权、非专利技术作价出资的金额，不得超过股份有限公司注册资本的20%。

对占有单位的无形资产，应区别下列情况评定重估价值：

(1)外购的无形资产，根据购入成本以及该项资产具备的获利能力。

(2)自创的或者自身拥有的无形资产，根据其形成时发生的实际成本及该项资产具备的获利能力。

(3)自创的或者自身拥有的未单独计算成本的无形资产，根据该项资产具有的获利能力。

无形资产的处置与原企业的整体改组方案往往结合在一起考虑，一般采用以下处置方式：

第一，当企业整体改组为上市公司的时候，无形资产产权一般全部转移到上市公司，由国有股权的持股单位，即原企业的上级单位享有无形资产产权的折股。

第二，当企业以分立或合并的方式改组，成立了对上市公司控股的公司时，有多种处置方式：①直接作为投资折股，产权归上市公司，控股公司不再使用该无形资产；②产权归上市公司，但允许控股公司或其他关联公司有偿或无偿使用该无形资产；③无形资产产权由上市公司的控股公司掌握，控股公司与上市公司签订关于无形资产使用的许可协议，由上市公司有偿使用；④由上市公司出资取得无形资产的产权。

7.资产评估

公司在改组为上市公司时，应当根据公司改组和资产重组的方案确定资产评估的范围。基本原则是进入股份有限公司的资产都必须进行评估。在公司股份制改组进行资产评估时，必须由取得证券从业资格的资产评估机构进行评估。对股票公开发行、上市交易的公司，其财务审计与资产评估工作不得由同一机构承担，以确保股票发行的公正性。

资产评估通常分为四个程序：申请立项、资产清查、评定估算、验证确认。

(1)申请立项。凡是需要进行资产评估的资产占有单位，首先应报主管部门审查，经主管部门同意后，向同级国有资产管理部门提交资产评估立项申请书，并附财产目录和有关会计报表等资料。根据分级管理的原则，归属中央管辖的国有资产占有单位的资产评估立项和确认，一般由国家国有资产管理局办理；归属地方各级管辖的国有资产占有单位的资产评估立项和确认，一般由同级资产评估行政主管部门办理。

国有资产管理部门应当自收到立项申请后10日内进行审核，并下达是否准予评估立项的通知书；超过10日不批复的，申请自动生效，并由国有资产管理部门补办批准手续。

非国家控股公司的股份制企业的资产评估，由董事会批准资产评估申报和对评估结果的确认。

(2)资产清查。资产清查是指资产评估机构对立项批准通知书中批准的资产评估对象，按照资产类别、规格型号、制造厂家、购置和制造日期、存量、金额等项目，进行清点、核实并登记造册。资产清查主要由委托单位自行组织。

(3)评定估算。评定估算是指评估人员依据所掌握的资料，依照法定的评估方法，对所评估财产进行价值方面的评定和估算。我国采用资产评估的方法主要有收益现值法、重置成本法、现行市价法和清算价格法。

①收益现值法。收益现值法是将评估对象剩余寿命期间每年(或每月)的预期收益，用适当的折现率折现，累加得出评估基准日的现值，以此估算资产价值的方法。收益现值法通常用于有收益企业的整体评估及无形资产评估等。

②重置成本法。重置成本法是现时条件下被评估资产全新状态的重置成本减去该项资产的实体性贬值、功能性贬值和经性贬值，估算资产价值的方法。

③现行市价法。现行市价法是通过市场调查，选择一个或n个与评估对象相同或类似的资产作为比较对象，分析比较对象的成交价格和交易条件，进行对比调整，估算出资产值的方法。

④清算价格法。清算价格法适用于依照《中华人民共和国企业破产法(试行)》的规定，经人民法院宣告破产的公司。公司在股份制改组中一般不使用这一办法。

在资产评估时，应根据不同的评估目的、评估对象，选用不同的且最适当的价格标准。对不同公司投入股份有限公司的同类资产，应当采用同一价格标准评估。完成评估项目后应及时向委托方出具关于项目评估过程及其结果等基本情况的具有公证性的工作报告，这也是评估机构为资产评估项目承担法律责任的证明文件。评估报告包括正文和附件两部分。

(4)验证确认。委托单位收到资产评估机构的资产评估结果报告书以后，应当报上级主管部门审查，并签署意见，报批准立项的国有资产管理部门确认。经国有资产管理部门确认的资产评估价值，可以作为股份制改组时国有资产折股的依据。

8.会计报表的审计

会计报表的审计过程是指从审计工作开始到审计报告完成的整个过程，一般包括计划、实施审计和审计完成三个主要的阶段。

(1)计划阶段。一般来讲，计划阶段的主要工作包括调查、了解被审计单位的基本情况，与被审计单位签订审计业务约定书，执行分析程序，确定重点，分析审计风险，编制审计计划。

(2)实施审计阶段。实施审计阶段是根据计划阶段所确定的范围、要点、步骤和方法，进行取证评价并形成审计结论，实现审计目标的中间过程，是审计全过程的中间环节。实施审计阶段的主要工作包括：对被审计单位的内部控制制度的建立及遵守情况进行符合性测试，根据测试结果修订审计计划；对会计报表项目的数据进行实质性测试，根据测试结果进行评估和鉴定。

(3)审计完成阶段。审计完成阶段是实质性审计工作的结束，主要工作有：整理审计工作底稿与评价执行审计业务中收集到的各类审计证据，形成审计结论；会计师事务所注册会计师、项目经理(部门经理)、主任会计师分级复核工作底稿(签发审计报告前的审计工作底稿的复核，一般由主任会计师负责，是对整套工作底稿进行原则性复核)；审计期后事项和或有损失；完成审计报告。被审计单位的资产负债表截止日到审计报告日发生的，以及审计报告日至会计报表公布日发生的对会计报表产生影响的事项，称为期后事项。期后事项主要有两类：一是对会计报表有直接影响，并需要调整的事项；二是对会计报表没有直接影响，但应予以关注反映的事项。例如，或有损失是指由某一特定的经济业务所造成的将来可能会发生，并要由被审计单位承担的潜在损失。这些可能发生的损失，到被审计单位资产负债表日为止，仍不能确定。如果一项潜在损失是可能的，且损失的数额是可以合理地估计出来的，则该项损失应作为应计项目，在会计报表中反映。如果可能损失的金额无法合理估计，或者如果损失仅仅有些可能，则只能在附注中反映，而不在会计报表中列为应计项目。

(4)出具审计报告。审计报告是注册会计师根据独立审计准则的要求：实施必要的审计程序后，对被审计单位的会计报表发表审计意见的书面文件。审计报告是审计工作的最终结果，具有法定的证明效力。

审计报告应当包括以下基本内容：①标题。统一规范为“审计报告”。②收件人。收件人应当是审计业务的委托人，而且应是全称。③范围段。范围段应当说明以下内容：已审会计报表的名称、反映的日期或期间。会计责任与审计责任，审计依据，即《中国注册会计师独立审计准则》；已经实施的主要审计程序。④意见段。意见段应说明以下内容：会计报表的编制是否符合《企业会计准则》、《股份有限公司会计制度》及其他有关财务会计法规的规定；会计报表在所有重大方面是否公允地反映了被审计单位资产负债表日的财务状况和所审计期间的经营成果和资金变动情况；会计处理方法的运用是否符合一贯性原则。⑤签章和会计师事务所的地址。对上市公司及企业改组上市的审计，应由两名具有证券相关业务资格的注册会计师签名、盖章。⑥报告日期。审计报告日期是指注册会计师完成审计工作的日期。审计报告日期不应早于被审计单位确认和签署会计报表的日期。

审计意见的类型。注册会计师应当根据审计结论，出具下列审计意见之一的审计报告：

①无保留意见。注册会计师认为会计报表的编制符合《企业会计准则》及国家其他有关财务会计法规，在所有重大方面公允地反映了被审计单位的财务状况、经营成果和资金变动情况，会计处理的方法前后期一致，而且注册会计师在根据独立审计准则进行独立审计的过程中未受到阻碍和限制，不存在应该调整而被审计单位未予调整的重要事项，可以出具无保留意见的审计报告。

②保留意见。如果注册会计师认为被审计单位会计报表的反映就其整体而言是公允的，只是个别会计事项的处理或个别会计报表项目的编制不符合《企业会计准则》及国家其他有关财务会计法规的规定，被审计单位拒绝进行调整，或者是个别重要的会计处理方法的选用不符合一贯性原则，或者是审计范围受到局部限制，而无法按照独立审计准则的要求取得应有的审计证据，此时，注册会计师应出具有保留意见的审计报告。出具有保留意见的审计报告时，应于意见段之前另加说明段，以说明所持保留意见的理由。

③否定意见。如果注册会计师在审计过程中认为被审计单位的会计处理方法严重违反《企业会计准则》及国家其他有关财务会计法规的规定，或者委托人提供的会计报表严重失实，且被审计单位拒绝调整，此时，注册会计师应出具否定意见的报告，并在意见段之前另设说明段，说明所持否定意见的理由。

④拒绝表示意见。如果注册会计师在审计过程中，由于审计范围受到委托人、被审计单位或客观环境的限制，不能获取必要的审计证据，以致无法对会计报表整体发表审计意见时，应当出具拒绝表示意见的审计报告。注册会计师明知应当出具保留意见和否定意见的审计报告时，不得以拒绝表示意见的审计报告代替。

盈利预测审核。盈利预测是企业对其未来经营期间经营结果的合理预测。企业编制盈利预测，应当在对发行人外部的一般经济条件、经营环境、市场状况以及发行人自身经营情况和财务状况进行合理假设的基础上，本着审慎原则做出。

盈利预测期间的确定原则是：如果预测是在发行人会计年度的前 6 个月做出的，则为自预测时起至该会计年度结束时止的期间；如果预测是在发行人会计年度的后 6 个月做出的，则为自预测时起至不超过下一个会计年度结束时止的期间，但最短不得少于 12 个月。

盈利预测审核是指注册会计师接受委托，对被审核单位的盈利预测进行审查、复核，并发表审核意见。注册会计师必须对盈利预测依据的假设基准的合理性、基础数据的真实性、所采用的会计政策和计算方法的一致性进行审核，并做出报告。

9. *法律审查*

企业股份制改组与股份有限公司设立的法律审查，是指依照法律规定，需由具有从事证券法律业务资格的律师对企业改组与公司设立的文件及其相关事项的合法性进行审查。发行人申请向社会公开发行股票的，应当向中国证监会报送经两名具有从事证券法律业务资格的律师及其所在律师事务所签字、盖章的法律意见书和律师工作报告。律师一般从以下九个方面进行审查，并出具法律意见书：

(1)企业申请进行股份制改组的可行性和合法性

①企业进行股份制改组申请是否得到有关部门的批准。②发行人的生产经营是否符合国家产业政策。③发行人的股权结构及股份设置是否合法。④发行人近三年内有无重大违法行为。⑤发行人近三年是否连续盈利。⑥其他要求。

(2)发起人资格及发起协议的合法性

我国《公司法》关于发起人资格的规定是:须有过半数的发起人在中国有住所;发起人可以是自然人或法人,他们均须符合《中华人民共和国民法通则》关于民事主体及民事行为能力的规定。发起协议是发起人以书面形式订立的关于设立股份有限公司的协议。协议应由发起各方签字,法人作为发起人的,还应加盖法人单位的公章。

(3)发起人投资行为和资产状况的合法性

此项审查主要是对发起人投资入股是否合法、投入的资产是否拥有产权及办理产权转移手续是否存在法律障碍等进行验证。

(4)无形资产权利的有效性和处理的合法性

国家对商标权、专利权等知识产权的保护有期限性,因此,其权利是否仍在保护期内,便是律师必须审查的内容。关于土地使用权的处理,可入股、租赁,但均应依照法定要求办理有关手续。

(5)原企业重大变更的合法性和有效性

在企业股份制改组过程中,企业的资产、业务及债权、债务必然随之重组。由于原企业与发行人属于两个主体,任何业务、资产、债权、债务的变更均须有法律手续进一步完善的问题,因此,律师应当对这些变更的合法性和有效性进行法律审查。

(6)原企业重大合同及其他债权、债务的合法性

截至募股文件签署之日,律师应查阅发行人签订的尚未履行完结的重要合同,审查重大合同的合法性和履行合同可能对发行人产生的负面影响或取得的权利是否存在瑕疵。

(7)诉讼、仲裁或其他争议的解决

律师应尽责了解发行人尚未完结的诉讼、仲裁或其他争议,并依法对这些诉讼、仲裁或争议的处理结果以及可能带来的经济后果发表意见,从而为投资者对发行人发行的股票能否投资提供价值判断。

(8)承销协议的合法性和完整性

律师应就发行人与承销机构签订的承销协议、承销团协议的各项条款进行审阅。

(9)其他应当审查的事项

律师应从信息披露的法定要求角度审查其他重要事项,以确定有无其他遗漏,或按有关规定需披露而未披露,或对投资者做出判断有重大影响的重大事项。

律师及其所在的律师事务所在履行职责时,应当按照本行业公认的业务标准和道德规范,对其出具文件内容的真实性、准确性和完整性进行核查和验证。在核查和验证完毕后,对发行人的申请文件是否齐全、是否符合审批的程序、是否得到充分的授权、是否满足法律规定的实质要件、法律障碍是否排除等方面进行审核、验证,并进行综合分析,从而独立地做出明确的法律意见。

企业拟公开发行股票时,律师需按照《公开发行证券的公司信息披露编报规则第十二号——公开发行证券的法律意见书和律师工作报告》的要求制作法律意见书。

第二节　上市市场的选择

公司可以选择的上市市场很多，不仅包括中国内地、中国香港、美国、日本和英国的证券市场，还包括一个国家不同的证券交易所。

一、中国内地证券市场

1990 年上海、深圳两家证券交易所先后建立，标志着我国证券市场正式形成。此后，地方政府相继建立了 29 个证券交易中心和 41 个场外股票交易场所，国务院部委设立了 STAQ 和 NET 两个法人股交易系统，形成了多个交易市场并存的格局。由于缺乏严格的管理制度、监管不力、信息披露不规范，证券市场的风险隐患巨大。1997 年年底，国家对场外交易市场进行了清理整顿，先后关闭了 29 家证券交易中心和 41 家场外交易场所，1999 年 9 月 27 日，STAQ 和 NET 宣布其挂牌股票停止交易。清理整顿后，形成了上海和深圳两家证券交易所并存发展的证券市场格局。

2004 年 5 月 14 日，为了方便中小企业融资，证监会批准深圳证券交易所在主板市场内设立中小企业板块，中小企业板块是深圳证券交易所主板市场的一个组成部分，它重点安排具有较好成长性和较高科技含量的中小企业的上市交易，截至 2009 年 6 月底，在上海、深圳两个证券交易所挂牌上市的公司共 1645 家。

1. 发行人申请在主板公开发行股票的条件

(1)发行人应当是依法设立且合法存续的股份有限公司，持续经营时间应当在三年以上，生产经营符合法律、行政法规和公司章程的规定，符合国家产业政策。

(2)发行人应当具有完整的业务体系和直接面向市场独立经营的能力。发行人的资产完整。人员独立、财务独立、机构独立、业务独立。

(3)发行人规范运行，依法建立健全股东大会、董事会、监事会、独立董事、董事会秘书制度，相关机构和人员能够依法履行职责。

(4)发行人资产质量良好，资产负债结构合理，盈利能力较强，现金流量正常。

①最近三个会计年度净利润均为正数且累计超过人民币 3000 万元，净利润以扣除非经常性损益前后较低者为计算依据；②最近三个会计年度经营活动产生的现金流量净额累计超过人民币 5000 万元；或者最近三个会计年度营业收入累计超过人民币 3 亿元；③发行前股本总额不少于人民币 3000 万元；④最近一期末无形资产(扣除土地使用权、水面养殖权和采矿权等后)占净资产的比例不高于 20%；⑤最近一期末不存在未弥补亏损。

(5)募集资金应当有明确的使用方向，原则上应当用于主营业务。发行人应当建立募集资金专项存储制度，募集资金应当存放于董事会决定的专项账户。

2. 发行人申请在创业板公开发行股票的条件

(1)基本条件

①发行人是依法设立且持续经营三年以上的股份有限公司。有限责任公司按原账面净

资产值折股整体变更为股份有限公司的，持续经营时间可以从有限责任公司成立之日起计算。

②最近两年连续盈利，最近两年净利润累计不少于1000万元，且持续增长；或者最近一年盈利，且净利润不少于500万元，最近一年营业收入不少于5000万元，最近两年营业收入增长率均不低于30%。净利润以扣除非经常性损益前后孰低者为计算依据。

③最近一期末净资产不少于2000万元，且不存在未弥补亏损。

④发行后股本总额不少于3000万元。

(2)关于发行人持续盈利能力的要求

发行人应当具有持续盈利能力，不存在下列情形：

①发行人的经营模式、产品或服务的品种结构已经或者将发生重大变化，并对发行人的持续盈利能力构成重大不利影响；

②发行人的行业地位或发行人所处行业的经营环境已经或者将发生大变化，并对发行人的持续盈利能力构成重大不利影响；

③发行人在用的商标、专利、专有技术、特许经营权等重要资产或者技术的取得或者使用存在重大不利变化的风险；

④发行人最近一年的营业收入或净利润对关联方或者有重大不确定性的客户存在重大依赖；

⑤发行人最近一年的净利润主要来自合并财务报表范围以外的投资收益；

⑥其他可能对发行人持续盈利能力构成重大不利影响的情形。

(3)对董事、监事和高级管理人员的要求

发行人的董事、监事和高级管理人员了解股票发行上市相关法律法规，知悉上市公司及其董事、监事和高级管理人员的法定义务和责任；最近两年董事、高级管理人员没有发生重大变化；发行人的董事、监事和高级管理人员应当忠实、勤勉，具备法律、行政法规和规章规定的资格，且不存在下列情形：①被中国证监会采取证券市场禁入措施尚在禁入期的；②最近三年内受到中国证监会行政处罚，或者最近一年内受到证券交易所公开谴责的；③因涉嫌犯罪被司法机关立案侦查或者涉嫌违法违规被中国证监会立案调查，尚未有明确结论意见的。

(4)其他条件

发行人具有完善的公司治理结构，依法建立健全股东大会、董事会、监事会以及独立董事、董事会秘书、审计委员会制度，相关机构和人员能够依法履行职责。

二、中国香港证券市场

中国香港证券交易所(简称港交所)是由香港联合交易所和香港期货交易有限公司实行股份化改制，并与香港中央结算有限公司合并，由香港交易及结算有限公司(港交所)全资控股的上市公司，是世界唯一现货与期货市场同时上市的交易所。其交易品种非常丰富，以满足不同投资者的需要。除股票及期货以外，港交所推出的产品包括认股权证、组合股、单位信托基金、互惠基金、债券、各项指数期货、利率期货、外汇基金债券期货、各项指数期权、股票期权、结构性产品(例如衍生认股权证)等。港交所有相对简化的上市文件要求。1999年年末，港交所开设创业板市场，为具备增长潜力的公司尤其是新兴企业提供了一个募集资金的渠道。截至2009年12月，在港交所上市证券品种高9145种。

1. 香港主板上市条件

公司在香港发行股票及上市，必须符合香港联合交易所的上市要求。申请主板上市的公司一般是规模较大、成立时间较长、具备一定盈利记录的公司。根据《香港联合交易所有限公司证券上市规则》，申请在联交所主板市场上市的公司大体需要满足下列条件：

①发行人必须是依据注册地或成立地的法律正式注册成立的。公司必须于以下其中一个司法地区注册成立：中国内地、中国香港、百慕大及开曼群岛。

②发行人及其业务必须为交易所认为适宜上市的。

③发行人必须符合盈利测试、市值/收益/现金流测试，或市值/收益测试中的任何一项，除非交易所给予豁免。其中盈利测试的审查标准是：第一，具备不少于三个会计年度的营业记录，在此期间新申请人最近一个会计年度的股东应占盈利不少于2000万港元，前两年累计的股东应占盈利不低于3000万港元。此处的盈利不包括日常业务以外的业务所产生的收入或亏损。第二，至少三个会计年度的管理层维持不变。第三，至少经审计的最近一个会计年度的公司所有权和控制权维持不变。

④对于新上市申请人，其申报的会计师审计报告的最后一个会计期间的结算日期，距上市文件刊发日期不得超过6个月。

⑤寻求上市的证券必须令交易所确信将有足够的公众对发行人的业务及寻求上市的证券感兴趣。

⑥寻求上市的证券必须有一个公开的市场。发行人已发行股本总额必须至少有25%由社会公众持有。如果是首次发行上市，上市时有关证券必须由足够数目的人员持有。任何情况下，股东人数至少为300人（申请时选择市值/收益测试标准的，上市时至少有1000个股东）。上市时社会公众人士持有的证券中，持股量最高的三名公众股东实际拥有的股份不得超过50%。

⑦新上市申请人预期在上市时的市值不得低于2亿港元，其中公众持有证券部分的预期市值不得低于5000万港元。而且，在寻求上市的每一类证券预期市值不得低于5000万港元。如果是再次发行某类已经上市的证券，则不受前述预期市值的限制。

⑧新上市申请人的控股股东除在申请人的业务中占有权益外，还在其他公司的业务中占有权益，且该业务与申请人的业务构成竞争或可能构成竞争，即存在同业竞争，申请人必须在上市文件中按照上市规则的要求予以披露。如果申请人准备在上市后收购构成同业竞争的业务，扩大后的公司必须符合上市规则关于记录的要求。另外，申请人上市后与同业竞争业务之间的关联交易也必须符合上市规则的要求。

如果新申请人的任何董事拥有申请人公司之外的其他业务与申请人的业务构成竞争或可能构成竞争，则申请人必须在上市文件的显要位置就每一位董事在该业务上的权益予以披露。上市后董事必须在申请的年度报告中的显要位置继续披露该权益的详情。另外，董事也必须就其以往在上市文件和年度报告中所披露资料的任何变更，在申请人的年度报告中的显要位置做出披露。

发行前述同业竞争情形的，交易所可以要求申请人委任足够数量的独立的非执行董事，以确保充分代表全体股东的利益。

⑨新申请人的股本中不得包含所附带投票权与其缴足股款时所应享有的股本权益不成合理比例的股份(上市规则称之为B股)。除非交易所同意的特殊情况或已拥有此类股份的上市公司通过以股代息或资本化的方式再次发行在各方面与该股份享有同等地位的股份。而且,发行后的B股的股份总数与已发行的其他投票权股份总数的比例,大致维持在该次发行前的水平。

⑩以香港证券交易所作为主要上市地的申请人,必须有足够的管理层人员在香港。一般情况下,该申请人至少有两名执行董事经常居住在香港。

⑪寻求上市的证券必须可以自由转让。未交足认购款的证券一般被视为符合此条件,但必须是交易所认为在转让方面没有受到不合理的限制,而且此类证券可以在公开和正常情况下进行买卖。交易所批准的以分期付款的方式来销售的已发行证券,一般被认为是可转让的。

⑫保荐人、各包销商或其各自的联系人在证券交易前发出的研究报告,不得包括盈利预测或其他预期性的声明,除非该声明以大体相当的方式登载于新申请人的上市文件内。

2.创业板上市条件

创业板是1999年11月设立的另外一个股票市场,旨在为不同行业及规模的成长型公司提供上市机会。根据《香港联合交易所有限公司创业板证券上市规则》,申请在创业板上市的公司大体需要满足下列要求:

①创业板并无盈利记录要求,公司必须于申请上市前24个月有活跃业务记录(若有关公司在规模及公众持股权方面符合若干条件,12个月的活跃业务记录期亦可以接受)。

②公司本身必须拥有主营业务,但作为辅助核心业务的外围业务亦可容许。

③在申请上市前24个月(在规模及公众持股权方面符合若干条件的公司,则可减免至12个月),公司必须大致由同一批人管理及拥有。

④公司必须委任一名保荐人协助其准备及提出上市申请。此外,公司亦须于上市后至少两个财政年度聘用一名保荐人担当顾问。

⑤公司必须符合公司治理方面的规定,委任独立非执行董事、合格会计师和监事以及设立审核委员会。

⑥就市值不超过40亿港元的公司而言,最低公众持股量必须占25%,涉及的金额最少要达3000万港元。至于市值超过40亿港元的公司,最低公众持股量必须为10亿港元或已发行股本的20%(以两者中较高者为准)。

⑦股份在上市时应至少由100名公众人士持有。

三、美国证券市场

根据美国证券交易的功能,美国证券市场可以大致分为五个部分:交易所市场、柜台市场、第三市场、第四市场和另类交易系统。大部分证券交易发生在传统交易所市场或者柜台市场。机构投资者还积极地利用另外两种类型的股票市场,即所谓第三市场和第四市场。第三市场是指在交易所上市又在场外市场交易的股票,之所以将其与柜台市场区别开来,是因为柜台市场交易的是没有在交易所上市的股票。第四市场是机构投资者之间非正式的直接交易市场。第四市场交易的对象以交易所上市的股票为主,通常指大机构和富有的个人绕开经纪人，彼此之间利用电脑网络直接进行的交易，基本上都属于大宗交易。

美国总共有七个证券交易所，其中纽约证券交易所和美国证券交易所是全国性的证券交易所，其他五个为地区性证券交易所。交易所名称及主要交易产品见表 2-1。

表 2-1　美国证券交易所简介

交易所简称	交易所全称	所在城市	主要特点
NYSE	纽约证券交易所	纽约	最大的证券交易所
ASE	美国证券交易所	纽约	与纳斯达克合并，上市公司以中型企业为主，长于股票衍生产品交易，近年来 ETF 开发非常成功
PSE	太平洋证券交易所	旧金山和洛杉矶	是最早建立电子交易系统的交易所，高度电子化，无交易大厅
CHX	芝加哥证券交易所	芝加哥	可以交易纳斯达克市场股票，高度电子化交易系统
PHLX	费城证券交易所	费城	高度电子化，但也有交易大厅，近年来以交易衍生产品为主
BSE	波士顿证券交易所	波士顿	完全电子化，但仍有一个专家交易大厅
CSE	辛辛那提证券交易所	芝加哥	与芝加哥期货交易所合并，现已移到芝加哥，已经取消交易大厅

但是在美国，只有纽约证券交易所、美国证券交易所以及纳斯达克市场存在上市制度见表 2-2、表 2-3、表 2-4，其他交易所已经没有新的股票上市，交易的主要是纽约证券交易所和美国证券交易所上市的股票。交易是通过地区性交易与市场间交易系统实现的。

表 2-2　纽约证券交易所上市条件

类　别	要求内容	美国公司	非美国公司
持股分布和公司规模方面	持股人数	①2000 个持股人（每人持股数在最小交易单位以上，一般是 100 股） ②2200 个股东，并且月交易量达到 10 万股（最近 6 个月） ③500 个股东并且月交易量达到 100 万股（最近 12 个月）	5000 人
	公众持股数量	110 万股	250 万股
	公众持股总市值		1 亿美元
财务方面	盈利		
	在美国会计准则下，最近三年的总税前利润	1000 万美元	1 亿美元
	最近两年的税前利润	200 万美元（第三年必须是盈利）	2500 万美元
	评估/收入要求（可以满足①或②）		

续表

类 别	要求内容	美国公司	非美国公司
财务方面	①用现金流进行评估在全球的市值 最近一个财年的收入 最近三年的总运营现金流 最近两年的现金流 ②单纯的估值要求在全球的市值 最近一个财年的收入	5亿美元 1亿美元 2500万美元 无 7.5亿美元 7500万美元	5亿美元 1亿美元 2亿美元 2500万美元 7.5亿美元 7500万美元
运营方面	拥有至少12个月的运营历史 上市的附属公司处于良好的运营状态 上市的附属公司对实体保持着控制权	是 是 是	是 是 是

表 2-3 纳斯达克全国市场的上市要求

要 求	首次公开发行		
	标准一	标准二	标准三
股东权益	1500万美元	3000万美元	无
市 值	无	无	7500万美元
总资产			7500万美元
总收入			7500万美元
税前运营利润	100万美元	无	无
公众持股	110万	110万	110万
公众持股总市值	800万美元	1800万美元	2000万美元
股东数量	400	400	400
做市商数量	3	3	4
运营历史	无	2年	无
公司监管	是	是	是

表 2-4 纳斯达克小型公司市场的上市要求

要 求	首次公开发行		
	标准一	标准二	标准三
股东权益	500万美元	无	无
市值	无	5000万美元	无
净利润(上市前一年或过去三年中有两年)	无	无	75万美元
公众持股	100万美元	100万美元	100万美元
公众持股市值	500万美元	500万美元	500万美元

续表

要　求	首次公开发行		
	标准一	标准二	标准三
股票最低报价	4 美元	4 美元	110 万
股东数量	800 万美元	1800 万美元	4 美元
做市商数量	3	3	3
运营历史	1 年	无	1 年
公司监管	是	是	是

【专栏 2-2】

10 年前，有 150 家国外公司在美国纽约证券交易所(NYSE)挂牌，2007 年，这一数字已经达到 450 家。在 NYSE 交易的 23 万亿美元的市值中，国外上市公司占到 9 万亿美元。目前已有超过 30 家中国公司在 NYSE 上市，市值达到 6710 亿美元。到 2008 年三季度末，迈瑞医疗股价上涨 30%，新东方上涨了 40%，实际上他们已经位列美国三季度市场表现最好的 IPO 项目……美国金融市场保持竞争力是至关重要的，只有这样才能吸引全球企业来美国上市。

——Gathrine R. kinney，纽约证券交易所执行副总裁

四、日本证券市场

日本证券市场由证券交易所和由证券业协会组织、管理柜台市场两部分组成。

交易所市场是日本证券市场特别是股票交易市场的主体。共有东京、大阪、名古屋、札幌和福冈五个证券交易所。其中上市公司及股票交易主要集中在东京证券交易所。东京证券交易所的股票交易由一部上市公司板块、二部上市公司板块、创业板块和外国企业板块四个部分组成。一部上市公司和二部上市公司的主要区别在于股东人数的多少与成交量的大小。交易所根据有关规则，每年对上市公司进行审查。股东数量和成交量达到一定标准的被指定在一部板块交易，否则在二部板块交易。一部上市板块集中了各个行业中规模最大、经营稳健、信用最高的公司。为了满足创业企业募集资金的需要，东京证券交易所于 1999 年开设了创业板市场。20 世纪 80 年代中期，随着日本证券市场融资功能的增强和国际化程度的提高，外国企业纷纷在日本证券交易所上市。外国企业在东京证券交易所上市的规则有别于日本企业，东京证券交易所为此特别设立了外国企业板块。由于外国企业股票在东京证券交易所上市的数量较小，2005 年，外国企业合并到一部板块。

JASDAQ 市场是日本柜台市场的主体。设立柜台市场的主要目的是为未达到交易所上市标准的中小企业提供融资平台，为具有较高风险承受能力的投资者提供交易平台。与交易所的集中交易制度不同，柜台市场的交易是在证券公司营业部以“一对一”的形式完成的。柜台市场的交易规则由证券业协会负责制定，并由证券业协会进行管理(见表 2-5、表 2-6)。

表 2-5　东京证券交易所股票上市主要标准

	一　部	二　部	MOTHERS
上市对象企业			高成长型企业
总资产或营业额			主营业务发生营业额
净资产	上市前一会计年度末 10 亿日元(合并报表)		
利润额	符合条件①或②(合并报表) ①上市前一会计年度 4 亿日元,上上会计年度 1 亿日元 ②上市前一会计年度 4 亿日元,上上会计年度 1 亿日元,并且上市前三年合计 6 亿日元以上		
上市股票数量	2 万单位股以上	4000 单位股以上	1000 单位股以上公开募集
流通股比率	30%以上	25%以上	
上市时股东人数	①不足 3 万单位股:2200 人 ②3 万～20 万单位股:2300 人以上每 1 万单位股票 200 人 ③20 万单位股以上:4000 人以上每 2 万单位股 100 人	①不足 1 万单位股:800 人 ②1 万～2 万单位股:1000 人 ③2 万单位股以上:1200 人以上每 1 万单位股 100 人	通过募集持有 1 个单位股份的股东不少于 300 人
市　值	40 亿日元以上	20 亿日元以上	10 亿日元以上
设立年限	三年以上	三年以上	
审计意见	最近五年为“标准无保留”	最近两年无虚假披露、最近一年为“标准无保留”	最近一年为“标准无保留”

表 2-6　JASDAQ 市场的上市条件

净资产	2 亿日元以上
利　润	盈利
登记时市值	10 亿日元以上
登记时股票数量	500 单位股以上
股东人数	登记时发行股票数量在: 1 万单位股以下,300 人以上 1 万～2 万单位股,400 人以上 2 万单位股以上,500 人以上
审计意见	前一会计年度为“标准无保留”意见

五、英国证券市场

英国伦敦作为欧洲最大的国际金融中心,是继纽约和东京之后全球第三大国际金融中心,在国际证券市场体系中扮演着重要角色。英国证券市场是完全开放的国际化市场,外国公司挂牌数量位列纽约证券交易所之后。英国证券交易市场分为全国性集中市场,区域性市场,全国性二板市场和全国性三板市场。

伦敦证券交易所是全国性集中市场(主板市场),世界最大的证券交易所之一,是通过证券市场吸收欧洲资金的主要渠道。除集中的伦敦交易所之外,英国还在伯明翰、曼彻斯特、利物浦、格拉斯哥、都柏林等地设有地方性(区域性)交易市场。允许地方企业股票上市,同时可以买卖伦敦交易所的挂牌股票。

为了协助众多中小企业特别是中小型高科技公司通过证券市场获取资金进行投资,英国政府在伦敦证券交易所内设立了一个为中小企业提供融资服务的证券 AIM,为本土及海外初创的、高成长型公司提供一个全国性的市场。AIM 直接受伦敦证券交易所监督管理,运行相对独立,并由交易所的专人负责经营。在为中小企业融资服务的市场中,除了 AIM 外,还有为更初级的中小企业融资服务的未上市公司股票交易市场(off exchange,OFEX),它是 JP Jenkins 公司为大量中小企业提供的专门交易未上市公司股票的电子网络的注册商标。JP Jenkins 公司作为一个家族性公司,是在伦敦证券交易所登记注册的、具有良好经营记录和信誉的做市商。OFEX 创立于 1995 年,其目的是为那些未进入伦敦交易所主板市场或 AIM 挂牌交易的公司股票建立一个可出售其股票、募集资金的市场。与 AIM 相比,OFEX 的市场准入门槛更低,层次更初级,属于非正式的市场。由于该市场的日益发展壮大,从 2002 年起,正式纳入英国金融监管局的监管范围。在 OFEX 挂牌交易的公司,通过市场培育,可以按照相应的规则进行 AIM 交易。

伦敦证券交易所上市的要求是:

①保荐人。任何申请上市的公司都需要任命保荐人,保荐人通常由投资银行、企业经纪公司、律师行或者会计师行担任。保荐人必须满足一些要求,成为公司和交易所的桥梁,并且在上市过程中对公司进行指导。

②运营记录。申请上市的公司需要有至少三年的业绩。但是,伦敦交易所允许一些例如从事科学研究和高速增长型的高科技公司没有三年业绩,只要满足一些其他要求也可以上市。

③公众持股。公司的总市值不小于 70 万英镑(大约 100 万美元),并且有至少 25%的股份是由公司以外的股东持有。

④控股股东。上市公司必须能够独立运作,特别是要处理好与控股股东之间的利益冲突。

⑤招股书。公司和其顾问必须发布一份符合伦敦证券交易所要求的招股书。招股书要发给潜在的投资者,并且涵盖投资者作投资决定所需要的信息。招股书还必须包括独立审计师的财务报告、董事的工资和合同细节,以及大股东信息。

⑥持续责任。一旦公司上市,并且股份开始公开交易,公司必须持续地遵守一系列要求,包括在一定时期内发布半年报和经审计的年报,并且向市场披露所有价格敏感性信息。

六、上市地点选择

在明确了上市的成本和收益、上市地点的分布以及不同市场的上市条件后,下一个问题是如何选择上市地点,影响上市地点选择主要考虑以下因素。

1. 市场规模

不同上市地点的市场规模和市场容量不同，市场规模对小型企业可能不是一个关键问题，但是，对于融资、交易规模巨大的企业来说，市场规模自然是一个关键因素。

2. 上市成本

成本的差异不仅包括上市费用，还包括发行价格的差异造成的发行成本的不同；不仅包括显性成本，还包括隐性成本；不仅包括上市初期成本，还包括上市以后的后续成本。各个交易所的上市成本不同，会影响公司选择上市地点。

3. 上市持续披露

不同的上市地点要求不同的信息披露程度和不同的信息披露格式、规则，上市时应考虑选择最佳的上市地点以符合信息披露的要求，并符合公司的战略考虑。

4. 监管框架

在选择上市地点时，监管框架是一个不可忽视的因素。

第三节　上市方式选择

上市对企业的发展利大于弊，选择什么样的方式上市要考虑各种因素，进行多因素分析后进行考量。是整体上市还是分拆上市？是借壳上市还是买壳上市？

一、整体上市与分拆上市

1. 整体上市

整体上市是已上市公司控股股东的其他资产上市的过程。广义的整体上市是指一个非上市公司将全部资产和业务作为一个整体发行股票并上市的过程。

整体上市的经济效应。在一个有效的证券市场中，整体上市存在各种各样的优点，例如，杜绝关联交易、完备公司的治理结构等。但是，在一定的经济条件约束下，一个公司选择整体上市不一定能够满足整体上市理论上的所有经济理由，而是某个或某几个方面的经济理由。

第一，独立性效应。在市场上，许多上市公司与控股股东或母公司之间存在大量的关联交易，上市公司的独立性变差，缺乏完整的生产、管理体系。整体上市可以在一定程度上消除上市公司缺乏独立性的弊端。

第二，增强核心竞争力效应。整体上市适应证券市场具备的资源配置与产业整合功能，实现整体上市的公司，可以更好地借助于证券市场，发挥融资优势、产业优势、品牌优势、管理优势和规模优势，建立完整的经营体系，不断增强市场竞争力。

第三，消除关联交易效应。由于历史和现实的原因，许多上市公司与控股股东之间存在“剪不断、理还乱”的人、财、物等利益关系和关联关系，关联交易和恶意担保等市场痼疾在证券市场上非常盛行，从而损害了其他股东的利益。整体上市的一个好处是能够在一定程度上解决至少是缓解关联交易、恶意担保等市场痼疾，提高证券市场的有效性和配置资源的效率。

第四，产业整合功能。整体上市有利于优质企业做大、做强、做好，以进一步发挥企业集团的产业优势、产品优势与管理优势，降低企业与市场的交易费用与交易成本，进而提升市场的资源配置功能与产业整合功能。

整体上市需要根据已上市公司和控股股东的资产规模、资产的产业关联性和其他情况选择恰当的模式。下面介绍几种常见的整体上市模式。

反向吸收模式：此模式的起点是集团公司不是上市公司，而其控股子公司是上市公司，且存在一个控股上市子公司。其操作方式是将集团的非上市资产注入上市公司，从而实现整体上市，此为“反向吸收模式”。其要求条件是，集团资产的发展前景明朗、资产质量总体较好。在对少量非经营性资产和不良资产进行适当处置的基础工作上，由上市的子公司对集团的资产进行重组、整合，甚至进行“增发”、“配股”等方式募集资金，收购母公司的资产，以实现集团公司整体上市。其缺点是存在规模限制，资产规模较大的集团公司意欲通过“反向吸收”的方式实现整体上市的难度较大，因为无论是控股子公司以定向增发还是以增发、配股的方式都无法获得足够的收购资金。

控股上市公司间合并模式。此模式的起点是一个控股集团公司存在两家或两家以上上市公司。上市子公司之间存在横向或者纵向上下游产业链之间的业务关系，通过控股上市子公司之间实行吸收合并或者新设合并，从而实现集团公司的整体上市。

集团公司吸收合并上市公司模式。此模式的起点同样是集团公司(控股股东)而不是上市公司，而其控股子公司是上市公司，且存在一个控股上市子公司或多个上市子公司。操作步骤是：集团公司首先完成股份制改造，然后吸收合并其控股子公司(收购或者是换取其全部股权)，并安排整个集团公司的 IPO。实际上，从方案设计的角度分析，IPO 和吸收合并互为前提条件。在完成 IPO 之后，原来的上市子公司在集团整体上市的同时完成退市。其条件是集团公司满足上市的条件，优点是不受资产规模的限制。

2. 分拆上市

分拆上市是指公司(上市和非上市)将部分资产和业务分拆出来单独发行股票并上市的过程。这里主要探讨上市公司的分拆上市。

分拆上市的经济效应包括对母公司的效应和对分拆上市的子公司的效应。对母公司的效应是：

第一，股价提升效应，首先，分拆上市往往能够给母公司带来巨大的市场效应，从而推动母公司股份的上涨。其次，母公司通过所持股份或收取高额的红利，能够改善业绩。最后，分拆上市还会对母公司的财务状况产生影响，例如增加每股净资产等。

第二，主业转型效应。分拆上市的子公司，往往是原来的已上市公司的优良资产，具有广阔的发展潜力。随着分拆上市的子公司的逐渐壮大，原来的已上市公司不断注入优良资产，从而为处于衰退行业的公司的主业转型提供了一条途径。

第三，市场拓展效应。分拆上市，特别是在境外证券交易所的分拆上市，为原来的已上市公司提供了一个市场拓展效应，以分拆上市的子公司建立与其他市场的联系，从而达到拓展原来的已上市公司市场范围的目的。

对分拆上市子公司的效应是：

第一，股本变化效应。分拆上市是指在原来的已上市公司继续保留的情况下派生出一个新公司，所以，原来的已上市公司的股本不变，分拆出去的子公司则因新股东的加入而发生变化。

第二，股价提升效应。分拆上市的子公司不仅可以提高其资源管理效率，而且主业清晰，有利于投资者对其价值的正确评估，减少由于信息的不对称或效率低下产生的错误和误判，从而产生股价提升效应。

第三，融资渠道效应。分拆上市增加分拆上市子公司的融资渠道，达到开辟新的融资渠道的目的。

二、买壳上市与借壳上市

所谓“壳”资源，是指已经丧失在资本市场再融资功能的上市公司。由于上市公司能够通过发行新股和配股的方式募集资本金，从而有助于上市公司从资本市场上募集资金；另外由于证券市场的高度流动性，为股东“以脚投票”创造了条件，业绩差的公司将因为投资者的不满而导致价格下跌，从而失去或降低了再融资的功能，还有些公司不仅是配股资格和增发新股的完全丧失，而且还面临被摘牌的处境。

1. 买壳上市

买壳上市，是指非上市公司通过收购上市公司的股份获得上市公司的控制权，然后以反向方式注入自己相关业务的资产。我国部分上市公司之所以能够成为具有价值的“壳”资源，主要由于我国证券市场的特殊性造成上市资格为稀缺资源，使得多数企业特别是民营企业想上市却极其艰难。

成为买壳对象的壳公司一般是指拥有上市资格，但业务规模较小或停业、业绩一般或较差、总股本与可流通规模较小或即将停牌终止交易、股价较低或股价趋于零的上市公司。根据资产质量，壳公司可分为实壳公司、空壳公司和净壳公司。实壳公司是指保持上市资格，业务规模相对较小，业绩一般或较差，总股本规模较小、股价较低的壳公司。其形成原因主要是业务规模较小，公司产品处于成熟期或之后，公司业绩一般。

空壳公司是指其主营业务陷入困境或遭受重大损害，公司业务萎缩或即将停业，公司已无发展前途，但股票仍在市场上流通、交易，而股价持续下跌或股票即将停牌交易的壳公司。其形成的主要原因是公司产品的生命周期处于衰退期，且无法完成产品转型；公司所属行业不景气，转业无望等，导致公司经营举步维艰、濒临关闭。

净壳公司是指法律无纠纷、无负债、无遗留资产的壳公司，其形成原因是，股东决定解散员工、出售资产、清理债务、处理法律纠纷以清理公司，使其只维持上市资格，便于待价而沽。

买壳上市的步骤：取得壳公司控制权，剥离壳公司不良资产，壳公司反向收购资产，业务整合。

在买壳上市中，买方往往只对上市公司的壳资源感兴趣，而不是上市公司本身的资产。为了保证买壳后企业运作正常，企业买壳后，必须注入新的增长活力，以提高效益，真正实现通过壳公司进入证券市场，达到分享其资源优化配置的目的。

买壳方在取得控股地位后，必须重组董事会，通过董事会对上市壳公司进行清壳或内部整合，剥离不良资产，同时向壳公司注入优质资产，使壳公司资产质量及经营业绩发生质的飞跃，走上良性发展道路。

借壳上市是指上市公司的控股公司（集团公司）通过将主要资产注入已经上市的子公司

中，从而实现控股公司（集团公司）的上市。买壳上市与借壳上市的共同之处在于，它们都是一种对上市公司壳资源进行重新配置的行为，都是为了实现间接上市。不同点在于，买壳上市的公司首先要获得一家已上市公司的控制权，而借壳上市的公司已经拥有了对上市公司的控制权。

第四节　境外上市及其具体方式

我国股份有限公司发行上市外资股的方式，应当符合股票发行及上市地的法律要求。通常需将一定比例的外资股以公开发行方式发售，同时将其余的外资股以私募方式配售给机构投资人。这是我国境外上市外资股发行的典型方式，习惯上称之为“公众发行加国际配售”。

股份有限公司向境外投资者募集股份并在境外上市，应当按照中国证监会的要求提交书面申请并附有关材料，报经中国证监会批准。申请发行境外上市外资股的企业，须符合以下基本条件：符合我国有关境外上市的法律、法规和规则；筹资用途符合国家产业政策；符合国家有关固定资产投资立项的规定；符合国家有关利用外资的规定；企业有良好的经营机制和较高的经营管理水平，发展前景好，并具备一定规模；按市场预期合理市盈率计算，预计筹资额不少于5000万美元；企业具有稳定的外汇收入，上市后分红派息有可靠的外汇来源；没有外汇收入的企业应事征得外汇管理部门同意。

一、境外上市

1.境外上市的优势

申请境外上市相对境内上市而言时间较短、成功率更高。在目前对A股发行上市审批制度下，企业要在境内主板上市，从改制、辅导1年，到通过证监会发行审核委员会的审查，再到最后的发行上市，往往需要2～3年时间。虽然证监会正在改革各项制度，以满足所有符合条件的中国企业的上市请求，但鉴于目前发行上市的通道制尚未完全取消，因此在今后一段时间内，证券公司推荐企业上市仍将可能受到数量的限制，从而影响了中国企业在境内申请上市的积极性和成功率。

境外上市后再融资的灵活性强，难度低。境内上市企业的再融资成本相对较高。而在境外上市由于无须报中国证监会审批，也无须像直接上市的中国企业那样在时隔半年后才能进行增发，企业上市后能够更加容易和迅捷地进行第二次融资及后续融资。

上市企业管理独立性较强。上市企业可自由设计和执行管理层期权计划等员工激励机制，从而加强公司对员工的吸引力，并获得适合公司发展所需的高级人才；具有良好的退出机制，企业在上市前及上市后更容易引进策略投资者及合作伙伴。

中国企业在境外上市主要有以下几种方式：

在境外直接公开发行上市。中国企业将现有资产存量和业务进行重组，在境内设立股份有限公司，并以H股、N股及S股等形式在境外上市。采取这种方式在境外上市，必须同时符合我国证券法律及境外上市地的证券监管要求。

涉及境内权益的境外公司在境外上市。通过这种方式实现境外上市的公司主要包括以下三类：第一类是涉及境内权益的纯境外公司，比如，外国企业在中国境内有投资项目，而包含这家外国企业的集团在境外上市就会涉及中国的境内权益；第二类主要是一些民营企业出于各种考虑，在中国香港或通常所说的“避税天堂”百慕大开曼群岛等地注册公司，并由其拥有中国内地企业的股权，而上市主体是境外企业；第三类是带有中国国资背景在中国香港上市的红筹股公司。

自中国证监会宣布不再就这种上市方式出具“无异议函”后，涉及境内权益的境外公司在境外上市的项目只需要接受上市地证券交易所的审查，从而大大缩短了上市时间。但是采用这种上市方法也应充分考虑并满足中国法律的要求。

两地上市是指一家公司的股票同时在两个证券交易所挂牌上市。对一家已经上市的公司来说，如果准备在另一个证券交易所挂牌上市，它可以有两种选择：一是在境外发行不同类型的股票，将此种股票在境外市场上市。我国有些公司既在中国内地发行 A 股，又在中国香港地区发行 H 股，就属于此种类型。二是在两地都发行相同类型的股票，并通过国际托管银行和证券经纪商实现股份的跨市场流通。此种方式一般又被称为第二上市，以存托凭证（ADR 或 GDR）在境外市场上市交易就属于这一类型。

从证券市场的实际运行来看，将股票在两个市场同时上市具有以下优点：

(1)每一个国际性证券交易所都拥有自己的投资者群体，因此将股票在多个市场上市有利于扩大股东基础，方便投资者交易，提高股份流动性，增强筹资能力。

(2)公司股票在不同市场上市还有利于提高公司在该上市地的知名度，增强客户信心，从而对其产品营销起到良好的推动作用。

(3)公司往往选择市场交易活跃、投资者较为集中的证券交易所作为第二上市地，通过股份在两个市场间的流通转换，使股价有更好的市场表现。

(4)为满足当地投资者对于公司信息披露的要求，公司须符合第二上市地的法律、会计、监管等方面的规则，从而有利于提高公司的信息披露水平，提高公司运营的透明度，为公司的国际化管理创造条件。

正因为两地上市具有以上这些优点，许多著名的跨国企业都同时在全球的不同交易所上市交易。但在两个以上的市场同时上市，也会产生不同市场对同一公司的估价不同而导致价格信号紊乱、信息披露成本高、须同时遵守不同上市地的法律和规则而使公司运作难度加大等问题。

存托凭证是第二上市的一种类型。存托凭证（depository receipts，DR）又称存券收据或存股证，是指在一国证券市场流通的、代表外国公司有价证券的可转让凭证，是一种金融衍生工具。

存托凭证的当事人，在境内是发行公司、保管机构，在境外是存托银行、证券承销商及投资者。形成存托凭证的方式如下：某国的上市公司为使其股票在境外流通，就将一定数额的股票委托某一中介机构（通常为银行，称为保管银行或受托银行）保管，由中介机构通知境外的存托银行在当地发行代表该股份的存托凭证，之后存托凭证便开始在境外证券交易所或柜台市场交易。

以投资者的角度分析，存托凭证是由存托银行所签发的一种可转让股票凭证，证明一定数额的某外国公司股票已寄存于该银行在境外的保管机构，凭证的持有人实际上是寄存股票的所有人，其所有的权利与原股东持有人相同。

存托凭证主要有美国存托凭证和全球存托凭证两种。ADR 是面向美国投资者发行并在美国证券市场交易的存托凭证。如果发行范围不止一个国家和地区，就叫 GDR。GDR 与 ADR 有很多相同之处，两者都以美元标价，都以同样标准进行交易和交割，两者股息都以美元支付，而且存托银行提供的服务及有关协议的条款与保证都是一样的。

美国存托凭证。ADR 是美国投资者进行特定国际投资的有效、透明、成本低廉且流动性强的方式，ADR 使得美国投资者可以用美元来购买和交易非美国的证券，而不用考虑不同的结算过程、证券监管、货币兑换等问题。

ADR 是其他国家和地区的发行人在美国市场上融资的最有效途径。ADR 方案可以分散股东的基础，提高公司股票的流动性，提高在美国市场的形象和认知度。

ADR 得以广泛发展的供给因素是，ADR 是其他国家和地区的发行人在美国资本市场上融资的一种惯用方式，因为美国的资本市场规模最大，效率最高，限制最少，有效性最高。ADR 得以广泛发展的需求因素是，ADR 能够满足美国的投资者寻求更高收益、投资分散化以及更高流动性的需求。

ADR 一般有两种类型：无主办人的 ADR 和有主办人的 ADR。无主办人的 ADR 由一家或几家存托银行视市场情况而发行，但它们与外国发行人之间并没有正式协议。有主办人的 ADR 则是外国发行人通过一份存托协议书或者服务合同指定的一家存托银行来发行不同价格的，包括一级 ADR、二级 ADR、三级 ADR 以及 144A 规则下的 ADR 四种。有主办人的 ADR 只能由一家存托银行发行，而且不能同时发行无主办人的 ADR，因为就同一种外国证券发行不同价格的有主办人的 ADR 和无主办人的 ADR 会造成混乱。两种 ADR 的价格之所以不同，是因为有主办人的 ADR 中，发行人将部分收入用于补偿费用，而在无主办人的 ADR 中，ADR 的持有人负担这些费用。

二、境内企业境外上市的具体方式

目前，当中国企业积极到境外上市的同时，包括美国证券交易所和其他地区证券交易所在内的全球各地证券交易所对于中国资本市场中所孕育的新的机会已经开始展开行动，纷纷加大在中国市场的推广力度以抢占市场份额，由此也拉开了竞争的序幕。美国的证券交易市场是全世界最规范并且规模最大的市场，为上市企业融资提供了非常好的制度及法律基础，但对上市公司的监管非常严格，中国企业赴美上市后对于企业治理、内部控制需要更加严格地执行；而且在美国上市将面临较高的诉讼风险，在执行美国 Sarbaner-Oxley 法案会计规定方面，中国企业也要付出高额成本，所有这些都成为中国企业赴美上市的重大障碍。2004 年发生的中国人寿事件、中航油事件以及创维事件等给所有在境外上市的企业敲响了警钟。相比之下，新加坡的证券市场相对要小一些。而中国香港联合交易所的主板和创业板两个市场，功能比较齐全，法制较健全，对于中国境内企业来讲还具有无语言障碍的优势。事实上，对于计划在境外上市的中国企业而言，应根据企业自身的特点制定相应的发展战略，考虑各种方式的利弊，确定适合自身的上市方式，并根据自身的特点、投资者的认可程度、市场供需状况等，在全球范围内选择适合的交易所。

第三章

证券发行与承销

投资银行业务的广义含义涵盖众多的证券市场活动，包括公司融资、并购顾问、股票和债券等金融产品的销售和交易、资产管理和风险投资业务等。但从狭义含义，或者是传统含义来说，所谓“投行业务”，着重是指一级市场上的承销与发行业务。

证券发行是指企业或政府为了筹集资金而向投资人出售有价证券的行为。从资金筹集者的角度看，是证券发行；从投资银行的角度看，是证券承销。证券承销是投资银行的本源业务，也是其核心业务。本章主要阐述我国的股票和债券的发行及承销，其中重点内容为承销业务的操作。

第一节　股票发行的核准

股票发行是指发行人（又称发行公司）将新股票从发行人手中转移到社会公众投资者手中的过程，其完成这个过程的场所称作股票发行市场，又称之为股票一级市场。发行人是指为筹措资金而发行股票的股份有限公司，它是股票的供应者和资金的需求者，并根据不同情况应满足相关法律和法规对发行条件的要求。本章所叙述股票发行中的股票特指由我国内地的公司发行，供投资者以人民币认购和交易的普通股股票（即 A 股，以下简称股票）。

股票的公开发行包括首次公开发行（initial public offering，IPO）、二次发行（secondary offering）。一般说来，IPO 和二次发行的基本过程相似。

一、我国股票发行制度

我国股票发行目前采用的是核准制下的保荐人制度。根据 2005 年修订的《证券法》第十条规定：发行人申请公开发行股票、可转换为股票的公司债券，依法采取承销方式的，或者公开发行法律、行政法规规定实行保荐制度的其他证券的，应当聘请具有保荐资格的机构担任保荐人。第二十三条规定：国务院证券监督管理机构依照法定条件负责核准股票发行申请。2003 年 12 月 28 日，中国证监会公布《证券发行上市保荐制度暂行办法》（以下简称《办法》），自 2004 年 2 月 1 日起正式施行。证券发行上市保荐制度是我国证券发行制度的一次革命性变革，它是中国证监会根据我国新兴加转轨的市场特点，从资本市场发展的全局出发，推出的旨在进一步保护投资者特别是公众投资者的合法权益，提高上市公司质量的重要举措。

保荐制具体是指，由保荐人（券商）负责发行人的上市推荐和辅导，核实公司发行文件中所载资料的真实、准确和完整，协助发行人建立严格的信息披露制度，直到获得监管部门的发行核准。不仅要负责发行过程的信息披露，还要承担上市后持续督导的责任，并将责任落实到个人。同次发行的证券，其发行保荐和上市保荐应当由同一保荐机构承担。证券发行规模达到一定数量的，可以采用联合保荐，但参与联合保荐的保荐机构不得超过两家。证券发行的主承销商可以由该保荐机构担任，也可以由其他具有保荐机构资格的证券公司与该保荐机构共同担任。

保荐制度主要包括以下内容。

(1)建立了保荐机构和保荐代表人的注册登记管理制度

《证券发行上市保荐制度暂行办法》对企业发行上市提出了"双保"要求，即企业发行上市不但要有保荐机构进行保荐，还需具有保荐代表人资格的从业人员具体负责保荐工作。这样既明确了机构的责任，也将责任具体落实到了个人。

(2)明确了保荐期限

《证券发行上市保荐制度暂行办法》规定，企业首次公开发行股票和上市公司再次公开发行证券均需保荐机构和保荐代表人保荐。保荐期间分为两个阶段，即尽职推荐阶段和持续督导阶段。从中国证监会正式受理公司申请文件到完成发行上市为尽职推荐阶段。证券发行上市后，首次公开发行股票的，持续督导期间为上市当年剩余时间及其后两个完整会计年度；上市公司再次公开发行证券的，持续督导期间为上市当年剩余时间及其后一个完整会计年度。

(3)确立了保荐责任

《证券发行上市保荐制度暂行办法》规定，保荐机构和保荐代表人在向中国证监会推荐企业发行上市前，要对发行人进行辅导和尽职调查；要保证或有充分理由确信向中国证监会提交的相关文件不存在虚假记载、误导性陈述或重大遗漏；要在推荐文件中对发行人的信息披露质量、发行人的独立性和持续经营能力等做出必要的承诺。保荐机构在持续督导阶段，要对上市公司履行规范运作、信守承诺、信息披露等义务的情况进行持续跟踪，及时揭示风险，督促纠正错误，并给予规范性指导。

(4)引进了持续信用监管和"冷淡对待"的监管措施

《证券发行上市保荐制度暂行办法》规定，除对保荐机构和保荐代表人的违法违规行为进行行政处罚和依法追究法律责任外，还将对违反《证券发行上市保荐制度暂行办法》相关规定的保荐机构和保荐代表人采取"冷淡对待"的具体监管措施，即根据情节轻重，在一定时间内不受理或不再受理其提出的推荐发行上市申请，严重的还要取消其从事保荐业务的资格。《证券发行上市保荐制度暂行办法》还规定对有关机构和个人的不良信用表现记录在案并予以公布。

保荐制度的这些安排将有力推动证券公司及其从业人员牢固树立责任意识，在对发行人进行尽职调查和规范指导时，真正做到勤勉尽责，诚实守信，真正发挥市场对发行人质量的约束作用，切实把好资本市场准入关。

【专栏 3-1】

股票发行注册制改革

2013 年 11 月 15 日发布的《中共中央关于全面深化改革若干重大问题的决定》提出，健全多层次资本市场体系，推进股票发行注册制改革，多渠道推动股权融资，发展并规范债券市场，提高直接融资比重。"这是股票发行注册制首次列入中央文件，将对我国资本市场带来重大影响。"

注册制主要是指发行人申请发行股票时，必须依法将公开的各种资料完全准确地向证券监管机构申报。证券监管机构的职责是对申报文件的全面性、准确性、真实性和及时性做形式审查，不对发行人的资质进行实质性审核和价值判断而将发行公司股票的良莠留给市场来决定。注册制的核心是只要证券发行人提供的材料不存在虚假、误导或者遗漏，即使该证券没有任何投资价值，证券主管机关也无权干涉，因为自愿上当被认为是投资者不可剥夺的权利。这类发行制度的代表是美国和日本。这种制度的市场化程度最高，可以让那些无资产支持的好公司获得更强的融资能力，抑制公司上市过程中的寻租现象，上市公司的好坏由投资者尤其是专业化的投资者来决定。股票发行由审核制向注册制过渡，并不意味着发行标准的降低和监管的放松。相反，注册制对事后监管提出了更高要求，需要以更加严格的监管维护市场健康运行。虽然注册制的真正实施还有待《证券法》的修改，但注册制蓝图带给资本市场的变革已经可以预期。理顺关系，该市场的归市场，该监管的归监管，资本市场的活力将由此得到释放。

二、承销与保荐的业务资格

修订后的《证券法》于2006年1月1日实施后规定，经国务院证券监督管理机构批准，证券公司可以经营证券承销与保荐业务。经营单项证券承销与保荐业务的，注册资本最低限额为人民币1亿元；经营证券承销与保荐业务且经营证券自营、证券资产管理、其他证券业务中一项以上的，注册资本最低限额为人民币5亿元。除了资本金要求外，证券公司从事证券承销与保荐业务还须满足《证券发行上市保荐业务管理办法》(以下简称《管理办法》)的规定，该办法自2008年12月1日起施行。《管理办法》所称"保荐机构"，就是指《证券法》第十一条所指的"保荐人"。

1. 保荐机构的资格

证券公司申请保荐机构资格应当具备的条件：

(1)注册资本不低于人民币1亿元，净资本不低于人民币5000万元。

(2)具有完善的公司治理和内部控制制度，风险控制指标符合相关规定。

(3)保荐业务部门具有健全的业务规程、内部风险评估和控制系统，内部机构设置合理，具备相应的研究能力、销售能力等后台支持。

(4)具有良好的保荐业务团队且专业结构合理，从业人员不少于35人，其中最近三年从事保荐相关业务的人员不少于20人。

(5)符合保荐代表人资格条件的从业人员不少于四人。

(6)最近三年内未因重大违法违规行为受到行政处罚。

(7)中国证监会规定的其他条件。

证券公司取得保荐机构资格后，应当持续符合上述规定的条件。保荐机构因重大违法违规行为受到行政处罚的，中国证监会撤销其保荐机构资格；不再具备上述规定其他条件的，中国证监会可责令其限期整改，逾期仍然不符合要求的，中国证监会撤销其保荐机构资格。

2.保荐代表人的资格

个人申请保荐代表人资格应当具备的条件：

(1)具备三年以上保荐相关业务经历。

(2)最近三年内在境内证券发行项目(首次公开发行股票并上市、上市公司发行新股、可转换公司债券及中国证监会认定的其他情形)中担任过项目协办人。

(3)参加中国证监会认可的保荐代表人胜任能力考试且成绩合格有效。

(4)诚实守信,品行良好,无不良诚信记录,最近三年未受到中国证监会的行政处罚。

(5)未负有数额较大到期未清偿的债务。

(6)中国证监会规定的其他条件。

个人如果取得保荐代表人资格后,应当持续符合上述第4项、第5项和第6项规定的条件。保荐代表人被吊销、注销证券业执业证书,或者受到中国证监会行政处罚的,中国证监会撤销其保荐代表人资格;不再符合其他条件的,中国证监会责令其限期整改,逾期仍然不符合要求的,中国证监会撤销其保荐代表人资格。

中国证监会依法受理、审查申请文件。对保荐机构资格的申请,自受理之日起45个工作日内做出核准或者不予核准的书面决定;对保荐代表人资格的申请,自受理之日起20个工作日内做出核准或者不予核准的书面决定。证券公司和个人应当保证申请文件真实、准确、完整。申请期间,申请文件内容发生重大变化的,应当自变化之日起两个工作日内向中国证监会提交更新资料。

三、募股文件的准备

股票发行准备阶段的实质性工作是由发行参与人准备招股说明书及作为其根据和附件的专业人员的结论性审查意见。这些文件统称为首次公开发行股票申请文件。申请首次公开发行股票的公司(以下简称发行人)应按《公开发行证券的公司信息披露内容与格式准则第9号——首次公开发行股票并上市申请文件》的要求制作申请文件。申请文件是发行人为首次公开发行股票向中国证监会报送的必备文件。发行人报送的申请文件应包括公开披露的文件和一切相关的资料。

准则附录规定的申请文件目录是对发行申请文件的最低要求。根据审核需要,中国证券监督管理委员会(以下简称中国证监会)可以要求发行人和中介机构补充材料。如果某些材料对发行人不适用,可不提供,但应向中国证监会做出书面说明。申请文件一经受理,未经中国证监会同意,不得增加、撤回或更换。

四、我国首次公开发行股票的核准

国务院证券监督管理机构依照法定条件负责核准股票发行申请。发行人必须向中国证监会提交《公司法》规定的申请文件和国务院证券监督管理机构规定的有关文件,所提交的申请文件必须真实、准确、完整。目前,我国对发行人民币普通股取消了额度控制、限报家数的管理体制,改变了由地方政府或国务院有关产业部门推荐、中国证监会受理预选材料的模式,实行发行人按照中国证监会颁布的《公司公开发行股票申请文件标准格式》制作申请文件，经省级人民政府或国务院有关部门同意后，由主承销商推荐并向中国证监会申报的审核制度。

1.首次公开发行股票的核准程序

在主板上市公司首次公开发行股票的核准程序如下：

(1)申报。发行人应当按照中国证监会的有关规定制作申请文件，由保荐人保荐并向中国证监会申报。特定行业的发行人应当提供管理部门的相关意见。

(2)受理。中国证监会收到申请文件后，在五个工作日内做出是否受理的决定。

(3)初审。中国证监会受理申请文件后，由相关职能部门对发行人的申请文件进行初审。中国证监会在初审过程中，将征求发行人注册地省级人民政府是否同意发行人发行股票的意见，并就发行人的募集资金投资项目是否符合国家产业政策和投资管理的规定征求国家发改委的意见。

(4)预披露。根据《证券法》第二十一条的规定，发行人申请首次公开发行股票的，在提交申请文件后，应当按照国务院证券监督管理机构的规定预先披露有关申请文件。因此，发行人申请文件受理后、发行审核委员会(简称“发审委”)审核前，发行人应当将招股说明书(申报稿)在中国证监会网站预先披露。发行人可以将招股说明书(申报稿)刊登于其企业网站，但披露内容应当与中国证监会网站的完全一致，且不得早于在中国证监会网站的披露时间。

(5)发审委审核。相关职能部门对发行人的申请文件初审完成后，由发审委组织发审委会议进行审核。

(6)决定。中国证监会依照法定条件对发行人的发行申请做出予以核准或者不予核准的决定，并出具相关文件。自中国证监会核准发行之日起，发行人应在六个月内发行股票；超过六个月未发行的，核准文件失效，须重新经中国证监会核准后方可发行。此外，发行申请核准后、股票发行结束前，发行人发生重大事项的，应当暂缓或者暂停发行，并及时报告中国证监会，同时履行信息披露义务。影响发行条件的，应当重新履行核准程序。股票发行申请未获核准的，自中国证监会做出不予核准决定之日起六个月后，发行人可再次提出股票发行申请。

创业板上市公司首次公开发行股票的核准程序。发行人董事会应当依法就首次公开发行股票并在创业板上市的具体方案、募集资金使用的可行性及其他必须明确的事项做出决议，并提请股东大会批准；决议至少应当包括下列事项：股票的种类和数量，发行对象，价格区间或者定价方式，募集资金用途，发行前滚存利润的分配方案，决议的有效期，对董事会办理本次发行具体事宜的授权，其他必须明确的事项。

发行人应当按照中国证监会有关规定制作申请文件，由保荐人保荐并向中国证监会申报。保荐人保荐发行人发行股票并在创业板上市，应当对发行人的成长性进行尽职调查和审慎判断并出具专项意见。发行人为自主创新企业的，还应当在专项意见中说明发行人的自主创新能力。

中国证监会收到申请文件后，在五个工作日内做出是否受理的决定。中国证监会受理申请文件后，由相关职能部门对发行人的申请文件进行初审，并由创业板发行审核委员会审核。中国证监会依法对发行人的发行申请做出予以核准或者不予核准的决定，并出具相关文件。

发行人应当自中国证监会核准之日起六个月内发行股票;超过六个月未发行的,核准文件失效,须重新经中国证监会核准后方可发行。发行申请核准后至股票发行结束前发生重大事项的,发行人应当暂缓或者暂停发行,并及时报告中国证监会,同时履行信息披露义务。出现不符合发行条件事项的,中国证监会撤回核准决定。股票发行申请未获核准的,发行人可自中国证监会做出不予核准决定之日起六个月后再次提出股票发行申请。

2.发审委的构成与工作

为了保证在股票发行审核工作中贯彻公开、公平、公正的原则,提高股票发行审核工作的质量和透明度,中国证监会于2006年5月发布实施了《中国证券监督管理委员会发行审核委员会办法》。按照该办法的规定,中国证监会设立发行审核委员会。发审委审核发行人股票发行申请和可转换公司债券等中国证监会认可的其他证券的发行申请。发审委依照《证券法》、《公司法》等法律、行政法规和中国证监会的规定,对发行人的股票发行申请文件和中国证监会有关职能部门的初审报告进行审核。发审委以计票方式对股票发行申请进行表决,提出审核意见。

发审委委员由中国证监会的专业人员和中国证监会外的有关专家组成,由中国证监会聘任。发审委委员为25名,部分发审委委员可以为专职。其中中国证监会的人员5名,中国证监会以外的人员20名。发审委委员每届任期一年,可以连任,但连续任期最长不超过三届。每次参加发审委会议的发审委委员为七名。表决投票时同意票数达到五票为通过,同意票数未达到五票为未通过。

第二节　股票发行与承销的实施

在获得股票发行的核准后,后续的环节就是如何把股票推销给投资者。发行人推销股票的方式有两大类:一种方式是自己销售,称为自销;另一种方式是委托他人代为销售,称为承销。由于发行的专业性和风险性,股票发行以承销为多。

一、股票的承销方式

所谓承销就是将股票销售业务委托给专门的股票承销机构销售。按照发行风险的承担、所筹资金的划拨及手续费高低等因素划分,承销方式有包销和代销两种。

1.包销

股票发行的包销是指证券公司将发行人的证券按照协议全部购入或者在承销期结束时将售后剩余证券全部自行购入的承销方式。采用该种方式,当实际招募额达不到预定发行额时,剩余部分由承销商全部承购下来,并由承销商承担股票发行风险。包销一般可分为全额包销和余额包销两种。

(1)全额包销,是指由承销商(承销团)先全额购买发行人该次发行的股票,然后再向投资者发售。全额包销的承销商承担全部发行风险,因此手续费很高。这种承销方式可以保证发行人及时得到所需的资金。

(2)余额包销,是指承销商(承销团)按照规定的发行额和发行条件,在约定期限内向投资者发售股票,到销售截止日,如投资者实际认购总额低于预定发行总额,未售出的股票由承销商负责认购,并按约定时间向发行人支付全部证券款项。余额包销的承销商要承担部分发行风险,因此手续费也较高。

包销的特点是:①股票发行风险转移。包销协议签订后,股票发行的风险和责任由承销商承担;而在代销条件下,该股票发行风险由发行人自己承担。这是包销与代销两种承销方式的实质区别。②包销的费用高于代销。因发行人不承担股票发行风险,所以要向承销商支付较高的报酬。③发行人可以迅速可靠地获得募股资金。

2.代销

代销是指证券公司代发行人发售证券,在承销期结束时,将未售出的证券全部退还给发行人的承销方式。在代销条件下,在承销协议规定的承销期结束后,如果投资者实际认购总额低于发行人的预定发行总额,承销商(承销团)将未售出的股票全部退还给发行人或包销商。采用代销方式时,股票发行的风险由发行人自行承担。另外,证券的代销、包销期最长不得超过 90 日。

二、公开招股的推销努力

推销努力是决定首次公开招股成功与否的一个直接因素。推销努力致力于信息沟通。推销努力的完美实施可以达到三个目的:①创造对新股的需求;②使新股在发售上市后表现良好,不至于迅速跌破发行定价;③树立良好的公司形象,形成投资者长期的投资信心。

推销努力的成功前提是对各类投资者群体进行分析,通过这一市场细分工作寻找和确立本次公开招股所面向的重点投资者群体,推销努力的具体成功则是通过路演(road show)来实现的。

1.目标投资者群体的确定

证券市场上除个人投资者以外,机构投资者的比重也越来越大,不仅美国等成熟证券市场如此,我国等新兴证券市场也呈现出这种趋势。对担任承销商的投资银行而言,易于向机构投资者推销大额股票,而且机构投资者作为经常性的客户,能够成为新股认购中的中坚力量。所以,作为主承销的牵头投资银行要设法让发行公司管理层明白,投资者的忠诚度最终取决于公开招股上市后公司的经营管理状况。

2.路演

路演是推销努力中最关键的一个核心环节。在约定的时间,发行公司的高级管理层会同主承销投资银行前往某些城市和金融中心做路演,拜访潜在的投资者和证券分析员,使他们对发行公司产生兴趣,鼓励他们购买将公开发售的股票。路演提供给发行公司一个展示公司管理层风貌、公司素质和陈述公司长期商业计划的机会。通过路演,发行公司和牵头投资银行可以判断出专业投资人士对本次公开招股的欢迎程度。

由于路演是发行公司积极推销的唯一机会,很多机构投资者和个人投资者就在公司管理层的路演演说中形成对发行公司管理层的看法,进而做出买或不买新股的决定,所以,发行公司和主承销投资银行必须不遗余力地精心准备路演。

路演后,主承销投资银行应该能较准确地估计投资者对新股的需求水平,并据此调整最终的发行定价或发售股数。我国目前有关文件规定首次公开发行公司在发行前，必须通过因特网以网上直播（至少包括图像直播和文字直播）的方式，向投资者进行公司推介，也可辅以现场推介。

3. 承销集团和销售集团的组建

单个投资银行负责承销股票发行往往存在一些缺陷，主要表现在：①全额包销情况下承销商要投入巨资并承担较高的风险；②其他的投资银行失去在二级市场进驻该股票做市的兴趣和丧失分析研究提供咨询服务的动机；③单个投资银行的客户基础和推销力量毕竟有限，且可能不精于二级市场操作和分析研究。上述缺陷可能使发行公司的股票在上市交易后的短时间内，股价上升的可能性减少，而且，流动性也会遭受严重的削弱。因此，主承销投资银行通常邀请五六家投资银行来担任分销商，组成承销集团和销售集团。

三、股票发行的估值方法

股票的发行价格可以等于票面金额，也可以超过票面金额，但不得低于票面金额。股票的定价不仅仅是估值及撰写投资价值研究报告，还包括发行期间的具体沟通、协商、询价、投标等一系列定价活动。《证券法》第三十四条规定“股票发行采取溢价发行的，其发行价格由发行人与承销的证券公司协商确定”。根据中国证监会《证券发行与承销管理办法》（中国证监会令〔2006〕第 37 号）的规定，首次公开发行股票应通过询价的方式确定股票发行价格。

对拟发行股票的合理估值是定价的基础。通常的估值方法有两大类：一类是相对估值法；另一类是绝对估值法。

1. 相对估值法

相对估值法亦称可比公司法，是指对股票进行估值时，对可比较的或者代表性的公司进行分析，尤其注意有着相似业务的公司的新近发行以及相似规模的其他新近的首次公开发行，以获得估值基础。主承销商审查可比较的发行公司的初次定价和它们的二级市场表现，然后根据发行公司的性质进行价格调整，为新股发行进行估价。在运用可比公司法时，可以用比率指标进行比较，比率指标包括 P/E（市盈率）、P/B（市净收）、EV/EBITDA（企业价值与利息、所得税、折旧、摊销前收益的比率）等。其中最常用的比率指标是市盈率和市净率。

（1）市盈率法

市盈率（price to earnings ratio，简称 P/E），是指股票市场价格与每股收益的比率，计算公式为：市盈率＝股票市场价格/每股收益，每股收益通常指每股净利润。

每股净利润的确定方法。①全面摊薄法。全面摊薄法就是用全年净利润除以发行后总股本，直接得出每股净利润。②加权平均法。在加极平均法下，每股净利润的计算公式为：

$$每股净利润＝全年净利润/发行前总股本数＋本次公开发行股本数 \times (12-发行月份)\div 12$$

《公开发行证券公司信息披露编报规则第 9 号——净资产收益率和每股收益的计算及披露》（2007 年修订）规定，公司招股说明书、年度财务报告、中期财务报告等公开披露信息中应披露基本每股收益和稀释每股收益。

基本每股收益可参照如下公式计算：

$$基本每股收益 = P \div S$$

$$S = S_0 + S_1 + S_i \times M_i \div M_0 - S_j \times M_j \div M_0 - S_k$$

其中：P 为归属于公司普通股股东的净利润或扣除非经常性损益后归属于普通股股东的净利润；S 为发行在外的普通股加权平均数；S_0 为期初股份总数；S_1 为报告期因公积金转增股本或股票股利分配等增加股份数；S_i 为报告期因发行新股或债转股等增加股份数；S_j 为报告期因回购等减少股份数；S_k 为报告期缩股数；M_0 为报告期月份数；M_i 为增加股份下一月份起至报告期期末的月份数；M_j 为减少股份下一月份起至报告期期末的月份数。

公司存在稀释性潜在普通股的，应当分别调整归属于普通股股东的报告期净利润和发行在外普通股加权平均数，并据以计算稀释每股收益。

在发行可转换债券、股份期权、认股权证等稀释性潜在普通股情况下，稀释每股收益可参照如下公式计算：

稀释每股收益＝[P ＋(已确认为费用的稀释性潜在普通股利息－转换费用)×(1－所得税率)]/($S_0 + S_1 + S_i \times M_i \div M_0 - S_j \times M_j \div M_0 - S_k$ ＋认股权证、股份期权、可转换债券等增加的普通股加权平均数)

其中：P 为归属于公司普通股股东的净利润或扣除非经常性损益后归属于公司普通股股东的净利润。公司在计算稀释每股收益时，应考虑所有稀释性潜在普通股的影响，直至稀释每股收益达到最小估值。通过市盈率法估值时，首先应计算出发行人的每股收益；其次根据二级市场的平均市盈率、发行人的行业情况(同类行业公司股票的市盈率)、发行人的经营状况及其成长性等拟订估值市盈率；最后，依据估值市盈率与每股收益的乘积决定估值。

(2)市净率法

①市净率的计算公式。市净率(price to book value ratio，简称 P/B)，是指股票市场价格与每股净资产的比率，计算公式为：

市净率＝股票市场价格/每股净资产

②估值。通过市净率定价法估值时，首先应根据审核后的净资产计算出发行人的每股净资产；其次，根据二级市场的平均市净率、发行人的行业情况(同类行业公司股票的市净率)、发行人的经营状况及其净资产收益率等拟定估值市净率；最后，依据估值市净率与每股净资产的乘积决定估值。

相对估值法简单易用，可以迅速获得被评估资产的价值，尤其是当金融市场上有大量“可比”资产在进行交易且市场对这些资产的定价相对稳定的时候。但用该方法估值时容易产生偏见，主要原因是“可比公司”的选择是个主观概念，世界上没有在风险和成长性方面完全相同的两个公司；同时，该方法通常忽略了决定资产最终价值的内在因素和假设前提；另外，该方法容易将市场对“可比公司”偏离价值的定价(高估或低估)引入对目标股票的估值中。

2. 绝对估值法

绝对估值法亦称贴现法，主要包括公司贴现现金流量法(DCF)、现金分红折现法(DDM)。

相对估值法反映的是市场供求决定的股票价格，绝对估值法体现的是内在价值决定价格，即通过对企业估值，而后计算每股价值，从而估算股票的价值。

以下以贴现现金流量法为例介绍绝对估值法。

贴现现金流量法是通过预测公司未来的现金流量，按照一定的贴现率计算公司的整体价值，从而进行股票估值的一种方法。运用贴现现金流量的计算步骤如下：

(1)预测公司未来的自由现金流量。预测的前提是本次发行成功地筹集到必要的现金并运用于相关项目投资。公司自由现金流量，是指公司在持续经营的基础上除了在库存、厂房、设备、长期股权等类似资产上所需投入外，能够产生的额外现金流量。现金流量的预测期一般为5～10年，预测期越长，预测的准确性越差。

(2)预测公司的永续价值。永续价值是公司预测时期末的市场价值，可以参照公司的账面残值和当时的收益情况，选取适当的行业平均市盈率倍数或者市净率进行估算。

(3)计算加权平均资本成本：

$$WACC = \sum K_i \cdot b_i$$

式中：$WACC$ 为加权平均资本成本；K_i 为各单项资本成本；b_i 为各单项资本所占的比重。

(4)计算公司的整体价值：

$$公司整体价值 = \sum_{t=1}^{n} \frac{FCF_t}{(1+WACC)^t} + \frac{V_n}{(1+WACC)^n}$$

式中：FCF_t 为企业自由现金流量；V_n 为 n 时刻目标企业的终值。

(5)公司股权价值：

公司股权价值＝公司整体价值－净债务值

(6)公司每股股票价值：

公司每股股票价值＝公司股权价值/发行后总股本

贴现现金流量法需要比较可靠地估计未来现金流量(通常为正)，同时根据现金流量的风险特性又能确定出恰当的贴现率。但实际操作中，情况往往与模型的假设条件相去甚远，影响了该方法的正确使用。在以下情况下，使用贴现现金流量法进行估值时将遇到较大困难。

第一，陷入财务危机的公司。通常这些公司没有正的现金流量，或难以准确地估计现金流量。

第二，收益呈周期性分布的公司。这类公司对未来现金流的估计容易产生较大偏差。

第三，正在进行重组的公司。这类公司可能面临资产结构、资本结构以及红利政策等方面的较大变化，既影响未来现金流，又通过公司风险特性的变化影响贴现率，从而影响估值结果。

第四，拥有某些特殊资产的公司。主要指拥有较大数量的未被利用的资产、专利或选择权资产的公司。这些资产的价值不能完全体现在公司的现金流中。

股票发行的估值和定价既有理性的计算，更有对市场供求的感性判断。如果仅仅依赖公式计算认为所计算的结果才是公司的合理价值，就过于武断。事实上，股票的价格是随着股票市场景气程度不断变化的，定价的艺术体现在定价的过程之中。主承销商在定价之前，首先要确定恰当的市场时机，因为在不恰当的情况下发行，估值结论和定价结果难以体现真正的价值，既可能影响发行人的利益，也可能损害投资者的利益。我国的发行市场中，首次公开发行的承销风险相对较小，因此主承销商往往重在制作材料而轻视了定价过程。但是随着市场的规范化发展，定价将越来越重要。定价之前的路演推介是定价过程中非常重要的环节，是首次公开发行股票公司的主承销商为了合理地确定股票价值而与专业机构投资者进行的直接沟通。通过这种沟通，主承销商可以探知专业投资者关注的问题、购买意向等，以便确定更为准确、贴近市场需求的定价。

四、首次公开发行股票的询价与定价

首次公开发行股票，应当通过向特定机构投资者（以下简称“询价对象”）询价的方式确定股票发行价格。发行人及其主承销商应当在刊登首次公开发行股票招股意向书和发行公告后向询价对象进行推介和询价，并通过互联网向公众投资者进行推介。询价分为初步询价和累计投标询价。发行人及其主承销商应当通过初步询价确定发行价格区间，在发行价格区间内通过累计投标询价确定发行价格。首次发行的股票在中小企业板上市的，发行人及其主承销商可以根据初步询价结果确定发行价格，不再进行累计投标询价。

1. 询价对象

询价对象是指符合《证券发行与承销管理办法》规定条件的证券投资基金管理公司、证券公司、信托投资公司、财务公司、保险机构投资者、合格境外机构投资者，以及经中国证监会认可的其他机构投资者。

询价对象应当符合下列条件：①依法设立，最近 12 个月未因重大违法违规行为被相关监管部门给予行政处罚、采取监管措施或者受到刑事处罚；②依法可以进行股票投资；③信用记录良好，具有独立从事证券投资所必需的机构和人员；④具有健全的内部风险评估和控制系统并能够有效执行，风险控制指标符合有关规定；⑤按照《证券发行与承销管理办法》的规定被中国证券业协会从询价对象名单中去除的，自去除之日起已满 12 个月。

机构投资者作为询价对象除应当符合以上规定的条件外，还应当符合下列条件：①证券公司经批准可以经营证券自营或者证券资产管理业务；②信托投资公司经相关监管部门重新登记已满两年，注册资本不低于 4 亿元，最近 12 个月有活跃的证券市场投资记录；③财务公司成立两年以上，注册资本不低于 3 亿元，最近 12 个月有活跃的证券市场投资记录。

询价对象应当在年度结束后一个月内对上年度参与询价的情况进行总结，并就其是否持续符合规定的条件以及是否遵守《证券发行与承销管理办法》对询价对象的监管要求进行说明。总结报告应当报中国证券业协会备案。

询价对象有下列情形之一的，中国证券业协会应当将其从询价对象名单中去除：①不再符合《证券发行与承销管理办法》规定的条件；②最近 12 个月内因违反相关监管要求被监管谈话三次以上；③未按时提交年度总结报告。

2. 投资价值研究报告

主承销商应当在询价时向询价对象提供投资价值研究报告。发行人、主承销商和询价对象不得以任何形式公开披露投资价值研究报告的内容。投资价值研究报告应当由承销商的研究人员独立撰写并署名，承销商不得提供承销团以外的机构撰写的投资价值研究报告。出具投资价值研究报告的承销商应当建立完善的投资价值研究报告质量控制制度，撰写投资价值研究报告的人员应当遵守证券公司内部控制制度。

撰写投资价值研究报告应当遵守下列要求：独立、审慎、客观；引用的资料真实、准确、完整、权威并须注明来源；对发行人所在行业的评估具有一致性和连贯性；无虚假记载、误导性陈述或者重大遗漏。

投资价值研究报告应当对影响发行人投资价值的因素进行全面分析，至少包括下列内容：发行人的行业分类、行业政策，发行人与主要竞争者的比较及其在行业中的地位；发行人经营状况和发展前景分析；发行人盈利能力和财务状况分析；发行人募集资金投资项目分析；发行人与同行业可比上市公司的投资价值比较；宏观经济走势、股票市场走势以及其他对发行人投资价值有重要影响的因素。

投资价值研究报告应当在上述分析的基础上，运用行业公认的估值方法对发行人股票的合理投资价值进行预测。

3. 询价与定价

询价对象可以自主决定是否参与初步询价，询价对象申请参与初步询价的，主承销商无正当理由不得拒绝。未参与初步询价或者参与初步询价但未有效报价的询价对象，不得参与累计投标询价和网下配售。

询价结束后，公开发行股票数量在 4 亿股以下、提供有效报价的询价对象不足 20 家的，或者公开发行股票数量在 4 亿股以上、提供有效报价的询价对象不足 50 家的，发行人及其主承销商不得确定发行价格，并应当中止发行。

发行人及其主承销商中止发行后重新启动发行工作的，应当及时向中国证监会报告。

询价对象应当遵循独立、客观、诚信的原则合理报价，不得协商报价或者故意压低或抬高价格。主承销商的证券自营账户不得参与本次发行股票的询价、网下配售和网上发行。与发行人或其主承销商具有实际控制关系的询价对象，不得参与本次发行股票的询价、网下配售，可以参与网上发行。

发行人及其主承销商在发行价格区间和发行价格确定后，应当分别报中国证监会备案，并予以公告。发行人及其主承销商在推介过程中不得误导投资者，不得干扰询价对象正常报价和申购，不得披露招股意向书等公开信息以外的发行人其他信息；推介资料不得有虚假记载、误导性陈述或者重大遗漏。

五、发行方式

1. 上网定价发行方式

上网定价发行是指利用证券交易所的交易系统，主承销商作为股票的唯一“卖方”，投资者在指定的时间内，按现行委托买入股票的方式进行申购的发行方式。

主承销商在上网定价发行前，应在证券交易所设立股票发行专户。申购结束后，根据实际到位资金，由交易所主机确认有效申购。

沪深两市投资者可以使用所持证券账户在申购日（以下简称“T 日”）向交易所申购在交易所发行的新股，申购时间为 T 日 9:30—11:30，13:00—15:00。每一申购单位为 1000 股，申购数量不少于 1000 股，超过 1000 股的必须是 1000 股的整数倍，但最高不得超过当次社会公众股上网发行总量的千分之一，且不得超过 9999.9 万股。

投资者参与网上公开发行股票的申购，只能使用一个证券账户。证券账户注册资料中“账户持有人名称”相同且“有效身份证明文件号码”相同的多个证券账户（以 T－1 日账户注册资料为准）参与同一只新股申购的，以及同一证券账户多次参与同一只新股申购的，以第一笔申购为有效申购，其余申购均为无效申购。

申购委托前，投资者应把申购款全额存入与上交所联网的证券营业部指定的资金账户。

上网申购期内，投资者按委托买入股票的方式，以发行价格填写委托单。一经申报，不得撤单。申购配号根据实际有效申购进行，每一有效申购单位配一个号，对所有有效申购单位按时间顺序连续配号。

(1)上网发行资金申购流程

①投资者申购

T 日，投资者在申购时间内通过证券营业部，根据发行人发行公告规定的发行价格和申购数量缴足申购款，进行申购委托。

已开立资金账户但没有足够资金的投资者，必须在申购日之前(含该日)，根据自己的申购量存入足额的申购资金；尚未开立资金账户的投资者，必须在申购日之前(含该日)在上交所办理指定交易的证券营业部开立资金账户，并根据申购量存入足额的申购资金。

②资金冻结

T+1 日，由中国结算上海(深圳)分公司将到位申购资金冻结。确因银行汇划原因而造成申购资金不能及时入账的，应由结算参与人在 T+1 日提供划款银行的有效划款凭证，并确保 T+2 日上午会计师事务所验资前申购资金入账。

③验资及配号

T+2 日上午申购资金入账及结算备付金账户余额能满足申购资金的扣款，同时应缴纳一天应冻结申购资金利息。

T+2 日，中国结算上海(深圳)分公司配合交易所指定的具备资格的会计师事务所对申购资金进行验资，并由会计师事务所出具验资报告，以实际到位资金作为有效申购。发行人应当向负责申购资金验资的会计师事务所支付验资费用。

上交所将根据最终的有效申购总量，按以下办法配售新股：

当有效申购总量等于该次股票上网发行量时，投资者按其有效申购量认购股票；当有效申购总量小于该次股票上网发行量时，投资者按其有效申购量认购股票后，余额部分按承销协议办理；当有效申购总量大于该次股票发行量时，上交所按照每 1000 股配一个号的规则，由交易主机自动对有效申购进行统一连续配号，并通过卫星网络公布中签率。

④摇号抽签

主承销商于 T+3 日公布中签率，并根据总配号量和中签率组织摇号抽签，于 T+4 日公布中签结果。每一个中签号可认购 1000 股新股。证券营业部应于 T+4 日在显著位置公布摇号中签结果。

⑤中签处理

中国结算上海(深圳)分公司于 T+3 日根据中签结果进行新股认购中签清算，并于当日收市后向各参与申购的结算参与人发送中签数据。

⑥资金解冻

T+4 日，对未中签部分的申购款予以解冻。新股认购款由主承销商通过其开立在中国结算上海分公司的结算备付金账户自行划出至其指定的预留银行收款账户。

证券交易所在申购期(三个工作日)内集中冻结所有投资者的申购资金。公开发行股票、可转债等证券时(含通过证券交易所的交易系统进行网上发行和采用向法人询价、配售方式进行网下发行)，所有申购冻结资金的利息须全部缴存到上海、深圳证券交易所开立的存储专户，作为证券投资者保护基金的来源之一。

T+4 日后，主承销商依据承销协议将新股认购款扣除承销费用后划转到发行人指定的银行账户。

2. 网下配售

网下配售是针对机构投资者的配售。网下配售又叫网下申购，是指不在股票交易网内向一些机构投资者配售股票，这部分配售的股票上市日期有一个锁定期限。

根据中国证监会的相关规定，首次公开发行股票数量在 4 亿股以上的，可以向战略投资者配售股票。发行人应当与战略投资者事先签署配售协议，并报中国证监会备案。

发行人及其主承销商应当在发行公告中披露战略投资者的选择标准、向战略投资者配售的股票总量、占本次发行股票的比例，以及持有期限制等。战略投资者不得参与首次公开发行股票的初步询价和累计投标询价，并应当承诺获得本次配售的股票持有期限不少于 12 个月，持有期自本次公开发行的股票上市之日起计算。

发行人及其主承销商应当向参与网下配售的询价对象配售股票。公开发行股票数量少于 4 亿股的，配售数量不超过本次发行总量的 20%；公开发行股票数量在 4 亿股以上的，配售数量不超过向战略投资者配售后剩余发行数量的 50%。询价对象应当承诺获得本次网下配售的股票持有期限不少于三个月，持有期自本次公开发行的股票上市之日起计算。本次发行的股票向战略投资者配售的，发行完成后无持有期限制的股票数量不得低于本次发行股票数量的 25%。

股票配售对象限于下列类别：①经批准募集的证券投资基金；②全国社会保障基金；③证券公司证券自营账户；④经批准设立的证券公司集合资产管理计划；⑤信托投资公司证券自营账户；⑥信托投资公司设立并已向相关监管部门履行报告程序的集合信托计划；⑦财务公司证券自营账户；⑧经批准的保险公司或者保险资产管理公司证券投资账户；⑨合格境外机构投资者管理的证券投资账户；⑩在相关监管部门备案的企业年金基金；⑪经中国证监会认可的其他证券投资产品。

询价对象应当为其管理的股票配售对象分别指定资金账户和证券账户，专门用于累计投标询价和网下配售。指定账户应当在中国证监会、中国证券业协会和证券登记结算机构登记备案。股票配售对象参与累计投标询价和网下配售应当全额缴付申购资金，单一指定证券账户的累计申购数量不得超过本次向询价对象配售的股票总量。发行人及其主承销商通过累计投标询价确定发行价格的，当发行价格以上的有效申购总量大于网下配售数量时，应当对发行价格以上的全部有效申购进行同比例配售。初步询价后定价发行的，当网下有效申购总量大于网下配售数量时，应当对全部有效申购进行同比例配售。

发行人及其主承销商网下配售股票，应当与网上发行同时进行。网上发行时发行价格尚未确定的，参与网上发行的投资者应当按价格区间上限申购，如最终确定的发行价格低于价格区间上限，差价部分应当退还给投资者。

首次公开发行股票达到一定规模的，发行人及其主承销商应当在网下配售和网上发行之间建立回拨机制，根据申购情况调整网下配售和网上发行的比例。

六、超额配售选择权

首次公开发行股票数量在 4 亿股以上的，发行人及其主承销商可以在发行方案中采用超额配售选择权。超额配售选择权的实施应当遵守中国证监会、证券交易所和证券登记结算机构的规定。

1.超额配售选择权的概念

超额配售选择权是指发行人授予主承销商的一项选择权，获此授权的主承销商按同一发行价格超额发售不超过包销数额15%的股份，即主承销商按不超过包销数额115%的股份向投资者发售。在本次包销部分的股票上市之日起30日内，主承销商有权根据市场情况，从集中竞价交易市场购买发行人股票，或者要求发行人增发股票，分配给对此超额发售部分提出认购申请的投资者。主承销商在未动用自有资金的情况下，通过行使超额配售选择权，可以平衡市场对该只股票的供求，起到稳定市价的作用。中国证监会在股票发行中推出了超额配售选择权的试点，并依法对主承销商行使超额配售选择权进行监督管理。证券交易所对超额配售权的行使过程进行实时监控。超额配售选择权这种发行方式只是对其他发行方式的一种补充，既可用于上市公司增发新股，也可用于首次公开发行。

2.超额配售选择权的实施

发行人计划实施超额配售选择权的，应当提请股东大会批准，因行使超额配售选择权而发行的新股为本次发行的一部分。发行人应当披露因行使超额配售选择权而可能增发股票所募集资金的用途，并提请股东大会批准。拟实施超额配售选择权的主承销商应当向中国证监会提供充分依据，说明公司已经建立了完善的内部控制，遵循着内部"防火墙"的原则，并有专人负责内部监察工作。主承销商与发行人签订的承销协议应当明确发行人对主承销商行使超额配售选择权的授权，以及主承销商包销和行使超额配售选择权的责任。有关超额配售选择权的实施方案应当在招股意向书和招股说明书中予以披露。

在发行前，主承销商应当向证券登记结算公司申请开立专门用于行使超额配售选择权的账户，并向证券交易所和证券登记结算公司提交授权委托书及授权代表的有效签字样本。

3.超额配售选择权的行使

主承销商在决定行使超额配售选择权时，应当保证仅对参与本次发行申购且与本次发行无特殊利益关系的机构投资者做出延期交付股份的安排。在上述投资者预先付款并同意推迟股份交收的情况下，主承销商可以在征集认购意向时，与其达成预售拟行使超额配售选择权所对应股份的协议，并将该协议报证券登记结算公司备案。

在超额配售选择权行使期内，如果发行人股票的市场交易价格低于发行价格，主承销商用超额发售股票获得的资金，按不高于发行价的价格，从集中竞价交易市场购买发行人的股票，分配给提出认购申请的投资者；如果发行人股票的市场交易价格高于发行价格，主承销商可以根据授权要求发行人增发股票，分配给提出认购申请的投资者，发行人获得发行此部分新股所募集的资金。超额配售选择权的行使限额，即主承销商从集中竞价交易市场购买的发行人股票与要求发行人增发的股票之和，应当不超过本次包销数额的15%。在超额配售选择权行使期内，由主承销商指定的股权代表负责行使超额配售选择权及股票的配售。主承销商行使超额配售选择权，可以根据市场情况一次或分次进行。从集中竞价交易市场购买发行人股票所发生的费用由主承销商承担。主承销商应当将预售股份所取得的资金存入其在商业银行开设的独立账户。除包销以外，主承销商在发行/承销期间，不得运用该账户资金外的其他资金或通过他人买卖发行人上市流通的股票。证券登记结算公司有权对该账户资金的使用情况进行监察。

超额配售选择权行使期届满或累计行使数额达到超额配售选择权行使限额时，主承销商应当在两个工作日内向证券交易所和证券登记结算公司提出申请，并提供相关材料，将超额配售选择权账户上的所有股份配售给接受延期交付安排的投资者。主承销商应当在超额配售选择权行使完成后的五个工作日内通知相关银行，将应付给发行人的资金（如有）支付给发行人。

4. 超额配售选择权的披露

在包销数额内的新股发行完成后，发行人应当发布股份变动公告。在实施超额配售选择权所涉及的股票发行验资工作完成后的三个工作日内，发行人应当再次发布股份变动公告。在全部发行工作完成后，发行人还应当按照有关规定办理相关的工商变更登记手续。

在超额配售选择权行使完成后的三个工作日内，主承销商应当在中国证监会指定报刊披露以下有关超额配售选择权的行使情况：因行使超额配售选择权而发行的新股数，如未行使，应当说明原因；从集中竞价交易市场购买发行人股票的数量及所支付的总金额、平均价格、最高与最低价格；发行人本次发行股份总量；发行人本次筹资总金额。

主承销商应当保留行使超额配售选择权的完整记录。在全部发行工作完成后 15 个工作日内，主承销商应当将超额配售选择权的行使情况及其内部监察报告报中国证监会和证券交易所备案。

第三节　国债的发行与承销

国债也是我国证券市场中的重要投资品种，而且，国债的发行方式与公司债券的发行方式是不相同的，因此，有必要再介绍国债的发行与承销方式。

一、我国国债的发行

1. 公开招标方式

我国国债发行招标规则的制定借鉴了国际资本市场中的“美国式”和“荷兰式”两种方式。与我国国债的多期限、多品种、滚动发行相适应，国债的招标模式通过各个招标要素的不同组合，也呈现出多样化。至今，我国共采用过六种招标模式发行国债。

（1）以价格为标的的荷兰式招标，即以募满发行额为止所有投标商的最低中标价格作为最后中标价格，全体投标商的中标价格是单一的。1996 年发行的记账式一、二、三期国债都采用了该种发行模式。

（2）以价格为标的的美国式招标，即以募满发行额为止中标商各自价格上的中标价作为各中标商的最终中标价，各中标商的认购价格是不同的。1997 年发行的记账式一期国债采用了该种发行模式。

（3）以缴款期为标的的荷兰式招标，即以募满发行额为止的中标商中标的缴款日期作为全体中标商的最终缴款日期，所有中标商的缴款日期是相同的。1996 年发行无记名二期国债采用了该种发行模式。

(4)以缴款期为标的的美国式招标，即以募满发行额为止的中标商的各自投标缴款日期作为中标商的最终缴款日期，各中标商的缴款日期是不同的。1995 年发行的记账式一期国债采用了该种发行模式。

(5)以收益率为标的的荷兰式招标，即以募满发行额为止的中标商的最高收益率作为全体中标商的最终收益率，所有中标商的认购成本是相同的。2001 年发行的记账式三期、七期国债采用了该种发行模式。

(6)以收益率为标的的美国式招标，即以募满发行额为止的中标商各个价位上的中标收益率作为中标商各自最终中标收益率，每个中标商的加权平均收益率是不同的。1997 年发行的记账式二期国债采用了这种发行模式。

一般来说，对利率(或发行价格)已确定的国债，采用缴款期招标；对短期贴现国债，多采用单一价格的荷兰式招标；对长期零息和附息国债，多采用多种收益率的美国式招标。

经过多次招标发行的实践和不断改进，国债招标规则日趋完善和稳定。目前，我国在以公开招标方式发行国债中采用的是一种无区间、价位非均匀分布、以价格或收益率为标的的多种价格招标，它符合国债市场化改革和建设的需要。由于采用这种招标方式，承销商的中标成本不一致，因此，财政部允许承销商在发行期内自定分销价格，随行就市发行，使国债的发行效率迅速提高。

目前，财政部国债司在上海、深圳证券交易所和银行间债券市场上主要以公开招标方式发行国债。

2. 承购包销方式

对于事先已确定发行条件的国债，仍采取承购包销方式，目前主要运用于不可上市流通的凭证式国债的发行。此外，1997 年发行无记名可上市流通国债也恢复采用了承购包销方式。随着 1997 年凭证式国债发行规模和比例的扩大，这种发行方式对于国债的顺利发行是相当重要的。另外，在银行间债券市场发行国债有时也采用这种发行方式。

二、国债的承销程序

1. 记账式国债的承销程序

记账式国债是一种无纸化国债，主要通过银行间债券市场向商业银行、保险公司、具有国债承销资格的投资银行、基金管理公司等机构，以及通过证券交易所的交易系统向证券公司、企业法人及其他投资者发行。目前，投资银行通过证券交易所系统分销在交易所市场发行国债。在实际运作中，承销商可以选择场内挂牌分销或场外分销两种方法。

(1)场内挂牌分销的程序。承销商在分得包销的国债后，向证券交易所提供一个自营账户作为托管账户，将在证券交易所注册的记账式国债全部托管于该账户中。同时，证券交易所为每一承销商确定当期国债各自的承销代码，以便于场内挂牌。在此后发行期中的任何交易时间内，承销商按自己的意愿确定挂牌卖出国债的数量和价格，进行分销。投资者在买入债券时，可免交佣金，证券交易所也不向代理机构收取买卖国债的经手费用。买卖成交后，客户认购的国债自动过户至客户的账户内，并完成国债的认购登记手续。客户的认购款通过证券交易所锁定，每日清算，于当日划入承销商在证券交易所的清算账户中，资金回收安全、迅速。发行结束后，承销商在规定的缴款日前如期将发行款一次性划入财政部在中国人民银行的指定账户内，托管账户中分销的国债余额转为承销商持有。财政部在收到承销商缴纳的发行款后，将国债发行手续费拨付至各承销商的指定银行账户。

(2)场外分销的程序。在发行期内，承销商也可以在场外确定分销商或客户，并在当期国债的上市交易日前向证券交易所申请办理非交易过户。证券交易所根据承销商的要求，将原先注册在承销商托管账户中的国债，依据承销商指定的数量过户至分销商或客户的账户内，完成债券的认购登记手续。国债认购款的支付时间和方式由买卖双方在场外协商确定。

2.凭证式国债的承销程序

凭证式国债是一种不可上市流通的储蓄型债券，主要由商业银行销售，各地财政部门和各国债一级自营商也可参与发行。承销商在分得所承销的国债后;通过各自的代理网点发售。发售采取向购买人开具凭证式国债收款凭证的方式，发售数量不能突破所承销的国债量。由于凭证式国债采用"随买随卖"、利率按实际持有天数分档计付的交易方式，因此，在收款凭证中除了注明投资者身份外，还需注明购买日期、期限、到期利率等内容。凭证式国债的发行期限一般较长，所以，发行款的上划采取分次缴款办法，国债发行手续费也由财政部分次拨付。各经办单位对在发行期内已缴款但未售完及购买者提前兑取的凭证式国债，仍可在原额度内继续发售，继续发售的凭证式国债仍按面值售出。

为了便于掌握发行进度，担任凭证式国债发行任务的各个系统一般每月要汇总本系统内的累计发行数额，上报财政部及中国人民银行。

三、国债承销的价格、收益和风险

1.国债承销的价格

在传统的行政分配和承购包销的发行方式下，国债按规定以面值出售，不存在承销商确定承销价格的问题。在现行多种价格的公开招标方式下，每个承销商的中标价格与财政部按市场状况和投标情况确定的发售价格是有差异的。如果按发售价格向投资者销售国债，承销商就有可能发生亏损。因此，财政部允许承销商在发行期内自定承销价格，随行就市发行。

影响国债承销价格的因素有：

(1)市场利率。市场利率的高低及其变化对国债承销价格起着明显的导向作用。市场利率趋于上升，就限制了承销商确定承销价格的空间;市场利率趋于下降，就为承销商确定承销价格拓宽了空间。

(2)承销商承销国债的中标成本。国债承销的价格一般不应低于承销商与发行人的结算价格，反之，就有可能发生亏损。所以，通过投标获得较低成本的国债，有利于分销工作的顺利开展。

(3)流通市场中可比国债的收益率水平。如果国债承销价格定价过高，即收益率过低，投资者就会倾向于在二级市场上购买已流通的国债，而不是直接购买新发行的国债，从而阻碍国债分销的顺利进行。

(4)国债承销的手续费收入。在国债的承销中，承销商可获得其承销金额一定比例的手续费收入。对于不同品种的国债，该比例可能不一样，一般为千分之几。由于该项手续费收入的存在，为了促进分销活动，承销商有可能压低承销价格。

(5)承销商所期望的资金回收速度。降低承销价格,承销商的分销过程会缩短,资金的回收速度会加快,承销商可以通过获取这部分资金占用期中的利息收入来降低总成本,提高收益。

(6)其他国债分销过程中的成本。

2.国债承销的风险

承销商的债券承销活动可能面临一定的风险。一般因承销而产生亏损有两种情况:一种是在整个发行期结束后,承销商仍有部分债券积压,从而垫付相应的发行款,并且这部分非留存自营的债券在上市后也没有获得收益;另一种是承销商将所有包销的债券全部予以分销,但分销的收入不足以抵付承销成本。因此,债券承销风险与债券本身发行条件、债券市场因素以及宏观经济因素有关。

影响债券承销风险的因素有:

(1)债券本身的条件。这主要是指债券的利率水平、期限结构、还本付息情况、发行价格、发行数量、票面金额、税收效应等,这些发行条件直接决定了债券对投资者的吸引力大小。发行条件越优越,债券的发行就越顺利,承销的风险也就越小。

(2)发行市场状况。①发行市场的资金供给状况。在货币供给比较宽松的条件下,社会闲置资金比较充足,有利于降低承销风险。②发行市场上其他证券品种的供给状况。在发行期内,如果市场上还有其他证券品种可供投资者选择,该种国债的承销风险将增大。③债券发行市场的平均利率水平。对于承销者来说,应考虑发行市场上各种债券的平均利率水平,做出适当的决策,否则,会导致较大的承销风险。④投资者的投资偏好。这主要是指投资者在有剩余资金的情况下,是偏好于储蓄,还是股票与债券等。同样是债券投资者,也会对追求强流动性或高收益产生不同的偏好。

(3)宏观经济因素。①社会经济环境的稳定性。一般来说,在经济环境比较稳定的条件下,企业的生产经营状况良好,人们对于经济发展也有比较乐观的态度,对债券的需求量也会上升,有利于债券的发行。②物价水平。在物价比较平稳时,人们偏向于投资储蓄及有价证券,以求保值的同时获得增值;如果物价上涨幅度较大,人们就会倾向于实物储蓄,从而抑制对债券的需求。③利率状况。一般来说,利率水平处于低谷时,人们在利率将上升的预测下,会倾向于投资短期债券;而利率水平较高时,在利率将下降的预测下,人们更倾向于投资长期债券。

3.证券公司承销国债的收益

在债券承购包销的过程中,国债承销的收益来源主要有以下四种:

(1)差价收益。在承销商于发行期内自己确定债券分销价格的情况下,分销价格与承销商同发行人的结算价格之间存在着差价,这种差价可以是收益,也可能发生亏损。

(2)发行手续费收益。承销商发行债券同其他的发行活动一样,发行人应按承销金额的一定比例向其支付手续费。

(3)资金占用的利息收益。如果承销商提前完成了债券的分销任务,那么,在缴款日前,承销商就免费占用这部分资金,并取得利息收益。

(4)留存自营债券交易收益。如果承销商认为所承销的债券有较高的投资价值,就可以留存一部分债券自营,在债券上市后,既可以通过二级市场的交易获益,也可以一直持有该部分债券直至到期兑付。

第四节　其他债券的发行与承销

一、企业债券的发行与承销

根据1993年8月2日国务院第121号令发布的《企业债券管理条例》第二条和第五条的有关规定，企业债券是指在中华人民共和国境内具有法人资格的企业在境内依照法定程序发行、约定在一定期限内还本付息的有价证券，但是，金融债券和外币债券除外。《公司法》和《证券法》对于公司债券的发行和上市也作了具体规定。

1.发行条件

(1)基本条件。根据《企业债券管理条例》第十二条和第十六条规定，企业发行企业债券必须符合下列条件：①企业规模达到国家规定的要求；②企业财务会计制度符合国家规定；③具有偿债能力；④企业经济效益良好，发行企业债券前连续3年盈利；⑤企业发行企业债券的总面额不得大于该企业的自有资产净值；⑥所筹资金用途符合国家产业政策。

根据《证券法》第十六条和2008年1月4日发布的《国家发展改革委关于推进企业债券市场发展、简化发行核准程序有关事项的通知》(发改财金〔2008〕7号)规定，公开发行企业债券必须符合下列条件：①股份有限公司的净资产额不低于人民币3000万元，有限责任公司和其他类型企业的净资产额不低于人民币6000万元。②累计债务余额不超过发行人净资产(不包括少数股东权益)的40%。③最近三年平均可分配利润(净利润)足以支付债券一年的利息。④筹集的资金投向符合国家产业政策，所需相关手续齐全：用于固定资产投资项目的，应符合固定资产投资项目资本金制度的要求，原则上累计发行额不得超过该项目总投资的60%；用于收购产权(股权)的，比照该比例执行；用于调整债务结构的，不受该比例限制，但企业应提供银行同意以债还贷的证明；用于补充营运资金的，不超过发债总额的20%。⑤债券的利率由企业根据市场情况确定，但不得超过国务院限定的利率水平。⑥已发行的企业债券或者其他债务未处于违约或者延迟支付本息的状态。⑦最近三年没有重大违法违规行为。

(2)募集资金的投向。根据《企业债券管理条例》第二十条规定，企业发行企业债券所筹资金应当按照审批机关批准的用途用于本企业的生产经营。企业发行企业债券所筹资金不得用于房地产买卖、股票买卖和期货交易等与本企业生产经营无关的风险性投资。《证券法》第十六条规定，公开发行公司债券筹集的资金，必须用于核准的用途，不得用于弥补亏损和非生产性支出。根据《国家发展改革委关于推进企业债券市场发展、简化发行核准程序有关事项的通知》，企业债券筹集的资金可用于固定资产投资项目、收购产权(股权)、调整债务结构和补充营运资金。

(3)不得再次发行的情形。根据《证券法》第十八条规定，凡有下列情形之一的，公司不得再次公开发行公司债券：①前一次公开发行的公司债券尚未募足的；②对已公开发行的公司债券或者其他债务有违约或者延迟支付本息的事实，且仍处于继续状态的；③违反《证券法》规定，改变公开发行公司债券所募资金用途的。

2.条款设计要求及其他安排

(1)发行规模。根据《企业债券管理条例》第十六条规定,企业发行企业债券的总面额不得大于该企业的自有资产净值。根据《证券法》第十六条和《国家发展改革委关于推进企业债券市场发展、简化发行核准程序有关事项的通知》规定,公开发行企业债券,发行人累计债券余额不超过企业净资产(不包括少数股东权益)的 40%。在此限定规模内,具体的发行规模由发行人根据其资金使用计划和财务状况自行确定。企业债券每份面值为 100 元,以 1000 元人民币为 1 个认购单位。

(2)期限。《企业债券管理条例》和《证券法》对于企业债券的期限均没有明确规定。在现行的具体操作中,原则上不能低于一年。

(3)利率及付息规定。企业债券的利率由发行人与其主承销商根据信用等级、风险程度、市场供求状况等因素协商确定,但必须符合企业债券利率管理的有关规定。《企业债券管理条例》第十八条规定,企业债券的利率不得高于银行相同期限居民储蓄定期存款利率的 40%。

(4)债券的评级。发行人应当聘请具有企业债券评估从业资格的信用评级机构对其债券进行信用评级。债券资信评级机构对评级结果的客观、公正和及时性承担责任。信用评级报告的内容和格式应当符合有关规定。

(5)债券的担保。企业可发行无担保信用债券、资产抵押债券、第三方担保债券。为债券的发行提供保证的,保证人应当具有代为清偿债务的能力,保证应当是连带责任保证。

(6)法律意见书。发行人应当聘请具有从业资格的律师事务所,对发行人发行企业债券的条件和合规性进行法律鉴证,并出具法律意见书。

(7)债券的承销组织。企业债券的发行,应组织承销团以余额包销的方式承销。根据发改委发改财金〔2005〕2800 号文件《国家发展改革委员会关于下达 2006 年第一批企业债券发行规模及发行核准有关问题的通知》的有关规定,企业债券应由具备从事企业债券承销业务资格的金融机构代理发行(企业集团财务公司可以承销本集团发行的企业债券,但不宜作为主承销商)。自 2000 年国务院特批企业债券以来,已经承担过企业债券发行主承销商或累计承担过三次以上副主承销商的金融机构方可担任主承销商,已经承担过副主承销商或累计承担过三次以上分销商的金融机构方可担任副主承销商。各承销商包销的企业债券金额原则上不得超过其上年末净资产的 1/3。对于证券公司参与企业债券的承销,还应满足中国证监会 2000 年 4 月 30 日发布的证监机构字〔2000〕85 号《关于加强证券公司承销企业债券业务监管工作的通知》的相关要求。

3.企业债券发行的申报与核准

原来发行企业债券,需要经过向有关主管部门进行额度申请和发行申报两个过程。额度申请受理的主管部门为国家发改委;发行申报的主管部门主要为国家发改委,国家发改委核准通过并经中国人民银行和中国证监会会签后,由国家发改委下达发行批复文件。其中,中国人民银行主要是核准利率,中国证监会对证券公司类承销商进行资格认定和发行与兑付的风险评估。根据《国家发展改革委关于推进企业债券市场发展、简化发行核准程序有关事项的通知》,为进一步推动企业债券市场发展,扩大发行规模,经国务院同意,对企业债券发行核准程序进行改革,将先核定规模(额度)、后核准发行两个环节,简化为直接核准发行一个环节。

在发行的具体申报上，仍然采取如下方式报送国家发改委：中央直接管理企业的申请材料直接申报；国务院行业管理部门所属企业的申请材料由行业管理部门转报；地方企业的申请材料由所在省、自治区、直辖市、计划单列市发展改革部门转报。国家发改委受理企业发债申请后，依据法律法规及有关文件规定，对申请材料进行审核。符合发债条件、申请材料齐全的，直接予以核准。申请材料存在不足或需要补充有关材料的，应及时向发行人和主承销商提出反馈意见。发行人及主承销商根据反馈意见对申请材料进行补充、修改和完善，重要问题应出具文件进行说明。国家发改委自受理申请之日起 3 个月内（发行人及主承销商根据反馈意见补充和修改申报材料的时间除外）做出核准或者不予核准的决定，不予核准的，应说明理由。企业债券得到国家发改委批准并经中国人民银行和中国证监会会签后，即可进行具体的发行工作。

4. 企业债券的上市流通

企业债券发行完成后，经核准可以在证券交易所上市，挂牌买卖。根据 2007 年 9 月 18 日颁布实施的《上海证券交易所公司债券上市规则》（本章所涉及债券在交易所上市时，仅以在上海证券交易所上市为例），企业债券申请上市，需要参照此规则的要求，向证券交易所上报上市申请材料（参见“公司债的发行与承销”）。《证券法》对公司债券上市也提出了明确要求。

除在交易所市场上市外，企业债券也可以进入银行间市场交易流通。中国人民银行于 2005 年 12 月 13 日就允许公司债券（含企业债券，下同）进入银行间债券市场交易流通事宜发布《公司债券进入银行间债券市场交易流通有关事项》（中国人民银行公告〔2005〕第 30 号），对相关的准入条件、审批程序和信息披露等内容做出规定。

二、公司债的发行与承销

本节所指的公司债券，系指由符合条件的发行人按照中国证监会于 2007 年 8 月 14 日发布实施的《公司债券发行试点办法》所发行的债券。《公司债券发行试点办法》第一章第二条规定“本办法所称公司债券，是指公司依照法定程序发行、约定在一年以上期限内还本付息的有价证券”。而在《关于实施〈公司债券发行试点办法〉有关事项的通知》（证监发〔2007〕112 号）中，对于试点期间符合条件的发行人类型，有如下说明，即“试点初期，试点公司限于沪、深证券交易所上市的公司及发行境外上市外资股的境内股份有限公司”。

1. 发行条件

（1）基本条件。根据《公司债券发行试点办法》，发行公司债券应当符合下列条件：①公司的生产经营符合法律、行政法规和公司章程的规定，符合国家产业政策；②公司内部控制制度健全，内部控制制度的完整性、合理性、有效性不存在重大缺陷；③经资信评级机构评级，债券信用级别良好；④公司最近一期末经审计的净资产额应符合法律、行政法规和中国证监会的有关规定；⑤最近三个会计年度实现的年均可分配利润不少于公司债券一年的利息；⑥本次发行后累计公司债券余额不超过最近一期末净资产额的 40%；金融类公司的累计公司债券余额按金融企业的有关规定计算。

（2）募集资金投向。发行公司债券募集的资金，必须符合股东会或股东大会核准的用途，且符合国家产业政策。

（3）不得再次发行的情形。根据《公司债券发行试点办法》第八条，存在下列情形之一的，不得发行公司债券：①最近36个月内公司财务会计文件存在虚假记载，或公司存在其他重大违法行为；②本次发行申请文件存在虚假记载、误导性陈述或者重大遗漏；③对已发行的公司债券或者其他债务有违约或者迟延支付本息的事实，仍处于继续状态；④严重损害投资者合法权益和社会公共利益的其他情形。

2.条款设计要求及其他安排

（1）定价。公司债券每张面值100元，发行价格由发行人与保荐人通过市场询价确定。

（2）信用评级。公司债券的信用评级，应当委托经中国证监会认定、具有从事证券服务业务资格的资信评级机构进行。公司与资信评级机构应当约定，在债券有效存续期间，资信评级机构每年至少公告一次跟踪评级报告。

（3）债券的担保。对公司债券发行没有强制性担保要求。若为公司债券提供担保，则应当符合下列规定：①担保范围包括债券的本金及利息、违约金、损害赔偿金和实现债权的费用；②以保证方式提供担保的，应当为连带责任保证，且保证人资产质量良好；③设定担保的，担保财产权属应当清晰，尚未被设定担保或者采取保全措施，且担保财产的价值经有资格的资产评估机构评估不低于担保金额；④符合《中华人民共和国物权法》、《中华人民共和国担保法》和其他有关法律、法规的规定。

3.发行申报

（1）公司决议。申请发行公司债券，应当由公司董事会制订方案，由股东会或股东大会对下列事项做出决议：①发行债券的数量；②向公司股东配售的安排；③债券期限；④募集资金的用途；⑤决议的有效期；⑥对董事会的授权事项；⑦其他需要明确的事项。

（2）保荐与申报。发行公司债券应当由保荐人保荐，并向中国证监会申报。保荐人应当按照中国证监会的有关规定编制和报送募集说明书和发行申请文件。公司全体董事、监事、高级管理人员应当在债券募集说明书上签字，保证不存在虚假记载、误导性陈述或者重大遗漏，并声明承担个别和连带的法律责任。保荐人应当对债券募集说明书的内容进行尽职调查，并由相关责任人签字，确认不存在虚假记载、误导性陈述或者重大遗漏，并声明承担相应的法律责任。为债券发行出具专项文件的注册会计师、资产评估人员、资信评级人员、律师及其所在机构，应当按照依法制定的业务规则、行业公认的业务标准和道德规范出具文件，并声明对所出具文件的真实性、准确性和完整性承担责任。债券募集说明书所引用的审计报告、资产评估报告、资信评级报告，应当由有资格的证券服务机构出具，并由至少两名有从业资格的人员签署。债券募集说明书所引用的法律意见书应当由律师事务所出具，并由至少两名经办律师签署。债券募集说明书自最后签署之日起六个月内有效。债券募集说明书不得使用超过有效期的资产评估报告或者资信评级报告。

（3）募集说明书与申报文件制作。对于募集说明书与申报文件的制作，中国证监会在其于2007年8月15日发布的《公开发行证券的公司信息披露内容与格式准则第23号——公开发行公司债券募集说明书》和《公开发行证券的公司信息披露内容与格式准则第24号——公开发行公司债券申请文件》中作了详细规定。

4.受理与核准

中国证监会依照下列程序审核发行公司债券的申请：①收到申请文件后，5个工作日内决定是否受理；②中国证监会受理后，对申请文件进行初审；③发行审核委员会按照《中国证券监督管理委员会发行审核委员会办法》规定的特别程序审核申请文件;④中国证监会做出核准或者不予核准的决定。发行公司债券,可以申请一次核准,分期发行。自中国证监会核准发行之日起,公司应在六个月内首期发行,剩余数量应当在24个月内发行完毕。超过核准文件限定的时效未发行的,须重新经中国证监会核准后方可发行。首期发行数量应当不少于总发行数量的50%,剩余各期发行的数量由公司自行确定,每期发行完毕后五个工作日内报中国证监会备案。发行人应当在发行公司债券前的2～5个工作日内,将经中国证监会核准的债券募集说明书摘要刊登在至少一种中国证监会指定的报刊,同时将其全文刊登在中国证监会指定的互联网网站。

5.公司债券的上市流通

公司债券发行完成后,经核准可在证券交易所挂牌买卖。公司债券申请上市,需要根据证券交易所于2007年9月18日颁布实施的《上海证券交易所公司债券上市规则》,向证券交易所上报上市申请材料。该规则指出,上市公司及其他公司制法人发行的公司债券在证券交易所上市交易,适用本规则,证券交易所另有规定的除外。目前,所有公司债券都只在交易所市场上市。

三、金融债券的发行与承销

我国国内金融债券的发行始于1985年,当时中国工商银行和中国农业银行开始尝试发行金融债券。1994年我国政策性银行成立后,发行主体从商业银行转向政策性银行,首次发行人为国家开发银行;随后,中国进出口银行、中国农业发展银行也加入到这一行列。后来,商业银行中断了对金融债券的发行。2005年4月27日,中国人民银行发布了《全国银行间债券市场金融债券发行管理办法》,对金融债券的发行行为进行了规范,发行体也在原来单一的政策性银行的基础上,增加了商业银行、企业集团财务公司及其他金融机构。本书讨论的金融债券便是指依法在中华人民共和国境内设立的上述金融机构法人在全国银行间债券市场发行的、按约定还本付息的有价证券。2009年4月13日,为进一步规范全国银行间债券市场金融债券发行行为,中国人民银行发布了《全国银行间债券市场金融债券发行管理操作规程》,自2009年5月15日起施行。来自中央国债登记结算公司的资料显示,2008年年底,我国金融债券的存量为4.10万亿元,在所有债券存量中的比重为26.04%,仅次于国债和央行票据。

1.金融债券的发行条件

(1)政策性银行

这里所指的政策性银行包括国家开发银行、中国进出口银行、中国农业发展银行。这三家政策性银行作为发行主体,天然具备发行金融债券的条件,只要按年向中国人民银行报送金融债券发行申请,并经中国人民银行核准后便可发行。政策性银行金融债券发行申请应包括发行数量、期限安排、发行方式等内容,如需调整,应及时报中国人民银行核准。

(2)商业银行

商业银行发行金融债券应具备以下条件:具有良好的公司治理机制;核心资本充足率不低于4%;最近三年连续盈利;贷款损失准备计提充足;风险监管指标符合监管机构的有关规定;最近三年没有重大违法、违规行为;中国人民银行要求的其他条件。根据商业银行的申请，中国人民银行可以豁免前款所规定的个别条件。

(3)企业集团财务公司

根据《全国银行间债券市场金融债券发行管理办法》和《中国银监会关于企业集团财务公司发行金融债券有关问题的通知》(银监发〔2007〕58号)，企业集团财务公司发行金融债券应具备以下条件：①具有良好的公司治理结构、完善的投资决策机制、健全有效的内部管理和风险控制制度及相应的管理信息系统。②具有从事金融债券发行的合格专业人员。③依法合规经营，符合中国银监会有关审慎监管的要求，风险监管指标符合监管机构的有关规定。④财务公司已发行、尚未兑付的金融债券总额不得超过其净资产总额的100%，发行金融债券后，资本充足率不低于10%。⑤财务公司设立一年以上，经营状况良好，申请前一年利润率不低于行业平均水平，且有稳定的盈利预期。⑥申请前一年，不良资产率低于行业平均水平，资产损失准备拨备充足。⑦申请前一年，注册资本金不低于3亿元人民币，净资产不低于行业平均水平。⑧近三年无重大违法违规记录。⑨无到期不能支付债务。⑩中国人民银行和中国银监会规定的其他条件。

2.金融债券发行的操作要求

(1)发行方式

①金融债券可在全国银行间债券市场公开发行或定向发行。②金融债券的发行可以采取一次足额发行或限额内分期发行的方式。发行人分期发行金融债券的，应在募集说明书中说明每期发行安排。发行人应在每期金融债券发行前五个工作日将相关的发行申请文件报中国人民银行备案，并按中国人民银行的要求披露有关信息。

(2)担保要求

商业银行发行金融债券没有强制担保要求；而财务公司发行金融债券，则需要由财务公司的母公司或其他有担保能力的成员单位提供相应担保，经中国银监会批准免于担保的除外。

(3)信用评级

金融债券的发行应由具有债券评级能力的信用评级机构进行信用评级。金融债券发行后，信用评级机构应每年对该金融债券进行跟踪信用评级。如发生影响该金融债券信用评级的重大事项，信用评级机构应及时调整该金融债券的信用评级，并向投资者公布。

(4)发行的组织

①承销团的组建。发行金融债券时，发行人应组建承销团，承销人可在发行期内向其他投资者分销其所承销的金融债券。发行人和承销人应在承销协议中明确双方的权利与义务，并加以披露。

②承销方式及承销人的资格条件。发行金融债券时，可采用协议承销、招标承销等方式。以招标承销方式发行金融债券的，发行人应与承销团成员签订承销主协议。以协议承销方式发行金融债券的，发行人应聘请主承销商。承销人应为金融机构，并须具备下列条件：一是注册资本不低于2亿元人民币；二是具有较强的债券分销能力；三是具有合格的从事债券市场业务的专业人员和债券分销渠道；四是最近两年内没有重大违法、违规行为；五是中国人民银行要求的其他条件。以定向方式发行金融债券的，应优先选择协议承销方式。定向发行对象不超过两家，可不聘请主承销商，由发行人与认购机构签订协议安排发行。

③招标承销的操作要求。以招标承销方式发行金融债券，发行人应向承销人发布下列

信息:一是招标前,至少提前三个工作日向承销人公布招标具体时间、招标方式、招标标的、中标确定方式和应急招投标方案等内容;二是招标开始时,向承销人发出招标书;三是招标结束后,发行人应立即向承销人公布中标结果,并不迟于次一工作日发布金融债券招标结果公告。承销人中标后应履行相应的认购义务。金融债券的招投标发行通过中国人民银行债券发行系统进行。在招标过程中,发行人及相关各方不得透露投标情况,不得干预投标过程。中国人民银行对招标过程进行现场监督。

(5)异常情况处理

一次足额发行或限额内分期发行金融债券,如果发生下列情况之一,应在向中国人民银行报送备案文件时进行书面报告并说明原因:①发行人业务、财务等经营状况发生重大变化。②高级管理人员变更。③控制人变更。④发行人做出新的债券融资决定。⑤发行人变更承销商、会计师事务所、律师事务所或信用评级机构等专业机构。⑥是否分期发行、每期发行安排等金融债券发行方案变更。⑦其他可能影响投资人做出正确判断的重大变化。

(6)其他相关事项

发行人不得认购或变相认购自己发行的金融债券。发行人应在中国人民银行核准金融债券发行之日起60个工作日内开始发行金融债券,并在规定期限内完成发行。发行人未能在规定期限内完成发行的,原金融债券发行核准文件自动失效,发行人不得继续发行本期金融债券。发行人仍需发行金融债券的,应另行申请。金融债券发行结束后10个工作日内,发行人应向中国人民银行书面报告金融债券发行情况。金融债券定向发行的,经认购人同意,可免于信用评级。定向发行的金融债券只能在认购人之间进行转让。

3.金融债券的登记、托管与兑付

国债登记结算公司为金融债券的登记、托管机构。金融债券发行结束后,发行人应及时向国债登记结算公司确认债权债务关系,由国债登记结算公司及时办理债券登记工作。金融债券付息或兑付日前(含当日),发行人应将相应资金划入债券持有人指定的资金账户。

附录:《首次公开发行股票并上市申请文件目录》

第一章　招股说明书与发行公告

1—1　招股说明书(申报稿);

1—2　招股说明书摘要(申报稿);

1—3　发行公告(发行前提供)。

第二章　发行人关于本次发行的申请及授权文件

2—1　发行人关于本次发行的申请报告;

2—2　发行人董事会有关本次发行的决议;

2—3　发行人股东大会有关本次发行的决议。

第三章　保荐人关于本次发行的文件

3—1　发行保荐书;

第四章　会计师关于本次发行的文件

4—1　财务报表及审计报告;

4—2　盈利预测报告及审核报告;

4—3　内部控制鉴证报告；

4—4　经注册会计师核验的非经常性损益明细表。

第五章　发行人律师关于本次发行的文件

5—1　法律意见书；

5—2　律师工作报告；

第六章　发行人的设立文件

6—1　发行人的企业法人营业执照；

6—2　发起人协议；

6—3　发起人或主要股东的营业执照或有关身份证明文件；

6—4　发行人公司章程(草案)。

第七章　关于本次发行募集资金运用的文件

7—1　募集资金投资项目的审批、核准或备案文件；

7—2　发行人拟收购资产(或股权)的财务报表、资产评估报告及审计报告；

7—3　发行人拟收购资产(或股权)的合同或合同草案。

第八章　与财务会计资料相关的其他文件

8—1　发行人关于最近三年及一期的纳税情况的说明：

8—1—1　发行人最近三年及一期所得税纳税申报表；

8—1—2　有关发行人税收优惠、财政补贴的证明文件；

8—1—3　主要税种纳税情况的说明及注册会计师出具的意见；

8—1—4　主管税收征管机构出具的最近三年及一期发行人纳税情况的证明。

8—2　成立不满三年的股份有限公司需报送的财务资料：

8—2—1　最近三年原企业或股份公司的原始财务报表；

8—2—2　原始财务报表与申报财务报表的差异比较表；

8—2—3　注册会计师对差异情况出具的意见。

8—3　成立已满三年的股份有限公司需报送的财务资料：

8—3—1　最近三年原始财务报表；

8—3—2　原始财务报表与申报财务报表的差异比较表；

8—3—3　注册会计师对差异情况出具的意见。

8—4　发行人设立时和最近三年及一期的资产评估报告(含土地评估报告)；

8—5　发行人的历次验资报告；

8—6　发行人大股东或控股股东最近一年及一期的原始财务报表及审计报告。

第九章　其他文件

9—1　产权和特许经营权证书：

9—1—1　发行人拥有或使用的商标、专利、计算机软件著作权等知识产权以及土地使用权、房屋所有权、采矿权等产权证书清单(需列明证书所有者或使用者名称、证书号码、权利期限、取得方式、是否及存在何种他项权利等内容，并由发行人律师对全部产权证书的真实性、合法性和有效性出具鉴证意见)；

9—1—2　特许经营权证书。

9—2　有关消除或避免同业竞争的协议以及发行人的控股股东和实际控制人出具的相

关承诺；

9－3　国有资产管理部门出具的国有股权设置批复文件及商务部出具的外资股确认文件；

9－4　发行人生产经营和募集资金投资项目符合环境保护要求的证明文件(重污染行业的发行人需提供省级环保部门出具的证明文件)；

9－5　重要合同；

9－5－1　重组协议；

9－5－2　商标、专利、专有技术等知识产权许可使用协议；

9－5－3　重大关联交易协议；

9－5－4　其他重要商务合同。

9－6　保荐协议和承销协议；

9－7　发行人全体董事对发行申请文件真实性、准确性和完整性的承诺书；

9－8　特定行业(或企业)的管理部门出具的相关意见。

第十章　定向募集公司还应提供的文件

10－1　有关内部职工股发行和演变情况的文件：

10－1－1　历次发行内部职工股的批准文件；

10－1－2　内部职工股发行的证明文件；

10－1－3　托管机构出具的历次托管证明；

10－1－4　有关违规清理情况的文件；

10－1－5　发行人律师对前述文件真实性的鉴证意见。

10－2　省级人民政府或国务院有关部门关于发行人内部职工股审批、发行、托管、清理以及是否存在潜在隐患等情况的确认文件；

10－3　中介机构的意见：

10－3－1　发行人律师关于发行人内部职工股审批、发行、托管和清理情况的核查意见；

10－3－2　保荐人关于发行人内部职工股审批、发行、托管和清理情况的核查意见。

其中第一章的招股说明书处在核心位置。招股说明书是股份有限公司发行股票时就发行中的有关事项向公众做出披露，并向非特定投资人提出购买或销售其股票的要约邀请性文件。公司首次公开发行股票必须制作招股说明书，这是发行准备阶段的基本任务。招股说明书是发行人向中国证监会申请公开发行申报材料的必备部分。

第四章

证券交易业务

证券交易是指已经发行的证券在证券市场上流通转让的活动。证券流通如果不顺畅，证券的流动性不足，投资者会认为很难把证券变现，从而不愿参与证券的发行。所以证券交易业务是投资银行能够顺利开展承销业务的基础性和互补性业务。投资银行可以在流通市场中为交易的各方提供中介、咨询等服务，以减少交易成本、提高交易的效率。并且通过建立与证券市场主体的广泛联系，为投资银行的其他业务开展创造了便利条件。投资银行主要以三种角色进行证券交易业务：经纪商（broker）、自营商（dealer）和做市商（market maker），分别在市场中发挥不同的金融功能。

第一节　证券交易概述

一、证券交易中的相关主体

1. 证券投资者

证券投资者是买卖证券的主体，可以是自然人，也可以是法人。不同国家或地区的证券市场中对投资者的资格都有所规定。比如在我国，未成年人未经法定监护人的代理或允许者；因违反证券法规，经有关机关决定暂停其证券交易资格而期限未满者；受破产宣告未经复权者；法人提出开户但未能提供该法人授权开户证明者等。证券业从业人员、证券业管理人员和国家规定禁止买卖股票的其他人员，不得直接或间接持有、买卖股票，故不能委托代为买卖股票；但可以买卖经批准发行的国债、基金。此外，与某特定证券的发行、交易有关的内幕人士也不能进行相应的委托买卖。

随着我国证券市场的发展，投资者的资格也不断放宽。从境内的角度来看，国有企业和国资控股的企业、保险公司、社保基金都可以合法得参与证券交易。境外的投资者可以选择直接购买在证券交易所上市的外资股（即 B 股）；也可以通关合格境外机构投资者（QFII）在经批准的投资额度内投资交易所上市的除 B 股以外的股票、债券、基金等，并可以参与股票增发、配股、新股发行和可转债发行的申购。

2. 投资银行

投资银行在证券交易中根据服务的类型不同可以分为证券经纪商、做市商和自营商。其中经纪商是直接代理证券买卖双方，进入证券市场参加交易并收取佣金的证券经营机构。做市商是指不断公开向投资者报出某些特定证券的买卖价格，以维持证券流动性的特定的证券交易商。而自营商是指投资银行使用自己名义开设的账户进行证券买卖。由于我国没有开展做市商制度,所以投资银行在证券交易中扮演经纪商和自营商的角色。

根据我国目前的实际情况,要获得投资银行(即证券公司)的经营资格,一般应具备以下条件:①有符合法律、行政法规规定的公司章程;②主要股东具有持续盈利能力,信誉良好,最近三年无重大违法违规记录,净资产不低于人民币 2 亿元;③有符合规定的注册资本;④董事、监事、高级管理人员具备任职资格,从业人员具有证券从业资格;⑤有完善的风险管理与内部控制制度;⑥有合格的经营场所和业务设施。如果要经营证券经纪业务,注册资本最低限额为人民币 5000 万元。如果要经营自营业务,最低限额为人民币 1 亿元。

3. 证券登记结算公司

证券登记结算公司是为证券交易提供登记、存管、结算服务,不以营利为目的的法人。结算公司由国务院证券监管机构批准设立,要求自有资金不少于 2 亿元人民币,具体负责为证券的发行和在证券交易所交易活动提供集中的登记、存管、结算与交收服务。其具体业务范围和职能包括:股权登记,证券持有人名册登记和证券账户、结算账户的设立,记名证券的存管和过户,上市证券交易的清算和交收,代理证券的还本付息或权益分派及其他代理人服务,实物证券的保管,与上述业务有关的查询服务等,以及中国证监会批准的其他业务。2001 年 3 月 30 日,中国证券登记结算公司成立,原上海和深圳证券登记结算公司变为分公司。

4. 第三方存管机构

“第三方存管”是指投资者的证券交易结算资金交由证券公司以外的第三方存管。在我国是由商业银行扮演第三方的角色。在操作上遵循“券商管证券,银行管资金”的原则,存管银行按照法律、法规的要求,负责客户资金的存取与资金交收;投资者通过证券公司进行证券交易操作的做法保持不变。也就是将投资者的证券账户与证券保证金账户严格进行分离管理。第三方存管模式下,证券公司不再向客户提供交易结算资金存取服务,只负责客户证券交易、股份管理和清算交收等。存管银行负责管理客户交易结算资金管理账户和客户交易结算资金汇总账户,向客户提供交易结算资金存取服务,并为证券公司完成与登记结算公司和场外交收主体之间的法人资金交收提供结算支持。实施保证金第三方存管制度从根本上杜绝券商挪用客户保证金的行为。我国 2005 年修订的《证券法》中第 139 条规定:证券公司客户的交易结算资金应当存放在商业银行,以每个客户的名义单独立户管理。在 2007 年下半年,我国证券经纪业务全面实施了第三方存管制度。

二、证券交易的对象

证券交易的对象是委托—代理合同中的标的物,通常是在证券交易所挂牌交易的有价证券,包括股票、基金、债券等交易品种。证券经纪业务的对象就是特定价格的上述证券。下面介绍一些主要的交易品种。

1. 股票交易

股票交易是以股票为对象的流通转让活动。股票交易可以在证券交易所中进行,也可以在场外交易市场进行。前者通常称为上市交易,后者一般形式为柜台交易。在交易所上市交易的条件比较严格,对上市公司和投资者有各种规定,如果发现不符合上市条件或其他规定的情况,可以规定暂停上市交易直至终止上市资格。终止上市的公司可以选择把公司股票放在场外交易市场交易,因为场外交易市场对交易的条件要求较低。很多公司股票在没有达到上市标准前都先在场外市场流通。而且由于场外市场的灵活便利,一些已经挂牌上市的股票也会放到场外交易。

2.债券交易

债券交易是以债券为对象的流通转让活动。债券按照发行主体可以分为:政府债券,公司债券和金融债券等。其中,金融债券特指金融机构发行的债券。债券交易方式有现货交易和回购交易等。其中,回购交易是在现货交易的基础上派生出来的。它是指债券买卖双方在成交的同时,约定在未来某一时间以确定好的价格再进行反向交易的行为。债券相对于股票更容易被投资者接受,所以一般债券交易的规模要大于股票交易的规模。

3.基金交易

基金交易是以投资基金为对象的流通转让活动。我国公开交易的投资基金主要有封闭式、开放式、创新型和指数型等。封闭式基金的特点是在基金成立后投资者在规定时间内(一般为 10 年)不能向基金公司赎回基金份额,但是可以在交易所买卖。开放式基金发行后,投资者可以向基金公司赎回,但是没有基金流通转让的二级市场。创新型基金,比如 LOF 和 ETF 等,既可以直接向基金公司赎回,也可以通过二级市场进行买卖。指数型基金是指基金盯住某一指数,按照该指数的股票构成去持有和变动股票投资组合。由于基金是专业运作、分散投资,所以适合一般中小投资者。

4.金融衍生产品交易

金融衍生产品主要包括金融期货与金融期权。金融期货指交易双方签订、在未来某日期按约定的价格交割一定数量的金融产品的标准化合约。一般作为标的物的金融产品有外汇、债券、股票指数等。金融期权交易是指金融期权的买入者在支付期权费后,有权在合约规定的某个特定时间或一段时期内,以约定价格向期权卖出方买进或卖出标的物。期权买入者也有权不行使期权。金融衍生品既可以投资,也可以避险,并且一般采取杠杆交易,所以交易规模远大于股票和债券。

三、证券交易市场

证券交易市场又称为二级市场、次级市场,是已经发行的证券进行定价、换手和流通的市场,主要分为场内交易市场和场外交易市场。

1.场内交易市场

场内交易市场是指由证券交易所组织的集中交易场所,有较为完善和严格的制度和组织,一般采用集中的交易指令驱动型(order-driven)的交易模式,交易对象限定为符合标准在交易所上市的证券。只有具有交易席位的机构才能进入交易所交易,其他投资者则通过这些具有交易席位的机构发出交易指令。证券交易所通过交易席位接受并集中处理这些交易指令。场内交易市场尽管是公开的交易场所,但是交易席位限制了投资者直接进场交易的资格。这也是具有交易席位的投资银行开展证券经纪业务的制度条件。

证券交易所主要采用会员制和公司制两种类型。会员制的交易所是不以盈利为目的的社团法人,由证券公司作为会员组成。会员大会是会员制交易所的最高权力机构。只有会员享有进场交易的资格。公司制的交易所是以盈利为目的的商业法人，具有独立的股东会和董事会。公司制交易所的交易席位资格可以买卖转让，但是获得席位的投资银行不得派驻人员担任交易所的董事、监事或经理。这是为了保证交易所的经营者与交易参与者的分离。目前有越来越多的证券交易所有转变为公司制，比如美国的纽交所、中国香港的联交所等。

根据社会经济发展对资本市场的需求和建设多层次资本市场的部署，我国在以上海、深圳证券交易所作为证券市场主板市场的基础上，又在深圳证券交易所设置了中小企业板市场和创业板市场，从而形成了交易所市场内的不同市场层次。

主板市场是一个国家或地区证券发行、上市及交易的主要场所，一般而言，各国主要的证券交易所代表着国内主板市场。主板市场对发行人的经营期限、股本大小、盈利水平、最低市值等方面的要求标准较高，上市企业多为大型成熟企业，具有较大的资本规模以及稳定的盈利能力。上海证券交易所和深圳证券交易所主板、中小板是我国证券市场的主板市场。

创业板市场又被称为"二板市场"，是为具有高成长性的中小企业和高科技企业融资服务的资本市场。与主板市场相比，在创业板市场上市的企业规模较小、上市条件相对较低，中小企业更容易上市募集发展所需资金。我国创业板市场主要面向成长型创业企业，重点支持自主创新企业，支持市场前景好、带动能力强、就业机会多的成长型创业企业，特别是支持新能源、新材料、电子信息、生物医药、环保节能、现代服务等新兴产业的发展。

2. 场外交易市场

场外交易市场是在交易所外证券买卖转让的流通市场，没有固定的场所和组织，不受交易所交易制度的限制，一般由机构投资者参与。相对于交易所市场而言，场外交易市场具有以下特点：①场外交易市场往往是一种分散的，无形的市场，没有集中的、有组织的交易场所。②交易对象众多，即包括大量未上市证券，也包括一部分上市证券。③证券投资者可委托证券经纪商进行买卖，也可直接同经纪商进行交易。④证券交易管理规则比较宽松。在场外交易市场中比较多采用报价驱动型(quotation-driven)的交易模式，即依靠做市商来提供流动性。目前场外交易市场以美国的纳斯达克(Nasdaq)为代表。美国三分之一的普通股，大部分的公司债券和政府债、市政债、资产证券化品种，都是在场外交易市场中流通买卖。

在场内交易日趋同质化和饱和化的当下，场外市场无疑是一片具有无限机会和想象空间的蓝海，其自主性与灵活性使之成为联系券商交易、托管清算、支付、投资以及融资五大基础职能的核心平台，赋予券商与其他金融机构全面竞争的资格与能力。对中小企业而言，可利用场外市场，选择与自身风险状况相匹配的融资工具，为不能在证券交易所上市交易的证券提供流通转让的场所。在多层次资本市场体系中，证券交易所市场上市标准较高，大部分公司很难达到这一标准，但是公司股份天然具有流动的特性，存在转让的要求，场外交易市场为其提供了流通转让的场所，也为投资者提供了兑现及投资的机会。

3. 我国的证券交易市场

新中国成立后最早的证券交易市场出现在 1986 年。当年 8 月，沈阳开始试办企业债券转让业务；9 月，上海开办了股票柜台交易业务。从 1988 年 4 月起，61 个大中城市先后开放了国库券转让市场。1990 年年底，上海证券交易所和深圳证券交易所先后开业，都采取会员制的形式。同时期出现多处股权场外交易市场，比如四川成都红庙子交易市场、山东淄博股权交易市场、STAQ 和 NET 交易系统等。1992 年初，人民币特种股票（B 股）在上海证券交易所上市。1995 年 5 月国债期货交易停止。1998 年证监会宣布关闭地方性的股权场外交易市场，1999 年宣布关闭 STAQ 和 NET 交易系统，这标志着我国股权场外交易的发展陷入停滞。直到 2006 年才推出了中关村非上市股份有限公司代办股份转让系统，范围限于中关村高新园区的企业。2008 年 9 月，天津滨海新区利用政策之便，成立了天津股权交易所。场内交易市场在进入 21 世纪以来经历了几次大发展。2004 年 5 月深圳证券交易所的中小企业板获准成立。2005 年股权分置改革启动。2009 年 10 月证监会批准深圳证券交易所设立创业板。2010 年先后推出了信用交易和股指期货。

2012 年，经国务院批准，决定扩大非上市股份公司股份转让试点（即新三板），首批扩大试点新增上海张江高新技术产业开发区、武汉东湖新技术产业开发区和天津滨海高新区。

2013 年年底，新三板方案突破试点国家高新区限制，扩容至所有符合新三板条件的企业。

在证券交易所之外，我国于 1997 年 6 月设立了全国银行间债券市场。该市场依托于中国外汇交易中心暨全国银行间同业拆借中心和中央国债登记结算公司，仅限于商业银行、农村信用联社、保险公司、证券公司等金融机构进行债券买卖和回购的市场。其主要职能是：提供银行间外汇交易、人民币同业拆借、债券交易系统并组织市场交易；办理外汇交易的资金清算、交割，负责人民币同业拆借及债券交易的清算监督；提供网上票据报价系统；提供外汇市场、债券市场和货币市场的信息服务等。银行间债券市场发展迅速，目前已成为我国债券市场的主体部分。记账式国债的大部分、政策性金融债券、企业债、短期融资券、中期票据、资产证券化品种都在该市场发行并上市交易。

第二节　证券经纪业务

一、证券经纪业务的含义与特点

在场内交易的环境中，由于证券交易方式的特殊性、操作程序的复杂性和交易规则的排他性等，没有交易席位的投资者不能直接进入交易所进行交易活动，而只能通过具备资格的证券经纪商进行交易活动。证券经纪商以代理人的身份向客户提供交易中介服务，收取报酬（即交易佣金），与客户是委托代理关系。证券经纪商必须遵照客户发出的委托指令进行证券买卖，并尽可能以最有利的价格使委托指令得以执行，但证券经纪商并不承担交易中的价格风险。本节主要介绍在场内交易中的证券经纪业务内容，主要包括建立经纪关系、委托买卖、竞价成交、证券结算等四个环节。

投资银行作为证券经纪商主要发挥以下重要作用：①充当证券买卖的媒介。证券经纪商充当证券买方和卖方的经纪人，发挥着沟通买卖双方并按一定要求迅速、准确地执行指令和代理手续的媒介作用，从而提高了证券市场的流动性和效率。②提供咨询服务。证券经纪商一旦和客户建立了买卖委托关系，就有责任向客户提供及时、准确的信息和咨询服务。这些咨询服务包括上市公司的详细资料、公司和行业的研究报告、经济前景的预测分析和展望研究、有关股票市场的近期变动态势的商情报告、有关资产组合的评价和推荐等。③在制度规范下提供融资融券服务。可以为投资者融资，使其购买多于本金的证券；或者为投资者融券，使其卖出不属于自己的证券。证券公司按照提供的资金使用量收取利息。

证券经纪业务一般有如下特征：

①业务对象的广泛性。所有在证券交易所上市交易的股票和债券都是证券经纪业务的对象，因此，证券经纪业务交易的对象具有广泛性。同时，由于证券经纪业务的具体对象是某一种或几种特定价格的证券，而证券价格受各种因素的影响，千变万化，所以，证券经纪业务的对象还具有多变性的特点。

②经纪业务的中介性。证券经纪业务是一种中介业务活动。证券经纪商与客户之间是一种委托—代理关系。除了向客户提供信用交易服务之外，证券经纪商不能用自己的资金进行证券买卖，也不承担交易中的风险。经纪商向客户提供服务以收取佣金作为报酬。

③客户指令的权威性。在证券经纪业务开展过程中，客户是委托人，证券经纪商是受托人。证券经纪商必须严格按照委托人的要求办理委托事项，这是经纪人对委托人的首要义务。委托人的指令具有权威性，证券经纪商必须严格按照委托人指定的证券、数量、价格、有效时间进行买卖，不能以任何理由自行改变委托人的意愿。即便交易情况发生变化，经纪商也不得以为委托人获取最大收益为借口，擅自更改委托指令。如果经纪商感到客户的委托指令不妥时，应向委托人提出建议，获得委托人同意方可进行修改。如果经纪商擅自更改委托人指示，在处理委托事务中使委托人遭受损失，经纪商有责任赔偿全部损失。

④客户资料的保密性。在证券经纪业务中，委托的资料关系到客户投资决策的实施和投资盈利的实现，关系到委托人的切身利益，证券经纪商有义务为客户保守秘密。保密的资料包括客户开户的基本情况，如股东账户和资金账户；客户委托中的各项要素，如买卖证券名称、买卖数量和价格等，以及客户股东账户中的库存证券种类和数量、资金账户中的资金余额等。如果证券经纪商因故意或无意泄密而给客户造成损失，证券经纪商应该赔偿相应损失。但为配合监管部门和法律机关调查而提供有关资料的情况除外。

二、建立经纪关系

按我国现行的做法，投资者参与股票投资应事先到结算公司及其代理点(即证券公司)开立证券账户；在委托证券经纪商买卖证券前必须与之签订《证券交易委托代理协议书》；同时证券经纪商为投资者开立证券交易结算资金账户，并指定第三方银行存管。这是接受买卖委托前的必要环节。经过这些环节后，就意味着证券经纪商与投资者之间建立了经纪关系。

1. 开立证券账户

自然人及一般机构开立证券账户，由开户代理机构受理；证券公司和基金管理公司等机构开立证券账户，由结算公司受理。自然人申请开立证券账户时，需本人前往开户代理点填写申请表，并提交本人有效身份证明文件。如果委托他人代办，需提供经公证的委托代办书、代办人的有效身份证明文件。机构法人申请开立证券账户时，需携带营业执照正、副本，组织机构代码证正、副本，税务登记证，法人代表人证明书，印鉴卡，法人代表身份证复印件等。

2. 签订《证券交易委托代理协议书》

《证券交易委托代理协议书》是投资者与证券经济商之间在委托买卖过程中有关权利、义务、业务规则和责任的基本约定，也是保障客户与证券经纪商双方权益的基本法律文件。如果采用网上委托买卖的方式，证券经纪商与投资者还要签订网上委托协议书。如果开通买卖权证的权限，或者是买卖创业板股票的权限，需分别签署《风险揭示书》。

3. 开立证券交易结算资金账户

证券交易结算资金账户是投资者用于证券交易资金清算、记录资金币种、余额和变动情况的专用账户。开立资金账户所需文件及资料基本与股票账户相同。在开立资金账户时需要选择第三方存管银行。在证券公司开完户之后，需要带上开户资料去到选择的银行作三方存管的确认。手续完成后才能把银行卡的钱转到证券账户。投资者在证券经纪商处开立证券交易结算资金账户并存入证券交易所需的资金，就具备了办理证券交易委托的条件。目前证券经营机构按银行活期存款利率对投资者资金账户上的存款支付利息。

三、委托买卖

在客户开设账户、建立经纪业务关系后，就可以通过向证券经纪商下达各种委托指令，由其代理完成买卖证券。

1. 委托指令

投资者买卖证券，必须向经纪商发出委托指令，也称为订单(order)。就是投资者的委托，经纪商只能根据投资者的委托指令进行买卖。经纪商在接受投资者委托后，应对投资者的委托进行审查，审查的主要内容有委托人资格、委托的程序以及委托的内容等。经纪商不得接受内容不全的委托，不得在无授权情况下，代替客户做出买进或卖出的决定，改变客户委托买卖的证券名称、数量或价格。通常书面的委托单必须详细注明以下内容：①所要买卖证券的具体名称。②买进或卖出及其数量。应注明是买进还是卖出某种证券，以及买进或卖出该种证券的数量。③报价方式。④委托有效期。

2. 委托指令的下达方式

以我国为例，投资者下达委托指令的方式主要有四种：

(1)柜台递单委托。这是指投资者持身份证件和账户卡，由投资人在证券商柜台填写买进或卖出委托书，交由柜台工作人员审核执行。法人委托须出示法人证件(营业执照或其他证明文件)和法人证券账户卡。证券商可以通过电话告知其在交易所大厅的出市代表，将客户的委托输入交易所电脑自动撮合系统。有的也可以通过与交易所主机联网的电脑终端，直接将委托指令输入交易所交易撮合系统。交易完成后，交易所电脑系统立即将成交情况传递到证券商的营业部，投资者可以在证券部的柜台通过成交回报终端查看成交结果。

(2)电话自动委托。这是指投资者用电话拨号方式拨通证券商柜台的电话自动委托系统，用电话机上的数字键输入委托指令。开设电话委托的证券商，需要具备一个将计算机系统和普通电话网连接的电话自动委托交易系统。投资者必须首先开设电话委托专户方可进行电话委托。开户时，投资者要和证券商签订电话委托买卖契约，明确双方的权利和责任，填写专门的电话委托开户表，并亲自在柜台输入自己的电话委托交易密码。开设电话委托专户后，投资者可在任何一个地方直接拨通证券商的电话委托热线，电话委托交易系统会自动用标准普通话提示投资者通过电话机上的数字键输入密码、股票种类、数量、价格等，并自动将投资者委托情况复述一遍，提示投资者确认回答是与否，该系统会自动将复述及确认内容打印以备查验。只有在投资者确认且系统回答委托完毕后，该委托才生效，并将委托输入交易所电脑系统。

(3)远程终端或网上委托。这是指投资者通过与证券商柜台电脑系统联网的远程终端或因特网下达买进或卖出指令。证券经纪商一般会开发独立的网上委托交易软件，供客户下载使用。还有的证券公司提供了基于移动终端的交易软件，比如手机证券交易软件，使得客户通过手机上网的途径也能进行证券交易。由于网上委托的交易成本较低，目前越来越多的投资者通过网上委托进行非现场交易。

3. 委托的报价方式

客户向证券商下达的委托的报价方式有多种：按委托价格方式，一般分为有市价委托、限价委托、止损委托和止损限价委托等四种；按委托时效分为当日、当周、当月委托等。我国证券交易中目前采取的委托形式是当日限价委托和当然市价委托。

(1)市价委托(market order)。市价委托是指仅指明交易的数量，而不指明交易的具体价格，是要求证券商按照即时的市价为其买卖证券。市价委托的成交价格为委托指令进入市场或指令撮合时市场上即时的价格，因此，市价委托也叫随行就市委托。市价委托的最大优点是可将执行风险最小化，经纪商可以按照市场上即时价格立即成交，换言之，市价委托在价格排列次序上居于第一位。由于证券市场是遵循价格优先原则，所以市价委托的执行风险是最小的，确保了委托成交。

(2)限价委托(limit order)。限价委托是指投资者在委托经纪商买卖证券时，限定证券买进或卖出的价格，证券经纪商只能在投资者事先规定的合适价格内进行交易，即经纪商在买进证券时不得超出投资者规定的最高限价，或在卖出证券时不得低于投资者规定的最低限价。与市价委托相比，限价委托的优点是委托的价格风险是可预测和可控制的，其最差的情况就是成交价等于限价。但限价委托的执行风险相对较大。

(3)止损委托(stop loss order)。止损委托是指投资者委托经纪商在证券价格上升至其指定价格或此限度以上时为其按照市价买进证券，或者在证券价格下跌至其指定价格或此限度以下时，为其按照市价卖出证券的订单。

(4)止损限价委托(stop limit order)。止损限价委托指结合止损委托和限价委托的一种委托形式，即投资者委托经纪商在证券价格上升至其指定价格或此限度以外时，对买进或卖出证券再指定一个限价，经纪商只能在此限价的范围内而不是按照市价，为其买卖证券。

4. 委托指令的报盘

在我国沪深证券交易所，证券经营机构执行投资者委托指令有两种报盘方式，即有形席位报盘和无形席位报盘。有形席位是在证券交易所交易厅内有实际工作位置的席位，无形席位是在证券交易所内无实际工作位置的席位。有形席位属于一种场内报盘，即证券经营机构在柜台接到投资者的委托指令并审查后，以电话等通信方式向驻交易所场内交易员转达买卖指令，交易员在接到指令后将其输入证券交易所电脑主机。无形席位属于一种场外报盘，它无须证券经营机构的电脑终端向交易所电脑主机输入买卖证券的指令。采用场外无形席位报盘方式，与场内有形席位报盘相比，具有交易速度快的特点。场外无形席位报盘省略了申报场内交易员的人工报盘环节，不但节省了申报时间，使证券交易从下单到收到成交回报的间隔时间缩短，而且使交易申报的差错率得到降低，有利于减少经纪商和客户之间的纠纷。

5. 委托指令的执行结果

委托指令一旦发出，在有效期限内，不管市场行情有何变化，只要受托人是按委托内容代理买卖的，委托人必须接受交易结果。如果受托人没有根据委托合同限定的证券种类、数量、价格、期限执行，委托人可拒绝接受，并有权要求赔偿。委托人发出委托指令后，在委托有效期内，只要买卖还未成交，就有权变更或撤销原来的委托指令。但是，如果在有效期限内，受托人已经按原委托指令的内容促使买卖成交了，委托人必须承认交易结果，必须如期履行交割手续，否则即为违约。在委托指令下达后但还没有成交时，委托人需要变更或撤销委托，应尽快将新的委托指令传达给证券经纪商。受托人接到通知后，变更委托的按变更后的委托内容代理买卖；撤销委托的，停止执行原委托指令。

四、竞价与成交

当委托指令汇集到交易所后，会按照一定的规则和程序撮合成交。在交易所中一般采取竞价交易制度也称委托驱动(order-driven)制度。在此制度下，买卖双方直接进行交易或将委托通过各自的经纪商送到交易中心，由交易中心进行撮合成交。按证券交易在时间上是否连续，竞价交易制度又分为间断性竞价交易制度和连续竞价交易制度。

间断性竞价交易制度也称集合竞价制度。在该制度下，交易中心(如证券交易所的电脑主机)将规定时段内收到的所有交易委托并不进行一一撮合成交，而是集中起来在该时段结束时进行。因此，集合竞价制度只有一个成交价格，所有委托价在成交价之上的买进委托和委托价在成交价之下的卖出委托都按该唯一的成交价格全部成交。成交价的确定原则通常是最大成交量原则，即在所确定的成交价格上满足成交条件的委托买卖的证券数量最多。集合竞价制度是一种多边交易制度，其最大优点在于信息集中功能，即把所有拥有不同信息的买卖者集中在一起共同决定价格。当市场意见分歧较大或不确定性较大时，这种交易制度的优势就较明显。因此，很多交易所在开盘、收盘和暂停交易后的重新开市都采用集合竞价制度。在我国两大证券交易所，每个交易日上午 9:25，证券交易所都会对 9:15 至 9:25 接受的全部有效委托进行一次性集合竞价，形成当天的开盘价。在深圳证券交易所，14:57 至 15:00 为收盘集合竞价时间，形成当天的收盘价。

连续竞价制度是指证券交易可以在交易时间内连续进行。在连续竞价过程中，当新进入一笔买进委托时，若委托价大于等于已有的卖出委托价，则按卖出委托价成交；当新进入一笔卖出委托时，若委托价小于等于已有的买进委托价，则按买进委托价成交。若新进入的委托不能成交，则按“价格优先，时间优先”的原则顺序排队等待。这样循环往复，直至收市。连续竞价制度是一种双边交易制度，其优点是交易价格具有连续性。目前，上海证券交易所每个交易日 9:30 至11:30、13:00 至 15:00 为连续竞价；深圳证券交易所每个交易日 9:30 至11:30、13:00 至 14:57 为连续竞价时间。

五、信用交易

信用交易又称垫头交易或保证金交易(margin trade),我国习惯称为融资融券交易,是指证券买者或卖者通过交付一定数额的保证金,得到证券经纪人的信用而进行的证券买卖。信用交易可以分为信用买进交易和信用卖出交易。投资者要进行信用交易时,要在经纪人处开立保证金账户,用于反映投资者融资融券以及资产变动状况的账户。经纪公司代客户管理保证金账户并且每天按收盘价格计算账户中的保证金实际余额。证券经纪公司有权以保证金账户上的抵押证券作为向银行贷款的再抵押品,或将保证金账户上客户的抵押证券借给其他做保证金卖空的客户。我国的信用交易业务于2010年3月31日正式启动,首批有六家证券经纪商获得信用交易业务资格,确定了沪深两市90只股票为信用交易的标的。

1.信用买进交易(buy on margin)

信用买进交易又称为保证金购买,或者是融资交易,是指对市场行情看涨的投资者交付一定比例的初始保证金,由经纪人垫付其余价款,为他买进指定证券。这种交易对于经纪人来说相当于在提供经纪服务的同时,又向客户提供了一笔证券抵押贷款。这种贷款的风险是很小的,因为保证金购买的客户必须把所购证券作为抵押品托管在经纪人处。而且如果未来该证券价格下跌,客户遭受损失而使保证金低于维持保证金的水平时,经纪人就会向客户发出追缴保证金通知。对于客户来说,通过保证金购买可以减少自有资金不足的限制,扩大投资效果。当投资者对行情判断正确时,其盈利可大增。当然,如果投资者对市场行情判断错误,则其亏损也是相当严重的。

2.信用卖出交易(short Sale)

信用卖出交易又称为卖空交易,是指对市场行情看跌的投资者本身没有证券,就向经纪人交纳一定比率的初始保证金(现金或证券)借入证券,在市场上卖出,并在未来买回该证券还给经纪人。融券业务的证券来源有不同渠道。有一种做法是经纪商可以将其他投资者的证券借给卖空者而不用通知该证券的所有者。若该证券的所有者要卖出该证券时,经纪人就向其他投资者或其他经纪人借入证券。因此,卖空的数量在理论上是无限的。在卖空证券期间,该证券的所有权益均归原所有人所有。因此若出现股票现金分红等情形,卖空者不能得到现金红利,还必须补偿原持有者该得而未得的现金红利。目前我国实践中的做法是融券的来源是证券公司自有证券。

开展信用交易要注意两种类型的保证金比例:

(1)初始保证金比率。是由证券经纪商在法律法规范围内所决定的保证金比率。其中融资保证金比例是指投资者融资买入时交付的保证金与融资交易金额的比例。计算公式为:融资保证金比例=保证金/(融资买入证券数量×买入价格)×100%。融券保证金比例是指投资者融券卖出时交付的保证金与融券交易金额的比例,计算公式为:融券保证金比例=保证金/(融券卖出证券数量×卖出价格)×100%。我国规定融资、融券的最低保证金比例为50%。证券经纪商可在此基础上向上调整。

(2)维持担保比率(maintenance margin)。由于买空或卖空证券的市场价格变化会引起投资者的保证金账户的盈亏,所以经纪商会对客户提交的担保物进行整体监控,并计算其维持担保比例。维持担保比例是指客户担保物价值与其融资融券债务之间的比例。当客户担保物价值低于这一限度时，经纪商会要求投资者追加保证金(margin call)。

维持担保比例=(现金+信用证券账户内证券市值)/(融资买入金额+融券卖出证券数量×市价+利息及费用)

例1　投资者小甲信用账户中有现金50万元，选定证券A进行融资买入，假设A的折算率为0.7，融资保证金比例为50%。小甲先使用自有资金以10元/股的价格买入了5万股，这时信用账户中的自有资金为0，此时小甲可融资买入的最大金额为70万(50×0.7÷50%=70万元)，如果A价格仍为10元/股，则可融资买入的最大数量为7万股。如果收盘价7.8元/股，则维持担保比例降为134%(资产93.6万元÷负债70万元=134%)。如果以8元/股的价格将信用账户内的12万股证券A全部卖出，所得96万元中的70万元用于归还融资负债，信用账户资产为现金26万元。

例2　小甲信用账户中有现金50万元作为保证金，选定证券B进行融券卖出，假设融券保证金比例为50%。小甲可融券卖出的最大金额为100万元(50万元÷50%=100万元)。证券B的最近成交价为10元/股，可融券卖出的最大数量为10万股(100万元÷10元/股=10万股)。若证券B当日收盘价10.5元/股，小甲的负债金额为105万元(10.5元/股×10万股)，维持担保比例为143%(资产150万元÷负债105万元=143%)。

第三天收盘价12元/股，维持担保比例为125%(资产150万元÷负债120万元=125%)，低于最低维持担保比例130%。如果第四天以12元/股的价格买券还券10万股，买入证券时先使用融券冻结资金100万元，再使用信用账户内自有现金20万元。买券还券成交后，信用账户内资产为现金30万元。

【专栏4-1】

融资融券，到底水有多浑？

高速增长的融资融券业务背后，乱象层出。统计数据显示，券商两融业务自2010年3月试点启动以来增速惊人。从最初的90只标的股票扩容至2013年的700只标的，两市融资融券余额从2010年年末的127亿元增长到2013年年底的近3500亿元。业务收入高速增长的背后，风险性操作已非个案。

根据海通证券、国信证券、招商证券、安信证券等四家券商收到的警示函内容来看，比较集中的问题主要存在以下几点：

其一，未按规定对维持担保比例下跌至平仓线的融资融券客户及时采取平仓措施，违反了《证券公司监督管理条例》第五十四条、《证券公司融资融券业务管理办法》第二十五条的有关规定；

其二，为在公司证券交易不足6个月时限要求的客户开立了融资融券账户，违反了《证券公司融资融券管理办法》第十一条的有关规定；

其三，为逾期融资或融券合约办理展期，违反了《证券公司融资融券管理办法》第十三条第二款的有关规定；此外，海通证券还存在为9名维持担保比例低于300%的客户办理提取现金操作的情形，违反了《上海证券交易所融资融券交易实施细则》第四十二条、《深圳证券交易所融资融券交易实施细则》第4.11条的有关规定。

目前，上海证监局表示海通证券对上述问题已进行了整改，对相关人员进行了内部责任追究，根据《证券公司融资融券业务管理办法》第四十五条等的规定，对海通证券予以警示，提醒公司进一步健全内部控制，依法规范开展融资融券业务。

对于上述四家券商出现的问题，不少业内人士在接受21世纪网采访时表示："不强制平仓、交易不足6个月就开两融账户、办理展期等现象在不少营业部都是普遍现象。"

某券商两融业务负责人就此事举例："如果遇到10万、20万的小单子，强制平仓也就平了，反正影响不大，如果是那种上千万的单子，那些客户都是我们的核心客户，有时候做一些变通也是没办法的事情。还有展期的问题也一样，大客户不乐意，我们只好满足客户的需求展期。"

有业内人员甚至表示："现在两融业务已成为券商重要的利润增长点，为了争夺市场份额，很多公司已经完全无视风险和法规的存在。"

——21世纪网，2014-04-16

六、禁止行为与其他事项

证券市场遵循"三公"原则，禁止任何内幕交易、操纵市场、欺诈客户、虚假陈述等损害市场和投资者的行为。根据《中华人民共和国证券法》、《证券公司监督管理条例》、证券交易所业务规则等法律、法规和有关行政规定，我国证券经纪商在从事证券经纪业务时必须遵守下列规定：①不得私自为客户股票申购和交易提供融资、融券，从事信用交易；②不得挪用客户的交易结算资金和证券，亦不得将客户的资金和证券借与他人或者作为担保物；③不得侵占、损害客户的合法权益；④不得违背客户的指令买卖证券或接受代为客户决定证券买卖方向、品种、数量和时间的全权委托；⑤不得以任何方式向客户保证交易收益或者承诺赔偿客户的投资损失；⑥不得为多获取佣金而诱导客户进行不必要的证券买卖；⑦不得在批准的营业场所之外接受客户委托和进行清算、交收；⑧不得以任何方式提高或降低，或者变相提高或降低交易所公布的证券交易收费标准，收取不合理的佣金和其他费用；⑨不得散布谣言或其他非公开披露的信息；证券营业部是证券公司对外服务的窗口。其经营管理工作开展的好坏将直接关系到证券公司的声誉、形象，而且也会影响到广大投资者的切身利益。因此，对于证券营业部来说，只有不断加强自身的经营管理、努力提高服务质量，才能在广大投资者中树立起良好的社会形象，吸引更多的客户，创造更好的经济效益。

经纪关系一经确立，经纪商就应按照委托合同中的内容，在受托的权限范围内代理委托事项。证券经纪商是证券交易的中介，是独立于买卖双方的第三者，它与客户之间不存在从属或依附的关系；但是要开展经纪业务，证券经纪商首先必须与某一客户建立具体的委托代理关系，明确双方的权利和义务。在证券委托—代理中，证券经纪商作为受托人，必须承担一定的义务，坚持信誉为本，客户至上；坚持客户优先，委托优先；坚持为客户负责，但不代替客户进行决策；坚持公平交易原则，不得以非正当手段牟取私利。证券经纪商在证券代理买卖中如不履行或不适当履行委托合同，应承担违约责任。因证券公司过失造成委托人损失的，须负赔偿责任。委托人如遇证券经纪商违约造成损失而又不履行赔偿责任时，可向证券交易所、中国证券监督管理委员会投诉或申请仲裁，也可直接向法院提出诉讼。

第三节 自营业务

一、自营业务的特点与原则

自营业务指投资银行使用自有资金或依法筹集资金，以自己的名义在证券交易市场以盈利为目的的买卖证券的经营行为。它与委托—代理业务存在较大区别：首先，自营业务开展时，证券商必须拥有自有的证券或资金，而不是如在委托—代理买卖中只需要场所和从业人员即可。其次，自营买卖是证券商以自身盈利为操作目的，通过合法交易来获得利润，尽管由于市场变化或判断失误等原因有时出现亏损，但行为动机是盈利。最后，自营买卖是证券商自主决策的经营行为，通过证券买卖差价来获利，而不是如委托—代理是一种中介服务；自营业务是投资银行自身作为投资者，运用自身的资金在证券市场买卖证券，并自行承担其在买卖证券中的风险。

1.特点

自营业务和经纪业务相比，具有如下特点：

(1)决策和操作上的自主性。自营就是自主经营。自主性表现为以下几个方面：①交易行为的自主性。投资银行自主决定是否买入或卖出某种证券，交易行为具有极大的自主性；②交易方式的自主性。投资银行在买卖证券时，是通过场外的柜台市场买卖，还是通过交易所买卖，在法规范围内依一定的时间、条件由投资银行自主决定；③交易价格的自主性。投资银行在进行自营买卖时，可根据市场情况自主决定买卖价格。

(2)承担风险不同。风险性是投资银行自营业务区别于经纪业务的一个重要特征。由于投资银行以自己的名义和合法资金进行直接的证券买卖活动，证券交易市场中的风险性决定了自营买卖业务具有较大风险，这和证券经纪业务只收取佣金而收益和风险由委托人承担完全不同。

(3)收益难以确定。投资银行进行证券自营买卖，收益主要来源于买卖的价差，由于证券的市场价格变化无常，自营业务的收益就具有较大的风险，而不像经纪所获佣金具有固定的比例，因此，自营业务的收益难以稳定。即使是世界著名的投资银行，也经常因为判断和操作失误而发生自营亏损，导致总体利润的下降。

2.原则

因此投资银行在开展自营业务时应该遵循以下原则。

(1)客户委托优先原则

该原则是指投资银行在同时经营自营业务和经纪业务时，应把经纪业务摆在首位。即对同一证券，当自营业务的报价与经纪业务的报价同时发生，且交易价格相同时，经纪业务的买卖应优先成交，投资银行不得以损失客户的利益来为自己牟利。

(2)维护市场秩序原则

投资银行是依托资本市场而生存，有责任来维护市场的秩序；同时作为一个机构投资者，投资银行也有能力维护市场秩序。因此，投资银行应扮演“做市商”的角色，保证市场交易的稳定性与连续性。当证券市场出现暂时的供需失调、价格异常时，投资银行应介入其中，稳定市场。

(3)公开交易原则

在自营业务过程中，相对其客户而言，自营商在信息、资金和技术上具有较大的优势，为保证交易的公平合理，防止自营商利用这些优势进行不公平的交易，必须对自营商提出公开原则。自营商应向客户明确标明自营业务的内容，将交易的程序、价格、数量公开，以防止欺诈客户和营私舞弊现象的发生，同时便于主管部门的监管。

(4)加强内部管理原则

投资银行的自营业务是一项充满风险的业务，所有交易由于不确定性形成的风险都将由投资银行自身承担。在经营中因交易不慎引起的破产倒闭事件近年来并不少见，因而要想不重蹈覆辙，投资银行必须加强自身的内部管理，建立健全内部监督机制、风险预警系统和风险防范系统等。尤其是要建立“防火墙”制度，将自营业务与投资银行的其他业务分开。

二、国外对投资银行自营业务监管的经验

由于投资银行自营业务对证券交易市场的影响较大，各国政府及证券监管部门都对此加以限制，成为证券监管的主要环节和内容。

在美国，主张对投资银行的自营业务加以管制或予以禁止。以纽约证券交易所为例，其有关投资银行自营业务管制方面的措施有：①建立证券商登记制度。②登记从事自营业务的会员除经营所需资本外，还需另外拥有一定的风险控制的资本，并需通过考试证明其熟悉有关的规则和业务。③从事自营业务的投资不得在同一时间对同一证券同时接受委托和自行买卖。④登记的自营商出价如与客户相同时，即使自营商叫价较早，也应实行客户优先的原则。⑤制定新的制度使自营业务有利于市场的稳定，减少对市场交易的干扰。⑥交易所在设置自动监视设备时，自营商应首先受到监视。⑦在自营商申请注册或特许时，应受到较严格的审查和限制。

另外，各个国家对自营业务的监管还有以下一些规定：①按实收资本的一定比例提存营业保证金，对外负债总额不得超过其资本净值规定的倍数，流动负债总额不得超过流动资产总额的一定比例，以此降低自营风险。②自营商的账册、业务记录和财务报表需报送主管部门查核。③严禁或严格限制自营商操纵性地大量买卖某一证券以达到操纵证券市场价格的目的。④自营商不得买卖有问题的证券。⑤自营商的每一次交易都必须立即成交，而不能进行交易额的抵消，并按抵消后的数额交易。⑥严禁自营商从事买空或卖空交易。

三、我国对投资银行自营业务的规定

我国对自营业务的资格审批往往严于经纪业务，按照2005年修订的《证券法》第一百二十七条规定，证券公司须有注册资本一亿元人民币才有资格向证券监管部门提出开展自营业务；同时须达到中国证监会在《证券公司监督管理条例》的有关规定。其中包括：①证券公司从事证券自营业务，限于买卖依法公开发行的股票、债券、权证、证券投资基金或者国务院证券监督管理机构认可的其他证券。②证券公司从事证券自营业务，应当使用实名证券自

营账户。③证券公司的证券自营账户，应当自开户之日起三个交易日内报证券交易所备案。④证券公司从事证券自营业务，不得有下列行为：违反规定购买本证券公司控股股东或者与本证券公司有其他重大利害关系的发行人发行的证券；违反规定委托他人代为买卖证券；利用内幕信息买卖证券或者操纵证券市场；法律、行政法规或者国务院证券监督管理机构禁止的其他行为。

证券公司从事证券自营业务，自营证券总值与公司净资本的比例、持有一种证券的价值与公司净资本的比例、持有一种证券的数量与该证券发行总量的比例等风险控制指标，应当符合国务院证券监督管理机构的规定。根据《证券公司风险控制指标管理办法》第二十一条规定的条件如下：

(1)自营股票规模不得超过净资本的100%；

(2)证券自营业务规模不得超过净资本的200%；

(3)持有一种非债券类证券的成本不得超过净资本的30%；

(4)持有一种证券的市值与该类证券总市值的比例不得超过5%，但因包销导致的情形和中国证监会另有规定的除外；

(5)违反规定超比例自营的，在整改完成前应当将超比例部分按投资成本的100%计算风险准备。

其中，净资本的计算公式为：

净资本＝净资产－金融产品投资的风险调整－应收项目的风险调整
－其他流动资产项目的风险调整－长期资产的风险调整
－或有负债的风险调整－/＋中国证监会认定或核准的其他调整项目

投资银行的申请得到批准后即可开展自营业务，但在其经营过程中必须遵守有关的法律法规。如在证券监管部门定期检查中不合规定或在开展自营业务的过程中有操纵市场等重大违法违规行为，投资银行的营业资格将被暂停甚至取消。根据《证券公司风险控制指标管理办法》的规定，证券公司应当在每月结束之日起5个工作日内，向中国证监会及其派出机构报送月度净资本计算表和风险控制指标监管报表；证券公司的董事、高级管理人员应当对公司半年度、年度净资本计算表和风险控制指标监管报表签署确认意见；证券公司应当至少每半年经主要负责人签署确认后，向公司全体董事书面报告一次公司净资本等风险控制指标的具体情况和达标情况；证券公司应当至少每半年经董事会签署确认，向公司全体股东书面报告一次公司净资本等风险控制指标的具体情况和达标情况，并至少获得主要股东的签收确认证明文件；证券公司的净资本等风险控制指标达到预警标准或者不符合规定标准的，应当分别在该情形发生之日起三个工作日内，向中国证监会及其派出机构书面报告，说明基本情况、问题成因以及解决问题的具体措施和期限。

如果证券公司净资本或者其他风险控制指标达到预警标准的，证监会及派出机构应当区别情形，对其采取下列措施：

(1)向其出具监管关注函并抄送公司主要股东，要求公司说明潜在风险和控制措施；

(2)对公司高级管理人员进行监管谈话，要求公司采取措施调整业务规模和资产负债结构，提高净资本水平；

(3)要求公司进行重大业务决策时，至少提前五个工作日报送专门报告，说明有关业务对公司财务状况和净资本等风险控制指标的影响；

(4)责令公司增加内部合规检查的频率,并提交合规检查报告。

如果证券公司净资本或者其他风险控制指标不符合规定标准的,证监会及派出机构应当责令公司限期改正,在五个工作日制订并报送整改计划,整改期限最长不超过 20 个工作日;证券公司未按时报送整改计划的,派出机构应当立即限制其业务活动。

整改期内,中国证监会及其派出机构应当区别情形,对证券公司采取下列措施:

(1)停止批准新业务;

(2)停止批准增设、收购营业性分支机构;

(3)限制分配红利;

(4)限制转让财产或在财产上设定其他权利。

如果证券公司未按期完成整改、风险控制指标情况继续恶化,严重危及该证券公司稳健运行的,中国证监会可以撤销其有关业务许可。如果证券公司风险控制指标无法达标,严重危害证券市场秩序、损害投资者利益的,中国证监会可以区别情形,对其采取下列措施:

(1)责令停业整顿;

(2)指定其他机构托管、接管;

(3)撤销经营证券业务许可;

(4)撤销。

第四节　做市商业务

投资银行的做市商业务是指投资银行为活跃证券交易,通过维持证券交易报价的均衡性和连续性从而为证券市场创造流动性的一项业务。由于现实的证券市场并非经济理论上的完全市场,投资者在任何时间下达的买单或卖单的数量可能经常发生暂时出现的不均衡。这种不均衡使证券交易和价格形成的连续性遭到破坏,往往会造成证券价格的急剧波动,或交易报价的偏差。为了弥补证券交易中这一缺陷,于是产生了投资银行介入做市的需要。

一、证券做市商的含义

做市商(market maker)制度是指某些特定的证券交易商,不断向公众交易者报出某些特定证券的买卖价格,并在所报价格上接受公众买卖要求,为投资者承担某一个证券的买进和卖出。而做市商则通过买卖报价的适当差额来补偿所提供服务的成本费用,并实现一定利润。这种交易制度以美国全美证券交易自动报价系统(NASDAQ)的场外市场形式最著名,也最完善。

做市商的存在某种程度上维护了二级市场证券价格的稳定,更重要的是,做市商通过买卖报价,使二级市场实现了流动性。作为做市商的投资银行必须在其做市的证券上拥有一定的头寸,在此基础上买进或卖出证券,从而影响证券的市场价格,以此维持二级市场证券价格的稳定。同时,还必须随时提供报价和报价的数量,为某种证券创造流动性。报价包含着一个买价和卖价,如果交易的是股票,报价的数量表示它在该买入价愿意购买的最多股数和在该卖出价愿意出售的最多股数。具体地说，做市商向市场提供了流动性——迅速流通交易的能力。在委托单短期不均衡时，做市商不仅提供了流动性，而且还维持了短期价格的稳定(连续或平稳)。做市商还为市场参与者提供了更好的价格信息，以及在某类市场中提供拍卖师的服务，维护市场的秩序和公正。在处理大宗交易指令的过程中，做市商报价的合理性如何得到保证呢？按照经济学中的市场均衡理论，如果做市商不想改变手中的股票和资金的头寸，那么他给出的报价必须是当时市场的出清价。也就是说，如果做市商的报价等于市场均衡时的出清价，他就会维持手中的头寸不变；如果其报价高于出清价，其买入的股票数量就会超过其卖出股票的数量，头寸就会上升；如果其报价低于市场出清价，其卖出股票的数量就会大于买入股票量，头寸就会减少，甚至出现卖空行为。在实际操作中，绝大部分做市商并不希望自己手中的头寸发生剧烈波动，从而避免增加财务风险和资金成本。而做市商在掌握市价委托和限价委托信息方面的优势地位也促使其进行合理报价。做市商买入报价和卖出报价之间的差额构成了做市商利润，作为做市商做市服务的报偿。

除获取价差收入外，投资银行开展做市业务的另一个重要目的是带动自身一级市场业务的发展。一家投资银行常常同时兼任发行公司的承销商和做市商，因为大部分的发行公司都希望自己发行的股票在上市后有较好的表现，因此希望和愿意与有关的金融机构合作，而投资银行为了拓展一级市场的承销业务，吸引客户，维持与发行公司的良好关系，同时维护自身承销的股票的二级市场形象，往往也愿意介入做市。一般的，投资银行至少在上市初期要保持其承销股票的价格稳定，直到一定时间后有新的做市商介入才退出。另外，投资银行在做市过程中也可积累定价经验和技巧，有利于一级市场业务的发展。因此，做市业务能力的高低对投资银行的承销业务影响甚大，并关系到投资银行在业内的地位。所以，美国各大投资银行均对做市业务给予了相当的重视。

二、做市商的作用

做市商在市场中起到以下两种具体作用：

(1)做市商向市场提供了即时交易的机会，同时也维护了二级市场证券价格的稳定性。在现实的市场中，投资者在任何时间下达的买入卖出证券的委托单数量可能经常发生暂时性的不平衡。这种不平衡或不匹配的流量会造成两个问题：①即使供求没有变化，证券的价格也有可能发生急剧波动；②如果投资者想马上成交，那么买主有可能被迫支付高于市价的价格，或者是卖主不得不接受低于市价的价格。即刻执行是指买卖双方都不想等到对方下达了足够的委托单，从而使价格回到近期交易水平的时候才执行的交易方法。做市商在为投资者提供即时交易机会的同时，还保持了短期价格的稳定。因为当市场上没有对应的委托单时，做市商可以进行对应的交易，使投资者不必等到有了足够多的对手交易的委托单时才成交，从而也防止了价格严重偏离于最近一次交易所达成的价格水平。

(2)做市商向市场参与者提供价格信息，将分散的场外交易在一定程度上连接集中起来。做市商不但在自己向市场报价和接受公众交易意向时为市场提供报价信息服务，具有为一般公众提供达成交易、满足投资者需求的撮合作用，而且在从分散交易到集中交易的过程中，也具有集中公开市场信息、增加市场统一性和透明度的作用，形成场外交易与场内交易趋同性。

投资银行出于以下三个方面的考虑愿意成为做市商：

(1)获利动机。做市商在维持市场流通性的同时，可从买卖报价中赚取价差，这就是市场对做市商提供服务的报酬。在市场波动较小时，做市商的活动很简单，他们提供买卖报价，应交易对手请求成交，只要定价准确，符合市场供需关系，进行连续的买卖行为，所持头寸就可保持相对稳定，同时又可赚取买卖价差。如果做市商定价过高，则更多的人愿意向其出售证券，从而使其证券存货增加，在这种情况下，做市商就要降低定价；反之，如果定价过低，更多的人将从做市商处买进证券，于是其证券存货将减少，甚至可能是负数(空头)。作为做市商并不希望其所持有的证券存货大起大落，所以，做市商必须控制头寸并相应的调整证券价格。

(2)一级市场业务的配套需要。投资银行进入二级市场充当作市商是为了发挥和保持良好的定价技巧，辅助其一级市场业务的顺利开展。在二级市场上积累了丰富经验的投资银行，往往拥有娴熟的定价技巧，投资银行将这种技巧运用在一级市场新股发行中，便能在承销和分销中为发行公司订立一个较适当的发行价，为发行公司尽可能募集到更多的资金而不必出售发行公司更多的股权和承担超常的风险，投资银行在定价方面声名鹊起，能够有效地为自身赢得更多的发行业务。

(3)提升自身在市场上的形象。发行公司希望自己的股票在二级市场上市后具有较高的流通性和较佳的股价走向，为此，发行公司要寻觅一个愿意为其股票“做市”的金融机构作为其主承销商。投资银行为了争取到发行业务，维系与发行公司良好的关系，一般都会在二级市场上为其发行的股票做市，以保持股价的大致稳定，直到有其他自营商进入该股票，原做市商才考虑退出。当然投资银行在做市时，要根据市场条件向市场交易者提供报价，如果一味托市而开出偏离市场的高价，会让投资银行的做市股票的头寸大量增加。因此，投资银行能否安然承担做市商，在很大程度上取决于它的发行定价是否合适，而后者又需要投资银行长期涉足二级市场，提高其定价技巧。所以，二级市场也是投资银行不容忽视的业务领域，美国的各大投资银行往往都是二级市场上的运作高手。

在国际证券市场上，做市商制度有两种存在形式：一种是多元做市商制；另一种是特许交易商制。

(1)多元做市商制。美国纳斯达克市场是典型的多元做市商制，每一种股票同时由很多个做市商来负责。在纳斯达克市场，活跃的股票通常有30多个做市商，最活跃的股票有时会有60多个做市商。做市商通常也是代理商，他可以为自身、客户或其他代理商进行交易。做市商之间通过价格竞争吸引客户交易。

美国全国证券商协会的自动报价系统，即NASDAQ系统，在柜台市场上为客户代理买卖的经纪商输入他所需查找的股票的代码，全国证券商协会建立和运作的电脑网络便会即刻显示出该股票的买价和卖价，如果该股票存在着若干个做市商，那么自动报价系统可显示当时的全部买价和卖价，并注明最高的买价和最低的卖价。经纪商代表其客户可打电话或发传真给交易商，通知交易商他已接受了即时的买价，并卖出了客户的股票，或接受了即时的卖价，并为客户买入了股票，经纪商的客户一般看不到买卖价差。在纳斯达克市场，做市商必须随时准备用自营的账户买卖他所负责的股票，并有义务持续报出对该股票的买卖价格。同时也必须恪守自身的报价，在其报价下执行1000股以上的买卖订单。做市商的报价必须和市场价格一致，买卖价差必须保持在规定的最大限额之内。

美国全国证券商协会(NASD)对做市商的报价做了以下几项主要规定:①做市商必须双向报价,所报差价须在允许范围内。差价范围由全国证券协会规定,并时常更新。②做市商的报价要和主流市场价格合理相关,否则它必须重新报价。如果做市商没有及时重新报价,协会将取消它对一只或所有股票的报价。③做市商对属于纳斯达克全国市场的股票一个月内所报的平均买卖差价不能超过其他所有做市商所报平均差价的150%。如果这种情况发生,做市商将被取消做市资格,并在20个营业日内,不得重新注册成为做市商。④在正常营业时间内,一个做市商报出的买价不能等于或大于其他做市商对同一股票输入的卖价,它的卖价也不能等于或低于其他做市商报出的买价。

(2)特许交易商制。实行特许交易商制的典型是纽约证券交易所。在纽约证券交易所里,交易所指定一家投资银行来负责某一股票的交易,该投资银行就被称为特许交易商。交易所有将近400个特许交易商,而一个特许交易商一般负责几个或十几个股票。与纳斯达克市场相比,纽约股市有三个特点:①一只股票只能由一个特许交易商做市,可以被视为是垄断做市商制。②客户委托可以不通过特许交易商而在代理商之间直接进行交易。特许交易商必须和代理商进行价格竞争,所以,纽约交易所是做市商制和竞价制的混合。③特许交易商有责任保持“市场公平有序”。

在纽约证券交易所,特许交易商的职责包括:①保持价格连续性。当段票价格变化太快时,经常会使投资人做出错误决策。作为特许交易商,有责任避免价格大幅度跳跃。例如,下一个成交价比前一个价格有很大下跌时,作为特许交易商有义务在中间下一个买单,以稳定价格。②保持市场活跃。当交易指令报到交易所时,如果在一定时间内找不到和它匹配的买单或卖单,特许交易商有义务接下这个买单或卖单。③保持价格稳定。如果买单暂时多于卖单,特许交易商有义务用自己的账户卖出;如果卖单暂时多于买单,特许交易商就有义务用自己的账户买入。④其他职责,包括大额交易、散股交易、卖空交易等。

三、做市商优缺点比较

1.做市商制度的优点

(1)成交的及时性。投资者可按做市商报价立即进行交易,而不用等待交易对手的买卖指令。特别是做市商制度在处理大额买卖指令方面的及时性,是指令驱动制度所不可比的。

(2)价格的稳定性。做市商具有缓和交易价格波动的作用,这是由于做市商可以按交易所的交易规则,及时处理大额指令,减缓它对价格变化的影响;特别是在买卖盘出现不均衡时,做市商可平抑价格波动。

(3)矫正买卖指令不均衡现象。在发生买卖指令不均衡时,做市商可以及时采取操作措施,承接买单或卖单,缓和买卖指令的不均衡,并抑制相应的价格波动。

(4)抑制股价操纵。做市商对某种股票持仓做市,使得股价操纵者有所顾忌。股价操纵者不愿意“抬轿”,也担心做市商抛压,抑制股价。这对我国股票市场尤其具有重要意义。

2.做市商制度的缺点

(1)缺乏透明度。在交易过程中,买卖盘信息集中在做市商手中,交易信息发布到整个市场的时间相对滞后。为抵消大额交易对价格的可能影响,做市商可要求推迟发布或豁免发布大额交易信息。

(2)增加投资者的负担。做市商聘用专门操作人员,投入资金,承担做市义务,具有较大风险。因此,做市商会对其提供的服务和所承担的风险要求补偿,如提高交易费用等。这将会增加投资者负担。

(3)增加监管成本。采取做市商制度,要制定详细的监管制度与做市商运作规则,并配置机构及人员监管做市商活动。这些费用成本最终也会由投资者承担。(4)做市商可能滥用特权。投资银行的经纪、自营业务与做市业务可能存在冲突,另外,做市商之间也可能合谋串通。这都需要进行强有力的监管。

3.决定买卖差额的因素

买卖报价差额是做市商最关心的问题。一般的,买卖报价差额反映了以下三种情况:

(1)保留差额。保留差额是指做市商能够用来抵补执行下一笔交易边际成本的差额,其金额大小综合反映了委托单处理成本和风险承担补偿。能够产生保留差额的买卖价格被认为是保留价格,适当的保留差额可以确保做市商连续不断而又非常顺利地向公众投资者报出证券买卖价格。

委托单处理成本包括经营必需的设备成本、管理人员及操作人员的费用。这些成本越低,买卖差价就越小。20 世纪 60 年代以来,随着计算成本及训练有素的职员费用的降低,这类成本已经下降。做市商还必须为承担风险而得到补偿。做市商在某一证券上维持多头头寸或空头头寸,会产生三种风险:①价格风险,未来证券价格具有不确定性,即持有多头头寸的做市商担心证券价格下跌,持有空头头寸的做市商担心证券价格上涨;②时间风险,即与解开头寸预计需要的时间及其不确定性有关,这主要取决于证券买卖委托单抵达市场的速度;③信息不对称风险。尽管做市商有可能比一般公众获得更为充分的有关委托单流量的信息,但在某些交易中,有可能是做市商的交易对手占有更为充分的信息,结果是交易对手获得一个更好的价格,使做市商蒙受损失。

只有当市场需求条件达到允许做市商的报价超过其保留差额时,做市服务才能得以提供,也才能从长期来看对补偿做市商提供服务中的固定成本及其风险有所贡献。所以,保留差额应该是做市商向市场提供买卖报价差额的最低盈亏线。

(2)市场竞争。市场竞争是指做市商之间的竞争。竞争决定着做市商报价能够超过其保留差额的程度,即做市的报价到底多大,能否超出其保留价格是由市场竞争力量决定的。可以想象,在一个没有竞争的市场上,由一家做市商垄断交易的情况下,买卖报价差额大大高于保留差额的可能性在某种程度上是无限的,从而能够获取远远超过固定成本的垄断利润。也就是说,在一个没有竞争的市场上,做市商有机会能够连续将买进报价设定为低于保留买进价格的水平,使卖出报价高于保留卖出价格水平之上,然而这种状况显然是市场效率原则所不允许的。因此,NASDAQ 规定,每只股票必须至少有两家做市商做市,以限制任何做市商的垄断报价能力,确保一定程度正当竞争的开展。当几家做市商做市一只证券时,买卖报价因做市商的不同而各异,这样为公众参与者提供了多种选择的机会,但市场竞争的结果会使特定证券的价格趋于一致,因为市场是公开和进出自由的。所以,研究者指出,对全体做市商而言,市场存在理论意义上的最高买进价格和最低卖出价格,被称作为"内部报价",内部报价的概念总是相对于至少两家做市商而言,而且竞争也是一个前提条件。

(3)限制性委托。做市商的买卖报价还面临着来自普通公众投资者通过限制性委托而施加的竞争压力。在纽约股票交易所,尽管专营商们在股票交易中拥有特权,但个人投资者若发现买卖价格差额太大，则可以就此下达限制性委托指令；显然这种限制性指令有缩小差额的作用。

做市商的做市行为并非完全取决于自身的利益意愿，更不是无所限制的非理性行为，竞争和交易单流向高效率做市商的趋势，能够确保不同做市商的买卖报价不至于相互偏离太多，也就是市场相互竞争的制衡力量将做市商的报价限定在一定范围内。尽管如此，但因不同库存头寸和其他因素的影响，仍会导致做市商之间报价的差异。

第五节 证券交易业务的发展趋势

随着证券市场的不断完善和入世后逐步与国际接轨，我国证券经纪业务在动态发展中，越来越给证券投资者提供更多的便利和多方位的服务，其中，网上证券交易业务的开拓、经纪人制度的建设、对投资者提供理财顾问的个性化服务等经纪服务内容，都是在证券经纪业务竞争日趋激烈之际，证券经纪商为求生存和发展的业务创新。

一、网上证券交易业务的开拓

传统经纪和网上经纪的比较。一笔证券交易可分成两个环节：投资者和经纪商之间的指令传输和成交回报，以及经纪商和交易所之间的指令传输和成交回报。目前通常所指的网上交易就是利用互联网系统进行的网上证券经纪系统。网上证券经纪系统通过互联网将投资者和证券商联系起来，完成两者之间买卖指令和交易结果的传输过程。目前，通过网上证券经纪系统，投资者可从互联网上直接通过证券商的网站下单买卖股票、查询、交流投资信息，还可以接收实时行情、成交回报等信息；而证券商则可以联系市场参与者，发布信息，进行证券交易，服务客户。

美国是最早开展网上经纪业务，也是网上经纪业务最为发达的国家。网络经纪于1994年首次在华尔街出现。当时大部分投资银行根本没有引起足够重视。但网上交易凭借其时间和速度优势以及操作便捷、成本低廉的特点，在短短10多年间取得了“爆炸性”的增长。蓬勃兴起的网上证券交易，彻底打破了传统证券经纪格局，重新分配了证券经纪市场的份额，网络经纪商正日复一日地吞噬着传统证券经纪商的业务范围。美国网上经纪头号选手嘉信公司和美国最大投资银行美林公司之间的较量，深刻地揭示了网上交易所带来的革命性影响。一个不得不承认的现实是率先进入网上经纪领域的投资银行获得极大成功，而原本抵制网上交易最积极的一批美国特大型投资银行也终于向互联网低头。美国还向全球市场输出网上经纪服务，主要的网上证券经纪商已经在其他国家证券市场开设分支机构，大举渗透。

网上经纪不但在美国势不可挡，在其他国家和地区的证券市场上也迅速崭露头角。在亚洲，网上经纪交易也得到了迅猛发展。日本、韩国、新加坡、中国香港和中国台湾等国家和地区的网上证券经纪业务的市场份额越来越大，向传统的证券经纪业务提出严峻的挑战。我国大陆网上经纪服务的发展与国外相比并不太晚，1996年底就已有证券公司营业部尝试推出网上交易,闽发证券、华夏证券、江苏证券、华融信托等券商相继推出了网上经纪系统,标志着网上经纪业务在国内的正式起步。随着证券市场竞争的不断加剧,许多券商努力开拓多样化的服务,互联网突破了地域限制、提供巨量信息服务的特点正好和证券经纪公司(尤其是中小规模的地区性证券公司)多样化服务、低成本运作的要求不谋而合。目前,越来越多的证券商正在利用网上交易系统开拓自身的证券经纪业务。

网上交易对传统证券经纪业务产生了巨大的深远影响:①改变经纪业竞争环境。网上经纪系统迅速发展的主要原因在于其价格优势。在这种情况下,传统经纪与网上经纪在市场占有率方面发生了激烈争夺,从而导致价格竞争越趋激烈。由于竞争加剧,个人投资者将更加注意不同的服务供应商在收费上的差别,而不再比较他们的实力、经验和服务质量。另一方面,公司要在基本服务上争得优势,必须通过多种渠道(即传统与网上两方面双管齐下)来提供全面的综合服务以及创新的服务组合。从发展趋势来看,网上交易将更广泛地普及起来,并有可能分裂成两大类:一类是极其廉价的全自助式经纪;另一类是根据个人化的市场信息以及投资专家的意见提供高质量顾问服务的经纪。②促进证券经纪业务与银行业务相结合。网上经纪系统为提供证券经纪、银行、信用卡等综合服务打开了方便之门。③网上交易将对开展经纪业务的投资银行之间的关系发生变化。网上交易系统的出现,导致各个投资银行的差别减小,其差异更多地体现在技术与提供的服务上。因此,各个投资银行在进入网上交易时代后,他们所面临的将是对手更直接的、面对面的竞争。由于证券经纪受到时间和空间的限制越来越小,投资银行在市场竞争中的地位将更大程度地取决于其提供资讯的准确和全面的程度,也就是资讯的深度和广度将成为投资银行核心竞争力的一个关键内核。网上交易使投资银行面临更加激烈的竞争的同时,也带给投资银行前所未有的机遇,因为互联网使各地的客户缩短了时空距离,投资者无论身处何地,都有可能成为某个投资银行的潜在客户,这对于以收取交易手续费而盈利的经纪类证券公司无疑具有强大的吸引力。④网上交易将使投资银行的竞争异常激烈的格局发生变化。一方面,在竞争中获得优势的投资银行会因此获得规模经济效应,使竞争的结果出现强者恒强、弱者恒弱的局面,并由此推动投资银行的合并;但另一方面,网上交易将使大型投资银行不能光靠营业部众多、覆盖地域广阔而取得优势,一些在网上交易方面起步早、技术力量雄厚的中小型投资银行也有可能异军突起。特别是如果日后商业银行获准全面经营证券业务,现在的证券公司无论是营业网点还是资金实力都无法与之抗衡,快速发展网上经纪业务是明智之选。

目前我国不少证券公司积极推出网上经纪业务,这不仅顺应了国际和时代潮流,更重要的是带来了降低经营成本和增加利润的益处,有助于扩展和提高市场占有份额。因此,应把开展网上经纪业务作为争取客户和加强在二级市场竞争能力的战略性措施。特别是面对网上经纪业务在国内尚处于起步阶段,发展网上交易投资者的空间十分之大的现状,我国投资银行要走进网上交易时代并取得成功,必须深刻认识到网上交易将彻底改变现有的交易模式和市场结构,在此基础上,培养超前经营意识,努力改变管理营销模式,在人才素质、技术、业务拓展和客户服务等多个层面上做出积极而充分的准备。

二、逐步推行规范的经纪人制度

从国际上大多数国家的证券交易实践来看,证券经纪人可以分为两个层次:第一层次是提供证券经纪服务的法人机构——证券经纪商，如证券公司、投资银行及办理证券交易代理业务的商业银行等。第二层次则是直接为投资者提供经纪服务的自然人，即狭义的证券经纪人。作为证券市场发展到一定阶段的产物和经纪业务不断竞争的结果，证券经纪人制度有助于加强客户和证券公司之间的联系和交流，建立相对稳定的基本客户群；有助于提高证券业的整体发展水平和能力，在一定程度上抑制股市过度投机行为；有助于增强证券市场的投资功能，进一步活跃市场，培养正确的市场观念，提高投资者素质；有助于促进证券市场的平稳发展和规范化建设；因此有其长期存在和发展的合理性。特别是加入世贸组织后，随着人民币资本性项目自由兑换的逐步推进，中国证券市场将走向开放，市场运作制度与国际接轨是必然的趋势。同时，从我国证券经营机构发展的现状和内在要求来看，规范地推行经纪人制度也十分紧迫。在这种背景下，《证券经纪人管理暂行规定》于2009年4月13日正式施行。

《证券经纪人管理暂行规定》中规定证券公司可以通过公司员工或者委托公司以外的人员从事客户招揽和客户服务等活动。委托公司以外的人员的，应当按照证券经纪人形式进行，不得采取其他形式。所谓证券经纪人，是指接受证券公司的委托，代理其从事客户招揽和客户服务等活动的证券公司以外的自然人。证券公司应当建立健全证券经纪人管理制度，采取有效措施，对证券经纪人及其执业行为实施集中统一管理，保障证券经纪人具备基本的职业道德和业务素质，防止证券经纪人在执业过程中从事违法违规或者超越代理权限、损害客户合法权益的行为。证券经纪人为证券从业人员，应当通过证券从业人员资格考试，并具备规定的证券从业人员执业条件。证券经纪人只能接受一家证券公司的委托，并应当专门代理证券公司从事客户招揽和客户服务等活动。证券公司应当在与证券经纪人签订委托合同前，对其资格条件进行严格审查。对不具备规定条件的人员，证券公司不得与其签订委托合同。证券公司与证券经纪人签订委托合同，应当遵循平等、自愿、诚实信用的原则，公平地确定双方的权利和义务。证券经纪人的执业地域范围，应当与其服务的证券公司的管理能力及证券营业部的客户管理水平和客户服务的合理区域相适应。证券公司应当对证券经纪人进行不少于60个小时的执业前培训，其中法律法规和职业道德的培训时间不少于20个小时。证券公司应当对证券经纪人执业前培训的效果进行测试。证券公司应当在与证券经纪人签订委托合同、对其进行执业前培训并经测试合格后，为其向中国证券业协会进行执业注册登记。执业注册登记事项包括证券经纪人的姓名、身份证号码、代理权限、代理期间、服务的证券营业部、执业地域范围和公司查询与投诉电话等。

取得证券经纪人证书后，证券经纪人方可执业。证券经纪人应当在执业过程中向客户出示证券经纪人证书，明示其与证券公司的委托代理关系，并在委托合同约定的代理权限、代理期间、执业地域范围内从事客户招揽和客户服务等活动。证券经纪人在执业过程中，可以根据证券公司的授权，从事下列部分或者全部活动：

(1)向客户介绍证券公司和证券市场的基本情况；

(2)向客户介绍证券投资的基本知识及开户、交易、资金存取等业务流程；

(3)向客户介绍与证券交易有关的法律、行政法规、证监会规定、自律规则和证券公司的有关规定；

(4)向客户传递由证券公司统一提供的研究报告及与证券投资有关的信息；

(5)向客户传递由证券公司统一提供的证券类金融产品宣传推介材料及有关信息；

(6)法律、行政法规和证监会规定证券经纪人可以从事的其他活动。

证券经纪人从事客户招揽和客户服务等活动，应当遵守法律、行政法规、监管机构和行政管理部门的规定、自律规则以及职业道德，自觉接受所服务的证券公司的管理，履行委托合同约定的义务，向客户充分提示证券投资的风险。证券经纪人在从业中不得有下列行为：

(1)替客户办理账户开立、注销、转移，证券认购、交易或者资金存取、划转、查询等事宜；

(2)提供、传播虚假或者误导客户的信息，或者诱使客户进行不必要的证券买卖；

(3)与客户约定分享投资收益，对客户证券买卖的收益或者赔偿证券买卖的损失做出承诺；

(4)采取贬低竞争对手、进入竞争对手营业场所劝导客户等不正当手段招揽客户；

(5)泄漏客户的商业秘密或者个人隐私；

(6)为客户之间的融资提供中介、担保或者其他便利；

(7)为客户提供非法的服务场所或者交易设施，或者通过互联网络、新闻媒体从事客户招揽和客户服务等活动；

(8)委托他人代理其从事客户招揽和客户服务等活动；

(9)损害客户合法权益或者扰乱市场秩序的其他行为。

证券公司应当按照证券业协会的规定，组织对证券经纪人的后续职业培训；建立健全信息查询制度，保证客户能够通过现场、电话或者互联网络的方式随时查询证券经纪人的姓名、代理权限、代理期间、服务的证券营业部、执业地域范围及证券经纪人证书编号等信息，能够通过现场或者互联网络的方式查看证券经纪人的照片；建立健全证券经纪人档案，实现证券经纪人执业过程留痕。证券经纪人档案应当记载证券经纪人的个人基本信息、证券从业资格状态、代理权限、代理期间、服务的证券营业部、执业地域范围、执业前及后续职业培训情况、执业活动情况、客户投诉及处理情况、违法违规及超越代理权限行为的处理情况和绩效考核情况等信息。

三、理财顾问的个性化服务

证券经纪商面对的客户群是呈多样化的，他们的资金实力、阅历和社会地位、投资偏好、承受风险的能力等都存在很大的差异。因此，为了保持客户的稳定，就要求证券经纪商做好个性化服务和创新服务，不断提升自身的专业服务的水准和质量。

随着投资银行所联系的客户群体不断增长，为客户提供投资咨询业务成为投资银行的必备功能之一。通常国际上大型投资银行均设立庞大的研究部门专门从事研究及咨询业务，例如，日本野村证券设有独立的野村证券综合研究所，该研究所在全球财经界颇负盛名。研究涉及的内容包括：宏观经济及其相关政策、重点行业及其上市公司、证券市场基本趋势及短期波动、金融工具创新等。另外，由于大型投资银行在全球范围内从事证券投资及资产管理，因此这些投资银行非常重视世界经济及各主要国家经济增长、国际收支及其财政金融政策的研究，并且把这种宏观经济研究作为公司在全球范围内分配资金和制定资产组合投资战略的基础。

投资咨询工作的具体组织要视不同客户以及开展业务的需要而定。由于投资咨询业务的开展，研究对一些投资银行而言已变为一项重要的收益活动。这些投资银行向经纪交易商或大型机构客户出售研究成果，比如风险投资公司、共同基金、保险基金等。或者根据某些机构客户的特定需要，提供专项研究咨询。因此，就一般散户和机构客户比较而言，研究人员对机构客户在市场销售方面所起作用更大些。根据不同投资者和不同的咨询分析手段，投资咨询业务可以分为以下类型：①资料咨询。投资银行根据投资者普遍关心的问题，编出参考资料，发售给投资者。②专题咨询。投资者根据各种不同的对象举办专题论坛或讲座，并回答有关问题。③业务和投资项目咨询。投资银行根据个别客户的要求，针对具体投资项目的种类、方式和程序等内容提供信息和意见。作为投资银行的分析专家应该以倡导价值投资和理性投资理念为己任，在深入上市公司的调研基础上，应该综合运用宏观分析、行业分析、公司分析和技术分析等方法，提供客观的投资研究报告，对上市公司的内在价值进行客观评估，帮助投资者准确把握投资时机和品种的选择。

从发达国家的经验看，必须加强对证券投资咨询的监督管理。可以采取依法监管与行业自律相结合的方式。世界各国对财务顾问和投资咨询相关行业的监管并无统一法规，主要是通过行业自律性组织予以协调和管理。如美国、法国等均成立了注册证券分析师协会，这类协会定期对申请注册分析师的人员进行考核，只有通过考核，才能获得注册分析师认证，取得独立执业资格。也有国家通过立法对投资顾问机构进行专门规范的，如美国的《1940 年投资顾问法》。中国证监会于 1997 年 12 月颁布了《证券、期货投资咨询管理办法》及其实施细则，并于 1999 年实施了首次证券投资咨询资格考试，只有通过该项考试才能向中国证监会申请从事证券投资咨询业务的资格认证，这标志着我国证券投资咨询业进入了一个规范化发展的全新阶段。

第五章

并购与重组业务

并购与重组业务是投资银行运作中非常具有挑战性的业务。特别是世界范围内并购浪潮的叠起，投资银行更广泛和深入地参与到并购活动中，包括为收购公司寻找并购对象，为目标公司寻找合适的买家或者抵制并购，为并购双方制定并购价格，策划并购活动的融资等方面。在企业并购重组过程中，投资银行发挥着越来越关键的作用，并购方式也在不断地进行创新。

第一节　并购与重组概述

一、并购与重组的基本概念与分类

企业重组(reorganization)包括企业的所有权、资产、负债、人员、业务等要素的重新组合和配置。从单个企业活动的视角出发，把企业重组分成企业扩张、企业收缩和企业所有权结构变更三大内容。本节从这个角度来介绍企业重组，并对企业重组的这三种形式进行归纳。

1. 企业扩张(expansion)

企业扩张是指能导致企业规模及经营范围扩大的并购行为，主要包括兼并、合并、收购等。

(1)兼并(mergers)。兼并是指一家公司采取各种形式有偿接受其他公司全部权利，使被兼并方丧失法人资格或改变法人实体的经济行为。用公式表示是：A+B=A。被吸收企业的法人地位消失(称为被兼并公司)，吸收的企业则存续(称为兼并公司)，兼并经常发生在实力比较悬殊的企业之间，兼并公司通常是优势企业。其中包括：承担债务式兼并，购买式兼并，吸收股份式兼并和控股式兼并。

(2)合并(consolidation)。合并是指两家或两家以上企业结合后全部不存在，而在原来企业资产的基础上创立一家新企业，用公式表示是：A+B=C。

(3)收购(acquisitions)。收购是指一家企业通过某种方式主动购买另一家企业的股权或资产的行为，其目的是获得该企业的控制权。收购可以看作是控股式兼并，一般是指收购方取得被收购方50%以上的股份从而获得公司的绝对控股权的兼并方式。有些也将取得30%以上股份的相对控股权称为收购。

从上述不同含义可以看出，兼并是全额转移资产和负债，吸收合并是一家公司合并其他公司而存续的经济行为，而设立合并则是合并双方均消失，由新设的公司承接原有的资产和债务;收购则只是通过购买全部或部分股权或资产以达到控制目的。资产并购是收购方购买目标方部分或全部资产并有选择性地承担一些债务以控制目标公司,而股份收购则是收购方购买全部或部分目标方股份以达到控股目的。兼并和收购在目的、范围、债务、资产转移方面均有一些区别,不过因为兼并和收购实质上都是一家公司通过某项产权交易取得其他公司的控制权,如资产所有权、经营管理权、收益分配权等的经济行为,所以一般把其看作是一个整体,合称为“并购”,也有文献称之为“购并”。

2. 企业收缩(contraction)

企业收缩又称为出售(sell-off),是指使企业规模及经营范围缩小的各种行为,是企业扩张的逆过程。企业收缩可采取分立和剥离两种形式。

(1)分立(spin-offs)。分立是指母公司将其资产和负债独立出去,成为一家或数家独立公司,新公司的股份按比例分配给母公司的股东。这样,母公司现有的股东就在新公司中拥有与在原有企业所拥有的相同比例的所有权,然而,控制权却被分离了,并且新公司作为一个独立的决策单位,就可能采取与母公司不相一致的策略。在分立方式中,母公司没有收到一分钱现金。

分立可以分为两种形式:子股换母股(split-offs)和完全析产分股(split-ups)。在子股换母股方式下,母公司将一部分资产和负债分立出来,成立一家独立的公司,但母公司仍然存在。在完全析产分股方式下,母公司的资产和负债被分立成不同的新公司,而母公司不复存在。

(2)剥离(divestiture)。剥离是与分立相对应的另外一种形式的企业收缩,是将企业的一部分出售给外部的第三方,进行剥离的企业将收到现金或与之相当的报酬。如果说分立只是进行股权的转移或交换,剥离则是资产的出卖,会有现金流入。在典型的剥离中,购买者是一家已经存在的企业,因此不会产生新的公司实体。剥离的一种常见形式是分拆上市,即已上市公司将其部分业务或者是某个子公司独立出来,另行公开招股上市。

3. 企业所有权或控制权结构变更(changes in ownership structure)

企业所有权或控制权变更范围非常广泛,本书主要讲述如下两种形式:股票回购和杠杆收购。

(1)股票回购(share repurchases)。股票回购是指上市公司从证券市场上购回自己所发行股票的行为。股票回购最初起源的原因之一是,在收购公司过程中,被收购公司通过回购自己的股票进行反收购,因此,股票回购是公司对控制权的一种调整。

(2)杠杆收购(leveraged buy-out,LBO)。杠杆收购是指收购公司以目标公司的资产担保进行筹资,并通过收购成功后出售目标公司的资产或依赖目标公司的收益来偿还债务。杠杆收购是融资收购的一种方式,即收购公司通过将目标公司作为融资的重要责任体,一旦融资成功,则完全由目标公司承担本金和利息,通过收购后的经营产生效益或者出售公司资产来偿还。杠杆收购的资金来源一般包括三个方面:银行信贷,发行垃圾债券和收购公司自有资金,而银行信贷的资金一般要占到总资金的2/3,这部分债权人主要关心本金的安全性和利息能否偿还,而由于这部分债权在所有债权中具有优先地位,相对比其他债权人就承担较低风险;收购公司因为杠杆收购所发行的垃圾债券在市场上属于最低级别的债券,因此也具有比较高的利息,这种债券的购买人主要关心利息,但同时承担了较高的风险,即在收购失败时被偿还的顺序要低于前者。有些公司在发行垃圾债券时同时也制定一些转股的条件，这样给债券持有人提供一些利益保证。

杠杆收购的一种常见形式是管理层收购(MBO)，通过这种方式，当权的管理集团取得新的非上市公司的大部分权益。

二、兼并收购的发展趋势

一般认为已经发生了五次世界性的企业并购浪潮。此起彼伏的并购浪潮对世界经济产生了重大影响，而目前还在延续的第五次并购浪潮对世界经济格局产生了更为重要的影响，并产生了新的变化。

第一次并购浪潮发生在19世纪末至20世纪初，这次兼并主要是同行业企业之间的并购，该时期的并购体现为“为垄断而进行的并购”。伴随着经济基础设施和生产技术的重大革新，企业规模亟待扩张，所以横向兼并风起，地区性企业通过并购向全国性企业转变，出现了一批巨型公司，如杜邦、英美烟草、洛克菲勒石油公司等。在该次兼并中美国大约有3000家企业在横向兼并中消失，从而形成了美国大的托拉斯集团，对美国经济结构的变化和经济的发展起到了巨大的推动作用。

第二次并购浪潮发生在20世纪20年代，并购的主要形式是纵向兼并，并购的主要目的在于加强产业之间的联系，形成产业上、下游一体化，后因当时经济危机的大爆发而告终。这个时期由于各国已经相继出台实施《反托拉斯法》，所以企业并购追求的是寡头垄断，并购的激励因素是运输、通信事业和零售推销的重大发展。因为横向并购易招致反垄断谴责，所以更多地采用纵向并购，寻求生产的一体化效应。

第三次并购浪潮发生在20世纪50—60年代，持续时间长，规模巨大。在该期间，并购数目高达25598起，这次并购浪潮主要方式是不同行业企业之间的混合兼并。当时，公司并购不再简单地追求规模上的优势，更多地从战略考虑出发，寻求经营、财务、管理协同效应，寻求企业多角化经营的契机，分散竞争市场中广泛存在的风险，所以混合并购在此次并购浪潮中占了上风。相比第二次并购浪潮，第三次并购浪潮中，横向并购比例从76%下降到了14.3%，纵向并购变化不大，混合并购比例则从19.3%上升到了78.1%。

第四次并购浪潮发生在20世纪80年代，规模远远超过第三次兼并。该次并购主要采用战略驱动型，多样化战略集中在相关产品，并且金融工具的创新对这次并购起到了推动作用。为了满足大规模并购对巨额资金的需求，金融界发行大量资信低、风险大、利率高的“垃圾债券”融资，从而使大公司可以利用杠杆融资方式筹集巨额资金进行并购。在该次并购潮中，企业并购数量和金额大大增加，如1985年通用电气(GE)公司以60多亿美元买下了美国无线电公司(RCA)。在此次并购潮中，出现了被人们称为“小鱼吃大鱼”的杠杆并购方式，在该次并购浪潮中，投资银行更广泛参与企业的并购活动。

第五次企业并购浪潮发生在20世纪90年代以后，此次并购浪潮主要是以强强联合为主，并购金额十分巨大，特别是金融业的并购成为重头戏。其特征如下。

1. 并购规模巨大

近几年世界范围内的企业收购兼并活动愈演愈烈，不仅总体数量多、规模巨大，而且单项收购兼并的数额也非常巨大。1995年全球发生并购交易17200件，涉及交易规模8660亿美元；1996年发生并购交易22729件，涉及资产规模为1.14万亿美元；1997发生并购交易 21000 件，涉及交易规模 1.4 万亿美元。1998 年全球企业并购额达到 2.5 万亿美元。托马斯金融(Thomson Financial)提供的数据显示：2006 年全球的并购交易总额达到 3.79 万亿美元，比 2005 年增加 38%，其中有 55 起交易的金额超过 100 亿美元。目前全球并购的规模保持在 4 万亿美元左右。

2. 行业巨头之间的并购，实行强强联合

随着世界经济一体化趋势的加快，企业为了开拓世界市场，谋求竞争优势，往往通过收购兼并来扩大企业规模，实行强强联合，强化竞争优势。反映了第五次兼并浪潮是具有全球战略眼光和一种长期的投资行为，而并非是一种市场投机行为。

世界范围内各行各业的巨头均试图通过收购兼并扩大规模优势。比如，在汽车行业中，德国奔驰集团与美国第三大克莱斯勒公司合并成的“戴姆勒—克莱斯勒汽车公司”一跃成为世界第二大汽车生产商，仅次于美国通用汽车公司；在航空业，波音公司与麦道公司合并后使其规模进一步扩大，以对抗日益强大的欧洲空中客车公司；在银行业，美国的花旗银行与旅行者集团合并后成为世界上规模最大的银行集团公司；在娱乐行业，迪士尼公司与美国 ABC 广播公司合并，而迪士尼的最大竞争对手华纳公司则并购了特纳广播公司。由此可见，这次行业巨头之间的强强联合将巨型企业的规模进一步扩大，以便更大程度占领世界市场，抵御风险。

3. 跨国并购比例明显提高，而且规模巨大

总体上来看，近年来跨国并购在世界范围内呈普遍持续增长之势，交易总额继续递增，增长速度相对放缓。从联合国发布的《世界投资报告》数据看，1987—2008 年全球并购案件数量和并购额均呈现出稳步上升的趋势，只不过 2001 年以后全球并购波动性明显增强。1987 年全球并购数量是 1174 件，并购交易额为 973.1 亿美元；2001 年全球并购数量增加到 8098 件，交易额达到 7304.4 亿美元；2007 年全球并购数量达到创纪录的 10145 件，交易额达到 1.64 万亿美元。20 年来，全球并购数量扩大了 8.6 倍，交易量扩大了 16.8 倍。

4. 第三产业与能源领域成为并购的重点

从全球跨国并购的情况看，金融银行业、电信与电子信息业、自然资源与能源、商品零售等领域的并购发生最为活跃。托马斯金融的数据显示，以收购金额衡量，在 2007 年，金融、零售以及科技领域的交易占总并购规模的比重分别达到了 36%、12.1%和 9.6%。在能源矿产领域，并购也非常激烈，比如巴西国家石油公司从埃克森美孚石油公司手中收购了位于日本冲绳的 Nansei Sekiyu KK 精炼厂 87.5%的股份；中国最大的镍生产商金川集团有限公司出资 3850 万澳元，收购了澳大利亚镍矿公司 Allegiance Mining NL 11%的股份；中国铝业收购秘鲁铜业等。

第五次世界范围内的企业并购浪潮对我国有非常重要的启示：随着经济全球一体化，跨国公司的扩张，生产和资本的进一步集中，企业的收购兼并乃大势所趋，通过收购兼并扩大企业的规模和市场的覆盖能力是一种非常高效率的方式。尤其是国际性的大企业之间的强强联合对我国提出了严峻的挑战。进入 21 世纪后，随着经济的快速发展，我国的企业并购领域也出现了一些新的特征：

一是企业“走出去”明显增多。根据托马斯金融的数据显示，目前我国海外并购的规模在 200 亿美元左右。比较有影响力的交易包括：中国银行在香港上市的子公司出资 39.5 亿港元，收购了当地竞争对手东亚银行近 5%股权；中国工商银行出资 55 亿美元收购南非标

准银行20%左右的股份。标准银行是非洲资产规模最大的银行，是南非最大蓝筹股公司和最稳定的金融集团；中国国家开发银行以近百亿欧元参股英国巴克莱银行，获得6.7%的股权。在制造业领域有，有TCL集团收购法国汤姆逊彩电业务；联想集团收购IBM的个人电脑业务，吉利集团收购沃尔沃等。

二是能源矿产领域并购日益活跃。由于国内经济发展的巨大需求，我国在能源矿产资源的并购活动也趋于活跃。2005年，中石油斥资41.8亿美元收购哈萨克斯坦PK石油。同年中石油计划以200亿美元收购美国优尼科石油公司受阻。2008年中石化以19.3亿美元收购Tanganyika Oil公司。同年，中国铝业公司宣布联合美国铝业公司，以约1054亿元人民币(140.5亿美元)的收购价格，获得全球第二大采矿业集团力拓的伦敦上市公司(Rio Tinto PLC)12%的股权。

三、投资银行在并购中的作用

通常，在并购中收购公司和目标公司都会聘请投资银行担任其顾问或代理，但是由于并购双方所处的地位和目标不同，投资银行的具体工作也会有所差别。

1.筹划并购——对并购公司的角色

投资银行在并购业务中的一项重要业务就是充当收购方也就是常说的猎手公司的并购顾问，代为办理一系列并购事宜，如寻找目标企业即猎物公司；对目标公司进行分析并提出收购的可行性报告；与目标公司经理层或者大股东进行联系，洽谈并购建议；编制公告，详述收购事宜；为收购方进行融资安排等等。

2.选择买方公司与反并购——对目标公司的角色

在并购活动中，卖方公司总是希望自己被买方公司收购后能够有一个良好的经营状况，比如改善经营管理、提高生产效率、扩大市场能力等。所以买方的选择是关键的一环，此时目标公司往往会聘请投资银行前来帮助自己选择买主。在买方企业确定以后，卖方的投资银行就可以代表目标公司与买方的投资银行进行洽谈，协商最优的收购条件，并最大限度地保证原有利益集团的利益不受损失。以上是投资银行在善意收购条件中为卖方企业所做的服务，但是收购往往以敌意接管的形式展开。此时猎物公司就会聘请投资银行进行反收购操作：一方面监控可能发生的收购事件，另一方面制定一系列反收购策略，使得潜在的收购者丧失兴趣或者对于收购望而却步，再有一方面就是在敌意接管的时候，投资银行启动其先前设置好的种种反收购策略，造成收购方的收购失败或者至少不顺利。

3.制定收购价格——投资银行对买卖双方的共同角色

在企业并购中，最重要和最关键的问题是收购价格的制定。目标公司价值多少，无论是对于买方企业还是对于卖方企业来说都是非常重要的。一般说来，卖方总是希望收购价格越高越好，而买方则希望收购价格越低越好，这就产生了交易中的矛盾。所以在大多数特别是大额并购交易中双方都要聘请投资银行来对目标公司进行估价，帮助制定公平价格，尤其是在双方对价格的估测差别很大时，投资银行的作用就显得更为明显了。其中，投资银行和交易双方的谈判能力的作用就很大，往往成为影响成交价格的主要因素。

第二节　扩张性并购与重组

一、企业扩张的动因分析

企业扩张，是指能导致企业规模及经营范围扩大的兼并和收购行为。不同时期和不同条件下，企业扩张的动因是不同的。而对内在原因的清楚把握是并购业务顺利进行的前提条件。所以有必要把企业并购的动因从如下几个方面进行梳理。

1. 追求协同效应

所谓协同效应，就是指并购后所获收益大于并购前各单位收益之和。协同效应主要有经营协同效应和财务协同效应。

(1)经营协同效应。经营协同效应主要是指并购后，企业生产经营活动的效率得以提高所产生的效益。主要包括：①并购能使企业实现规模经济。并购使几个中小型企业合为一体，分摊在单位产品上的管理费用、销售费用和研发费用等将大大降低，从而降低单位产品的成本，给企业带来更加可观的收益。另外通过规模的扩大，企业产品的市场占有率一般有较大幅度的提升，其市场控制能力增强，这些对于企业的生存和发展是有利的。②并购能使企业间优势互补。各家公司的优势不尽相同，如有些擅长研发，有些则擅长生产，有些则有着稳定的客户群和便捷顺畅的销售渠道。并购可以使各家公司的优势加以组合，效率大大提高。③并购能大大降低交易费用。科斯认为，交易中存在费用，如寻求交易伙伴、契约费用、讨价还价的费用等，而这部分开支往往占很大的比重。所以提高经营效益的一个方法就是有效降低交易费用，并购就是手段之一。在纵向并购中，处于生产链中的上、下游企业并购可以将市场交易活动内化，而交易所涉及的费用自然可以省去。另外，这种并购还可以对原料供应或产品销售加以控制，所以生产的稳定性也得以提高。

(2)财务协同效应。这主要是指并购后由于税法、会计处理惯例、证券市场投资理念和证券分析人员偏好等作用而产生的一种账面收益。主要包括：①并购可以帮助企业合理避税。这主要通过两个途径实现：一是可以通过调整内部转移价格控制利润水平，从而少缴企业所得税。所谓转移价格，是指同一跨国集团内的两家企业发生交易时所支付的价格。二是并购后企业的财务报表的合并，可以根据亏损递延条款合理避税。所谓亏损递延，是指公司在一年中出现亏损，不仅当年可免缴所得税，而且亏损可向后递延若干年抵销盈余，企业以抵销后的盈余缴纳所得税。所以原先盈利水平高、所得税税率也高的企业比较青睐兼并一家有亏损但是前景良好的公司以冲销盈余，减少所得税的缴纳。②并购活动在股市中往往能产生预期效应。当一家市盈率相对较高的公司收购市盈率较低而每股收益(EPS)较高的公司之后，股市往往会预期收购方的每股盈余提高，而且被收购方的市盈率提高，从而并购后公司的市值增加。对于追求股东财富最大化的企业而言，这无疑是增强公司信誉的有效手段之一。

2. 追求企业的跳跃式发展

首先，并购活动降低了企业进入某些新行业核心市场的障碍。企业总是有着发展的动机，可能会考虑向其他行业进军，开拓新市场。这时它可以通过投资新建的方式，也可以通过并购的方式，但是前者往往会遇到较高的进入壁垒。如该行业中原有企业的抵制、生产设备的专用性、技术管理人员的稀缺性、原料来源和产品销售渠道以及与政府的关系等不利因素，使大多数企业望而却步。

通过并购则可以较方便地解决这些问题，节省进入的时间，又可以利用原有的人员、技术、设备、营销渠道等。在善意并购的情况下，不会招致剧烈反抗，成功概率较大，所以为企业所欢迎。

其次，并购活动可以降低和分散企业经营中面临的风险。横向和纵向并购可以增加企业的运营规模，提高其市场占有率，增强其市场控制力，从而降低经营风险；而混合并购则遵循风险分散原则，实现多元化经营，帮助企业避免或减少非系统性风险，增强企业抵御不可预见的突发性环境变化的能力，获得较稳定的发展。

3.实现企业的战略目标

首先，并购可以使企业实现战略转移。在混合并购的情况下，企业可以实现多角化经营。在自己原先行业陷于不景气境地时，向新的行业发展，从而实现战略转移，寻求新的发展契机。例如，20 世纪 80 年代初期是船运业的兴盛期，但“船王”包玉刚为了在以后可能出现的行业萧条时保持经营的稳定，在 1980 年出人意料地以 21 亿港币从置地公司购得九龙仓，成功地实现了战略转移，躲过了随后航运业长期的不景气影响。又如菲利普·莫里斯公司以前以生产“万宝路”香烟著称，万宝路也一度被评为最有价值的品牌。但是菲利普·莫里斯没有简单地停留在这个产业上，而是在 20 世纪 60 年代后期开始积极地开始并购一系列食品公司的行为：1969 年并购了米纳·布鲁因啤酒公司，1987 年兼并了通用食品公司，1988 年以 130 亿美元兼并了卡夫(Kraft)食品公司，并利用自己在营销方面的专长，在食品行业开创了一片领地，已成功地将公司转变成一个拥有可观利润的烟草分部的食品公司。

其次，混合并购后的分散化经营可以平抑收益的波动。一家注重自身声誉的公司或许不愿意看到自己的收益乃至股价上下剧烈波动，那么选择行业周期不同、相关性不高的公司并购，则有助于平抑收益的波动。

再次，公司并购有利于获取高新技术。技术的转让涉及很多问题，如技术的评估定价、技术的保密、交易费用等，那么通过并购拥有专有技术的公司，则可以避免很多障碍。

4.追求投资出路

追求投资出路在跨国并购中最为常见。与直接投资的原理类似，发达国家的跨国公司母公司往往资金充裕，但却因国内资金存量较大、投资收益率较低而更愿意投资于国外，寻求相对较高的收益率，而考虑到市场拓展和资金控制的需要，又更多地会采用并购方式。这种并购在我国很常见，不少中外合资企业都是通过此途径产生的。

5.管理层的内在要求

在公司发展中，股份公司中管理层和股东的目标并非完全一致。管理层追求的往往不是公司市场价值最大化或利润最大化，而更注重谋求企业的规模快速扩张，以带来自己更高的收入、地位、现金流的支配和社会声誉。例如，经理人在没有正的 NPV 项目的时候，若其手中的现金太多，他们又不想发放股利返还给投资人，就投资于负的 NPV 项目来扩张规模；若在此种没有正的 NPV 项目的情况下增发股利，将钱还给股民，那么股价将上升；但如果在没有正的 NPV 项目的情况下继续投资或收购，那么股价将下跌。事实上，美国大约有七成的公司都是在 NPV 为负的情况下进行投资，因此当美国的公司宣告收购其他公司时，大部分公司的股价是会下跌的。而且美国公司做多元化投资时也较易发生本身公司股价下跌的现象。

二、扩张性并购的业务流程

并购是公司发展过程中的重要战略举措，一旦做出决策，其成败对收购公司的影响是举足轻重的。为了保证并购成功，收购公司在投资银行的介入下，总是在行动前制订详细的方案和计划，同时在行动开始后也需要针对猎物公司的每一种举动制定相应的应对措施。随后按照计划进行操作，直至最后的整合。其主要的步骤包括：①并购前的准备工作。②对目标公司进行估值。③与目标公司接触并洽谈并购事宜。④确定并购支付方式。⑤并购中的融资安排。⑥后续的整合工作。

1. 并购前的准备工作

并购前的准备工作包括聘请中介结构、明确并购目的、筛选目标公司等。由于并购业务的复杂性和专业性，需要优秀的投资银行的积极参与。其他还包括法律事务所、会计事务所、公关公司等中介的服务。

(1)明确并购目的

在投资银行的帮助下，需要对收购方的动因进行具体分析。前面介绍的动因分析的因素都是可以用来明确并购的目的。比如企业在不同的发展阶段对收购对象的要求有很大差异。在发展早期，企业的目的可能只是纯粹的做大规模。此时可以归为横向并购(horizontal merger)。横向并购是指属于同一行业的企业之间发生的兼并行为。横向并购可以扩大企业生产规模，降低生产成本，获得规模经济效应；增强产品的市场竞争力，减少来自市场各方面的竞争压力。当规模扩张到一定程度后，企业会追求完整的产业链，此时可以归为纵向并购(vertical merger)。纵向并购是指产业链中上下游企业间的并购行为。并购上游企业即并购向自己提供原材料和零部件的企业的行为称作向后并购，主要是为了确保原料等供应的质量和稳定性；并购下游企业即并购产品后加工企业或产品销售企业称为向前并购，主要是为了确保产品畅通的销售渠道。两者都能通过扩大经营规模，节省交易费用，并通过内部转移价格等获取避税效应。当企业在原有行业发展遇到瓶颈时，可能会进行多元化扩张，此时即为混合并购(conglomerate merger)。混合并购是指生产和经营没有直接联系的产品或服务的企业之间的并购行为，也称为复合并购。而选择目标公司的标准就是根据不同的并购动机从市场上进行挑选。

(2)物色并购目标

搜寻目标公司并不是件容易的事。一般情况下，收购方及其投资银行需要主动地去获取信息，得到有关目标公司经营、财务等方面的情况，进行商业调查。

商业调查的主要内容有：①目标公司的背景。主要包括目标公司的经营性质、主要设施、收益分配等信息；公司有关经理人员、董事、主要大股东的情况；对公司的最新发展、未来计划和目前存在的问题也应加以充分了解。②产业信息。主要包括目标公司所处的产业内外部竞争和相对市场占有率；目标公司所处产业的销售和利润增长率；政府管制的程度和趋势等。如果目标公司和并购公司处于不同的行业，则对于行业进行分析是非常必要的。

③财务信息。主要包括目标公司历年的资产负债表、损益表和现金流量表以及公司在最近几年中的主要财务比率，并且对公司财务报表的真实性进行调查分析。④市场营销状况。主要包括目标公司销售量、利润和积压的存货；主要产品和新产品开发的情况；主要顾客的分布及信用状况；销售计划和预测方法；广告及促销费用；分销渠道和战略；主要竞争对手和市场占有率；定价策略；产品生命周期和新产品开发等。⑤法律方面。主要包括目标公司组织、章程及招股说明书中的各项条款，目标公司主要财产状况及注册，目标公司的对外书面合约等。特别要注意目标公司的章程中有没有制定反收购的措施，防止自己在从事并购时遭遇抵制而引来司法麻烦。⑥研究与开发能力。主要包括目标公司过去、当前和将来的研发项目及分析；研发项目中使用的人员和设备；研发项目的会计处理方法的合理性。

除上述内容外，目标公司财务和管理控制系统，公益管理部门的报告要求，人力资源和劳资关系及税收等方面也是商业调查的内容。

从收购公司的角度来看，目标公司一般应当具有以下特征：

一是具有经营特色的企业。主要包括：①有技术特点的企业。这类企业或具有较强的技术创新及产品开发能力，或是在某类专业领域内技术上独树一帜。②有稳定销售渠道的企业。这类企业大都建立了遍及各地的销售网。③有较高价值的无形资产的企业。如专利、技术诀窍、知名商标等，一般蕴藏着难以估价的潜力。④有优秀人才的企业。这类企业或是拥有一批掌握先进技术的人才，或是拥有一批优秀的管理者和技术熟练工人。⑤现金等流动资产充裕的企业。这类企业一般负债少，流动资产多，具有健全的财务管理制度。

二是企业资产运营效果差的企业。主要包括：①资金利润率低的企业。这类企业虽然拥有较先进的设备，但是由于管理混乱，与行业内其他企业相比，资金利润率相对较低。②虽然拥有较高价值的资源，却没有加以利用的企业。这类企业或是拥有高价值的土地，却从事低资金利润率的生产经营；或是拥有优秀人才，却没有有效利用，在经营决策上存在问题。

三是存在问题的股份制企业。主要包括：①股票稳定性差的企业。这类企业或是进入股市交易的流动性股票过多，稳定的股东过少；或是有大量可转换为股份的债券，容易成为收购的目标。②股票价格过低的企业。这类企业或是由于股票价格长期低位徘徊；或是与同行业其他企业相比，股票分红少，容易成为被收购的目标。

(3)提出可行性研究报告

一是对目标公司是否同意被收购的可能性进行分析。

二是对目标公司所处的行业进行分析。主要视收购方的目的而定。如果收购公司是想扩大市场份额，则目标公司的业务须与收购公司的相关；如果并购的用意仅仅是为了带来一般意义上的公司增长时，其他领域的公司也可以纳入选择的范围之中；如果收购公司致力于获取运营上的协同效应，则其关注的焦点在于目标公司的业务、优势与收购公司的配合性上；如果收购公司想通过业务多样化来减少经营风险时，目标公司的经营领域与收购公司的业务相关程度越小越好。

三是财务评价。对收购的财务评价内容包括对收购风险，收购对目标公司收益、现金流和资产负债状况的影响，收购价格及收购筹措资金方式等。财务评价包括收购公司的自我评价和对目标公司的评价。

2.目标公司价值的评估

在企业并购活动中，估价和出价是公司并购中的一个重要环节，也直接关系到并购能否成功。对并购公司进行估价和出价，可以说，并购对象的估价是并购中最重要的环节，直接关系到并购能否成功。投资银行会在仔细评估的基础上帮助收购方确定目标公司的价值区域，制定出收购方可以接受的最高出价。同时投资银行还会根据评估中考察到的内在现金流，帮助客户评价收购的融资途径和支付方式。

公司价值估计是收购公司决定目标收购价值的重要尺度，同时也是同卖方进行谈判，确定收购价格的基础。对买方而言，估计公司价值的方法主要有：

(1)净值法。净值是指目标公司的账面价值。在估计账面价值时需要考虑以下重要因素：有价证券的市价是否低于账面价值，外币兑换的比率是否相同，固定资产、土地等估价是否公正等。对于无形资产，买方可以自己重新估价以确定其实际价值；而对于负债、或有负债等则应该得到双方共同认定的水平。资产负债表最能够集中反映公司在某一特定时点的价值状况，揭示公司所掌握的资源、所负担的债务及所有者在企业所持有的权益。因此，资产负债表上各个项目的净值之和，即为公司的账面价值，通过投资银行或注册会计师审查这些项目的净值，可为估算公司的真正价值提供重要依据。在对资产负债表进行了必要的调整之后，再乘以一定的乘数即可粗略地作为目标公司的收购价格。在实务中，这种对资产负债项目逐项调整的估算方法，对于有形资产庞大的公司，是个估价的好办法，尤其是亏损的企业常采用此方法，视同计算目标企业的清算价值。

(2)市场法。市场是将目标公司同市场上行业、产品、规模、收益水平和未来成长性相近的一批公司找出来比较，以这些公司的市场平均市盈率水平(或其他指标)作为参考，确定公司的收购价格。市场比较法就是将股票市场上最近平均实际交易价格，作为企业价值的参考。由于证券市场处于均衡状态，因此，股价反映投资人对目标企业未来的现金流量与风险的预期，因而市场价格基本上等同于市场价值。

(3)贴现现金流法。指买方以目标公司的未来运营作为收购的主要参考，将目标公司的未来现金流折现而得到公司收购后的运营价值。要注意的是这种估价并不是公司的现在价值，而是未来的价值，两者经常有较大的差距。贴现现金流法是较科学、较成熟的公司评价方法。这种方法的假设是并购公司的目的在于着眼于未来的营运绩效，则买方企业出价应当基于收购后的未来利润予以资本化后的价值。贴现现金流法首先要预估目标企业未来的现金流量，再以某一折现率，将预估的每年现金流量折为现值。

在对并购对象估价之前应当着重分析目标公司及其所在行业的特征以及目标公司的竞争力等因素：①目标公司的特征考察。这主要包括目标公司近年来的运营状况、所有权变更情况、目前股东和股东利益、股东权益收益率、公司业务范围、主要产品和客户群及供应商的情况、过去和未来的财务情况、盈利状况、流动性状况、组织结构、投资情况、筹资方式等。②目标公司所在行业的考察。对行业的考察应当关注行业的特征，这主要包括市场规模、属性、市场增长情况、市场进入壁垒、行业竞争状况、外部监管情况等。③目标公司在行业中竞争地位的考察。这主要包括并购对象在同行业中的市场占有率、公司的增长策略、分支机构分布、营销策略、潜在的机会等。一般可以用公司的规模、增长率、利润率、回报率、经营和财务杠杆率等指标加以衡量。

3. 与目标公司接触并洽谈并购事宜

在公司并购过程中，卖方和买方既有利益一致的地方，又有利益对立的地方。即使在交易双方利益一致及双方通过协议或合作共同获利的情况下，也必须对这一交易支付费用。在利益对立的情况下，一方的收益往往是另一方的成本。投资银行参与到并购活动中以后，作为企业并购中的有效的中介纽带，尽可能做到客观公正，使交易双方在交易时尽量达到利益最大化。但是根据环境和对象的不同，以及各方利益冲突的程度，在与目标公司接触过程中大致可以采取三种策略。

(1)善意并购(friendly acquisition)。所谓善意并购，是指收购企业以较好的报价和其他条件与目标企业协商收购事宜，取得其理解和支持。目标企业的经营者提供必要的资料给收购企业，双方在平等、友好的基础上达成双方所满意和共同接受的收购协议。

(2)敌意收购(hostile acquisition)。所谓敌意收购，是指收购公司事先未与目标公司经营者协商就在二级市场上收购目标公司股票，迫使目标企业接受条件，出售企业，从而获得目标公司控制权的并购行为。敌意收购过程中一般双方关系紧张、信息也不对称，且目标公司往往会尽力抵制收购，采取各种反收购策略。

(3)“熊抱”(bear hug)。“熊抱”是介于善意并购和敌意收购两者之间的收购方式，是指收购方先向目标公司提出收购协议，如果目标公司接受的话，并购方将以优惠的条件收购之；否则，收购公司将在二级市场上大举购入目标方股票，以恶劣的、敌意的条件完成收购。

在接洽活动基本上告一段落后，投资银行可以帮助并购公司拟定一份收购公告，详述收购事宜。在既定的并购策略下，并购方通过投资银行可以根据需要向目标公司发出收购要约或者提出收购协议。所谓要约收购，是指收购人通过向目标公司的股东发出购买所持有的该公司股份的书面意见公告，并按照依法公告的收购要约中所规定的收购条件、价格、期限以及其他规定事项，收购目标公司股份的收购方式。要约收购无须事先征求目标公司董事会、经理层的同意，多用于敌意收购中。所谓协议收购，是指收购人通过与目标公司的股东反复磋商，并在征得公司董事会和经理层同意的情况下达成协议，按照协议所规定的收购条件、价格、期限以及其他规定事项，收购目标公司股份的收购方式。协议收购一般是善意收购时使用，其过程短、法律手续简便、不易产生纷争；不过协议收购在信息公开、交易公正方面存在不足。

一般在善意收购的情况下，是通过协议收购方式进行的，也可以是并购方向目标公司的董事会发出收购要约，一般是在平等友好的气氛中进行的，即使谈判最终难以达成一致，也不强制收购。在敌意收购的情况下，一般并购方就是直接向目标公司的股东提出收购要约，表示愿意以较高的价格收购目标公司股份。

4. 确定并购方式和支付方式

并购方不仅要合理地制定收购价格，而且选择一种合适的并购方式和支付方式也是收购成功的重要保障。公司收购的支付工具主要有现金、股票(含优先股和普通股)、债务凭证或以上工具的混合形式。

(1)并购方式

并购的方式包括以下四种：

①购买式并购。即并购方出资购买目标企业的资产。一般用现金方式一次性买断，这需要并购方有相当雄厚的资金实力，所以一般目标企业属于前景堪忧，但目前处于资产大于

负债的中小型企业。②承担债务式并购。即并购方以承担目标企业全部债务为条件接受其资产,实现并购的方式。这种方式不需要估价,简单易行。并购后,并购方需要承担目标公司全部的债务,目标企业法人主体消失,接纳原目标企业所有的人员并加以安置,以这种方式替代企业破产机制。③吸收股份式并购。这实际上是以股换股(stock-for-stock)并购方式的结果。并购方通过与目标公司交换股票达到控股目的,同时目标企业也成为自己公司的股东,两者"一荣俱荣,一损俱损",实际上也达到了并购的目的。④控股式并购。控股有两种含义:一是绝对控股,即掌握目标企业50%以上的股权;另一种是相对控股,即掌握的股份比例最大,对公司经营决策能产生决定性的影响,往往持股20%～30%即可达到控制目的。目标企业在并购后仍具有法人地位,并购方只是目标公司最大的股东,不承担原有债务,其风险责任也仅以出资额为限,且股份在二级市场上可以转让。所以操作灵活,在并购中采用得最为广泛。

(2)支付方式

在选择并购支付时,主要有以下几种方式:

一是现金支付方式。现金支付方式是并购方支付给目标公司股东一定数额的现金以达到收购目的的一种支付方式。现金收购速度快,而且不会稀释并购公司股东的控制权,常常用于敌意收购之中。但是现金收购也有着较多的缺陷:并购方必须有很强的资金实力或现金流量很大,并且可能在最终现金安排上出现困难;目标公司的股东得到一次性的现金之后,从此丧失在公司中的权益;目标公司股东在获得现金补偿之后,实现资本利得,必须及时纳税,导致纳税时间提前等。所以在实施现金收购时,一般适用于现金流量较大的并购方敌意收购规模不大的公司。

现金支付是对双方最方便的支付方式,也是许多小型并购项目的首选方式,同时,现金支付还会在一定程度上受到卖方的欢迎。但是,由于要在短期内获得大量现金有相当难度,因此,对于规模较大的项目完全采取这种方式的较少。

二是普通股收购方式。普通股收购方式是指并购方通过增发公司普通股,以新发行的股票替换目标公司的股票以达到收购目的的出资方式。这种收购方式不会影响收购方的现金状况,目标公司的股东权益仍然得以保持,并且成为并购方公司的股东。这种收购方式没有纳税的压力,同时会计处理中不反映商誉,减轻了商誉摊薄的压力。在换股操作中,对卖方有利的是在税收方面。一般情况下,现金支付的收购项目,卖方获得现金后需要当年交税,而在换股支付时卖方在将来卖出股份时才需要进行税收申报。此外,当买方业绩较好,股票受到市场欢迎时,卖方以特定的价格获得买方股票对自身也是有利的。不过使用普通股支付时也有缺陷:①以新发行证券进行收购要耗费大量的时间和人力、物力,手续烦琐;②收购成本不宜把握,毕竟由于普通股的股价波动很大,取决于市场对于收购行为的评价;③收购时会稀释并购公司原有股东的权益,遭到自身公司股东的强烈反对。

三是优先股支付方式。优先股支付方式是指猎手公司以优先股作为公司收购的支付工具以达到收购目的的一种支付方式。优先股收购拥有固定收益并存有普通股的大部分特质,所以曾受到人们欢迎。但是作为一种支付方式,优先股又有一些缺点如收益有限、对公司的经营无权干涉,现已较少采用。

四是混合支付方式。这是指并购方对目标公司提出收购要约时,其出价由现金、股票、认股权证、可转换债券等多种支付工具组成的一种收购方式。单一的支付工具总是存在着这样那样的缺点，综合起来可以避免其中的问题，但是组合的比例很重要，否则可能事与愿违。

5. 并购中的融资安排

融资是并购中必须考虑的一个重要问题。收购公司往往难以通过自己的资金实力完成收购活动，尤其是在现金收购方式下，买方企业可能一下子拿不出收购所需要的现金，也有可能出于对现金的稳妥保险的考虑，对投资银行有着较强的融资依赖性。在确定了目标公司价值之后猎手公司需要根据目标的配合程度决定是采取善意收购还是采取敌意收购的方式，同时还要根据公司本身财务状况决定是否需要采取杠杆融资完成收购项目，如果需要融资的话，还需要制定融资策略和方式。考虑融资方案时应该处理好成本、风险及收益的关系，分析采取何种方式融资才能做到成本低、风险小、收益高。由于并购交易的时间具有一定的不确定性，融资方案必须考虑到并购活动的时间要求，同时还要考虑融资结构问题，融资结构包括融资渠道构成及规模结构，如向金融机构贷款和发行公司债券，它们对公司的财务结构，继而对企业的经营风险都有很大的影响。

首先，应考虑融资基本途径和方式，主要有：①买方杠杆融资是指买方通过向银行贷款获得大量资金用于收购目标公司的股份。在很多情况下，买方主要是以目标公司的各种资产作为抵押，由目标公司向银行及其他来源贷得，而买方只支付少量现金。在收购成功后，收购者以目标公司盈利或出售部分资产等方式偿还债务，这种方式不仅可以增加财务杠杆，而且贷款的利息可以从所得中扣除，因此可以减轻税负。②卖方融资是指卖方为了急于脱手向买方提供一种有利的分期付款担保条件，这种情况下，买方一般需要有很好的经营计划或项目。为了降低未来的经营风险，买方经常需要提出分期付款的方式，并且支付价格按照业绩的一定比例来支付。这样，如果收购行为中出现目标公司在收购后业绩迅速下降时，买方可以达到保护自己的目的。

其次，选择具体的融资方式，通常包括：①由投资银行给予过渡性贷款(一般称作“过桥贷款”，bridge loan)，时间一般不超过六个月，利率较高。②由投资银行出面安排商业银行贷款，通称举债购买企业的贷款。③由投资银行代理兼并企业发售新债券——“次级信用债券”，也称“垃圾债券”融资，是一种杠杆收购的实施方式。收购公司通过举债获取卖方公司的产权，又从卖方公司的现金流量中偿还负债。在举债收购中，债务资本一般是以被收购公司的资产为担保来筹集资金。

6. 后续的整合工作

在并购双方达成共识，签署兼并收购协议后，操作到了结盘阶段(closing)。但是整个并购活动并没有结束。买主还应该采取有力的措施使得被收购的公司与买方的公司相整合(integration)。在这个阶段，应采取包括法律、会计、税收、保险、雇员给付以及其他方式的各种步骤，以保证公司过渡的成功。这个环节往往被忽视，但却更为关键。美国著名并购研究专家拉杰科斯曾研究并购失败的原因。结果表明在所有已知的原因中，直接与整合不力有关的占50%。

许多收购者组成包括双方公司的管理者的过渡小组来合作进行合并后的整合工作，当然，如果能组成一支由专家组成的小组来解决合并后的事务则更好，因为这样可以尽快稳定整个组织并形成最初的动力。兼并收购后的整合包括以下几个方面：

(1)改组董事会及管理层。整合的第一步就是首先对并购后的公司整个管理层进行改组，这是落实公司控制权和治理权的关键。

(2)不同企业文化的融合。不同的企业有不同的企业文化,在并购后的整合中如何把不同的企业文化融合到一起,是个重要的内容。

(3)并购后的人员整合,包括人员安排和激励机制两方面。

(4)调整经营战略。企业并购后还需要根据新的形势调整经营战略,这也是实现企业并购目标的一个重要手段。

(5)做好对外公关。公司并购会对公司客户、当地政府、行业主管部门产生实际的影响,新闻媒体和二级市场也会关注企业的并购行为。所以,企业在处理内部整合的时候,还要做好对外的公关工作。

第三节 反收购及防御策略

一、反收购的总体防御策略

反收购操作就是投资银行作为专业中介,在敌意收购的背景下,为目标公司一方提供的专业服务。在市场经济条件下,每个公司都可能因为经营状况或财务状况的变化导致公司价值的波动,从而可能成为被其他公司所收购的目标。为预防可能被兼并的风险,更多的公司是聘请投资银行作为顾问,对公司外部威胁加以监控,同时设计出若干反收购策略。俗话说“苍蝇不叮无缝的蛋”,凡是在资本市场上被“猎手”公司瞄上的“猎物”公司都存在一定的缺陷,或者是资本结构方面的,或者存在组织结构等问题。所以投资银行在提供反收购服务时,首先应该抓好整顿工作,帮助公司完善治理结构,推行有效的管理,特别是加强财务管理,适时调整组织结构、业务、产品结构和资本结构。

设计和制定反并购的总体防御策略主要应从以下五个方面着手进行。

1. 修改公司章程

在当公司面临被接管威胁的时候,赞同的股份数比例需要提高,比如从 1/2 提高到 2/3 或者 3/4 等,加大接管难度;又如实行董事会轮选制,公司章程中规定每次只能换选 1/3 或者 1/4 的董事,这样可以保持经营者的稳定性。

2. 订立公平价格条款

由管理层制定出一个“公平价格”,并购方需按此价格向所有的股东支付,而不仅仅是向急于出售转让手中股票的股东支付,于是,促使收购成本增加。

3. 进行预防性合并

许多国家有反垄断的法律法规,为了避免兼并,可能的目标公司可以事先进行并购,与同性质的其他企业合并。使“猎手”公司的并购成本加大,还可能由于吞下一个“巨无霸”而面临反垄断调查。

4. 设置监控体系

设置监控体系也称“鲨鱼”监察者(shark watcher)。投资银行负责监控委托公司股票交易的情况,即跟踪可疑账户,尽早辨识出累积股份的公司,及早发现可能的收购方,以便当机立断,制定出有效的预防措施。

5.反收购运作

收购公司往往不会因为目标公司设置了一些障碍就知难而退。而是在筹集大量资金后就发起猛烈的进攻,此时目标公司的反收购专家——投资银行则要大张旗鼓地投入战斗,积极反抗,选择和运用各种具体的反收购策略。主要包括:①引爆先前设置的种种反收购策略,让收购方吞下苦果,加大收购难度,纵然最终收购成功,也如骨鲠在喉。②诉诸法律。收集尽可能多的并购双方材料,找出并购方并购过程中可能的违法违纪行为,诉诸法律以宣布收购无效或者勒令收购方停止收购。③针对收购的实际运作,应急制定适时的反收购策略,如帕克曼战术(Pacman)、绿色邮件(green mail)、寻求“白衣骑士”(white-knight)等,全力抵制收购。④在反收购的同时,注意帮助董事会、经理层安排好公司的经营,掌握好财务收支,保证公司仍然以较好的状态运作。

二、反收购的主要手段

1.调整公司的股本结构

假如目标公司的股权比较分散,则敌意接管者在资本市场上收购目标公司股份以达到控股地位是比较容易的,所以减少社会公众分散持有的股份可以降低公司被收购的风险,此过程中常常采用股份回购和互相持股的方法。

股份回购是上市公司为了防止股份过于分散而被收购并调整公司的负债水平,可以在资本市场中发行一定量的公司债券,筹得资金用于回购本公司的股票。这样一方面减少在外的流通股,另一方面流通股份的减少可以刺激股价的上扬,收购方的收购成本和难度因而加大。但是股份回购在各国有着较为严格的法律规定,如我国证券法就严禁上市公司擅自回购自己公司的股份。再如美国许多州的州公司法均规定,仅为维持目前企业经营者对企业的控制权而回购一定的公司股票是违法的;但如果是为了维护公司现行的经营方针而争夺控制权,维护公司的利益时则是合法的。

互相持股是指可能被收购的公司事先选择一家关系较好的公司,双方互换股份,相互持有对方一定比例的股权,从而可以有效地阻止第三者的收购。比如日本的主银行制就有这种特点,所以敌意接管的事件很少。互相持有股份是一种有效的反收购策略,但是在不同的国家面对的法律约束是不同的,如日本倡导这一方式而英国则禁止这一做法,美国没有对这个问题做出明确的法律规定。但是应该看到互持股份也有其缺陷:首先,耗费公司资金造成资源占压,影响营运资金的使用;其次,可能造成“多米诺骨牌效应”,一家公司经营状况的恶化可能拖垮其持股公司;再次,一旦互相持股公司一方被收购,则收购方可以同时控制另一家公司相当数量的股权,能以低廉的成本将后者也尽收囊中。

2.保护公司成员利益

(1)保护公司董事会成员的利益

①董事会轮选制度。董事会轮选制是指每次董事会换届选举只能更换少部分的董事(如董事人数的1/3),这样如果董事会成员任期三年,要将董事会里的人全部换成收购方自己的人至少要六年时间,就不能迅速地获取公司的控制权,所以收购兴趣大减。这个措施旨在维护董事会成员和决策的连贯性。

②“超多数规定”。很多国家公司法或证券法中只规定公司决策超过多数即可通过,为

了增加收购的难度，许多公司修改了章程，在面临恶意接管时，赞同者所代表的股份比例必须达到 2/3 或 3/4 的绝对多数，收购才能成功，这也加大了收购的难度。

③累积投票法。在争夺公司的控制权时，有两种投票方式：一是普通投票法，每股可投票数等于拟选举人数，且不得重复投票，往往造成董事会为大股东控制的局面；第二种投票方式是累积投票法，即投票人可投等于候选人人数的票，并可将选票全部投于一人。这样中小股东还是可以选出自己的董事，利益也不致因为公司被收购而完全失去。

(2)保护公司经理层人员的利益

收购战中，"金降落伞"(golden parachute)是专为保护公司经理层人员的利益而设计的。"金降落伞"协议规定，一旦因为公司被并购而导致公司高级管理人员被解职(这一般发生在敌意接管的情况下，因为善意并购很少一开始就涉及剧烈的高层人事变动)，公司将提供相当丰厚的解职金和立即兑现股票期权。虽然一个公司的高层管理人员并不是很多，但是由于高额补贴的付出和巨额股票期权的兑现，也可能会给收购方在现金支出上带来重负，在某些情况下可能会吓退收购者。

"金降落伞"协议在某种程度上加大了收购者的收购成本，可以作为反收购策略。但是"金降落伞"的实施却可能弱化经理层的管理功能，因为他们管理不善造成公司被接管之后，经理人员仍能获得甚至超过其在职收入的补贴。另外，对于公司的普通员工而言是不公平的，也极大地损害了股东利益最大化，所以其合法性一直受到来自诸多方面的质疑。

(3)保护公司的普通员工

应该说，如果一家公司被收购，受损害最大的还是广大的普通员工。所以针对这一点，投资银行为目标公司设计了一系列旨在保护普通员工利益的反收购策略，如"锡降落伞"(tin parachute)、"养老金降落伞"(pension parachute)和员工持股计划(employee share ownership plan，即 ESOP)等。

①"锡降落伞"与"金降落伞"协议相比，"锡降落伞"协议是专为保护公司普通员工的利益而设计的。它是指在员工因为公司被接管而遭到解雇时可以获得数月甚至长达数年的工资以作为补偿。虽然"锡降落伞"的单位金额远远低于"金降落伞"，但是因为享受的人数比较多，所以相累加，数目也相当的可观。同"金降落伞"一样，"锡降落伞"增加了收购方的现金支出，从而加大其收购难度。

②"养老金降落伞"。该种协议规定，一旦外部机构恶意收购公司股份达到一定的比例(如 10%)，构成控股威胁，公司将立即发放养老金并扩大养老基金的提供。在西方健全的养老金制度下，这个措施一旦触发生效，其威力是相当大的，可能比"金降落伞"和"锡降落伞"更有威慑力。

③员工持股计划。各国为了提高公司员工的积极性，纷纷实施了"员工持股计划"，将公司一定比例的股份(如 20%)发放给职工持有。这一措施为投资银行设计反收购策略提供了很好的条件，为投资银行家和目标公司设置了一道非常有效的防御工事。

3. 公司自身进行并购重组

(1)抢先并购其他公司。如前所述，很多国家制定了反垄断的法律，公司的规模过大，市场集中度过高时就会被视为有垄断市场之嫌。所以利用这一法律，感觉自己成为别人"猎物"的公司可以抢先并购一家性质相似的公司(通常以横向并购最为有效)，一旦有"猎手"公司胆敢吞并自己，那"猎手"公司将很可能面临反垄断诉讼。这一措施非常有效，但是时机的把握和并购公司的选择很关键，如果动作稍有迟疑，则可能前功尽弃；如果并购的公司业绩低下，是个“烫手的山芋”，在吓退“猎手”公司后，将成为自己公司的累赘。

(2)出售“皇冠珍珠”(crown jewels)。所谓“皇冠珍珠”是指一家公司中经营最好的子公司。通常一家公司被盯上也是因为这些公司的存在，“皇冠珍珠”往往包括以下几类资产、业务和部门：①价值被低估的设备、土地等资源；②发展前景大好的生产工艺、业务和专利技术；③可能会威胁“猎手”公司业务发展的部门。为了打消收购者的念头，公司在面临敌意收购的时候，会把公司中可以称为“皇冠珍珠”的子公司出售给第三方，留下两个空壳，自然消除了被敌意接管的风险。但是若以低于市价的价格出售，则损害了股东利益，其出售行为也会被判失效，最终难逃被接管的厄运。

(3)焦土政策(scorched policy)。焦土政策可谓是反收购当中最为惨烈的措施，可用“鱼死网破”、“玉石俱焚”等词来形容。为了避免被收购，“猎物”公司疯狂进行“自残”，如高价购入大量无利可图的资产而不惜用尽现金或大量举债；又如进行低效益的长期投资，使收购“猎手”公司在可以预见的未来没有进账；又如大量举债，并在合同中规定以确保贷款安全为由在并购成功后即刻偿还等。这些政策将使收购方在并购成功后看到一个满目疮痍的烂摊子而退缩，并购者往往会在这种极端反抗前却步。“焦土政策”是一种极端的反抗收购的方式，极大地损害了股东的利益，也将使企业往昔的辛苦经营毁于一旦，所以为各国法律所限制，采用这种极端方案的公司是很少见的。

(4)公司分拆策略。公司分拆和子公司上市本来是公司经营专业化并提高股价的战略措施，但也常常被用作是公司反收购的策略之一，原因在于：分拆和子公司上市后，由于社会的关注，原母公司和子公司的股价均可能被推高，从而增加收购公司二级市场收购成本；另外，子公司上市可以筹得大量资金，有助于母公司并购其他公司或采取针锋相对的战略，如帕克曼战术等。

(5)派发红利红股、转赠股份或者向原有股东配售股份。这是一种非常有效的反收购策略。一家猎物公司适时派现，可以增强股东对公司的信心，股价除权后通常会有填权，从而增大收购成本；在派送红股、转赠股份或向原有股东配售股份的情况下，股本扩大但原有股东权力没有稀释，在填权之后，收购者的并购成本将成倍增加，有可能放弃此次并购。

(6)管理层收购(MBO)。管理层收购是抵制外来恶意接管的有效手段。管理层一般拥有公司一定数量的股权，对公司的经营较为熟悉，也比较能得到员工持股会的支持。借助于杠杆融资方式，管理层与其他股东的利益基本上也是一致的，所以几乎没有什么法律限制。而且这种反收购比较平和，对公司的日常经营管理不会造成太大的影响，故而受各方面的赞同，这也是近年来管理层收购兴起和蓬勃发展的原因所在。

4. 设置“毒丸”防卫措施

1983年，美国瓦切泰尔·利蒲东律师事务所的收购和反收购专家律师马蒂·利蒲东设计了一种股份购买权计划(share purchases rights plans)的反收购措施，后人在他这个计划的启发下，又相继开发了票据购买权计划(note purchases rights plans)和价值保证计划(value assurance plans)。鉴于这些措施对于外来控制者极为不利，所以被人们称为“毒丸”(poison pills)防卫术。

股份购买权计划是指“猎物”公司向其股东配发这样一种权力。该权力允许持有人在“猎物”公司遭到恶意接管时，以半价购买“猎物”公司或“猎手”公司的股票。前者称为“向内翻转型”(flip-in)毒丸，后者称为“向外翻转型”(flip-over)毒丸。由股份购买权计划衍生出来的票据购买权计划则是指公司面临恶意收购时，其他股东可以将段票转化成具有优先受偿权的债券，从而大幅度改变公司的负债结构。如果债券还被赋予提前清偿的权力，更成为敌意收购方难啃的硬骨头。

在实务操作中，还有很多其他“毒丸”手段，比如有毒股票，股票本身是一股一权，优先股没有投票权，在面对敌意收购时，某些股票可能被赋予更大的投票权，而优先股份持有人也可以参与表决，这对于收购者显然是不利的。有些公司还可能发行大量的债券或优先股，一般这些证券可转换成普通股以稀释收购方的股权比例。即使持有人不予转化，债券利息和优先股股息的支付也降低了税后利润，从而降低了公司的吸引力。应该说，“毒丸”术是较为行之有效的反收购策略，但是其合法性也往往遭到质疑。因为这种策略会阻止相当一部分本身对股东有利的收购活动，而且“毒丸”的实施往往会导致股价下跌，损害了股东的利益，所以“毒丸”实施也往往被判定为无效。

【专栏 5-1】

美国东部时间 2005 年 2 月 18 日，盛大网络透露截至 2005 年 2 月 10 日，该公司同控股股东地平线媒体有限公司一起通过公开股票市场交易收购了新浪公司(Nasdaq:SINA)大约 19.5%的已发行普通股。而且，盛大已经按照美国证券法向美国证券交易委员会提交了 Schedule 13D 报告，在报告中表明了对所持有新浪股票的受益所有权。紧接着，2 月 19 日，新浪 CEO 兼总裁汪延代表管委会发给全体员工一封信，表明了新浪不接受被控制态度。2 月 24 日，新浪正式表态抛出“毒丸”计划，以反击盛大收购。新浪“毒丸”计划的核心是：如果盛大及关联方再收购新浪 0.5%或以上的股权，股权的持有人(收购人除外)将有权以半价购买新浪公司的普通股。现有股东可以行使权力以半价增持新浪股权，以图摊薄盛大持股，令收购计划无功而回。最终盛大只能无奈放弃新浪。

——资料来源：http://tech.sina.com.cn/focus/sina_nda_2025/

5. 寻求外部支援

毕竟依靠自身公司的力量是不够的，在面临凶狠的接管者时，目标公司会转向寻找外部的支援，在实务操作中，常求助于“白护卫”、“白衣骑士”和法律的保护。

(1)“白护卫”。“白护卫”指的是与目标公司关系良好的公司。它们之间签订协议，约定在目标公司面临敌意接管时，“白护卫”公司可以优惠价格或更高的回报率承诺购买目标公司具有表决权的大量股票或债券，从而避免公司被收购的危机。比如，沃伦·巴菲特与许多公司达成过白衣护卫协议，譬如，1989 年他购买了吉列公司价值 60 亿美元的优先股，该优先股可以转换成该公司 11%的普通股。

(2)“白衣骑士”。一般把敌意收购者称为“黑衣骑士”(black knight)，所以为了避免被恶意接管，目标公司主动寻找的并购者被称为“白衣骑士”。这类公司一般与目标公司关系良好，而且愿意以较高价格对付收购者的收购要约。这样轮番提高收购出价，将抬高收购成本，迫使收购者止步。

(3)诉诸法律。法律是最后也是最为有效的武器。在收购活动中，目标公司如果措手不及，没有其他方法抵御，可以想尽一切方法寻找被收购活动中的漏洞，提请司法仲裁或诉讼。在证据充分的情况下，通常收购活动会因为司法机关的出面而中止。即使最后法律做出对收购方有利的判决，目标公司也赢得了宝贵的时间制定其他反收购策略。

6.针锋相对的策略

“以牙还牙”(tit-for-tat)是另一类反收购的有效手段。收购方忙于收购活动。很可能无心照料自己的公司和产业,目标公司就可以借此绕到收购方背后给予反击,使得收购方后院失火,迫使收购方无心恋战,收购危机就此告终。这类策略中常见的是帕克曼战术和绿色邮件。

(1)帕克曼战术。帕克曼战术源于20世纪80年代流行的一种游戏,是指没有吞下对手的一方反遭到敌方的反噬。运用这种转守为攻,反败为胜的战术,使目标公司从不利转向有利,往往迫使收购方退居防守位置,丧失收购能力,也可以因为拥有对方股权而控制原收购方的经营或分享其收益。只是该战术的实施必须有大量现金或容易变现的资本为后盾,可能牺牲股东利益,也会因自己也参与其中而不得不放弃诸如反垄断等司法手段。

(2)“绿色邮件”。“绿色邮件”是指目标公司以高于收购价的价格回购并购者手中的股票,作为交换条件,并购方承诺放弃并购。这种方法固然有效,但是也要求目标公司具有较为雄厚的资金实力。同时也为部分投机钻营者提供了专靠假收购来获取高价回购溢价的机会,目标公司利益因此受损。

第四节　收缩性并购与重组

一、企业收缩的动因分析

1.经济因素

(1)就任何投资标准而言都不是一个好的业务组成部分。在很多情况下,不管对公司某一特定业务部门投入多少资金与管理力量,管理层也不可能实现适当的回报,这种情况下,出售可能是一个明智的选择。

(2)无法实现经营目标。当一家公司的分支部门无法完成季度或年度计划或其他各项经营目标时,大多数公司就会选择出售。

(3)税收考虑。由于税收法规的复杂性,资产出售时对此进行考虑是必不可少的。一家公司在卖掉一个分支部门或生产线时,可以通过合理避税而受益。

(4)资本使用的优化选择。这里涉及经济和战略两方面的因素,这是资产出售的关键理论基础。那些熟练利用资产出售这一工具的公司,在把获得的收入投入到现有其他业务领域或新的收购业务后取得了相当大的成就。

(5)利润。利润仍然是最终的动因,缺乏利润是公司开始考虑出售的重要原因。除非是战略上的需要,否则持续没有利润并亏损的分支部门就应当被出售。

2.经营因素

(1)劳动力考虑。当因为缺乏足够熟练的劳动力以及劳动力短缺引起工资水平的上升时,如果通过内部经营而不能改变这种情况的话,资产出售就可以作为一种替代选择。

(2)竞争性理由。根据竞争能力的实际情况,有时选择退出市场竞争是必要的。那些经营效率不高、缺乏竞争优势的企业所有者和管理层,他们可以从竞争激烈的市场中退出来,把自己的业务部门卖给一家更有实力的公司。

(3)管理层缺陷。有时因为某种原因，一家公司不能组织起一个有能力的管理队伍来管理一个分支部门，如果这种情况持续存在，并得不到改正，就应当考虑实施资产出售。

3. 战略因素

(1)风险投资的退出。风险投资的一个重要退出方式就是资产出售，即被其他企业兼并收购。

(2)公司目标的变化。大公司经常会改变其战略目标，那些不再适应新目标的业务部门就会被出售，以支持符合目标的业务发展。例如杰克·韦尔奇在掌舵通用电气之初就提出了“数一数二”的战略：如果公司某项业务没有在行业内做到第一或第二的领先地位，就要把该业务卖掉。

(3)改变公司形象。有些公司觉得有必要出售某些分支部门，以便树立新的公司形象，出售对象不一定是那些低效率或缺乏潜力的部门，而是管理层不喜欢的那些领域。例如，美国 Gulf & Westem 公司通过剥离它的几家较大分支部门而从制造业退出，进入发展变化迅速的金融和娱乐行业。

(4)市场饱和。从战略角度看，当前为企业创造利润的业务逐渐萎缩，而用于保持市场份额的投资超过它产生的利润时，一个分支部门或一条生产线可以作为资产出售的候选对象。

二、企业收缩的具体形式

企业收缩又称为出售，是指使企业规模及经营范围缩小的各种行为，具体可分为分立和剥离两种形式。

1. 分立

分立是指母公司将其资产独立出去，成为一家或数家独立公司，新公司的股份按比例分配给母公司的股东。这样，母公司现有的股东就在新公司中拥有与在原有企业所拥有的相同比例的所有权，然而，控制权却被分离了，并且新公司作为一个独立的决策单位，就可能采取与母公司不相一致的策略。分立可以分为两种形式：子股换母股(split-offs)和完全析产分股(split-ups)。

(1)子股换母股。在这种方式下，母公司将一部分资产分立出来，成立一家独立的公司，但母公司仍然存在。如图 5-1 所示。

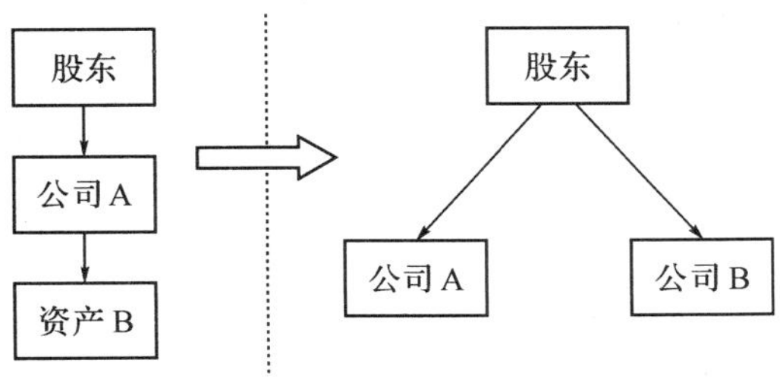

图 5-1　子股换母股

(2)完全析产分股。在这种方式下,母公司的资产和负债被分立成不同的新公司,而母公司不复存在。在完全析产分股后,管理队伍无疑要发生变化,同时,公司由于母公司选择不同的方式向其股东提供子公司的股份,所有权比例也会发生变化,如图 5-2 所示。这种形式的分立与我国《公司法》中涉及的公司分立颇为相似。

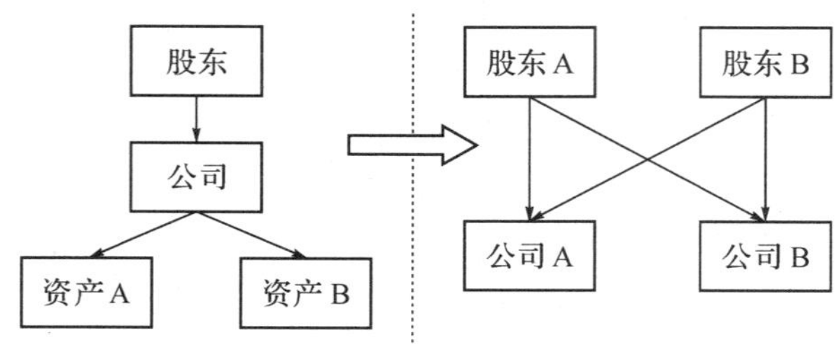

图 5-2　完全析产分股

2. 剥离

与分立相对应的还有另外一种形式的企业收缩——剥离。剥离是将企业的一部分出售给外部的第三方,进行剥离的企业将收到现金或与之相当的报酬。如果说分立只是进行股权的转移或交换,则剥离是资产的出卖,会有现金流入。在典型的剥离中,购买者是一家已经存在的企业,因此不会产生新的公司实体。如图 5-3 所示。

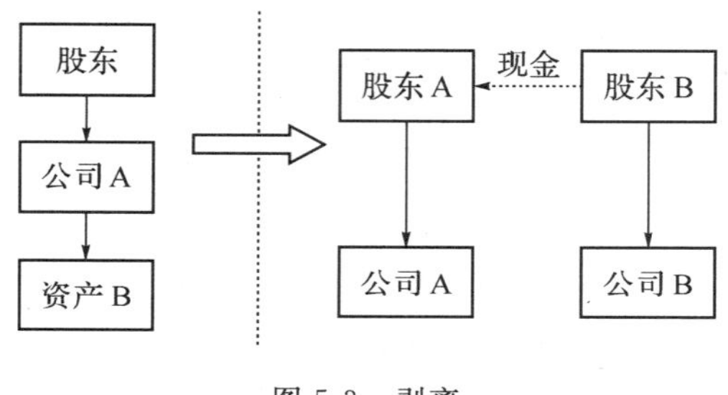

图 5-3　剥离

3. 投资银行在企业收缩中可以提供的服务

(1)分析潜在买主的范围,寻找最合适的买方企业。

(2)帮助卖方明确销售之目的。

(3)策划出售方案和销售策略。

(4)评估标的企业,制定合理售价,拟定销售底价,向买方企业董事提出关于售价的公平意见。

(5)制定招标文件,组织招标或谈判,争取最高售价。

(6)积极推销标的企业,游说潜在买方接受卖方企业的出售条件。

(7)帮助编制合适的销售文件,包括公司说明备忘录和并购协议等。

(8)与有关各方签署保密协议。

(9)做好有关方面的公关和说服工作。

(10)监管协议之执行直至交易完成。

作为卖方的顾问,投资银行的工作宗旨是:帮助卖方以最优的条件(含价格及其他条件)将目标企业卖给最合适的买主。

第五节　企业所有权或控制权结构变更

企业重组的另外一种形式是企业所有权或控制权结构变更。本节主要介绍两种形式：股票回购和杠杆收购。

一、股票回购

1.股票回购的定义与类型

股票回购是指上市公司从证券市场上购回本公司一定数额的发行在外的股票的行为。公司在股票回购完成后可以将所回购的股票注销，也可以将回购的股票作为“库藏股”保留，但不参与每股收益的计算和收益分配。“库藏股”日后可移作包括职工持股计划和发行可转换债券等，或在需要资金时将其出售。

股票回购资金有三个来源：借贷、待分配利润、发行股票。可采用其中任一种或综合使用几种资金来源。借贷会增加公司财务费用，影响公司效益；使用待分配利润，直接影响股东分红；发行新股相当于以流通股代替非流通股。回收资金的构成要根据公司具体情况而定。

股票回购按其目的分类，有两种基本类型：第一，红利替代型。公司回购了部分普通股，发行在外的股数就相应减少，每股收益势必提高，从而导致企业股票市价上涨，由股价上涨所得的资本收益就可以代替股利收入，所以，股票回购也被认为是支付股利的方式之一。与直接派发现金红利一样，股票回购所用资金通常来源于公司的经营盈余。第二，战略回购型。它直接服务于公司的战略目标，不是以向股东发放股利为目的。战略回购的规模较大，在进行战略回购时，公司不仅需要动用现金储备，而且往往需要大规模举债，或出售部分资产或子公司，以筹集股票回购所需的现金，在短期内使公司资本结构发生实质性重整。

按照回购的方式不同，股票回购可以分为实物回购和现金回购，但大部分国家都要求用现金回购。现金回购方式又具体分为如下四种：第一，公司以全面要约方式，向本公司同一类别的全体股东进行全部股份或比例股份的回购；第二，公司以要约方式，向在同一市场交易的本公司同一类别股份的全体股东进行全部股份或比例股份的回购；第三，公司通过证券交易所集中竞价交易的方式进行股票回购；第四，公司以协议方式向特定股东进行全部或比例股份的回购。

2.股票回购的动因

股票回购的动因主要有如下几种：

第一，巩固既定控股权或转移公司控股权。许多股份公司的大股东为了保证其所代表股份公司的控股权不被改变，往往采取直接或间接的方式回购自己的股份，即指公司直接以自身名义或通过自己的关联公司购回自己的股份。有些股份公司的法定代表人并非是公司最大股东的代表者，在实践中，这些法定代表人为了保证不改变在公司中的地位，也为了能在公司中实现自己的意志，往往采取回购股票的方式，分散或削弱原控股股东的控股权，以实现原控股权的转移。

第二，提高每股收益。由于财务上的每股收益指标以流通在外的股份数作为计算基础，不少股份公司基于自身形象、上市需求和投资人渴望高回报等原因，采取了股票回购并库存自身股份的方式来影响每股收益指标，减少实际应支付红利的股份数量。

第三，稳定或提高公司股价。公司回购股票可以支撑股价，有利于使投资者关心公司的运营情况，恢复消费者对公司产品的信任，公司也有了进一步配股融资的可能。因此，股票回购是维护公司形象的有效途径，从而稳定或提高公司股价。

第四，改善资本结构。任何产业的发展都会经历上升期、成熟期和衰退期，当产业进入衰退期后，如果公司资金较为充裕，却由于行业进入衰退期而不愿扩大投资。这时，通过股票回购减少公司资本，不仅可充分利用公司资本改善公司资本结构，还可提高每股收益。

第五，反收购策略。股票回购常用作重要的反收购策略。股票回购可提高公司股价，减少流通在外的股份，使收购方收购难度增加，从而起到反收购的作用。

3. 股票回购的操作程序

公司董事会决定进行股票回购时，应首先报监管部门批准同意后，公告并发布召开股东大会的通知。然后，公司聘请证券经营机构承担有关经纪事务，并聘请律师事务所对有关股票回购事宜出具法律意见。之后召开的公司股东大会，应对股票回购数量、回购资金来源、股票回购方式、回购价格、回购期限等事项做出决议。如果公司回购股票用来减少注册资本，应依法通知债权人征得其同意。

公司在进行股票回购时，应编制资产负债表和财产清算单，并聘请会计师事务所对资产负债表进行审计。如果公司拟回购的股份中50%以上为某一股东直接、间接持有，或回购结构导致控股股东变更，或回购对象为特定股东，应按如下三点办理：一是公司非关联董事对股票回购方案提出独立意见并公告；二是公司董事会聘请独立财务顾问，对股票回购方案中非关联股东权益的保护和公司发展前景做出报告，并由董事会安排公告；三是在公司召开股东大会时，由非关联股东对股票回购事项进行独立表决。

二、杠杆收购

1. 杠杆收购的含义

杠杆收购(leveraged buy-out)是以少量的自有资金，以被收购企业的资产和将来的收益能力作抵押，筹集部分资金用于收购的一种并购活动。当企业全部资产收益率大于借入资本的平均成本时，企业净收益和普通股收益都会增加。其本质是举债收购，即以债务资本为主要融资工具，这些债务资本多以目标公司资产为担保而得以筹集。在并购活动中，并购方需要大量的资金才能运作，尽快地筹集一定数量的资金成为并购方亟待解决的问题。靠单一筹资方式无法满足重大并购对资金的需求，有必要采取杠杆收购这种融资方式。杠杆收购一般采用混合融资形式，其特征有：可利用的融资方式有银行信用额度、抵押贷款、长期贷款、商业票据、可转换债券、认股权证等多种形式；参与融资的机构有商业银行、保险公司、投资银行等多家部门；投入少量资金就可获得大量银行贷款，财务风险高。

杠杆收购的一种常见类型是管理层收购(management buy-out)，即掌握控制权的管理层以收购目标(即所在公司)的外来收益为支撑，通过高比例的负责融资获得目标公司的所有权。

2. 杠杆收购的流程

在具体应用杠杆收购时一般是按以下步骤进行的：

第一阶段：杠杆收购的设计准备阶段，主要是由发起人制订收购方案，与被收购方进行谈判，进行并购的融资安排，必要时以自有资金参股目标企业，发起人通常就是企业的收购者。

第二阶段：集资阶段，并购方先通过企业管理层组成的集团筹集收购价10%的资金，然后以准备收购的公司的资产为抵押，向银行借入过渡性贷款，相当于整个收购价格的50%～70%的资金，向投资者推销约为收购价20%～40%的债券。

第三阶段：收购者以筹集到的资金购入被收购公司的期望份额的股份。

第四阶段：对并购的目标企业进行整改，以获得并购时所形成负债的现金流量，降低债务风险。

第六节　全流通时代的中国并购市场

股权分置是指股东持有相同的股票却没有相同的权利。中国上市公司的股权分置问题是指存在着非流通股与流通股二类股份，一般非流通股股东的持股成本极低且持股比例远大于流通股股东，但不能在二级市场流通。这种股权分置制度曾经是限制我国上市公司并购和资本市场有效资源配置的关键因素。2005年4月29日，中国证监会下发《关于上市公司股权分置改革试点有关问题的通知》，揭开了股权分置改革的序幕。时至今日，股权分置改革基本完成，我国资本市场进入了全流通时代，积压已久的并购重组需求日益显现。市场开始意识到，在解决股权分置之后股权的流动性增强带来的资产重组、并购整合等交易机会，会成为我国投资银行业务下一阶段蓬勃发展的重要内容。

一、全流通带来并购机会

从并购运行机制的角度考察，股权分置问题的解决首先提高了股票市场的定价效率，上市公司的股价可以更为有效地反映上市公司的价值。当非流通股变成了流通股，控股股东逐渐以股票二级市场价格替代原来惯用的净资产作为判断自身价值的标准，这将对上市公司资产的经营理念产生重大影响。以净资产作为考核指标的缺陷很多，例如没有考虑资产的盈利能力，导致上市公司重点不是对所有投资者负责。而新的绩效考核模式是在资本市场的统一平台上全面比较，同时全流通下股价的上升过程，实际上也就是全体股东权益最大化的过程，流通股与非流通股的利益得到统一。这与股权分置改革前大股东不关心流通股股东的利益和股票二级市场价格的涨跌波动情况截然相反。因为在股票全流通后，一方面大股东实际上成为股价最大的利益相关者，另一方面，股价的持续下跌会带来被并购的压力，即使大股东有意转让公司控制权也会希望在相对高的股价水平上出售股权。保持相对较高的股价对于大股东来说是有利的，这样就促使大股东积极向上市公司注入资产，而不再单纯地从上市公司抽出资源。股权分置改革消除了非流通股和流通股的割裂状态，使证券交易价格能够更为有效地反映企业的市场价值，这就为并购重组提供了一个良好的定价基础，合理的定价进一步推动了大规模并购。这就使上市公司价值，特别是并购价值更好地得到发现。当前中国资本市场上日益活跃的资产重组与注入活动以及由此带来的市场的活跃，已经越来越成为一个突出的市场特征。

全流通后市场的股份流动性提高，股份可以低成本地流动起来，大幅降低了并购的成本，这为企业之间的并购重组创造了重要条件。同时流通的股份也可以作为并购中的支付工具，这就极大地突破了股权分置条件下主要依靠现金作为支付工具的巨大约束。从国际经验看，在许多大型并购案例中，如果只允许巨额现金流作为支付手段将阻碍并购的正常进行，甚至可能因此导致收购行为的流产，美国市场上发生的并购案，90%以上是通过换股或换股与其他支付方式组合等手段来完成的。在解决股权分置问题后，换股并购也可以灵活运用到中国上市公司之间以及上市公司与非上市公司之间，这在2006年9月1日起实施的新修订的《上市公司收购管理办法》中已经有明确规定。可以预见，换股收购将成为主流的并购支付手段，并将促进并购重组的更加活跃。比如运用换股并购和权证方式，降低并购成本，同时引入民间资本，综合运用境内外两个市场，在一个市场上市后，在法律允许的范围内将目标公司的资产进行再抵押，实现杠杆收购。从这个意义上说，解决股权分置问题后，非流通股权作为一种经济资源可以自由流动，必然会引发一场并购支付手段的革命，进而开启中国战略并购时代的大门。

二、全流通对并购行为的影响

1. 并购动因：由财务型并购向战略型并购转移

股权分置时代，非流通股东与流通股东的利益不能统一。并购方实现控股权转移后，即使实现了上市公司业绩的改善，也不能通过市值的上涨实现投资收益。因而，上市公司的并购表现了较强的投机性，大多以获得短期生产要素资源、市场资源和“壳资源”为导向。并购方利用上市公司再融资或担保取得对所募资金的控制权；或通过关联交易掏空上市公司的资产；抑或通过二级市场的炒作等手段来达到盈利目的严重损害了目标方中小流通股东的利益。股权分置改革后，上市公司并购向战略驱动型并购转移。通过战略型并购促进资源协同，整合要素资源，重建价值链，有助于提升企业的核心竞争力。从2005年下半年股权分置改革启动以来，东方航空收购云南航空、西北航空；海信入主科龙；四川长虹收购美菱电器等大型并购案例无不体现了并购方做大做强主营业务，提高公司核心竞争力的战略意图。

2. 并购方式：要约收购渐趋流行

股权分置时代，由于上市公司股权结构的特殊性，并购方要想取得控股权，只能通过与非流通股股东谈判，以净资产为定价基础收购非流通股，由于非流通股股价大大低于流通股股价，并购方的收购成本也得以大幅度降低。因此，自从1994年4月我国证券市场出现第一起上市公司协议收购案例“恒通受让棱光”以来，协议收购成为我国上市公司收购主要采用的收购方式。随着全流通市场的来临，股权将统一由市场定价。中国证监会制定的新《上市公司收购管理办法》于2006年9月1日开始实施。与老《办法》相比，新《办法》鼓励上市公司收购，将强制性全面要约收购制度调整为强制性要约方式。收购人可以根据自己的经营决策自行选择发出全面收购要约，也可以通过部分要约方式取得公司控制权。对于强制性要约收购的触发点，该办法第 24 条规定，通过证券交易所的证券交易，收购人持有一个上市公司的股份达到该公司已发行股份的 30%时，继续增持股份的，应当采取要约方式进行，发出全面要约或者部分要约。同时，为防止滥用要约收购方式，新管理办法规定了部分要约收购的下限："以要约方式收购一个上市公司股份的，其预定收购的股份比例均不得低于已发行股份的 5%。"全面要约方式适合以退市为目的的上市公司收购；而部分要约收购可大大降低收购成本，避免复杂的审批程序，有利于活跃上市公司并购活动。

新的《上市公司收购管理办法》是基于股权分置改革后全流通的证券市场形式制定的，尤其是为要约收购的逐步发展奠定了制度基础。随着证券市场法律法规的逐步完善和全流通市场的形成，要约收购方式将会大力发展成为并购市场的主流模式之一。

3. 支付方式：呈现多元化的趋势

股权分置时代，支付方式以现金为主。数据显示，2003 年有 2 笔股票支付的收购交易，2005 年增加到 17 笔；交易总规模也由 2003 年的 14011 万元升至 2005 年的 332592 万元。尤其是在股改后的 2005 年，以股票为支付方式的平均单笔交易金额从 2003 年的 14011 万元跃升到 2005 年的 42226 万元。说明了大规模并购案例应用股票支付的趋势明显增加了，这与国外成熟证券市场大规模并购以股票支付为主是相符的。新的《上市公司收购管理办法》第三十六条也规定了，"收购人可以采用现金、证券、现金与证券相结合等合法方式支付收购上市公司的价款"，从而为证券支付方式奠定了制度基础。由于换股收购能避免大量的现金流动压力以及对后续重整所带来的资金压力，同时还能享受延期纳税的好处。因此股权支付方式在今后的上市公司并购市场中运用的比例将会大大增加。同时并购方还可以根据二级市场的预期波动以及基本的财务指标灵活运用可转换债券支付或采取发行目标公司的备兑权证的支付方式，也可以使用混合支付方式将若干种支付方式组合在一起，发挥扬长避短的作用。

另外，2008 年出台的《商业银行并购贷款风险管理指引》，明确允许符合条件的商业银行开办并购贷款业务。以前根据中国人民银行 1996 年制定的《贷款通则》，银行贷款是禁止流入股权领域的。这也意味着，企业在从事并购过程中，将获得银行贷款的大力辅佐，"过桥资金"此后将名正言顺地参与企业并购活动。《指引》同时规定了并购的资金来源中并购贷款所占比例不应高于 50%。

4. 并购主体：外资并购规模迅速扩大

1999 年 8 月，国家经贸委颁布《外商收购国有企业的暂行规定》，明确外商可以参与购买国有企业。之后的《上市公司收购管理办法》、《利用外资改组国有企业暂行规定》、《外国投资者并购境内企业暂行规定》等的陆续出台标志着中国的并购市场向外资全面放开。外资并购的数量及金额自 2002 年到 2004 年呈逐级上升的趋势，2005 年则出现跳跃式增长，其中 2005 年交易笔数和交易金额分别是 2004 年的 6.59 倍和 4.15 倍。表明随着我国经济的持续强势发展，中国在全球经济中的地位逐渐上升，跨国公司更加重视中国市场。外资并购的增长也显示出越来越快的趋势。

首先，为规范外资并购，《外国投资者对上市公司战略投资管理办法》出台，并于 2006 年 1 月 31 日起开始实施，随后《关于外国投资者并购境内企业的规定》出台，并于 2006 年 9 月 8 日起施行。这些规定的实施为外国战略投资者并购国内上市公司扫除了制度障碍。其次，随着我国加入 WTO 过渡期的结束，越来越多的行业放松了对外国投资者的管制，跨国公司在华经营的深度和广度不断加大。通过并购实施跨越式的发展，抢占行业制高点，实施战略扩张，成为外国投资者的主要途径之一。近年来，凯雷并购徐工、高盛并购双汇和雨燕等一系列并购事件就反映了这种趋势。因此，股权分置改革完成以后，随着股份的全流通，并购方式更加市场化，外资并购规模将会进一步增加。

三、在新条件下要注意的问题

1. 并购中的产业安全与产业效率问题

由于股权分置改革中大量上市公司采用送股模式来支付对价，导致内地 A 股市场大股东持股比例由原来的 67%下降到了 40%以下，因此在全流通条件下对 A 股上市公司控制权的争夺将更加激烈，这也是并购必然趋于活跃的现实原因之一。但是，在这个过程中，外资并购的经济安全问题需要引起关注。当前中国的资本市场上集中了各行各业中一批比较优秀的企业，股权分置问题的解决为外资的并购提供了更方便的手段。以 2006 年上半年为例，不少外资机构推出了被国内金融界称为“斩首行动”的并购举措，即外资选择弱势行业里的龙头行业，通过并购获得其控制权，控制该行业某一个地区甚至全国的生产网络。因此，如何在鼓励优质外资流入的同时，参照国际惯例，制定相关的产业安全限制举措，是一个亟待解决的问题。

2. 上市公司需要适应并购日趋活跃的市场环境

在并购活动日趋活跃的市场环境下，上市公司需要更为关注如何适应新的并购环境，并相应采取新的制度安排。例如，对于控股股东比例相对较低的企业，被收购的威胁相对较大，上市公司就需要考虑是否需要在事前制定反收购策略，如“毒丸计划”、“金降落伞计划”等策略，或在敌意收购发生时制定反收购措施，如寻求“白衣骑士”等策略，这些都已经成为现实问题。随着全流通背景下的估值市场化，很多价值低估的上市公司将成为并购的目标，加之要约收购的条件渐趋成熟，恶意并购的比例将会显著增加。因此，如何应对控制权旁落，建立有效的反收购措施将成为上市公司控股股东亟待考虑的新问题。相反，对于并购方而言，需要提高市场运作技巧，以应对目标公司的各种反收购措施。

尽管后股权分置时期给企业并购提供了良好的环境，但这绝不意味着所有企业都应该选择通过资本市场并购的方式实现扩张，而是应该选择适合自身发展的长期战略。是否参与并购，这主要是由企业所处的行业和自身经营状况决定的，例如对于竞争格局比较分散的行业，行业整合远远没有完成，并购成长的机会很多，可以选择战略性的并购重组，调整自身的经营结构乃至整个产业结构，通过强强并购快速壮大企业。

3. 并购监管成为监管机构面临的新挑战

并购的日趋活跃，对于监管机构也是一个十分严峻的新挑战。不少上市公司炒作“证券市场借壳上市”概念，导致市场的大幅波动，就是一个现实的案例。如何在并购过程中保证交易的公平透明，保护投资者特别是中小投资者的利益，变得更为重要。在境内外资本市场上，收购历来都是股价炒作的最有效题材之一，收购过程中的每一回合较量都会引发股价的暴涨暴跌，如果监管措施不到位，最终受害的往往是中小投资者，雷诺—纳贝斯克收购案就是前车之鉴。同时，股份的全流通加上上市公司收购程序的简化等，给“资本玩家”通过控制多家上市公司进行资本运作、打造所谓“系族企业”提供了便利。在家族企业上市公司的监管中，特别值得关注的就是如何防范和严格监控家族企业通过关联交易、虚构财务报表、操纵股价等来损害市场利益。同样值得关注的是，在股权分置改革的过程中，越来越多的公司采取了股权激励的方式，管理层为了获得更高的回报，有可能出现操纵利润影响股价的动机。在某些情况下，管理层为获得企业控制权实行管理层收购（MBO），为了降低收购成本，管理层有隐瞒公司利润压低股价的动力。

在股权分置条件下，大股东套利的主要方式是把上市公司作为一个利益输送的平台，主要方式为违规担保、关联交易、资金占用等。随着股票全流通的逐步实现，大股东进行内幕交易、市场操纵的动机可能更强，例如通过资产重组注入进行操纵，比如先把优质资产转移出去令股价下跌，控制之后再注入优质资产抬高股价进行交易；或者进行选择性信息披露，有些上市公司为配合大股东的资本运作，根据大股东的意图对上市公司的资产、业绩、经营环境进行倾向性披露，为大股东的资本运作创造有利的交易环境；在信息披露对象上，将部分重大的未公开信息事先透露给机构投资者。这些都是需要重点监管但是当前监管却明显不足的领域。

第六章

资产管理业务

资产管理作为一种附加值较高的新型业务，市场经济发达国家投资银行早已对其予以高度重视。资产管理业务已成为投资银行的核心业务，来源于资产管理业务的收入已远远超过了其发行、代理和自营等传统业务；同时，受托管理资产规模的大小也成为评价投资银行实力和信誉的重要指标。越来越多的投资银行将资产管理业务作为整合并拓展传统业务的龙头，通过资产管理业务培育自己的核心竞争力和核心客户，不断提升自身形象。随着证券市场的发展和走向成熟，我国投资银行的资产管理业务必将在规范中不断发展壮大。

第一节　资产管理业务概述

一、资产管理业务的内涵

随着市场环境的变化、客户要求的提高和竞争的不断加剧，传统业务已远远不能满足投资银行的发展需求，其利润也在不断降低，因此，如何拓宽业务渠道，增强盈利能力已成为投资银行必须面对的现实问题。资本市场的蓬勃发展，不断给投资银行开拓新兴业务带来机会，使投资银行的新业务得以扩展。这些新兴业务往往更加依赖于投资银行自身拥有的智力和信息所提供的支持。资产管理就是其中一项与其他业务联系密切，独具社会功能和经济功能的新兴业务。目前在国外，资产管理已经成为一种很普遍的间接投资方式，社会部分的金融投资活动都是通过资产管理方式来实现的。

资产管理又称委托理财，代为经营和管理资产，以实现委托资产增值或其他特定目标的行为。在此所指的资产管理业务，特指证券市场中的资产管理，即投资银行作为管理人，以独立账户募集和管理委托资金，投资于证券市场的股票、基金、债券等金融工具的组合，实现委托资金增值或其他特定目的的中介业务。

投资银行资产管理业务与投资基金业务存在很大的相同之处，都是受人之托管理他人所有的金融财产。实际上，两者也存在着明显的差异，主要表现在以下几个方面。

1. 客户群体定位不同

证券投资基金面向社会公众公开发行，其客户多是不确定的散户投资者，资产数量一般不大，对资金具体投向和投资收益无特殊要求；投资银行资产管理业务客户网络的建立主要靠的是市场信誉与合作关系，其客户一般是规模资产拥有者，主要是机构投资者及富有的个人投资者，资产数量一般较大，对资金投资和资金的规模收益有特别要求。

2.服务方式不同

证券投资基金业务采取一对多方式,所有的资产开立于一个统一的账户中,专家理财,统一管理;委托理财业务则是一对一方式,每一客户都有自己独立的账户,分别管理,专家理财。

3.投资决策目标不同

证券投资基金以集合投资方式服务于众多投资者,投资决策目标难以体现委托资产的个性要求,只能满足委托资产增值的共性要求,所以基金一般以委托资产增值为首要目标;资产管理业务由于以独立账户开展一对一资产管理,所以既可定位在以资产增值为管理目标,也可定位在委托资产其他特定要求目标,还可兼顾委托资产的共性和个性特征,提供客户满意的综合金融服务。

4.委托方式不同

证券投资基金是客户通过购买基金股份或基金单位的方式完成委托行为,基金公司章程、契约的内容乃至形式都必须符合法律法规的要求;投资银行资产管理业务的客户一般是单独与管理人签订协议,当事人在法定的范围内享有较大的契约自由。

5.参与管理程度不同

投资基金的投资决策最终取决于多数基金持有人的投资偏好,投资者个人并无决定权,因而参与程度较低;投资银行的资产管理业务中,投资者可将自己对资产管理的意图反映到协议中,还可通过与资产管理经理经常性的接触,随时对资产管理的运作发表意见,因此参与程度较高。

6.及时调整具体投资组合的程度不同

证券投资基金的具体投资组合由基金经理决定,投资者无法根据市场的突然变化及时地调整资产组合;投资银行的资产管理业务中,投资者可根据自身的风险承担能力和对收益预期选择不同的投资风格和投资组合,并与投资银行协商进行调整。

7.风险收益特征不同

对于投资者来说,证券投资基金和投资银行的资产管理业务比其个人自身直接进入市场来说具有风险收益的比较优势,但按照风险收益对应的市场特征,对不同的管理人是存在差异的:证券投资基金由于运作透明、通过组合投资分散风险和收取固定管理费用等方式,表现出低风险和稳定收益的业务特征;而投资银行的资产管理业务可采取定向集中投资和客户参与的方式,形成具有低风险低收益或低风险高收益的业务特征。

8.信息披露和投资限制不同

证券投资基金在基金管理过程中必须履行严格的经常性信息披露义务,而且在可投资的金融品种和投资组合比例等方面受到法律的限制;投资银行的资产管理业务中,管理人只需向投资者定期报告资产的风险、收益情况。

通过以上比较可以看出,证券投资基金方式虽然有管理规范、客户基础面广、控制资金量大等优点,在整个资产管理业务中所占份额也大于投资银行的资产管理业务方式,但投资银行的资产管理方式所具有的灵活性、参与管理性和服务个性化等优点,是证券投资基金所不能替代的,一对一的资产管理方式有其特定的细分市场和合理的生存空间,成为投资银行日益重要的业务,其业务份额和产生利润呈现不断上升的趋势。

二、我国资产管理业务的种类

根据中国证监会颁布的2003年第17号证监会令《证券公司客户资产管理业务试行办法》。除原有的定向资产管理业务外，投资银行可以开展集合资产管理业务和专项资产管理业务。

1. 定向资产管理业务

这是为单一客户办理定向资产管理业务，办理定向资产管理业务，单个客户资产净值不得低于100万元；办理集合资产管理业务，只能接受货币资金形式的资产。投资银行应当与客户签订定向资产管理合同，通过该客户的账户为客户提供资产管理服务。

2. 集合资产管理业务

这是为多个客户办理集合资产管理业务。投资银行为多个客户办理集合资产管理业务，应设立集合资产管理计划，与客户签订集合资产管理合同，将客户资产交由具有客户交易结算资金法人存管业务资格的商业银行或证监会认可的其他机构进行托管，通过专门账户为客户提供资产管理服务。

根据投资范围和风险状况的不同，又将集合资产管理业务设立为限定性集合资产管理业务和非限定性集合资产管理业务两种。办理集合资产管理业务，只能接受货币资金形式的资产。设立限定性集合资产管理计划，单个客户金额不得低于5万元；设立非限定性集合资产管理计划，单个客户金额不得低于10万元。

限定性集合资产管理计划资产应当主要用于投资国债、国家重点建设债券、债券型证券投资基金、在证券交易所上市的企业债券、其他信用度高且流动性强的固定收益类金融产品；投资于业绩优良、成长性高、流动性强的股票等权益类证券以及股票型证券投资基金的资产，不得超过该计划资产净值的20%，并应当遵循分散投资风险的原则。非限定性集合资产管理计划的投资范围由集合资产管理合同约定，不受上述规定限制。

3. 专项资产管理业务

投资银行为客户办理特定目的的专项资产管理业务，应当签订专项资产管理合同，针对客户的特殊要求和资产的具体情况，设定特定投资目标，通过专门账户为客户提供资产管理服务。投资银行也可通过设立综合性的集合资产管理计划办理专项资产管理业务。

三、我国开展资产管理业务的基本要求

1. 证券公司从事客户资产管理的条件

(1)经中国证监会核定为综合类证券公司；

(2)净资本不低于人民币2亿元，且符合中国证监会关于综合类证券公司各项风险监控指标的规定；

(3)客户资产管理业务人员具有证券从业资格，无不良行为记录，其中具有三年以上证券自营、资产管理或者证券投资基金管理从业经历的人员不少于五人；

(4)具有良好的法人治理结构、完备的内部控制和风险管理制度，并得到有效执行；

(5)最近一年未受到过行政处罚或者刑事处罚；

(6)中国证监会规定的其他条件。

2. 证券公司申请客户资产管理业务资格,应当向中国证监会提交的材料

(1)申请书;

(2)《经营证券业务许可证》和《企业法人营业执照》副本复印件;

(3)净资本计算表和经具有证券相关业务资格的会计师事务所审计的最近一期财务报表;

(4)负责客户资产管理业务的高级管理人员的情况登记表;

(5)客户资产管理业务人员、风险控制岗位人员的名单、简历、证券从业资格证书和身份证明复印件;

(6)申请人出具的客户资产管理业务人员无不良行为记录的证明;

(7)内部控制和风险管理制度文本及由具有证券相关业务资格的会计师事务所出具的内控评审报告;

(8)客户资产管理业务计划书和业务操作规程;

(9)中国证监会要求提交的其他材料。

中国证监会依照法律、行政法规和本办法的规定,对证券公司的申请材料进行审查,做出是否批准的决定,并书面通知申请人。

3. 证券公司办理集合资产管理业务,设立集合资产管理计划,除应具备规定的条件并取得客户资产管理业务资格外,还应当符合的要求

(1)具有健全的法人治理结构、完善的内部控制和风险管理制度,并得到有效执行;

(2)设立限定性集合资产管理计划的,净资本不低于人民币 3 亿元;设立非限定性集合资产管理计划的,净资本不低于人民币 5 亿元;

(3)最近一年不存在挪用客户交易结算资金等客户资产的情形;

(4)中国证监会规定的其他条件。

证券公司设立限定性集合资产管理计划,应当事先报中国证监会备案;设立非限定性集合资产管理计划,应当报经中国证监会批准。

四、资产管理业务与其他业务的关系

近几十年来,随着投资银行委托理财业务的日益创新和完善,其独具的社会功能和经济功能得到了全面的发挥。国际资本市场中的资产管理业务,已成为各大投资银行发展战略的重要组成部分和拓展业务的重要手段。投资银行资产管理业务迅速增长的同时,也带动了其他业务,如传统投资银行业务、交易业务等大幅度的增长。实际上,现代投资银行业务在一定程度上是相互关联的,业务客户在许多领域也具有同一性。资产管理业务给投资银行带来的客户网络等,对投资银行的其他业务有着广泛的波及效应,使其与众多业务形成多赢局面。

第一,资产管理业务运作自始至终,投资银行都与投资者保持着频繁的联系和交流。一定业务规模下的各类投资者对收益的预期、风险的偏好和投资的兴趣等方方面面信息,对于投资银行研判市场走势,发现当前热点十分重要,是指导投资银行各项业务运作的重要参考情报。美国市场研究机构的有关统计数字也表明,资产管理业务净流量的显著变化与市场

整体走势具有较强的关联性。

第二，依照现代投资银行理论，证券承销是投资银行发展的轴心业务，证券承销能力的高低代表着投资银行业务发展的整体水平，而证券承销能力主要取决于发行定价和市场销售两方面因素的综合。资产管理业务自身的特点，要求投资银行全面了解各类投资者的需求，掌握委托资金的个性和风险偏好，对投资者进行分类并给予指导，进而将委托资金进行相应组合投资。投资银行资产管理业务广泛的客户群体，自然成为证券承销中战略投资人和专业投资人的主体，资产管理业务中投资银行与市场投资者密切的业务关联性，客观上为证券发行询价、路演推介交流、寻找战略投资人、向专业投资群体促销等证券承销环节提供了广阔而坚实的客户基础，有效促进了投资银行承销能力的提高。同时，证券投资品种的理性选择和顺利发行流通，也使资产管理业务获取了应得利润，两者可谓相辅相成。

第三，资产管理业务与自营业务同为资产增值业务，对投资银行来说，在任何时候，资产增值业务都应是其业务核心之一。但是，自营和资产管理又有本质的区别：自营业务是投资银行自己管理自己的资产，并实现资产的增值；资产管理业务是投资银行受他人委托代为管理资产并实现资产增值。因此自营是一种自担风险、自负盈亏业务，而资产管理是一种委托代理业务，是一种无风险业务。在证券市场发展不完善和不成熟的市场条件下，自营业务是投资银行获取超额利润的主要渠道之一。但是随着证券市场规模的扩大和市场规范程度的加强，很多投资银行为了规避金融风险，正在不断收缩高风险的自营业务，而是利用其在市场沉浮多年所形成的资产增值能力，向中介服务发展，通过委托—代理业务纯粹收取佣金获得新的利润来源。

第四，信用交易和融资融券是证券市场发展到一定阶段的必然结果，也将是投资银行利润增长的又一个新来源。而资产管理业务正好可以为投资银行针对客户的资金营运业务提供客户信息和服务对象，从而成为信用交易的突破口和中间桥梁。另一方面，资产管理业务与融资融券业务可以共同组成投资银行与众多客户间的资金“蓄水池”，有效支持投资银行与客户双方的业务发展需求，在降低资金成本的同时赢得双方资金的时间价值。

第五，成熟市场资产管理业务的参与者既有政府部门和各类企事业单位，也有大批个人投资者。与前两类客户的长期合作，对投资银行财务顾问、兼并收购、项目托管等业务的拓展不无裨益；而针对个人投资者的理财业务，事实上可与投资基金业务、经纪业务形成互动关系，形成多项业务互促共赢的局面。

第二节　资产管理业务的运作管理

一、投资银行资产管理业务的方案设计

资产管理业务作为一种以信托关系为基础的信托业务，符合“受人之托，代人理财”的基本原则。在这一原则下，投资银行可以有不同的模式来开展这项业务。虽然不同的运行模式其法律地位有所不同，在设立方面也需要遵循不同的标准，但是作为委托理财业务，无论采用哪种模式，都需要以规范运作为基础，在开展业务时都要做好以下几个方面的管理。

1. 契约管理

投资银行开展客户资产管理业务，应当依据法律、行政法规和中国证监会《证券公司客户资产管理业务试行办法》的规定，与客户签订书面资产管理合同，就双方的权利义务和相关事宜做出明确约定。

资产管理业务的契约应该明确以下几点：①客户资产的种类和数额；②投资范围、投资限制和投资比例；③投资目标和管理期限；④客户资产的管理方式和管理权限；⑤各类风险揭示；⑥客户资产管理信息的提供及查询方式；⑦当事人的权利和义务；⑧管理报酬的计算方法和支付方式；⑨与客户资产管理有关的其他费用的提取、支付方式；⑩合同解除、终止的条件、程序及客户资产的清算返还事宜；⑩违约责任和纠纷的解决方式；⑥中国证监会规定的其他事项。

集合资产管理合同除应符合上述规定内容外，还应当对集合资产管理计划开始运作的条件和日期、资产托管机构的职责、托管方式与托管费用、客户资产净值的估算、投资收益的确认与分派等事项做出约定；集合资产管理合同由证券公司、资产托管机构与单个客户三方签署。

2. 委托权限

投资者对资产管理人的委托限制应较灵活，其授权范围大至全权委托，小至单纯执行客户的指令。

3. 资产托管方式

一般情况下，委托理财的当事人只有资产委托人和资产管理人两方。这时投资银行充当了资产托管人和资产管理人的双重角色，但资产规模较大的委托人，特别是一些社会公益性的基金，可能会从资产安全性的角度出发，要求由商业银行、信托投资公司、保险公司或证券公司来充当专门的资产托管人，监督资产管理人的行为。当作为第三方的资产托管人加盟资产管理业务之后，虽然会由于收取托管费用而提高资产管理的运作成本，但进一步规范了参与资产管理业务当事人的关系。

4. 账户管理

投资银行在办理资产管理业务时，必须保障资产管理账户与投资银行的自营账户独立运作，不得混合操作；账户应保持完整记录，以随时接受委托人的查询。

5. 受托资产的投资管理

投资银行委托理财业务的投资限制包括两个方面：①投资范围的限制。资产管理业务的投资范围不能超出资产管理契约所限制的范围。②投资组合的限制。资产管理业务在投资组合上，必须坚持分散投资原则。至于各品种所占的比例则由投资银行负责资产管理业务的部门根据投资者的个性化需求及风险的承受能力决定。

6. 确立投资策略和投资组合

确定委托资产的投资策略和投资组合的过程也就是体现管理人独特的投资风格和委托人个性化需求的过程，这一过程是建立在双方相互协商基础上的。在这一过程中，客户需要向投资银行传达自己的投资目的、投资偏好以及风险承受能力，而投资银行需要据此向客户提供独特且成效显著的投资策略和初步的资产组合建议。另外，委托人对于投资品种和投资行为的限制也是确定投资策略和投资组合中所不可或缺的前提。

7.净值的评估

资产管理业务启动以后，管理人必须逐日对委托资产净值进行评估确定。其目的有两个：一是为了及时定期地向委托人公开委托资产的经营管理状况；二是作为提取管理费用的依据。为了提高委托资产净值评估的公信力，在年中、年末以及资产管理合同到期之后，资产管理人应该委托专业的审计或会计事务所对委托资产净值进行评估并对以往记录进行审核。通常情况下对委托资产净值的计算原则如下：①已上市流通的有价证券以该证券评估日的收市价格来计算，如果该证券当日没有交易则以最近一个交易日的收市价来计算；②未上市的股票应以买入成本价来计算；③派发的红利、股息、利息以实际获得值来计算；④未上市的债券及银行存款以本金加上应收利息来计算；⑤委托资产净值中应该扣除各项应扣除的费用。

8.收益分配管理

资产管理业务运作应遵循“利益共享、风险共担”的投资原则。委托方需承担投资失败所带来的投资风险，其风险补偿主要来源于较高的投资收益；投资银行需承担决策失误所带来的经营风险，其经营风险补偿主要来源于管理费用和业务报酬。在完全代理型委托理财业务中，投资银行仅是受托资产的代理人，委托资产运营中的收益和风险均主要由投资者承担，投资银行不向客户承诺收益或者给予风险补偿。在风险共担型委托理财业务中，投资银行对受托资产的收益率做出适当的承诺，承担一定的风险，因此享有超出保证收益率部分的收益或与委托人共享这部分收益。

9.费用管理

目前国际上资产管理的费用管理主要采取两种方法：①不论管理金额大小统一固定收费；②根据管理金额多少以不同比例提取。相比之下，资产管理业务一对一的管理模式，决定了收费管理基本都是由投资者与资产管理人之间一对一地协商确定。因此在同一投资银行内部，通常允许同时采用上述两种不同的费用管理办法，即使采取相同的费用管理方法，对于不同投资者也可采用不同的提取比例。

10.风险控制管理

(1)信息披露制度。委托理财业务的信息披露主要是指资产管理人向委托人进行财务公开与操作公开。无论何种类型的委托理财业务，其信息披露都应该包括以下两条基本内容：第一，随时向委托人公布最近一日资产管理的投资组合；第二，随时向委托人提供最近一日委托资产的净值、盈亏情况与持有证券的变动情况。为了保障投资者的利益，维护金融市场的正常运行，应建立相对完善的内外部风险控制制度，使资产管理业务在规范中运作。资产管理业务在信息披露上的要求，形式及内容较灵活。投资银行可通过不定期的电话交流、会议以及书面形式与客户保持经常联系，信息披露的具体内容由投资者与投资银行协商确定。为了避免投资银行运用受托资产操纵股市，应强化证券监督管理机构及自律性组织对投资银行的监控，要求投资银行必须向证券监督部门定期提供报告，在必要时可以公开披露投资银行的财务报告、投资组合情况及资产净值等情况。

(2)风险准备金制度。为了避免投资银行信用风险、道德风险及经营风险给投资者利益造成损害，应强制要求投资银行建立风险准备金制度，从其收取的管理费或业绩红利中提取一定比例的风险准备金，以有效保障资产委托的安全。

11. 争议的解决方案

在资产委托人和资产管理人之间，难免会产生利益冲突和其他纠纷。因此，当事人在签署委托理财契约时，必须对于可能发生的冲突事先注明处理方法。当纠纷发生以后，原则上双方应该本着互让互利的原则协商解决。如果不能协商解决，则指定一家仲裁机构调解和仲裁，或者通过法律诉讼的方法来解决。

二、资产管理业务的操作程序

1. 审查客户申请

要求客户提供相应的文件，并结合有关的法律限制决定是否接受其委托。委托人可以是自然人，也可以是机构。个人委托人应具有完全的民事行为能力，机构委托人必须合法设立并有效存续，对其所委托的资产具有合法所有权，一般还必须达到受托人要求的一定数额。

2. 签订资产委托管理协议

双方协议中将对委托资金的数额、委托期限、收益分配、双方权利义务等做出具体规定。

3. 管理运作

在客户资金到位后，投资银行便可以开始运作。通常，投资银行都通过建立专门的附属机构来管理投资者委托的资产。投资银行在资产管理过程中，应该做到专户管理、单独核算，不得挪用客户资金，不得骗取客户收益。同时，投资银行还应该遵守法律法规，防范投资风险。

4. 返还本金及收益

委托期满后，按照资产委托管理协议条例，在扣除受托人应得的管理费和报酬后，将本金和收益返还给委托人。

假若在委托期内由于资产管理人的身体等状况发生了重大变化，无法继续履行契约规定的应尽义务时，从保护委托人利益的角度出发，委托人有权利要求更换管理人。原则上新的资产管理人应该无条件地承担原管理人的义务，将委托理财契约执行到底。

一般来说，导致契约条款修改的主要原因是由于国家政策和市场环境发生重大变化使得部分契约条款无法执行。当出现以下情况之一时，资产委托人从保护自身利益的角度出发可以与资产管理人提前解除委托管理关系：①委托资产出现严重亏损（具体比例由双方协商确定）；②资产管理人出现解散、依法被撤销、破产等不可抗力情况；③管理人被证券监管部门撤销委托理财业务资格；④管理人严重违反资产管理契约。

三、资产管理业务的模式

目前国际上投资银行开展资产管理业务通常采取三种模式：①投资银行通过下设的资产管理部直接从事资产管理业务；②投资银行（或与其他专业性的投资机构共同）设立独立的资产管理公司来从事该项业务；③投资银行通过设立私募基金来从事资产管理业务。

第一种模式的优点在于资产管理人可以借助投资银行现有的品牌、人员和交易系统来开展业务，这有助于资产管理业务的迅速发展。虽然投资银行的现有条件为资产管理部门实现客户的需求提供了有力的支持,但并不能起到替代的作用。该种模式的缺陷也较为明显,由于资产管理人并不是独立的法人主体,资产管理人与其所属的投资银行之间可能会产生一些不规范的交易行为,例如资产管理人利用托管资金配合所属投资银行的自营盘,或是利用委托资金参与其他内部交易。因此,投资银行如设立资产管理部门单独从事资产管理业务时,应该规范资产管理业务和其他业务特别是自营业务之间的关系。该种模式一般对投资银行的资产规模和运作规范程度有相对较高的要求,为了防止不规范行为的发生,往往只有那些运作规范、规模较大的投资银行才有资格采用这种模式从事委托理财业务,并且这类投资银行在资产质量指标(如负债总额不应超过自有资本的一定倍数)、内部风险控制(如自营业务与资产管理业务在账户、人员和财务上的独立制度)等方面都要达到一定的标准。

第二种模式的优点在于资产管理人在组织上是相互独立的,这样有利于从制度上消除混合操作和内部交易的行为;并且这种模式为中小规模的投资银行从事资产管理业务开辟了一条新的道路。投资银行如果采取这种模式来开展资产管理业务,应着眼于寻求战略合作伙伴,拓展规模,寻找业务机遇。与投资银行通过下设的资产管理部门直接从事委托理财业务相比,通过设立独立的资产管理公司来从事委托理财业务存在着孤军作战的弱点,要弥补这一不足,资产管理公司一方面需要建立完备的组织结构,另一方面还需要不断加强与外界的合作和交流,来完善自身的服务。

第三种模式具有多种意义,值得投资银行尝试,这种模式可以由投资银行作为发起人之一,联合少数机构投资者或资金充裕的个人投资者设立私募基金。投资银行组织资产管理业务人员加盟私募基金的管理层,负责对私募基金资产的运作。与前两种运作模式相比,它的优点在于投资银行既是私募基金的出资人,同时也参与私募基金的经营管理,这样投资银行在资产管理运作过程中,会将其他投资者的利益和自身利益紧密结合,从而有效实现利益均等、风险共担的目标。但私募基金也有其缺点,由于私募基金管理层所掌管的资产规模的大小由各投资者的出资额所决定,业务规模相对较为固定。如果要进一步扩大私募基金的规模,只有以增资扩募的形式来吸引新的投资者加盟。

从以上分析可以看出,不同的资产管理运作模式有不同的设立背景,每一种模式都有其自身的优势和缺陷。但是作为投资银行,无论采用哪一种模式,都要在经营规范上加强透明度,使得资产管理业务在一个健康的环境中运行,而三种模式的同时存在,也有利于投资银行资产管理业务的整体延续和有效规范。对我国投资银行来说,在与国际接轨的进程中,选择符合我国实际的资产管理运作模式。

四、禁止行为和监管措施

1. 禁止行为

为控制投资银行资产管理业务的运作风险,保护投资者利益,中国证券监管委员会自2003年发布《证券公司客户资产管理业务试行办法》(第17号令)对证券公司从事客户资产管理业务的禁止行为进行详细规定后,又在2008年先后出台《证券公司定向资产管理业务实施细则(试行)》(第25号令)和《证券公司集合资产管理业务实施细则(试行)》(第26号令),并于2008年7月1日起正式施行。

细则规定,证券公司从事定向资产管理业务,不得有下列行为:

(1)挪用客户资产；

(2)以欺诈、商业贿赂、不正当竞争行为等方式误导、诱导客户；

(3)通过电视、报刊、广播及其他公共媒体公开推介具体的定向资产管理业务方案；

(4)接受单一客户委托资产净值低于中国证监会规定的最低限额；

(5)以自有资金参与本公司的定向资产管理业务；

(6)以签订补充协议等方式，掩盖非法目的或者规避监管要求；

(7)使用客户委托资产进行不必要的证券交易；

(8)内幕交易、操纵证券价格、不正当关联交易及其他违反公平交易规定的行为；

(9)超出公司经营范围从事定向资产管理业务；

(10)法律、行政法规和中国证监会禁止的其他行为。

证券公司从事集合资产管理业务，不得有下列行为：

(1)向客户做出保证其资产本金不受损失或者保证其取得最低收益的承诺；

(2)挪用集合计划资产；

(3)募集资金不入账或者其他任何形式的账外经营；

(4)募集资金超过计划说明书约定的规模；

(5)接受单一客户参与资金低于中国证监会规定的最低限额；

(6)使用集合计划资产进行不必要的交易；

(7)内幕交易、操纵证券价格、不正当关联交易及其他违反公平交易规定的行为；

(8)超出公司经营范围从事集合资产管理业务；

(9)法律、行政法规及中国证监会禁止的其他行为。

2.监管措施

(1)中国证监会及其派出机构对证券公司和资产托管机构从事客户资产管理业务的情况，进行定期或者不定期的检查，证券公司和资产托管机构应当予以配合。

(2)证券公司、资产托管机构的高级管理人员、直接负责的主管人员和其他直接责任人员违反本办法规定的，中国证监会及其派出机构根据不同情况，对其采取谈话提醒、暂停履行职务、记入诚信档案、认定为不适宜担任相关职务者等行政监管措施。

(3)资产托管机构及其直接负责的主管人员和其他直接责任人员违反本办法规定从事客户资产管理业务，中国证监会依照本办法进行行政处罚；法律、行政法规另有规定的，按照有关规定进行行政处罚；情节严重涉嫌犯罪的，依法移送司法机关，追究其刑事责任。

(4)证券公司、资产托管机构及其直接负责的主管人员和其他直接责任人员从事客户资产管理业务，损害客户合法利益的，应当依法承担民事责任。

(5)证券公司违反中国证监会的有关规定，擅自开办客户资产管理业务的，责令改正，并处以警告、罚款。

(6)对直接负责的主管人员和其他直接责任人员，处以警告、罚款，并依法取消其高级管理人员任职资格或者证券从业资格。

(7)证券公司从事客户资产管理业务，有下列情形之一的：应当主动改正；未能改正的，责令改正；拒不改正的，暂停其客户资产管理业务，单处或者并处警告、罚款；情节严重的，依法取消其客户资产管理业务资格。

第三节　委托资产的投资管理

一、委托资产投资管理的投资目标

投资银行在开展资产管理业务的过程中通常选择其认为最能取得投资效益的资产组合和经营运作方式。根据对风险和收益的判别与追求，一般将资产管理的运作目标可分为四种类型。

1. 高风险—高收益型目标

高风险—高收益型目标强调为委托客户提供最大可能的资本获利机会，而一般不在乎股利的收入。因此，持这种运作目标的投资管理在运作过程中一般不注重投资的多样化和投资资产的经常收入，而往往选择有高成长潜力的股票。一旦时机成熟，其股价就会成倍地上扬，该投资管理就可以通过股票买卖的股价差额，获取丰厚的投资回报。

由于其高收益是以所承担的高风险为代价的，因此这种投资管理的收益状况波动较大。在股市行情上涨时，该种投资管理资产表现突出；而在股市行情下跌时，该种投资管理资产的状况就非常糟糕。这种高风险—高收益型目标的投资管理主要将委托资产投资于股票市场，通过股票的分散组合投资来控制波动性。总而言之，这类投资管理资产的投资风险最大，可能获得的收益也是最高的。

2. 低风险—高收益型目标

低风险—高收益型运作目标投资资产的安全性和成长潜力的平衡，在选择投资的股票时，通常是选取记录优良，尤其是股息逐年增加的股票作为投资对象。这样既可以获得股息和红利这种经常性收入，又可在股票价格变动时；采取有利于投资管理的价位买卖股票以获得资本利得。持该类运作目标的投资管理资产其平均成长率并不低，而风险相对于高风险高收益型投资管理资产较小。

3. 低风险—低收益型目标

低风险—低收益型目标更加注重投资的安全性，以获取股息、红利和利息等经常性收入为主要目标，一般不追求股票交易的资本利得。所以在投资管理运作时通常选取固定利率债券和优先股，以及股息持续增长、红利水平较高的普通股为投资对象。这种运作目标的投资管理资产具有明显的波动性小、投资风险低、投资收益低，但收益水平稳定的特点。

4. 以流动性为目标

流动性目标注重投资资产的流动性，其成立的宗旨就是为投资者提供资本保值的机会，并为投资者获取高于银行同期定期储蓄存款的利息。以流动性为运作目标的投资管理资产主要将资产运用于货币市场上短期固定收入证券，如国库券、大额银行存款单、高等级固定收入票据、银行承兑汇票等。这类证券的利率变动相对稳定，资产流动性高，有利于避免资本的损失。与其他各类投资管理相比，这类以流动性为目标的投资管理安全度最高，但相应的，其可获得的收益也较低。

二、投资限制

投资银行资产管理业务的投资对象和投资行为要受到资产管理契约的规定以及法律法规的限制。资产管理契约的规定，取决于具体基金的投资目标和投资风格而有所不同。法律法规对投资银行的资产管理业务做出的限制，是证券监管部门对其做出的，是国家证券监管机构为保障投资者的利益针对所有证券投资基金共同制定的。

《证券公司客户资产管理业务试行办法》中第 14 条、第 36 条、第 37 条、第 38 条和第 42 条等规定条例，对投资银行资产管理业务做出以下限制投资的严格规定：

（1）证券公司办理集合资产管理业务，可以设立限定性集合资产管理计划和非限定性集合资产管理计划。

限定性集合资产管理计划资产应当主要用于投资国债、国家重点建设债券、债券型证券投资基金、在证券交易所上市的企业债券、其他信用度高且流动性强的固定收益类金融产品；投资于业绩优良、成长性高、流动性强的股票等权益类证券以及股票型证券投资基金的资产，不得超过该计划资产净值的 20%，并应当遵循分散投资风险的原则。非限定性集合资产管理计划的投资范围由集合资产管理合同约定，不受上述规定限制。

（2）集合资产管理计划资产中的证券，不得用于回购。

（3）证券公司将其所管理的客户资产投资于一家公司发行的证券，按证券面值计算，不得超过该证券发行总量的 10%。

一个集合资产管理计划投资于一家公司发行的证券不得超过该计划资产净值的 10%。

（4）证券公司将其管理的客户资产投资于本公司、资产托管机构及与本公司、资产托管机构有关联方关系的公司发行的证券，应当事先取得客户的同意，事后告知资产托管机构和客户，同时向证券交易所报告。

证券公司办理集合资产管理业务，单个集合资产管理计划投资于前款所述证券的资金，不得超过该集合资产管理计划资产净值的 3%。

2008 年 7 月 1 日起实施的 26 号令则规定证券公司集合计划资金可以申购新股，可以不设申购上限，但是申报的金额不得超过集合计划的现金总额，申报的数量不得超过拟发行股票公司本次发行股票的总量；同时，集合计划应当对流动性做出安排，在开放期保持适当比例的现金、到期日在一年以内的政府债券或者其他高流动性短期金融工具；集合计划存续期间，客户不得少于两人；计划资产净值不得连续 20 个交易日低于 1 亿元人民币。

而 25 号令则进一步明确证券公司定向资产管理业务的投资范围，包括股票、债券、证券投资基金、集合资产管理计划、央行票据、短期融资券、资产支持证券、金融衍生品以及中国证监会认可的其他投资品种；客户持有上市公司股份达到 5%以后，证券公司通过专用证券账户为客户再行买卖该上市公司股票的，应当在每次买卖前取得客户同意；客户未同意的，证券公司不得买卖该上市公司股票。

三、投资管理策略

1. 积极的投资管理策略和被动的投资管理策略

投资银行资产管理业务的投资管理策略按其风格可分成积极的和被动的两种类型。我国的投资银行资产管理主要投资于股票和债券，在此对股票和债券的积极的和被动的投资管理策略进行分析。

(1)积极的和被动的股票投资管理策略

投资银行资产管理对股票市场的投资是通过分散投资于不同的股票，构造、投资组合来实现的。因此股票的投资管理策略即是股票投资组合的管理策略。

①被动的股票投资组合管理策略。被动的股票投资组合管理策略是构造投资组合，以复制某一具体指数的绩效，使投资组合的收益率在整个期间内跟踪某一指数的收益率，这种策略又称之为指数化，相应的称为指数化投资管理。以被动管理策略构造投资组合的目的不是超过目标指数，而是降低跟踪目标—指数的跟踪误差，使投资组合的绩效和目标指数相称。对投资组合管理人的要求，就是构造一个紧密跟踪某一具体股票指数(称之为基准指数)的投资组合，如果试图使股票组合的绩效超越所选择的指数，就违反了该投资组合的被动前提。投资组合管理人即使获得较高的收益，也违反了委托人所要求的被动投资管理策略。

实施被动的股票投资组合管理策略的困难在于，由于不可避免地出现现金流入和流出以及公司的合并与破产，从而在构造了指数化投资组合后，就需要买卖证券，这意味着在整个期间容易出现跟踪误差。另外，即使指数基金一般试图减少周转交易和相应的交易费用，它们仍必须因上述原因进行再平衡，这意味着指数化投资管理的长期收益绩效将落后于基准指数。当然，投资组合收益率较大地或实质性地偏离于指数收益率，就应加以关注。

实施被动的股票投资组合管理策略的优点在于：其成本比积极的管理策略低，并且由于是采取紧密跟踪指数的策略，业绩较为稳定。

构造被动的指数化投资组合的基本方法有三种：完全复制法、抽样法和程序法。

完全复制法。即按在指数中的权重购买所有构成指数的股票。这种方法有助于保证紧密地跟踪指数。但这种方法并不一定是最佳方法，而可能只是一种次优的方案。首先，这种方法必须购买大量不同种类的股票，增加交易成本，从而将降低投资绩效；其次，当许多企业在一年的不同时间多次派发少量股利时，股利的再投资也将导致较高的佣金支出。

抽样法。运用抽样法，投资组合管理者仅仅购买组成指数的股票中具有代表性的样本股票。对具有较大指数权重的股票，按其权重同时购买一些较小权重的股票，以使投资组合的整体特征如β值、行业分布和股利收益率等接近于目标指数。运用抽样法，投资组合的收益率几乎肯定比不上完全复制跟踪指数的方法。因此要选用抽样法，必须权衡它的缺点和优点。缺点是不可避免的跟踪误差；优点是管理更容易，管理费用、交易成本更低。

程序法。采用这种方法构建被动投资组合，并不根据行业或股票特征获得样本，而是运用二次项程序，将价格变化的历史信息和股票之间的相关性输入计算机程序，以确定对指数的跟踪误差最小化的投资组合。这种方法的缺点是依赖于价格变化和相关性的历史数据，如果这些因素在跟踪期间内发生了变化，那么该投资组合会呈现非常大的跟踪误差。

②积极的股票投资组合管理策略。积极的股票投资组合管理策略是管理者试图超过一个经风险调整后的被动基准投资组合的绩效。基准投资组合(有时又称为标准组合)是这样一种被动投资组合,其平均特征值(股利收益率、行业权数和企业规模等因素)与委托人风险—收益目标相对应。

积极的投资组合管理的目标是使一个投资组合所获得的收益率超过一个被动基准投资组合的收益率,这两种收益率都经过交易成本扣除和风险因素调整。积极的资产管理者与其委托人要解决一个重要的问题,即选择一个合适的基准(有时称之为"正常"投资组合)。该基准应体现委托人投资组合战略的一般特性。如果客户指定投资于低市盈率小型股票来构造积极组合,那么就不应该把该组合的业绩和整个股市指数相比,而应该和以小盘低市盈率股票为基础构建的基准组合相比来衡量其业绩。

实施积极的股票投资组合管理策略必须克服两个困难。首先,较高的交易成本,实施积极的投资组合管理策略的交易费用往往比被动策略要高,如果每年业务成本达到投资组合资产的 1.5%,那么仅仅为了维持住被动基准的收益率,该积极的投资组合就必须获得比被动基准高出 1.5%的收益率。其次,积极的投资组合一般比被动基准具有较高的风险。如果采用大规模投资于某一板块的股票的策略,那么积极的投资组合的风险将超过其被动基准。这样,积极的投资组合的收益率将必须超过其基准,以作为对所冒风险的补偿。

积极的股票投资组合管理策略成功的关键是,要成为积极的投资管理领域的专家。市场在变换,能带来较高收益的投资目标也经常变换,但成功的积极的投资策略要求在市场出现恐慌情绪时,保持投资原则和镇静,因为频繁交易会增加交易费用,降低利润。

实施积极的股票投资组合管理策略,通常使用以下四种方法增加积极的投资组合的价值,使其收益高于基准组合。

一是对证券市场进行预测,对不同投资对象的风险和溢价进行估计,使投资管理在不同证券如债券、股票和短期货币工具间进行转换。

二是将投资管理在股票市场中不同行业板块(如商业板块、高科技板块以及房地产板块等)、不同股本特征(如大盘股、小盘股,流通股所占总股本比例的高低)、不同企业特征(如绩优公司、高成长型公司)以及不同股权部分(如国家股、法人股、流通股、优先股以及转配股等)的股票间进行转移,在股价大幅上升前提前买入。

三是选择市场定价过低的股票,低买高卖。

四是如果投资管理构建全球性投资组合,可以通过经济分析,确定不同国家的股票市场价格水平是过低或是过高。如果价格水平过低,则在全球性投资组合中加大该国的投资权重,使投资权重高于全球基准投资组合中该国股票所占的权重;如果价格过高,则采取相反行动。

积极的股票投资组合管理策略也可运用二项式程序解出马科维茨的有效边界最优解,最优化中运用了管理者对收益率、风险和相关性的预期值,以选择最优风险—收益权衡的投资组合。

(2)积极的和被动的债券投资组合管理策略

①被动的债券投资组合管理策略。被动的债券投资组合管理策略有两种具体实施策略:一是买入囤积术;二是指数化。

买入囤积术。管理者根据目标选择一个债券组合,应客户的要求持有这些债券至到期日。最简单的债券组合管理就是买入囤积术。显然它对债券投资者没有什么要求，投资者只需发现所满意的债券，在选择的过程中要考虑债券的质量、息票利率水平、偿还年限和如提前兑回条款等重要的合约条款。组合管理者实行买入囤积术不需要考虑主动的交易以获得诱人的收益，而是寻找这样的债券，它们的偿还年限(持续期间)接近投资者预定的投资期间，这样就可以减少价格和再投资的损失。许多成功的债券投资者和机构的组合管理者运用的是调整的买入囤积术，即投资者投资某种债券是打算持有它直至到期日。同时也积极地寻找机会希望能得到一个更好的头寸。

投资者遵循的无论是严格的还是调整的买入囤积术，问题的关键在于找到具有吸引力的偿还年限和收益率特征的债券品种作为投资工具。

指数化策略。与被动的股票投资组合管理策略相类似，该策略的目标是构造一个债券组合，使它的绩效等于某种债券指数。也就是说组合投资者建立的组合与某种债券市场指数的绩效相符。组合管理者不是根据与指数相对比的风险和收益进行判断，而是看该组合是否能紧紧地跟住指数。具体地说，通过检查跟踪误差，即债券组合的收益率与债券市场指数收益率之差，来评价被动债券组合管理的绩效。使用指数化策略的关键是恰当选择要跟踪的债券指数，它直接决定债券组合的风险一收益结果。

②积极的债券投资组合管理策略。积极的债券投资组合管理策略运用以下五种具体策略来构造积极债券投资组合，即利率预期、估价分析、信用分析、收益率差分析和债券互换。

利率预期。利率预期可能是最有风险的主动债券管理策略。因为它依靠对未来利率的不确定进行预测。其基本思想是预期利率上升时保护资本，预期利率下降时获得资本收益。当预期利率上升时缩短组合的持续期间；当预期收益率下降时，延长组合的持续期间。

估价分析。通过对债券的价值进行分析，并将其应有的价值和当前市场价格做比较，以确定哪些债券是估价过低，哪些债券高估了。根据对特征成本的确定，买入估价低的债券，卖出估价高的债券。

信用分析。信用分析是通过对债券的详细分析，预期它违约拒付风险的变化，也就是说对债券信用等级的变化进行预期。使用信用分析作为组合管理战略。必须在评级机构公布之前对债券信用等级的变化做出预期，购买预期升级的债券，卖出或不买要降级的债券。

收益率差分析。债券市场中不同品种债券的收益率之间存在一定的关系，例如，高等级与低等级的公司债券的收益率差应保持在合理的范围内。这种策略要求对市场上各种债券收益率之间的关系进行分析，当不正常关系发生时，进行各种互换。

债券互换。债券互换是结清当前的头寸，同时购买另一种有相似特征的可能提高收益率的债券。实施债券互换可以提高当前和到期收益率，并且能利用利率的变换或收益率差的重新排列，提高债券组合的质量或进行合理避税。债券互换的主要做法有纯收益率提高互换、替代互换和税收互换等。

对于积极的和被动的投资管理策略，应该说明的是，在投资管理的实际操作中完全实施被动策略的管理者并不多见，大部分投资管理实施的是介于积极和被动之间的或积极的管理策略。

2.资产配置策略

资产配置策略是指将金融资产在不同资产形态、不同市场、投资对象之间进行优化配置的选择。

(1)应考虑的基本因素

确定资产配置策略的应考虑的基本因素有：

①法律、法规规定的投资限制和投资禁止行为。在制定资产配置策略时，首先应考虑法律法规对投资银行资产管理的基本要求，严格依照法律法规的规定进行投资。

②资产管理契约的规定以及资产管理的类型及其运作目标。有些资产管理契约规定了其主要投资的领域，这样资产管理管理人在制定资产配置策略时必须考虑契约的规定。另外，还须考虑到资产管理的类型及其既定的运作目标。

③证券市场的风险—收益情况。在考虑到前两项因素之后，如何分配投资则主要决定于对证券市场风险—收益的分析，确定出满足资产管理客户要求的最优投资分配方案。

(2)资产配置的基本策略

在操作实践中，已经形成了一些固定模式或成形的策略，为许多投资银行所采用。

①三分法策略。资产管理投资的主要领域是股票和债券，因此确定投资管理在股票、债券和现金或可随时无风险变现的资产之间的投资比例是确定资产配置策略的首要问题。一般常用的策略采用三分法策略，该方法是从个人理财方法演变而来的资产配置策略。以美国为例，人们通常将私人财产按一定比例，分别投资于银行存款、有价证券及房地产。这就是所谓的个人理财三分法。后来，一些机构投资者依据这一方法建立投资组合，把自身所管理的资金分成三个部分：第一部分资金用于投资较稳定、风险较小的有价证券，如债券、优先股等；第二部分用于投资收益较高的各种成长型股票；第三部分资金留在手中用作预备。今天，投资三分法已成为最为广泛采用的资产配置策略。这一策略既能通过股票投资获得可观的资本利得，使基金具有长期增长潜力，又能依靠投资优先股和债券获得稳定的股息和利息收入，使管理资产在扣除运行费用后具有经常性盈余。此外，还能借助于持有的现金，保持委托资产的流动性以及投资的灵活性。实践证明，不论具有何种投资目标的基金，都可以采三分法，只要在现金、股票、债券三个部分比例上合理地组合搭配，即可相应的实现各种投资目标。投资三分法的难点在于如何合理地设计现金、股票、债券三种资产的比例，并根据多种情况及时做出调整。三分法策略运用得是否得当，主要取决于管理者的知识、经验和技巧。

②投资分散化策略。如何通过适当的投资分配以降低资产管理业务所面临的市场风险，是制定资产配置策略需要考虑的重要问题。资产配置策略的基本操作思路是将委托资产分散化地投资于不同的投资对象，有效地将个别投资对象的风险分散掉，规避非系统风险，使投资收益不会因个别投资品种的大起大落而剧烈波动，从而获得资本市场总体成长而带来的收益。其内容包括：投资对象分散化、投资期限分散化和投资区域分散化。在证券投资中，投资分散化是指投资者根据自身的承受力，以一定的比例将资本投资于不同类别的股票、债券品种，即“不把全部鸡蛋放在一个篮子里”，同时在市场选择上根据资产管理的投资范围限定，分别投资于不同的市场。例如，目前我国投资银行资产管理的投资范围仅限于国内的证券市场。在不同的时期，不同的市场行情波动状况也不一样，因此，实行投资品种、期限和市场的分散化能够有效避免风险。

(3)资产配置的具体操作策略

①固定比例资产配置策略。这一操作策略旨在解决如何在股票和债券之间的资产配置。它要求在投资管理操作中努力使股票总投资额与债券总投资额保持某种适当比例，当

股票价格上涨，而使投资总额中股票份额上升时，即出售部分股票，购入一定量债券，使股票与债券金额恢复到既定的比例；反之，当股票价格下跌，其所占比例下降时，应出售部分债券，追加部分股票，恢复原来的比例关系，起到调节资产持有结构的作用，从而有效防范投资风险，提高投资收益。固定比例策略同样可以应用于对股票、债券、现金三者之间的分配。首先确定配置比例，然后保持既定比例并采取相应操作。

②黄金分割策略。这是一种分散风险的资产配置操作策略，要求管理者将投资资金分成两部分，一部分投资于风险性证券，另一部分投资于安全性证券，两者间的比例大体为4：6。由于这一比例符合数学中的黄金分割原理，最佳点为0.618，即62%左右，故将此方法称为黄金分割法。采用黄金分割法由于一半以上的资金投向安全性较高的品种，因而保险系数较大，但它以少部分资金投于获利较高的证券故而会失去一部分获利机会，此方法适用于较为保守的投资目标。

③头寸保持策略。这是一种为长期稳定地获取证券收益而将管理资产投在不同期限、不同种类证券中，定期保持该证券头寸的投资方法。由于此操作策略的基本要求是合理保持证券头寸，而不在于操作方法，故适用的投资操作方法可以有多种。

④梯形资产配置策略。该操作策略是将资本投放于不同期限的证券上，每种证券的投资额大体相同，当期限最短的证券到期时收回资金回收利润后再投放到更长期限证券上去的资产配置策略。

⑤杠铃式资产配置策略。即将资金分别投到长期或短期证券上，很少或者放弃中期投资的方法等。

3.投资对象选择策略

投资对象选择策略是指资产管理在确定了投资管理策略和资产配置策略后，在选择具体的投资对象时所使用的策略。对于实施被动投资管理策略的资产管理操作来说，由于其运作要求是复制并跟踪指数，所以它对投资对象的选择体现在对目标指数的选择上，一旦选定目标指数，投资对象选择的具体方法和程序就基本确定。而对于实施主动投资管理策略或介于主动和被动之间的大部分资产管理中的投资管理来说，就需要进行大量的证券分析研究，以选择符合投资需要的投资对象，给资产管理业务的客户带来较佳的收益。

一般而言，资产管理中的投资管理选择投资对象的基本方法采用证券投资分析法，主要包括基础分析和技术分析。在此仅作简要的叙述。

(1)基础分析。证券投资的基础分析包括宏观经济分析、行业和区域分析以及上市公司分析，其范围由大到小，由整个市场到个别证券，并把目标盯在证券价值上，从而找出证券价格变动的规律。

一是宏观经济分析。宏观经济状况对基金的投资有着极其重大的影响，例如，当经济稳步增长，发展前景看好时，投资于股市就更有利可图；当宏观经济形势出现下降趋势时，投资于固定收入的债券则比较安全。进行宏观经济分析主要应考察的因素有：①反映国民经济总体状况的指标。大致包括国内生产总值(GDP)、通货膨胀率、失业率、存贷款利率、货币供应量、商品零售额、零售物价指数以及消费物价指数等指标。同时还可以将这些指标分为先导指标、同步指标和滞后指标进行分析，对国民经济运行趋势进行预测。②宏观经济政策。大致包括财政政策、货币政策以及产业政策。并分析这些政策对证券市场整体和局部的影响。

二是行业分析和区域分析。对证券投资分析而言，行业和区域经济情况是介于宏观和微观之间的重要的经济因素。一方面，行业的发展状况对该行业中上市公司影响极大，从某种意义上说，投资于某上市公司，实际上就是以某行业为投资对象；另一方面，上市公司又摆脱不了区域经济的影响，尤其在我国区域经济发展极不平衡时，分析这一因素显得尤为重要。

行业分析，简而言之即对国民经济的各个行业进行分析：一般从行业的经济结构入手，分析产品的供应和需求等情况，使基金对各行业的增长有比较系统的把握，从中确定投资的方向。行业分析包括行业经济结构分析和行业成长周期分析。

进行区域分析，要研究各个区域经济发展的现状和对未来进行预期，对国家有关区域经济政策和产业区位政策进行分析，并对这些因素对证券市场的影响做出判断，指导投资方向。

三是公司分析。公司是证券市场的微观基础，是股票和企业债券价格波动的基础和根本所在。在众多的因素分析中，公司本身的经营状况无疑是至关重要的。公司分析包括：竞争地位分析、盈利能力分析、管理水平分析以及财务状况分析。

影响证券市场走势的因素是多方面的和综合性的，在进行基础分析时一方面要将各种基本分析的手段综合起来；另一方面还要考虑政治因素、心理因素以及突发事件等多方面因素对证券市场的影响。

(2)技术分析。技术分析是指直接对证券市场的市场行为所做的分析。其特点是通过对市场过去和现在的行为，应用数理和逻辑的分析方法，归纳总结一些典型的行为，从而预测证券市场未来的变化趋势。其理论基础是基于三个市场的基本假设：市场行为涵盖一切信息；价格沿趋势移动；历史会重演。其基本要素是成交量、成交价格和时间。

技术分析的理论主要有循环周期理论、道氏理论、相反理论、随机漫步理论以及波浪理论等。技术分析还可以采用众多的分析方法，如指标分析法、切线分析法、形态分析法、K线组合分析法等。

各种技术分析理论和分析方法是从不同的方面理解和考察证券市场的。因此技术分析是多种理论和分析方法的综合，切忌片面地使用某一种技术分析结果。

总之，在进行证券投资分析时，应注重将基础分析和技术分析等方法结合运用，这样才能提高分析的准确性和应用价值。

4.资产管理的操作程序

(1)确定投资政策。根据资产管理的风险、委托人的收益偏好特征，来确定投资目标、标的范围和投资策略。

(2)实施证券分析。分析标的范围内各种资产的风险、收益，寻找被市场错误定价的证券。

(3)建立资产组合。确定投资资产品种及各种资产的投资数量，使基金所建立的投资组合的风险、收益特征符合资产管理的目标。

(4)监视并修正资产组合。根据市场的变化，确定资产的买进和卖出，对已经建立的资产组合进行适当的调整。

(5)评估资产组合。对资产管理水平进行综合评估，包括委托管理资产的收益、风险、目标完成情况等。

(6)信息披露。投资银行被要求至少每三个月向客户提供一次准确、完整的资产管理报告,对报告期内客户资产的配置状况、价值变动等情况做出详细说明。

【案例 6-1】

国泰君安证券股份有限公司定向资产管理计划之优质成长股票专户理财产品(2009)

一、产品关键条款

<table>
<tr><td>产品名称</td><td colspan="4">国泰君安证券股份有限公司优质成长股票专户理财产品</td></tr>
<tr><td>投资期限</td><td colspan="4">三年</td></tr>
<tr><td>认购起点</td><td colspan="4">人民币 1000 万元</td></tr>
<tr><td>提前终止</td><td colspan="4">投资期限内,投资者委托本金低于 100 万元,则自动终止;投资者可无条件提前终止。</td></tr>
<tr><td>申购/赎回</td><td colspan="4">投资期限内,专户管理,每交易日客户可进行申购(追加本金)/赎回(减少本金)。赎回原则:单次赎回比例不能高于委托资产的 50%。</td></tr>
<tr><td>盈利模式</td><td colspan="4">寻找确定性的、业绩成长风格突出的股票进行组合投资,三年委托期间获得较好超额回报和一定的绝对回报</td></tr>
<tr><td>投资范围</td><td colspan="4">股票投资比例:30%~95%,交易所上市权证 0~5%,封闭式基金、债券、现金总计 10%~70%</td></tr>
<tr><td>组合特征</td><td colspan="4">产品至少分散投资于 15 个以上潜力股票品种,单一股票买入成本不得超过当时账户净值的 10%,单一股票投资不得超过该股票流通份额的 5%</td></tr>
<tr><td>业绩基准</td><td colspan="4">沪深 300 指数×70%+一年期定期存款利率×30%</td></tr>
<tr><td>投资者类型</td><td colspan="4">本产品适合能承受较高风险,同时期望获得较高收益的各类投资者</td></tr>
<tr><td>投资经理</td><td colspan="4">(具体内容隐去)</td></tr>
<tr><td>风险揭示</td><td colspan="4">本产品实际收益率容易受到实际投资运作情况以及投资管理方投资能力的影响,在最不利的市场情况下,到期日,本产品收益率也可能出现亏损。</td></tr>
<tr><td rowspan="7">内部风险评级</td><td colspan="4">本产品内部风险评级为:★★★★</td></tr>
<tr><td>产品风险星级</td><td>风险程度</td><td>适合的投资者</td><td>适合投资策略</td></tr>
<tr><td>★</td><td>低</td><td>谨慎型</td><td>风险控制</td></tr>
<tr><td>★★</td><td>较低</td><td>稳健型</td><td>稳健发展</td></tr>
<tr><td>★★★</td><td>中</td><td>平衡型</td><td>均衡成长</td></tr>
<tr><td>★★★★</td><td>较高</td><td>进取型</td><td>积极进取</td></tr>
<tr><td>★★★★★</td><td>高</td><td>投机型</td><td>风险承受</td></tr>
</table>

二、产品的投资理念和投资策略

(一)投资理念

不确定性市场中寻找确定性的、成长风格突出的股票进行组合投资,实现两个溢价:①深入研究、更加扎实研究和价值发掘带来的“研究溢价”;②市场失灵、机构投资者集体出现投资模式错误时形成的“市场溢价”。

投资范围：股票投资比例：30%～90%，交易所上市权证0～5%，封闭式基金、债券、现金总计10%～70%。

组合特征：产品至少分散投资于15个以上潜力股票品种，单一股票买入成本不得超过当时信托计划净值的10%，单一股票投资不得超过该股票流通份额的5%。

产品特性：通过优秀上市公司的组合投资，承受较小的市场风险，获得较高的累计绝对回报和超额收益，有较高的阿尔法和夏普比率。

（二）投资范围

本产品主要投资于交易所上市各类权益类产品，并利用新股申购、交易所债券等工具实现低风险现金管理。包括但不限于股票、封闭式基金、国债、金融债、公司债、可转债等。股票投资比例：30%～90%，交易所上市权证0～5%，封闭式基金、债券、现金总计10%～70%。

（三）投资策略

1. 资产配置策略

本产品采取积极的资产配置策略，通过宏观策略研究，辅之以公司自行开发的数量化辅助模型，对相关资产类别的预期收益进行动态跟踪，决定大类资产配置比例；一般情况下，股票类资产市值比重在50%～90%区间，建仓初期和不可预计的市场弱势情形下可能低于50%。

从分析本产品投资者行为特点和需求入手，确定流动性需求，并将其作为资产配置和构建投资组合的一个约束条件，同时配合大额赎回的制度安排，使投资组合能满足流动性需要。

2. 股票投资策略

管理人采取的是自上而下和自下而上相结合的选股策略，尤其不会采取单纯的自上而下的单向配置策略，从行业配置策略和公司股票精选两方面进行具体股票筛选，并基于此形成两级股票池。

（四）股票备选库

在股票投资方面，遵循三个投资步骤（见图6-1）。

（五）投资决策流程

（1）确定资产管理业务规模、资产配置策略和指导范围，进行宏观经济政策研究以及数量模型分析，以把握宏观经济走势、市场波动，并通过优化方法提出同本理财产品投资策略相匹配的资产配置建议。

（2）借助研究支持体系和本产品的收益—风险特征，在可投资范围内，结合自身对股票市场和投资机会的分析判断，决定具体的投资品种、规模并决定买卖时机。

（3）通过严格的交易制度和独立的交易岗位、风险控制岗位，可实行实时监控，并通过集中清算加强监管，保证投资在合法、合规的前提下得到高效地执行。

（六）团队介绍

（七）风险控制

包含风险管理组织架构和市场风险管理、流动性风险管理、管理风险管理、风险管理制度等几个方面。

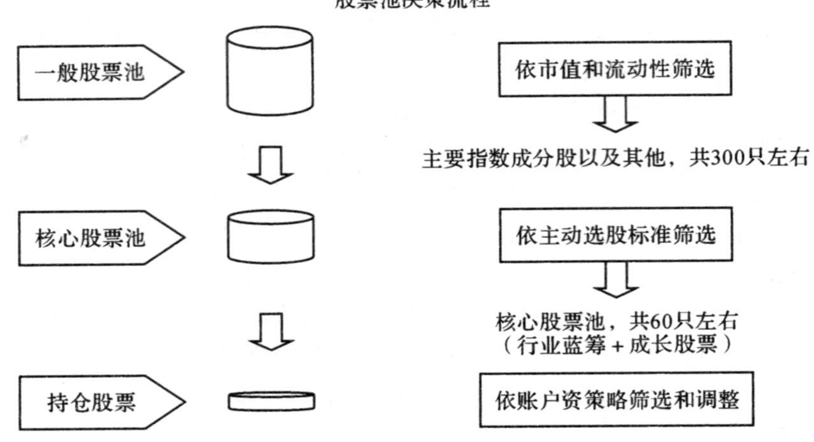

图 6-1 股票池决策流程

三、产品的流动性安排

(一)提前终止

在理财产品存续期内，投资者部分赎回后委托本金低于 100 万元时计划自动终止；存续期内投资者可随时提前终止本理财产品，投资者提前终止本理财产品的需提前 10 个交易日以通知管理者。

(二)申购和赎回

(1)本理财产品每交易日开放申购和赎回。

(2)金额要求：认购起点份额为 1000 万元；申购额以及赎回额无数量级限制；投资者可选择全额或部分赎回，部分赎回后投资者持有本理财产品的余额不得低于 100 万元，余额低于 100 万元份的赎回申请，将予以全部赎回。

(3)赎回原则：赎回比例不能高于委托资产的 50%。

【案例 6-2】

国泰君安明星价值股票集合资产管理计划
(非限定性集合资产管理计划)(2009)

一、集合计划的名称和类型

名称：国泰君安明星价值股票集合资产管理计划。

类型：证券公司非限定性集合资产管理计划。

二、集合计划的投资目标和特点

1. 投资目标

利用国泰君安的研究优势，主要投资于具备持续增长能力的优秀企业(明星公司)，并通过宏观、市场和价值分析，捕捉价值型公司(价值公司)的投资机会。通过科学合理的资产配置和股票组合，使集合计划资产长期稳定增值。

2. 比较基准

本集合计划采用复合业绩基准，由 70%沪深 300 指数收益率+30%一年期银行定期存款利率构成。

3. 特点

(1)通过较为卓越的股票研究实力，为投资者附带提供全面的宏观、策略、行业及股票投资顾问服务。

(2)管理团队具有长期和丰富的股票投资经验，业绩优异。

(3)管理人参与、投资团队自愿参与相结合，与投资者共担风险。本集合计划管理人承诺，以自有资金参与部分存续期内永不退出，该部分份额与其他投资人享受同等待遇。

(4)流动性好，每周开放一次参与退出。

(5)渠道广泛：委托人可通过管理人和其他多家推广代销机构参与。

三、集合计划的投资范围和资产配置比例

1. 投资范围

本集合计划的投资范围限于具有良好流动性的金融工具，包括国内依法公开发行上市的股票、权证、基金、各种固定收益产品，以及法律法规允许集合计划投资的其他金融工具。其中，股票投资范围为国内依法公开发行的、具有良好流动性的 A 股(包括一级市场申购、上市公司新股增发和二级市场买卖)；基金投资范围包括交易所上市的封闭式证券投资基金和 LOF、ETF 基金；固定收益产品包括新债申购、国债、金融债、企业债(含可转债)、公司债、可分离交易债券、可交换债券、短期融资券、央行票据等；剩余部分将以银行存款形式进行现金管理。

2. 资产配置比例(占资产净值比例)

(1)股票：30%～95%；

(2)ETF、LOF、封闭式基金：0～30%；

(3)银行存款或现金不低于 5%；

(4)各种固定收益产品：0～35%；

(5)交易所上市权证：0～3%。

四、目标规模(总份额)

本集合计划在推广期内募集目标规模为 50 亿元。本集合计划在推广期内参与金额达到 50 亿元时，可提前终止推广期。

本集合计划未约定存续期规模上限。但如果所有委托人的认购金额总额低于壹亿元(不含管理人自有认购资金)或委托人少于两人，则产品亦将终止并进入清算程序。

五、存续期限

本集合计划未约定存续期限，但若符合所约定的终止清算条件时，则直接进入终止清算程序。

六、封闭期

集合计划成立后的三个月，在这段时间内不办理集合计划的参与和退出，管理人可根据实际情况调整封闭期。

七、开放期

本计划每周安排一个开放期，开放期为自计划成立日起封闭期结束后每个星期的星期一(遇节假日顺延)。在开放日，委托人可以申请退出，也可以依法参与本计划。

八、推广期

本集合计划推广期指集合计划接受委托人认购参与至集合计划成立日。本集合计划将在中国证监会出具批准文件之日起六个月内启动计划的推广工作，推广期最长不超过60个工作日。管理人可以根据实际情况提前结束推广期。本集合计划推广期内参与金额达到50亿元时，可提前终止推广期。

九、集合计划的面值、参与价格

面值：本集合计划的面值为每份壹元。

参与价格：推广期本计划的参与价格等于面值，开放期本计划的参与价格为

开放日的单位净值。管理人与客户以同样的价格参与本计划。

十、推广对象和参与的最低金额

本集合计划的推广对象为管理人和推广机构的现有客户，包括个人投资者和机构投资者（法律、法规禁止的除外）。单一投资者首次参与本集合计划的最低金额为拾万元人民币。

十一、推广机构和推广方式

本集合计划的推广机构为：国泰君安证券股份有限公司、光大银行等。管理人可根据有关法律、法规要求选择其他符合要求的推广机构。

本集合计划的推广方式为代销。推广机构可以依法采取各种有效方式推广本集合计划，但不得通过广播、电视、报刊及其他公共媒体推广。

第七章

资产证券化业务

第一节　资产证券化概述

一、资产证券化的内涵

关于资产证券化，有诸多不同的界定。目前，较广为接受的定义是 Gardener 于 1991 年提出的："资产证券化是使储蓄者和借款者通过金融市场得以部分或全部匹配的一个过程和工具。在这里，开放的市场信用取代了由银行或金融机构提供的封闭的市场信用"，也即所谓的"直接融资"逐渐取代传统的"间接融资"。

而美国证券和交易委员会下的定义是："资产证券化主要是指有现金流支持的，这个现金流是由一组应收账款或其他金融资产构成的资产池提供的，并通过条款确保资产在一个限定的时间内转换成现金以及拥有必要的权力，这种证券也可以是曰那些能够通过服务条款或者具有合适的分配程序给证券持有人提供收入的资产支持的证券。"

总之，资产证券化有广义和狭义之分。广义的资产证券化是指某一项资产或资产组合采取证券这一价值形态的资产运营方式，包括实体资产证券化、信贷资产证券化、证券资产证券化和现金资产证券化。现实中一般认为的，即狭义的资产证券化，是指将缺乏流动性但可以产生稳定的可预见未来现金流的资产，按照某种共同特征分类，形成资产组合，并以这些资产为担保发行可在二级市场上交易的固定收益证券，据以融通资金的技术和过程。其实质是将金融资产的未来收益权进行交易。

二、资产证券化的特征

资产证券化是金融市场上的一种新型融资方式，它既不同于传统的以银行为主的间接融资方式，也不同于单纯的依赖发行公司股票或债券的直接融资方式。它是有效融合了间接融资方式和直接融资方式的创新金融工具，典型的资产证券化与传统的融资方式比较，具有如下的特征。

1. 以资产的未来现金流为支撑

传统的融资方式是依赖于资金需求者本身的资信能力来融资的。投资者在决定是否进行投资或提供贷款时，主要依据的是资金需求方的资产、负债、利润和现金流状况，而对公司拥有的某些特定资产的质量关注较少。但是资产证券化融资方式则主要是依赖于支持证券化资产的质量和现金流状况，外来的投资者可以完全撇开发行公司的经营业绩来决定是否进行投资。

2.资产真实售出

这个特征实际上是资产证券化。具体是指，融资者将其资产出售给中介机构，由中介机构进行包装、重组，发行证券的方式进一步出售给投资者。在这个过程中，当融资者售出其资产之后就与资产不发生任何联系了，所有的与售出资产相关的权利和义务都转移到中介机构，这就是资产证券化中“资产真实出售”的原则，很明显，如果支持证券化的资产是真实出售的，那么融资者今后的经营业绩将不再影响售出的资产，即使融资者破产也是一样。

3.结构性融资

资产证券化融资的核心是构建严谨、有效的交易结构。这种交易结构把资产的偿付能力与原始权益人的资信能力分割开来，以保证即使原始权益人破产也与资产证券化的运作无关。同时，这一结构能使发起人利用金融担保公司的信用级别来改善资产支持证券的发行条件，并充分享受政府的税收优惠。

4.表外融资

这一方式是证券化资产项目的资产或负债不反映在原始权益人的资产负债表中，最多只以某种说明的形式反映在公司的资产负债表的注释中。因为它以正式销售的方式将证券化资产从原始权益人的资产负债表中剔除并确认收益和损失，原始权益人已放弃了对这些资产的控制权。如果一个企业顺利地进行了资产证券化，将会有效地提高公司财务指标，这对许多企业来说都是有很大的吸引力。

5.融资成本低

资产支持证券利用成熟的交易结构和信用升级手段改善了证券发行条件，可以使发行利率相应降低；同时，它不需要其他权益的支持，财务费用较低。因此，虽然其支出费用种类较多，但因其融资交易额大，故其费用比例相对较低。

三、资产证券化的类型

资产证券化从不同的角度可以分为不同的类型，通常，可以按照三种分类方进行分类：按照产生现金流的证券化资产类型分类、按照被证券化的基础资产分类以及按照现金流处理方式分类。

1.按产生现金流的证券化资产类型分类

根据产生现金流的证券化资产的类型，资产证券化可分为：①住宅抵押贷款支撑证券(MBS)，即以住宅抵押贷款为抵押资产。②资产支撑证券(ABS)，即以住宅抵押贷款以外的其他资产为抵押资产，如信用卡应收款、汽车贷款、设备租赁费等。

2.按被证券化的基础资产类型分类

按被证券化的基础资产类型，资产证券化可分为：

(1)实体资产证券化，是指以实物资产和无形资产为基础发行证券并上市的过程，主要有以下几种方式：①股票发行与上市，包括直接上市、间接上市、买壳上市；②债券的发行，包括金融债券的发行、公司债券的发行和国际机构债券的发行；③不动产证券的发行与上市，即以投资于某一项房产和地产的未来的现金流为基础发行证券；④产业投资基金的发行与上市，指以投资于一个产业的未来收入为基础发行证券以募集资金组成基金。

（2）信贷资产证券化，是近30年来国际金融市场上最重要的金融创新之一。信贷资产的证券化，就是把缺乏流动性但具有未来现金收入流的信贷资产（如银行的贷款、企业的应收账款）经过重组形成资产池，并以此为基础来发行证券。

（3）证券资产的证券化，就是将证券作为基础资产，再以该证券的现金流或与现金流相关的变量为基础发行证券。证券资产证券化最重要的形式是证券投资基金，即以现有证券资产组合的未来收益为基础来发行新的证券。

（4）现金资产的证券化，是指现金的持有者通过证券投资将现金转换成证券的过程，它包括投资者在证券发行市场上买入证券，但更主要的则是指投资者在二级市场上进行的证券交易。

3. 按现金流处理方式分类

根据对现金流处理方式的不同，资产证券化有三种基本类别：即过手结构证券（pass-through securities）、资产支持债券（asset-backed bond）和转付结构债券（pay-through bond）。

（1）过手结构证券。过手结构证券，是以组合资产池为支撑所发行的权益类证券，它代表了对具有相似到期日、相似利率和特点的组合资产的直接所有权。基础资产池中的典型资产是住宅抵押贷款和消费者的应收款（如汽车贷款和信用卡应收款），这些资产从贷款发起人的资产负债表中剥离，出售给一个信托机构，随着贷款的出售，发起人把资产的各项权利，如资产所有权、利息以及收取所有到期付款的权利，都转让给信托机构，然后该信托机构向投资者发行所有权凭证，即过手证券。证券持有者将按比例获得资产池所产生的所有现金流再减去相关费用支出（如服务费、担保费和过手费等）后的余额。这些现金流包括由借款人按计划支付的月利息、按计划摊还的本金和提前偿还的本金，并承担相关的风险。过手结构证券基本上不对资产所产生的现金流进行特别处理，而是在扣除了有关“过手”费用后，将剩余的现金流直接“过手”给证券投资者，因此过手结构证券所获得的现金流完全取决于基础资产所产生的现金流状况。

（2）资产支持债券。资产支持债券是发行人以贷款组合或过手证券为抵押而发行的债务证券。资产支持债券发行人对一部分资产进行组合，并把这些资产作为抵押交给受托管理人，这些资产就为它发行的债券作担保。与过手证券不同，资产支持债券是发行人的债务，因此作为抵押的基础资产组合和资产支持债券仍保留在发行人的资产负债表上，分别计入资产和负债方。由抵押资产所产生的现金流并不一定用于支付资产支持债券的本金和利息，发行人可用其他来源的资金偿还债券的本息。资产支持债券利息通常半年支付一次，本金到期才支付。

资产支持债券的一个重要特征就是它们一般都是超额抵押，即发行时抵押物的价值要超过债券的价值，并且当抵押物的价值低于债券契约中规定的水平时，为了保证安全，就要求在抵押物中增加更多的贷款或证券。通常为了替代超额发行，或者作为一种补充，发行人可能会以保险债券的形式或者信用证的形式从第三方购买信用提升。

（3）转付结构债券。转付结构债券则是根据投资者的偏好，对证券化资产产生的现金流进行重新安排而发行的债券。这种债券是过手证券和资产支持债券的结合，兼有两者的一些特点。转付结构债券是发行人的债务，因此作为负债保留在发行人的资产负债表中，这与资产支持债券相同；但是基础资产的现金流是用来支付给债券持有人的，这又与过手证券相似。转付债券与过手证券的区别主要在于抵押贷款组合的所有权是否转移给投资者，与资产支持债券的主要区别则在于两者偿还的资金来源不同。

实际上，转付结构债券是某一类证券化产品按现金流的偿付特征进行的概括。这种转付结构的最大特点是：根据投资者对风险、收益和期限等的不同偏好，对基础资产组合产生的现金流进行了重新安排和分配，使本金与利息的偿付机制发生了变化。

目前，广泛使用的转付结构债券有抵押担保支撑债券（collat-eralized mortgage obligation，简称 CMO）、仅付本金债券（principal-only，简称 PO）和仅付利息债券（interest-only，简称 IO）。转付结构债券也已被用于非抵押资产证券化，如汽车贷款证券化、信用卡贷款证券化、无担保的消费者信贷证券化等。在私募中，转付结构债券也被用作寿险投保人贷款的证券化。

四、资产证券化的起源与发展

证券化的发展大致经历了三个阶段：传统证券化阶段、不动产证券化阶段以及现代资产证券化阶段。

传统资产证券化包括债券、股票，以及以可转换债券为代表的混合证券。作为最古老的证券化手段，传统证券化的历史可以追溯至 16 世纪后半叶的大航海贸易时代，英国荷兰等国为发展海军力量扩军而产生的政府融资需求促使债券市场的兴起，但以可转换债券为代表的混合证券则出现在 1843 年，但其迅速发展是在 20 世纪 70 年代以后的 30 年间。

不动产资产证券化是在传统资产证券化基础上的第二次创新，其典型产品是不动产投资信托（REYITS）。1965 年，第一只 REIT 在美国纽约股票交易市场挂牌，成为不动产证券化正式登上金融市场舞台的标志，并在 20 世纪 70 年代初获得爆发式增长。

现代资产证券化于 20 世纪起源于美国。由于 1929—1933 年的世界性经济危机造成美国经济严重衰退，为刺激消费，加快恢复经济活力，美国政府先后通过一系列促进经济复兴的立法，设立一些政府住宅金融机构，其职责是为私人住宅抵押贷款提供保险，以期吸引资金进入房贷市场等。然而，这些措施融资担保要求过高，且金融机构经营范围受限造成资金分布不平衡，使得房贷资金严重不足，迫切需要通过有效的二级市场提高房贷资产的流动性。在美国政府的直接推动下，三大政府发起住房抵押贷款证券专业机构，在住房抵押贷款的经营领域形成了竞争，完善了住房抵押贷款二级市场。这些机构当时出于融资、管理等种种目的所发行的以住房抵押贷款为支持的票据，在现代金融词典里被译为抵押担保支持证券，即 MBS。MBS 是现代资产证券化的第一种产品，在此之后的年代里，现代资产证券化以前所未有的速度发展，产品与模式创新也大致经历三个阶段（见表 7-1）。

表 7-1　现代资产证券化发展的三个阶段

年　代	发　展	主要创新	应用地区	主要产品
1970—1985	兴起	现金流重组技术	美国	MBS/CMO/STRIPS
1985—1991	扩展	标的资产扩展	美国、英国	ABS
1991 年至今	国际化	内生信用增级技术	北美、欧洲、亚洲、拉美	CDO/ Synthetic CDO

从 1970 年美国政府发起三大住房抵押贷款专业机构的建立到 1985 年资产支持证券(ABS)在美国出现，通常被认为是资产证券化发展的第一阶段，这一阶段的突出特点是产品创新主要基于现金流重组技术，包括 CMOs、STRIPs 等，但是这些创新产品均衍生自住房抵押贷款资产，在标的资产方面没有其他突破；从 1985 年至 1991 年是资产证券化发展的第二阶段，这一阶段产品创新突出表现在标的资产的多元化，出现了以汽车贷款、信用卡贷款、企业应收账款等不同标的资产的证券化产品，这些产品统称为资产支持证券(assets-backed securitization)；而从 1991 年至今则是资产证券化发展的第三阶段，这一阶段的资产证券化主要表现出明显的国际化特点，欧洲、拉美、日本以及亚洲其他国家相继发展了这些证券化金融创新产品，而在产品创新方面，则在 1996 年的美国诞生了一种重要的证券化产品——CDOs，这种新型资产证券化产品的最大特点是实现了内生性的信用增级，而无须借助于外来信用。

第二节　资产证券化的运作

一、资产证券化的参与主体

资产证券化是个复杂的系统工程，涉及多方参与者，主要有发起人、服务人、特设信托机构(SPV)、承销商、信用评级机构、信用增级机构、托管人、投资者等。不同参与者在资产证券化的过程中职能不同，但彼此之间相互合作，紧密联系。贷款发起人向原始债务人提供贷款，同时为新发行的证券提供服务；特殊目的机构使得发起人将这笔交易当作资产出售一样对待，并享受税收豁免；信用评级和信用增级是用来证明和保证基础资产组合能产生足够的、符合要求的现金流，从而满足证券化方案中预定的支付；投资银行则负责承销并向投资者销售证券；其中，投资者是最重要的，因为满足他们的需要正是发行者和发起人的目的所在。然而，在一个证券化交易中，可能不一定包括下面所有的参与者，其中有些参与者可以合并由一方来担任。

1. 发起人

发起人也称原始权益人。发起人是进行证券化的基础资产的所有者，其职责是确定证券化的基础资产，并真实出售给 SPV。发起人主要有金融公司、商业银行、储蓄机构、计算机公司、航空公司、制造企业、保险公司和证券公司等，这些机构和公司必须拥有良好的信用和雄厚的财力。

2. 服务人

服务人是受托管理证券化基础资产，监督债务人履行合同，向其收取到期本金和利息，以及追索过期的应收账款等相关活动的服务中介。服务人通常可以由发起人或者其附属公司来担任，因为他们最熟悉这些资产以及相关债务人的基本情况。

3. 特设信托机构(SPV)

SPV(special purpose vehicle)即特殊目的实体发行人，指从事单一的资产证券化业务，即购买证券化的基础资产和发行证券的机构。SPV 的职责是按真实销售标准从发起人处购买基础资产，负责资产的重新组合，委托信用增级机构或自身对基础资产进行信用增级，聘请评级机构，选择服务人、受托管理人等为交易服务的中介机构，选择承销商代为发行资产担保证券。根据国际实践，SPV在运作过程中，重要的是实现资产的“真实出售”和建立风险隔离机制。为了防止发行人从事其他业务而带来破产的危险，发行人可以是专营资产证券化业务的专业机构，也可以是信托机构，因为证券化的基础资产可以设定为信托资产，由资产证券化的发起人委托信托机构持有管理。

4.承销商

承销商负责安排证券的初次发行，同时监控和支持这些证券在二级市场上的交易。

5.信用评级机构

信用评级机构是对资产担保证券进行评级的机构，其职责是为投资者建立一个明确的、可以被理解和接受的信用标准，同时其严格的评级程序和标准为投资者提供了最佳保护。主要的国际评级机构有穆迪、标准普尔、大弗菲利普和费雪。信用评级机构进行信用评级的三条准则是：发行人不履行义务的可能性；发行人承担责任的法律条款和特性（如信用增级的类型）；发生破产时，发行人承担责任的程度。

6.信用增级机构

信用增级机构是减少资产担保证券整体风险的中介机构。其职责在于提高资产担保证券的资信等级，提高其定价和上市能力，降低发行成本。信用增级一般由发行人或第三方提供。

7.托管人

托管人是面向投资者，担任资金管理和偿付职能的证券化中介机构。其职责是负责收取和保存证券资产组合产生的现金收入，在扣除一定的服务费用后，将本金和利息支付给资产担保证券的投资者。

8.投资人

投资人即购买证券的机构和个人，如银行、保险公司、养老基金、投资基金、其他公司以及少数的散户投资者。一般这些投资者都具有丰富的市场经验，在研究了资产担保证券所具有的风险特征后，从承销商手中购买资产证券，所支付资金通过承销商、SPV返还给基础资产出售者（原始权益人），并按约定由受托管理人支付证券本金和利息。

除上述主要参与者之外，资产证券化的过程还涉及对发行资产担保证券提供咨询和相关服务的会计师事务所、律师事务所等机构。

二、资产证券化的一般流程

在典型的资产证券化流程中，通常由发起人先将预期可获取稳定现金收入的资产，组成一个规模可观的“资产池”，然后将这一“资产池”销售给专业操作资产证券化的“特殊目的载体”（SPV），由SPV以预期现金收入为保证，经过担保机构的担保和评级机构的信用评级，向投资者发行证券、筹集资金，并将日后收到的现金流给投资者以偿付，从而实现发起人筹到资金、投资人取得回报的目的。具体来说，资产证券化的运作一般分为五个阶段。

1.证券化资产的构造

可进行证券化的资产包括贷款、消费品分期付款契约、租赁、应收账款等。它们共同的特征是依据契约或承诺可以在一个较长的时期内，获得连续或不连续的现金收入。持有这类资产的权益人，当其试图将这类流动性较差的资产出售变现时，就可以成为证券化的潜在发起人。

发起人通常需要对这类资产进行筛选，将那些可以根据历史统计资料预计出其现金流量的资产从资产负债表中剥离出来。如果其规模较小，还需要组合其他相似资产，构成一个证券化资产池，然后将其出售。

资产出售是发起人把经组合的资产卖给一个中介机构的行为。资产出售须以买卖双方已签订的金融资产书面担保协议为依据。出售时卖方拥有对标的资产的全部权利，买方要对标的资产支付价款。资产出售有以下三种形式：①债务更新(novation)。即先行终止发起人与资产债务人之间的债务合约，再由中介机构与债务人按原合约还款条件订立一份新合约来替换原来的债务合约。从而把发起人与资产债务人之间的债权债务关系转换为中介机构与资产债务人之间的债权债务关系。债务更新一般用于资产组合涉及少数债务人的场合，若组合债务人较多则少有使用。②转让(assignment)。即通过一定的法律手续把待转让资产的债权转让给中介机构，作为转让对象的资产要具备有关法律认可的转让权转让给中介机构，作为转让对象的资产要具备有关法律认可的可转让性质。资产债权的转让要以书面形式通知资产债务人，若无资产转让的书面通知，资产债务人享有终止债务支付的法定权利。③从属参与(sub-participation)。在从属参与方式下，中介机构与资产债务人之间无合同关系，发起人与资产债务人之间的原债务合约继续保持有效。发起人不必将资产转让给中介机构，而是由中介机构先行发行资产证券，取得投资者的资金，再转贷给发起人，转贷金额等同于资产组合金额。贷款附有追索权，其偿付资金源于资产组合的现金流量收入。

无论采取何种形式，资产的出售均要由有关法庭判定其是否为“真实出售”，以防范资产发起人的违约破产风险。法院裁定“真实出售”，主要考察：①当事人意图符合证券化目的；②发起人的资产负债表已进行资产出售的账务处理；③出售的资产一般不得附加追索权；④资产出售的价格不盯住贷款利率；⑤出售的资产已经过“资产分离”处理，即已通过信用提高方式将出售的资产与发起人信用风险分离。不符合上述条件的将视作担保贷款或信托。

2. 创立证券化载体

资产池确定后，需要创立一个名为特别目的机构(special purpose'vehicle，简称 SPV)的证券化载体。它可以是一个投资公司、投资信托或其他类型的实体公司，是处于发起人和投资者之间的中介机构，有时由发起人直接设立，有时由投资银行设立，投资银行创建的SPV，一般被称为“孤儿附属公司”。与一般实体不同，SPV 基本上是一个“空壳公司”，它只从事单一业务：从许多不同的发起人那里购买资产、组合这些应收权益，并以此为担保发行证券。但它并不参与实际的业务操作，具体工作委托相应的投资银行、资产管理服务公司等中介机构。在法律上，它完全独立于资产原始持有人，不受发起人破产与否的影响。

SPV 购买资产有两种形式：①整批买进一个特定资产组合。即 SPV 买下特定金融资产的全部权益，资产转归 SPV 所有。这种形式主要用于期限较长的资产证券化。②买进资产组合中的一项不可分割权利。即 SPV 的权益不限于组合中的特定金融资产，因此这项权益不会由于某一特定资产的清偿而终止。随着组合中资产的清偿，新资产的不断补进，SPV 的权益亦随之周转。这种形式适合于资金期限较短，周转速度较快的资产组合，主要用于工商贷款和贸易应收款的证券化。

3. 信用提升

资产证券的投资利益能否得到有效的保护和实现主要取决于证券化资产的信用保证。资产债务人的违约、拖欠或债务偿付期与SPV安排的资产证券偿付期不相配合都会给投资者带来损失。通过信用提升的方式，提高资产证券的信用级别，是吸引投资、改善发行条件、顺利实现证券化的必要环节。信用提升方式主要有两种：外部信用提升和内部信用提升。

(1)外部信用提升

外部信用提升是指由第三方为资产证券提供担保，可以是一家银行开立的信用证或是一家保险公司的保单。第三方担保人的信用等级至少要和资产证券所追求的信用等级一样高，这样，资产证券可能获得与第三方信用提供者的等级相同的评级。外部信用提升的主要技术包括保险公司的保险和银行信用证。

①保险公司的保险。在外部信用提升中，最简单的形式是保险公司所提供的保险。这类保险公司必须为每笔投保的交易保留一定的资本，以保护投资者。专业保险公司担保投资者能够及时地得到抵押资产的本金和利息的支付，但是专业保险公司只为投资级(即信用等级为BBB、BAA)之上的交易提供保险。

②银行信用证。信用证是由银行发放的保险单，信用证被广泛地运用于消费者贷款证券化的信用提升。在信用证的保护下，当损失发生时，发证机构必须弥补某一指定金额，信用证的发行者几乎总是要求对贷款的出售者保持追索权，以保证信用证所承诺支付的金额。然而，如果贷款出售者是一家银行或金融机构，那么，这种追索权将由于会计和资本处理方面的原因使资产出售者享受不到应有的待遇。此外，如果贷款出售者丧失偿还能力，投资者将面临风险。由于代价较高，信用证一直没有成为抵押贷款证券的信用提升的主要手段。即使在那些已经采用的交易中，它也只是作为一种最后采用的手段。

(2)内部信用提升

内部信用提升是指发起人为资产证券提供担保。外部信用提升机构所要求的保险费或其他费用是建立在非常保守的风险估计上的。因此，该抵押贷款的出售者(即发起人)可能招致超过与该资产有关的真实损失风险的成本。通过运用一种形式的内部信用提升或自我保险，发起人只承担该资产所固有的实际损失风险，同时还能从该资产组合的剩余中得到收益。内部信用提升有四种选择：①对发起人直接追索。即赋予SPV对已购买金融资产的违约拒付进行直接追索的权利；直接追索通常采取偿付担保或由卖方承担回购违约资产的方式。②储备账户。储备账户也叫储备基金或差额账户，它是在事先设立的用于在基础资产提供的现金流不足时弥补投资者损失的一种现金账户，一般交给一个机构托管。通常，储备账户是从证券出售的收益中抽出一部分储存起来而建立的。根据规定，由于本金提前支付而造成的利息短缺不能用储备账户来弥补。③优先和从属结构。在这种结构中，发行两种类别的资产证券，即优先类证券和从属类证券；优先类证券在获取来自于抵押资产的现金流方面具有优先权，因此从属类证券承受了更大的信用风险。从属类证券的金额越大，为优先类证券提供的保护就越大。④超额抵押担保。这是指建立一个资产库，其金额比资产证券的金额大，主要用于发行负债而不是销售基础资产所有权的资产证券。超额抵押担保是信用提升方法中最简单的一种，但由于这种方法成本高，以及在资本利用方面的低效率而很少被采用。然而，当它作为其他方法的一个补充时，有时在某些类型的资产和结构上起着较重要作用。

4. 资产证券的评级

信用提升后，一般还需要对资产证券进行评级。信用评级机构在证券化过程中，起着至关重要的作用。它不仅在帮助发行人确定信用提升方式和规模时，起着决定性的作用，而且最重要的是它设立了一个明确的为投资者所理解和接受的信用标准。这一标准以及严格的评级程序，为资产证券投资者提供了最佳的保护。资产证券的评级与一般债券评级相似，但有自身特点。信用评级由专门评级机构应资产证券发行人或承销人的请求进行。评级考虑因素不包括由利率变动等因素导致的市场风险，或基础资产提前支付所引起的风险，而主要考虑资产的信用风险。被评级的资产须与发起人信用风险相分离，也就是资产从卖方向买方的转移必须构成一项“真实出售”或资产的买方为一“破产隔离实体”(bankruptcy remote entity)，即资产买方的破产风险已通过破产申述条例与债务限额限制在不影响证券正常偿付范围。评级机构根据对资产信用风险的评估结果，给出资产证券的级别。由于出售的资产都经过了信用提升，因此，资产证券的信用级别通常会高于资产发起人的信用级别。证券定级后，信用评级机构要对基础资产的发起人、证券发行人有关信息情况，资产债务的履行情况，信用提升情况，以及提供信用提升的第三方财务状况的变化等因素，做出监督报告向外公布，并根据资产信用质量的变化对已评出的资产证券级别进行升降调整、中止或取消。因此，资产证券的评级较好地保证了证券的安全度，这是资产证券较有吸引力的一个重要因素。

5. 现金流管理服务与清算

资产证券化后，SPV 就用被证券化的资产所产生的现金流支付投资者的收益。SPV 可以委托发起人继续负责现金流的收集与分配，也可以聘请专门的服务机构承担。一般是由服务机构将其收到的现金流转移给某家受托机构，再由该受托机构向投资者偿付。利息通常是定期支付的，如每月、每季或半年一次，而本金的偿还日期及顺序，则应根据基础资产的不同而不同。

三、资产证券化的核心——破产隔离

资产证券化实质上是围绕实现破产隔离而展开的金融活动。从资产证券化的特征可以看到，这些特征正是为了实现破产隔离而进行的各种设计和架构所导致的，而资产证券化之所以能够给参与各方带来好处，关键之处是通过破产隔离实现了风险和收益的重组。

因此，破产隔离(bankruptcy remote)是资产证券化的核心。资产证券化中的破产隔离含义包括两个方面：一是资产转移必须是真实销售的，二是 SPV 本身是破产隔离的。

1. 实现破产隔离的两种方式

破产隔离的实现，有特殊目的的信托(special purpose trust，SPT)方式和特殊目的的公司(special purpose company，SPC)方式两种。

(1)SPT 方式。在 SPT 方式下，资产转移是通过信托实现的，即发起人将基础资产信托给作为受托人的 SPT，成立信托关系，由 SPT 作为资产支持证券的发行人发行代表对基础资产享有权利的信托受益凭证。在这样一个信托关系中，委托人为发起人；作为受托人的 SPT 是法律规定的营业受托人，即有资格经营信托业务的机构和个人；信托财产为基础资产；受益人则为受益凭证的持有人——投资者。

(2)SPC方式。在SPC方式下,专门设立作为资产证券化SPV的公司SPC,发起人将基础资产以出售的形式转移给SPC,SPC以基础资产为支持向投资者发行证券。由于发起人已经将基础资产出售给SPC,这一资产的所有权就属于SPC,发起人的债权人就不能再对已不属于发起人的基础资产主张权利,从而实现了基础资产与发起人的破产隔离。

2. 实现破产隔离的条件

(1)通过资产转移实现基础资产与发起人的破产隔离,一个关键就是这种资产转移必须是真实出售。对真实出售的判断,主要包括资产转移时、资产转移后两方面。

资产转移时判断是否真实出售,主要考虑几个条件:一是发起人在其资产转移合同中表明真实出售资产的意图;二是资产的价格以确定的方式出售给SPV,并且资产的定价是公平的市场价格;三是资产转移的完成意味着有关资产的一切权利及其他利益都已转移给了SPV,基础资产从发起人的资产负债表上剔除。

资产转移后判断是否真实出售,也主要考虑几个要点:一是对发起人的追索权问题;二是基础资产剩余利润抽取的问题;三是发起人担任服务商的问题;四是各种期权的影响问题。

(2)资产证券化实现破产隔离的另外一个关键是,SPV本身是破产隔离的。SPV的破产风险来自于SPV的自愿破产和强制破产,因此,SPV破产隔离,也就是制约SPV自愿破产和强制破产。

完全禁止SPV自愿破产是不太可能的,在实践中,对SPV自愿破产的制约措施主要表现在SPV的治理结构、章程或者其他成立文件中的条款。最常用的措施之一,是规定在SPV被发起人控制时,要求SPV必须具有一名或者一名以上独立董事,并在SPV的章程中规定,除非处于资不抵债的情况,并且经过全体董事或者至少包括一名独立董事的同意,SPV才可提出自愿破产申请。另一种措施是,SPV的结构有两类股票组成,规定必须在这两类股票的持有人都同意时才能提出自愿破产申请,而其中一类股票被抵押给SPV证券的持有人或者由他们控制。还有一种措施是SPV与发起人没有任何关系,发起人既不持有SPV的股权也不控制SPV,SPV由一个独立的第三方控制。

对SPV强制破产的制约,就是限制SPV的债权人和债权。常见措施有两种:一是SPV在章程或其他组织文件中将其经营范围限定于资产证券化业务,规避其他业务活动产生的求偿权导致SPV破产的风险;二是限制非资产证券化及其相关的负债和担保,即SPV除了履行证券化交易中确立的债务和担保义务外,一般不应再发生其他债务,也不应为其他机构或个人提供担保。

四、投资银行在证券化过程中的作用

在资产证券化的整个过程中,投资银行起到了四种金融创新的作用。

1. 组建特别目的机构

特别目的机构是为了最大限度地降低贷款发起人的破产风险对证券化的影响而建立的一个空壳公司,具体采取何种形式取决于资产的特性与风险、相关的法律法规、税收以及资金筹措者的目的。SPV购买的资产是一种“真实销售”,在法律上不再与发起人的信用相联系,它是一种有限或无追索权的交易活动,因此在基础资产发起人破产时,被证券化的资产不作为清算财产，从而有效地保护了投资者的利益，而且 SPV 本身是一家没有破产风险的实体，因而特别目的机构是一个破产隔离机制。

2. 分散和规避风险

从技术和成本的角度考虑，证券化需要汇集大量的、其权益分散于不同债务人的资产，以达到发行证券所需要的最低规模，而大量的不同借款者的贷款集中化又降低了资产组合中的非系统性风险；通过资产的真实销售及证券化，将卖方的信用和流动性等风险转移和分散到资本市场；通过划分风险档次，将不同信用级别的资产证券匹配给不同风险偏好的投资人。

3. 信用构造及提升

真实销售也使资产证券的信用状况与资产原始持有人的信用状况分离开来，从而使本身资信不高的单位通过信用提升，也有可能在资本市场上获得融资。通过利用基础资产所产生的部分现金来实现自我担保，实现信用的内部增级；通过信用担保机构的担保，实现信用的外部增级，从而使资产证券化中发行的债券成为风险极小、信用级别较高、融资成本较低的融资工具。

4. 现金流量的再包装

在一些情况下，特别目的机构重新包装了来自基础资产的现金流。有抵押担保支撑债券 CMO 就是现金流量再包装的产物。特别目的机构购买抵押贷款，然后按不同期限分次发行债券，如设计一个快速还本档、一个中期还本档以及一个长期还本档，每个档次反映了预期基础抵押贷款的还本模式。当贷款被借款人归还时，本金首先流入第一档，直到第一档全部还本为止，然后第二档被还本，以后依此类推。投资银行一般通过将现金流包装成具有不同期限、不同提前偿付风险特征的档，满足了不同投资者的需要，例如，一个储蓄机构可以购买一个短期档债券，而一个长期投资者如养老基金可能购买一个更长期的档，因而现金流量再包装创造了价值增值。投资银行在资产证券化业务实际操作中，根据基础资产、经济中的税收、法律环境等的不同，而相应的采取多种不同的方式来实现。虽然操作呈现出多样化，但实施过程中都包含和体现一个核心内容和三个重要环节。一个核心内容是指基础资产（被证券化资产）的现金流分析，由于资产证券化实际上是基础资产现金流的证券化，因此对基础资产的现金流进行分析无疑就成了一个核心问题；资产证券化的三个基本环节分别是资产重组、风险隔离和信用增级环节。

第三节 资产证券化实践的经验借鉴

由于各国的经济发展、金融实力、法律法规等存在着差异，形成了各具特色的住房抵押贷款证券化模式，对各种模式进行比较分析是我国实施推进资产证券化的有效借鉴。

一、美国资产证券化的实践

1. 美国资产证券化的发展概况

在次贷危机爆发前的近20年时间中,资产证券化产品以18%的年复合增长率飞速发展,其中传统资产证券化(traditional securitization)的发展以MBS和ABS为代表,合成型资产证券化(synthetic securitization)的发展以CDO为代表。

(1)住房按揭贷款支持证券(MBS)为主的发展阶段

20世纪70年代中期以来,资产证券化在美国呈现加速发展的趋势,其中发展最为迅速的是住房按揭贷款证券化。1976年,美国住房按揭贷款证券化的金额为280亿美元,到2003年年末,住房按揭贷款支持证券的总金额与1976年相比增加了150倍,达到42000亿美元,而同期住房按揭贷款的余额增量仅为15倍。期间,美国两家政府支持机构(GSEs)——联邦按揭协会(Fannie Mae,又称房利美)和联邦住房贷款按揭公司(Freddie Mac,又称房地美)。这两家公司通常合称为"两房",目的是为居民住房按揭市场提供稳定性和流动性,促进居民住房拥有率的提高。可以直接向发起人购买按揭贷款,也可以通过证券化方式发行按揭支持证券(MBS)或向原按揭贷款发起人提供信用保证。

MBS的发展表现为抵押担保债务凭证(collateralized mortgage obligation,CMO)和纯利息债券(interest-only,IO)与纯本金债券(principal-only,PO)的出现。1983年,联邦放贷抵押贷款公司首次规划将住房抵押贷款转付证券的现金流切割,发行成多组期限不同的债券,以满足长短期投资者的不同投资需求,这种新的创新产品即抵押担保债务凭证(CMO)。1986年,CMO又被施以"剥离手术",衍生出两种新的金融工具,即纯利息债券和纯本金债券,IO的投资者只能收到源于抵押贷款组合的利息收入,而PO的投资者只能收到源于抵押贷款组合的本金收入,IO与PO均受预付行为的影响,前者在利率下降时收益减少,价格下降;后者则因利率下降而提前支付导致收益上升。IO与普通债券截然不同的特征,使之在套期保值中被广泛使用,而PO则有效地抵御提前支付的风险。

(2)资产支持证券(ABS)为主的发展阶段

20世纪80年代中期之后,资产证券化逐渐走向成熟,开始在各个领域大量运用,至今的发展以各种资产支持证券(ABS)为主导,信用卡、汽车贷款、学生贷款,以及房屋权益贷款的创始人仿照MBS的模式,将这些新资产组合起来,发行资产担保证券(asset-backed securities,ABS)。市场竞争推动产品创新是这个时期美国证券化持续发展的重要原因,外界经济制度环境变化的推动是这个时期美国证券化持续发展的另一个重要原因,政府对资产证券化的推动也间接促使这个时期美国证券化的持续发展。

统计数据显示,美国资产证券市场流通在外的金额在2005年已经高达7.9万亿美元(其中MBS占5.9万亿美元,ABS占2万亿美元),占美国整体债券市场的31.23%,是美国债券市场上的重要工具。资产证券化市场与美国其他债券市场,如美国国债、公司债和市政债券市场相比较,在规模上已经有过之而无不及了。2007年美国债券市场共计发行债券(包含)78179亿美元,其中抵押相关债券达20503亿美元,占比约26.23%,ABS达5097亿美元,占比约6.52%(见表7-2)。

表 7-2　1996—2009 年美国债券市场主要券种发行量　　单位：美元

年　份	市政债券	国　债	抵押相关债券	公司债券	联邦机构证券	资产支持证券	合计
1996	185.2	612.4	492.6	343.7	277.9	168.4	4076.2
1997	220.7	540.0	604.4	466.0	323.1	223.1	4374.3
1998	286.8	438.4	1143.9	610.7	596.4	286.6	5360.7
1999	227.5	364.6	1025.4	629.2	548.0	287.1	5080.8
2000	200.8	312.4	684.4	587.5	446.6	281.5	4513.2
2001	287.7	380.7	1671.3	776.1	941.0	326.2	6384.0
2002	357.5	571.6	2249.2	636.7	1041.5	373.9	7232.4
2003	382.7	745.2	3071.1	775.8	1267.5	461.5	8706.8
2004	359.8	853.3	1779.0	780.7	881.80	651.5	7310.1
2005	408.2	746.2	1966.7	752.8	669.0	753.5	7301.4
2006	386.5	788.5	1987.8	1058.9	747.3	753.9	7728.9
2007	429.3	752.3	2050.3	1127.5	941.8	509.7	7817.9
2008	389.5	1037.3	1344.1	707.2	984.5	139.5	6610.1
2009	409.6	2185.5	1957.2	901.8	1117.0	146.2	8726.3

来源：U. S. Department of Treasury，Federal Agencies，Thomson Reuters.

直到 2008 年，由于美国次贷危机的影响，次级抵押贷款和家庭贷款数额的持续下降，造成了 ABS 产品发行量的明显下滑，并且由于非机构 MBS 发行者数量骤减，整个 MBS 市场受到了较大影响，两种资产证券化产品的比重分别比上一年下降了 73.10％和 34.70％（见图 7-1）。

2. 美国住房抵押贷款证券化的模式及特点

美国 MBS 的模式是在政府的全面参与下，设立政府主导型的特殊机构 SPV，按市场化方式运作的，即政府调控的市场型证券化模式。其主要特点如下。

（1）具有健全的住房金融体系

美国模式是基于发达且完备的住房金融机构体系。众所周知，美国是目前世界上商业银行经营住房金融最发达的国家。除商业银行外，美国的人寿保险公司资金具有长期性和稳定性，恰好与住房产业的资金周转相互匹配，也成为美国住房金融市场上的重要投资者之一。同时，美国政府公营的专业政策性住房金融机构也十分发达，它不直接办理贷款业务，只对住房金融运行机制进行监管、调节控制和提供担保。

（2）政府在住房抵押贷款证券化运作中起着核心作用

美国国会在建立住房贷款证券化以后制定了《房地产投资信托法》、《金融资产证券化投资信托法》、《金融机构改革复兴和强化法案》等一系列与住房金融证券有关的法律制度，以保障住房贷款证券化的顺利实施。由于有政府机构的双重担保（在一级市场上有联邦住宅

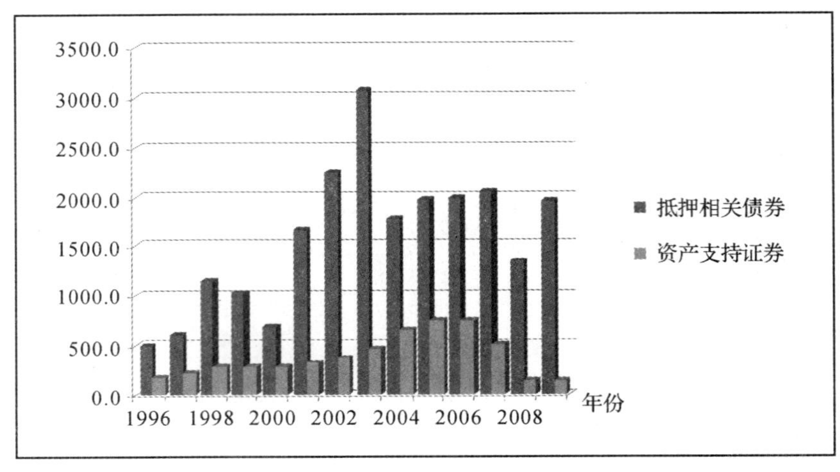

图 7-1 1996—2008 年美国抵押相关债券和资产支持证券变化(单位:10 亿美元)

局和退伍军人局的担保,在二级市场有政府国民抵押协会、联邦国民抵押贷款协会和联邦住宅抵押贷款公司对证券收益支付的担保),住宅抵押贷款证券被评定为 AAA 级证券,这不仅解除了证券投资者对证券收益流不确定和拖延支付的后顾之忧,同时也使抵押贷款证券成为受人欢迎的新型投资工具,使其成为美国信用等级仅次于国债的第二大债券。

(3)建立了住房贷款证券保险制度

由于住房抵押贷款债权自身存在风险,因此在一定程度上影响了住房抵押贷款证券化的实施。为了保护个人住房抵押贷款业务,美国政府设有政府性质的信用保险机构来专门为个人申请住房贷款提供经济担保或保险。住房抵押贷款债权证券化后,美国政府及各保险机构又及时对该类证券及其发行主体进行较为全面的信用担保,同时制定各种法规来防范金融机构在住房抵押贷款及其证券化过程中的众多风险。正是有如此健全完善的住房贷款证券保险制度,才得以使住房抵押贷款权为基础的证券风险得到最大限度的控制,促进了住房抵押贷款证券的发行和交易的顺利展开。

二、欧洲资产证券化的实践

1. 欧洲各国资产证券化的发展概况

除美国外,欧洲是世界上最大也是最发达的证券化市场。尽管传统的“表内证券化”在欧洲许多国家的证券市场上存在了许多年,但真正意义上的证券化直到 20 世纪 80 年代中期才在欧洲出现,其标志是英国发行了欧洲第一笔抵押贷款支持证券。此后资产证券化在欧洲得到了迅猛的发展。

欧洲证券化市场的发展源于美国在住房抵押贷款证券化方面所取得的巨大成功。类似的,为了推动住房金融市场的发展,以此带动住房市场的繁荣,欧洲证券化市场也从住房抵押贷款证券化开始起步。由于欧洲市场与美国市场在金融体制和法律体系上的差异,其证券化市场的发展路径与美国存在一定的差别,此外由于欧洲内部各国之间市场环境的不同,资产证券化在欧洲各国的发展也不均衡。总体来看,英国由于在市场环境和法律制度上和美国相似，具有开展资产证券化的比较优势，因此在欧洲证券化市场中规模最大、发展也最快。而诸如法国、德国和意大利等国家，由于其法律体系属于大陆法系，传统上以间接融资为主，证券市场相对并不发达，在发展上稍显落后。

欧洲资产证券化市场经过多年的发展，自身的特点逐步显示出来。就资产证券化发展的类型而言，在欧洲资产证券化市场中，除了抵押支持证券占据较大份额以外，抵押债务权益证券(collateralized debt obligation, CDO)作为一个重要的品种，在欧洲证券化市场中占有十分重要的地位，这是欧洲市场与美国市场的一个较大差别。

从 1988 年年底第一个以高收益债券重组为资产池发行证券的 CDO 产品在欧洲诞生，CDO 市场在欧洲发展就十分迅猛，从企业债券和贷款到项目融资款、ABS、REITs，再到优先级债券和新兴市场债券，CDO 的基础资产范围不断扩大，几乎无所不包。与传统 ABS 利用信用卡应收账款、现金应收账款、租赁租金、汽车贷款债券等构建资产池的模式不同，CDO 通常利用某些债务工具构造资产池来支持其运作，比如高收益的债券、新兴市场公司债或主权债券等，CDO 甚至可能利用传统的 ABS、MBS 类资产证券化产品来构建资产池，进行二次证券化。CDO 在运作模式上与传统 ABS 的最大区别是 CDO 可以采用有限的主动管理，而传统的 ABS 则属于被动管理(见表 7-3)。

表 7-3 CDO 与 ABS 的比较

	CDO	ABS
债务人数目	100～200 人，甚至少于 100 人	通常多于 1000 人
资产池性质	要求相异性：来源不应相同，且要求充分分散化	要求相似性：以掌握现金流特征
层级划分手法	信用风险系列	时间序列系列
发行动机	常为套利	筹资、取得资本充足率、信用风险转移等

CDO 在欧洲快速发展主要是因为欧洲市场可供证券化的基础资产不足，特别是商业银行可供证券化的住房抵押贷款不足。在欧洲，住房抵押贷款通常是由专业化的机构控制，如抵押银行、建筑住房协会等，这种情况使得商业银行在证券化的发展初期参与的程度并不深。但是随着对证券化技术理解的不断深入，以及巴塞尔协议对银行资本充足率的要求日趋严格，商业银行开始利用资产证券化进行风险管理和缓解监管压力的尝试。1996 年，英国国民西敏寺银行首先发行了总金额为 100 亿美元的以工商业贷款为标的的证券化产品(该产品为抵押贷款权益证券)，此后以这种资产标的进行的证券化操作在欧洲和其他地区开始迅速发展起来。

2. 欧洲主要国家住房抵押贷款证券化的模式及特点

欧洲各国住宅抵押贷款证券化没有得到政府强有力的支持，多是金融机构以自己持有的住房贷款为基础发行抵押贷款证券。然而由于各金融机构的资本实力、资信等级千差万别，为了提高证券的信用等级和投资吸引力，在没有政府信用担保的情况下，发行者不得不依赖信用增级机制。但是无论采取外部信用增级还是内部信用增级方式，都会增加其证券发行的成本。例如，在英国，发行住房抵押贷款证券在扣除证券评级费、信用增级费、承销费、法律服务和税费等成本后，抵押贷款证券的收益率仅比政府金边债券的收益率高 10～

20个基点，这就很难得到投资者的青睐而赢得市场。正是由于这种制度安排的缺陷，使得欧洲各国住房抵押贷款证券化的信用等级较低，市场的发展大大落后于北美国家。

总体而言，欧洲住房抵押贷款证券化是政府不进行干预和指导的完全市场型模式。该模式是在发达的房地产市场和金融市场基础上发展起来的，较好地利用了市场上各种金融机构的功能、各种金融衍生工具的交易，来实现没有政府信用支持情况下的资产证券化。

三、亚太国家和地区资产证券化的实践

1. 亚太国家和地区资产证券化的发展概况

资产证券化作为一种新型融资手段在20世纪90年代上半期已在亚洲国家和地区有一定程度的发展。但综合整个地区的情况看，在1997年亚洲金融危机爆发之前，该地区的资产证券化业务基本上处于萌芽状态，主要原因是受到了市场需求因素的制约。这是由于：一方面，该时期亚洲的借款人在国际资本和货币市场上面临很优惠的条件，在引入资产证券化作为筹集资金手段的需求方面存在不足；另一方面，亚洲国家和地区的市场制度与欧美国家相比仍然差距很大，引入资产证券化需要对原有的制度框架做大量的修改和创新，其成本之高、难度之大也令亚洲国家和地区的发起人望而却步。

资产证券化在亚洲国家和地区的发展基本上可以分为两个阶段：一是亚洲金融危机之前的初步尝试阶段；二是危机之后的快速发展阶段。对那些受到亚洲金融危机冲击较大的国家和地区，资产证券化发展在两个阶段的鲜明对比中可以看出社会经济环境的外来冲击对资产证券化发展的巨大推动作用。对于那些受金融危机影响不大的国家和地区，随着资产证券化技术在亚洲地区的兴起，其经济体内部需求的推动作用十分明显。

相比而言，住房抵押贷款证券化的比重在亚洲并不突出，但在我国香港地区的金融体系中，住房抵押贷款一直是银行业务的重头戏。尽管香港地区住房抵押贷款的质量一直很高，但是金融机构也面临两大风险。第一，是信贷过于集中的风险。1997年，香港与房地产有关的贷款占商业银行总贷款的47%，而住房抵押贷款则占总贷款的25%。第二，是流动性风险。抵押贷款平均合同期限为15.2年，而银行资金来源的平均期限约为三个月，短存长贷的资金结构性错位也使金融机构面临较大的流动性风险，因此香港市场存在着开展资产证券化的需求。1994—1995年间，在国际性大投资银行的参与下，香港市场上发起了多宗形式多样的证券化交易，其主流产品是住房抵押贷款证券，但由于当时使用的证券化技术不够先进，而且投资者对此类以港币计价且信用评级相对较低的资产抵押支撑债券缺乏兴趣，此后，香港资产证券化的发展又陷于停滞状态。

2. 亚太国家和地区资产证券化的特点

(1)亚洲国家和地区资产证券化发展的四个特点

第一，亚洲资产证券化的发展首先源于金融危机的强大推动作用。在金融危机的冲击下，东南亚一些国家和地区银行严重的不良资产问题暴露出来，使得银行信用受到沉重打击，极大地影响了银行对外的融资能力，同时曾经严重依赖银行体系进行融资的各企业也面临着流动性的问题，于是资产证券化所具有的风险隔离和信息增强的作用成为银行和企业获取流动性的一种方式受到广泛重视。一方面，银行利用资产证券化对巨额不良资产进行处理，使之成为亚洲证券化最重要的资产品种；另一方面，各类企业用各类资产进行证券化尝

试，促进了ABS在亚洲的发展，涉及的资产种类包括汽车贷款、租赁资产以及贸易应收款等。

第二，政府主导是亚洲国家和地区资产证券化的又一强大推动力量。日本、韩国和我国台湾等国家和地区在资产证券化过程中的一个显著特点就是在证券化实践之前就对资产证券化进行先行立法和系统立法，主要是因为资产证券化运作的复杂性，而亚洲国家和地区属于后发，他们可以很好地学习借鉴欧美国家已有的丰富立法经验，预先对有关问题进行法律定义与规制，保障证券化的操作规范、高效。事实证明，亚洲国家和地区现行立法和系统立法对本国资产证券化市场的发展起到了十分重要的促进和保障作用。

第三，发展速度快、品种多样化是亚洲国家和地区资产证券化的又一个特点，尤以日本、韩国以及我国香港和我国台湾地区为代表。但与美国和欧洲一些国家的资产证券市场一般以房地产抵押贷款证券为主不同，日本和我国香港地区主要是利用证券化来解决流动性不足问题，因此很快就从房地产抵押贷款证券转向了其他形式，如日本的从属抵押贷款债券(CLO)、以不良债权或缴息不正常的债权收入证券以及由资产基础受益证券(ABS)为标的的证券化产品等。韩国则一开始就大力发展贸易应收款证券、汽车贷款租赁应收款证券等。其他形式的证券化商品在亚洲地区发展也很快，如大宗国际贸易产品的应收款、公路通行费收入、电器应收款、房屋出租收入、基本建设项目收入等。

第四，亚洲的资产证券化发展得到了国际投行的广泛参与。由于亚洲本土的投资银行在资产证券化方面普遍欠缺经验，竞争力很弱，因此，亚洲地区积极引进国际投资银行大力推进资产证券化业务。韩国以及我国香港和我国台湾地区的资产证券化产品的设计、出台都受益于著名投资银行的参与和指导，所以在某种程度上也能够迎合国际投资者的需要。

(2)澳大利亚资产证券化发展的特点

就各国内部发行量来看，在亚太地区资产证券化市场中，澳大利亚稳步发展，日本在2005年超过韩国后来居上。总体而言，澳大利亚、日本和韩国在该地区始终占据大部分市场份额。

澳大利亚早期资产证券化源于政府提供公共住房计划融资的压力。在政府支持下，资产证券化开始发展起来，但此后澳大利亚政府在该市场中并没有占据主导地位，而是让资产证券化各参与方在市场的调节下自行发展。20世纪80年代中期开始，各州政府建立了第一批专业化的商业性机构开展资产证券化，银行等非政府机构逐渐在资产证券化的发展中占据主导地位，澳大利亚的二级抵押市场得到快速发展，证券化逐渐成为其主要的融资工具之一。

澳大利亚的资产证券化产品丰富多样，从最初的非银行住房信贷机构发起的住房抵押贷款的证券化(RMBS)，逐步扩展到商业用房抵押贷款证券化(CMBS)和购车贷款、应收账款、设备租赁费、企业贷款、银行票据、基础设施项目等各类资产证券化(ABS)，共计三大类。

2000年后，澳大利亚的资产证券化市场从最初的境内市场逐步向离岸市场拓展，品种也日益增多，一度成为世界上仅次于美国的最活跃的资产证券化市场。澳大利亚的发展经验充分说明了早期培育对资产证券化市场长远发展的重要性。

第四节　资产证券化在中国

一、我国资产证券化的背景

1. 经济背景

在我国资产证券化实行之前，我国经济发展的现状和金融市场发展所处的阶段决定了资产证券化的出现在我国具有必要性和迫切性。

(1)金融结构不合理问题日益突出。多年来，以间接融资为主的金融结构使得银行系统积聚了过多的风险，其面临的流动性风险和利率风险难以转嫁，长期沉淀积压的大量不良资产难以化解，如果不作相应的调整将会导致巨大的金融风险。

(2)中国住房制度改革的推行使得银行体系面临更大的挑战。主要的问题在于住房制度改革后商业银行的信贷资金供给严重不足，远不能满足住房开发建设的资金需求，这成为资产证券化实践的又一内在需求。

(3)债券市场的不完善同样呼唤新的融资方式——资产证券化在中国的实践。在美国等发达国家，重大基础设施建设融资的主要工具是市政债券，而在我国，地方政府没有发债权，这使得地方基础设施建设资金来源受限，地方财政面临巨大压力，资产证券化无疑成为解决这一难题的较好选择。

当时，在我国比较有可能被证券化的资产主要有房地产抵押贷款、基础设施收费、出口应收款、不良资产、银行信贷等，与之相对应，银行、地方政府或其附属企业以及大型出口贸易公司成为资产证券化最可能的潜在发起人。

2. 制度背景

资产证券化作为一个创新性的技术，其发挥作用依赖相应的制度配套，没有这些配套因素，资产证券化所具有的好处就无法得到很好的体现，而中国推行资产证券化在法律制度、会计制度、税收制度、监管制度等方面都存在诸多障碍：

(1)我国开始尝试资产证券化时面临的主要法律问题有三个方面：一是资产转移中真实销售的法律问题。资产的转移奠定了整个资产证券化成功运作的基础，其相关的法律问题集中在资产“破产隔离”目标的实现，但由于当时《中华人民共和国信托法》(以下简称《信托法》)尚未公布，通过信托的方式转移资产没有完全的保障，按照《中华人民共和国合同法》、《中华人民共和国担保法》等进行运作，成本又十分高昂。二是资产证券化 SPV 的两种类型 SPC 和 SPT 在中国实行都存在着法律方面的障碍。三是在《信托法》尚未颁布的情况下，资产证券化证券的发行和交易缺乏准确对应的法律依据。

(2)会计准则的滞后性是我国推行资产证券化的又一障碍。从会计要素的定义、对金融资产的确认标准、对会计要素的计量、对收入的确认以及会计报表的合并等方面来看，推行资产证券化都存在会计准则的难题。

(3)税收负担是资产证券化过程中最重要的成本支出，但如果按照既定的收受制度对资产证券化进行征税，将导致资产证券化面临巨额的税收负担，不仅经济上不具有可行性，而且也不利于资产证券化的推行，不符合税收中性的基本原则。

（4）在原有的监管框架下，企业债券和公司债券是由国家发改委负责审批的，金融债券是由中国人民银行负责审批的，次级债是由银监会负责审批的，而股票的发行则是由证监会负责核准的，这意味着不同发行主体，甚至是同一发行主体不同性质的证券都有可能面临不确定的多个主管机关的监管，这大大加大了发行人的成本，也容易导致多头管理，降低监管的效率。

3. 投资银行背景

资产证券化作为全新的金融工具和运作方式，离不开投资银行的积极参与，这种参与使得资产证券化流程更为高效，并不断有创新元素的加入；与此同时，资产证券化开展也为投资银行提供了更为广阔的业务空间。因此，投资银行与资产证券化之间的关系可谓是"唇齿相依"。但我国的投资银行自身实力弱，为资产证券化开展加大了难度。表现在：

（1）专业人才匮乏。资产证券化要求从事该业务的人员不仅要有相关的金融知识，还需要有一定的数学和金融工程学的基础，并要有加强的组织协调、沟通交流的能力。

（2）我国的投资银行规模普遍较小，实力严重薄弱，也缺乏甚至没有资产证券化的经验，大大降低了其运作效率和控制风险的能力。

上述因素的共同作用，决定了资产证券化在我国的实践和推广条件十分不成熟，其发展也是步履维艰。但条件是可以创造的，有些障碍也是可以化解的，关键的问题是采取何种方式化解。通过多年的努力，在我国推行资产证券化的时机终于慢慢出现了，我国的金融历史也掀开了新的一页。

二、我国资产证券化实践的阶段

我国的资产证券化实践大致可以分为以下几个阶段。

1. 离岸操作阶段

离岸资产证券化是资产证券化的一种特殊形式，它是指利用国外的特殊目的载体(special purpose vehicle，即 SPV)，在国际资本市场上发行资产支撑证券(ABS)或抵押支撑证券(MBS)以筹集资金。

20 世纪 90 年代以后，开展离岸资产证券化已成为许多新兴市场国家的流行做法。我国在国内成功实施的离岸操作资产证券化项目包括：中远集团航运收入资产证券化、中集集团应收账款资产证券化、珠海高速公路未来收益资产证券化。其中中远集团(1997、1999)通过资产证券化融资 5.5 亿美元左右，珠海高速公路(1996)融资 2 亿美元左右，中集集团(2000)融资 8000 万美元左右。这三个案例中，都是由外资投资银行担任证券化项目的主承销商，其主要程序都是在海外进行操作，投资者也是海外的。

2003 年 1 月底，信达资产管理公司与德意志银行在北京签署债券金额为 20.15 亿元的资产证券化和分包一揽子协议，这是中国首次以资产证券化方式利用外资处置不良资产，也是我国资产证券化和利用外资领域的一次重大突破。

2."准资产证券化"阶段

1997 年东南亚金融危机之后，中国银行不良资产问题日益凸现，虽然我国银行系统的住房抵押贷款流动性问题并不尖锐，但由于期间银行资产增长很快，银行资本金约束增大，银行积累信贷风险增加。另一方面，我国对信托业进行了一系列整顿，2001 年 10 月 1 日，《中华人民共和国信托法》颁布实施，《信托投资公司管理办法》和《信托投资公司资金信托管理暂行办法》也分别开始实施，我国信托业“一法两规”的监管体系正式确立，制度上取得了突破。

2003 年，中国华融资产管理公司资产处置信托项目设立，华融公司作为委托人，以其拥有的相应债权资产，以中信信托为受托人，设立财产信托，投资者可通过受让或其他合法方式取得本信托项下的优先级收益权，成为该信托的受益人。该项目利用资产证券化和信托的基本原理，大量借鉴了资产证券化基础资产风险隔离机制、现金流包装技术、以特定资产为支撑的投资合同、表外处理、优先级/次级交易信用增级模式等资产证券化思路，创造性地完成了相应的交易，因此被许多业内人士称为准资产证券化项目。

但是，该项目与资产证券化的重要区别是：资产证券化交易中的投资工具是证券，其发行与交易均应受《证券法》及相关法律法规的规范，但该项目中国华融公司向投资者转让的只是信托项下的优先级受益权，其转让的实质是权利义务的转让，属于合同转让。

2004 年 4 月 8 日，中国工商银行分别与瑞士信贷第一波士顿、中信证券、中诚信托签署工商银行宁波市分行不良资产证券化项目相关协议，这一项目是国内第一次严格按照国际规范的资产证券化业务流程进行的不良资产证券化，发行了 A、B、C 三级不同优先级别的收益权产品，共计 8.2 亿元。

总之，“准资产证券化”阶段的实践充分利用了信托制度所提供的操作平台，创设了新的融资工具，属资产处置或融资思路的重大创新，但究其实质仍然是以资产为基础的投资合同交易模式。

3. 资产证券化正式试点阶段

2003 年 2 月，中国人民银行首次提出“积极推进住房贷款证券化”，并对住房抵押贷款证券化、信贷资产证券化试点方案进行研究和论证。之前的 2000 年、2001 年中国建设银行、中国工商银行先后被确定为住房贷款证券化的试点银行，经过一系列的研究、论证，2005 年 2 月 25 日，国务院批准同意开展信贷资产证券化业务试点，资产证券化试点工作正式启动，国家开发银行和中国建设银行成为首批两家试点之一。随后，“2005 年第一期开元信贷资产支持证券”(41.7727 亿元)和“建元 2005－1 个人住房抵押贷款支持证券”(30.16 亿元)通过中央国债登记结算有限责任公司的招标系统正式发行。“开元”CLO 和“建元”MBS 从法律层面上实现了“优先追索”和“破产隔离”，从会计层面上基本实现了表外处理，从税务层面上实现了税收中性，从市场层面实现了资产支持证券的流通。

作为国内首单 MBS 产品，“建元 2005－1 个人住房抵押贷款支持证券”实际是 CMO 的典型案例。在此次交易中，中国建设银行集发起机构、贷款服务机构、安排人及联合簿记管理人等多重身份于一身，并委托中信信托投资有限责任公司(SPV)发行个人住房抵押贷款支持证券。其资产池由个人住房贷款和个人二手房贷款构成，分别占总金额的 82.31%和 17.69%，均为其筛选出的优质资产。按照现金流分配先后和本息支付顺序，本次交易中共分四个级别的资产支持证券，结构设计如表 7-4 所示。

表 7-4　建元 2005—1 个人住房抵押贷款支持证券结构设计

	票面利率方式	中标利差	发行总量(元)	到期日	中诚信国际评级
A 级	浮动利率	1.1%	2669764500	2037-11-26	AAA
B 级	浮动利率	1.7%	203626100	2037-11-26	A
C 级	浮动利率	2.8%	52791900	2037-11-26	BBB
次级	无	无	90500638	2037-11-26	无

注:浮动利率=基准利率+基本利差。基准利率为中国外汇交易中心每天公布的 7 天回购加权利率 20 个交易日的算术平均值。

无论是否存在违约风险,购买 A、B、C 三级资产支持证券的风险是递增的,自然而然其票面利率也应是递增的,招标的结果亦如此。中国建设银行此次采用分级偿还的模式,虽然各层级证券的存续期相同,但它们有不同的票面利率和信用级别,这样可以吸引不同风险偏好的投资者。中国建设银行此次开展的住房抵押贷款证券化业务不仅可以优化银行的资产负债结构,提高资本充足率,更重要的是可以加强其自身的流动性,盘活资产。

2007 年美国次贷危机爆发,并于 2008 年演变成席卷全球的金融危机,而过度衍生的资产证券化被认为是此次危机的罪魁祸首。2009 年,国内资产证券化试点暂停,资产证券化发展陷入停滞。

4. 资产证券化大发展时期

2011 年 9 月,证监会重启对企业资产证券化项目的审批。2012 年 5 月,中国人民银行、银监会、财政部联合下发《关于进一步扩大信贷资产证券化试点有关事项的通知》,资产证券化重启,进入第二轮试点阶段。本轮试点批复了 500 亿元试点额度。2012 年 8 月,银行间交易商协会发布《银行间债券市场非金融企业资产支持票据指引》,资产支持票据(简称 ABN)业务正式开闸。2013 年 8 月,信贷资产证券化第三轮试点启动,本次试点总额度达到了破纪录的 4000 亿元,国内资产证券化开启了大发展时期。

2012 年重启至 2014 年年末,以成功招标为统计口径,共发行 77 单信贷资产证券化产品,发行总额合计 3170.16 亿元,实现了爆发式增长(见表 7-5)。

表 7-5　2012 年 8 月至 2014 年年底信贷资产支持证券发行情况

项目类型	项目数量(单)	发行金额(亿元)
公司信贷资产支持证券	63	2870.10
个人汽车抵押贷款资产支持证券	10	189.05
个人住房抵押贷款资产支持证券	1	68.14
融资租赁资产支持证券	2	16.56
个人消费贷款资产支持证券	1	26.31
合　计	77	3170.16

自此,资产证券化产品正式成为中国资本市场上的又一新生金融创新工具。但是,由于我国商业银行个人住房抵押贷款迄今为止依然是商业银行较为优质的资产,很多商业银行并没有以个人住房抵押贷款发行资产证券化产品的强烈内在需求,加之目前我国资产证券

化产品的发行和交易平台选择了全国银行间债券市场，这使得个人投资者因为不具备进入银行间市场的主体资格而无法以个人的名义投资资产证券化产品，最终也使得经过五年的正式推广，资产证券化在我国至今仍然是投资者极易忽视和并不太熟悉的一个投资品种。

【专栏 7-1】

P2P 曲线进入千亿资产证券化市场

资产证券化的蛋糕吸引了众多网贷平台(P2P)的目光，目前多家 P2P 进军资产证券化，抢食这原本属于传统金融机构的千亿元市场。其中，深圳联金所和广州 PP Money 是先行者。据了解，深圳联金所计划一季度在线上销售自己定义的资产证券化产品“联金稳财”。根据说明书，其第一期产品为固定收益型的深圳联交所挂牌优选债权产品，5 万元起购，投资期限为 1～12 个月，年化收益率7.5%～12%。资产包总额为 1000 万元，来源为联金所的母公司金融联小贷公司，投向单笔金额 30 万元以下的个人经营、消费需求，回购主体为兄弟公司联金商业保理公司。

联金所首席运营官刘哲对该业务模式进行了解读，即联金所将金融联提供的优选小贷资产打包，在深圳联交所登记和托管转让，再由联金保理公司或者第三方机构摘牌，最后保理商以低折扣价格受让给金融联小贷，后者回购。

也就是说，从资产的提供方到摘牌方到转让方再到回购者，联金所实际正在形成合法的资金闭环。首次尝鲜效果不错，第一期“联金稳财”产品很快售罄——多为笔均 4.5 万元的 18 期项目，第二期千万资产包于本周在深圳联交所挂牌。

据了解，与联金所形成的资金池闭环不同，PP Money 在产品源上采纳了多家小贷公司资产。截至 1 月 19 日 18 时，PP Money 共上线 455 个“安稳盈”系列小贷资产收益权项目，共涉及数十家不同地域的小贷公司和前海股交中心、广州金交中心、深圳联交所、赣南金交中心、山西股交中心等区域股权及产权交易所。

——证券时报，2015-01-20

三、美国次贷危机对我国资产证券化发展的启示

1. 美国次贷危机的成因

美国次贷危机形成的原因并不是单一的，而是多种因素共同发挥作用的结果，具体原因主要有以下几个方面。

(1)流动性过剩下商业银行的过度竞争

美国的长期低利利率政策导致了流动性过剩，造成了美国房地产业的持续繁荣，推动了次级住房抵押贷款市场的过度竞争。体现在两方面：一是大量竞争者涌入市场。为争夺美国住房抵押贷款市场，一些国际投资银行纷纷大举收购中小银行和住房抵押贷款公司。2003 年汇丰控股收购国际住房公司，2006 年德意志银行收购 IT 抵押贷款公司，摩根士丹利、美林、萨克森资本管理公司分别对贝尔斯登、第一富兰克林、安可信贷公司的并购，都是为了迅速进入美国房贷市场。另一方面贷款标准越来越松。商业银行可贷资金多，发放贷款的机构多，可贷对象少，于是大胆创新贷款品种，竞相放宽房贷标准，使美国次贷市场出现很多新的放贷品种。这种过度竞争使得次级住房抵押贷款的信用风

险快速膨胀。为积极争抢优质客户和降低风险，一些金融中介机构开始运用成熟的资产证券化工具，拼命降低融资成本，使整个市场的定价机制被扭曲，信用风险越积越大。

(2)投资银行对次级住房抵押贷款品种的设计不合理

根据 Freddie Mac 调查，2005—2006 年 90%的次级抵押贷款是可调整利率贷款，大部分次级贷款和可调整利率的中级贷款仅由利率贷款和本金摊还贷款构成，有些贷款机构甚至推出了“零首付”、“零文件”的贷款方式，即借款人在没有资金的情况下购房，且仅需申报其收入情况而无须提供任何有关偿还能力的证明。所以美国次级住房抵押贷款产品设计的缺陷在于：降低借款人初期偿付额而诱惑低收入家庭借款买房。对于借款人而言，月度还款额在贷款重新计算日之后将大幅增加是确定的，而未来由于房价上升导致的偿付能力增强是不确定的，确定的偿还额度上升与不确定的偿付来源匹配，必然导致风险过度累积。而这些在市场广泛流通并最终招致全球金融危机的金融创新产品均出自国际大投资银行的金融工程专家之手，也难怪危机爆发后人们对华尔街的金融精英们如此痛恨了。

(3)次贷支持证券信用评级偏高

由于次级抵押贷款发放机构通常无法通过吸收存款获得资金，为获得流动性、降低融资成本或避税等因素，这些机构将具有特定的期限、利率等特征的次级抵押贷款组成资产池，通过真实出售、破产隔离、信用增级等技术发行住宅抵押贷款支持证券(MBS)。投资公司、对冲基金及保险公司等机构成为 MBS 的购买者。资产证券化产品的投资收益能否得到保护与实现，在一定程度上取决于证券化资产的信用保证。可见，作为提供信用保证的评级机构是资产证券化过程中至关重要的中间机构，直接关系到证券能否顺利发行和流通。

由于信息不对称、评级方法的缺陷和评级机构的特点为美国次贷危机的发生埋了些伏笔。一方面投资者严重依赖评级公司的报告做出决策，另一方面，除了美国政府支持证券的贷款外，大部分抵押贷款都是由穆迪、标准普尔和惠誉评级，但是由于评级机构的收入只会随证券发行量而变化，且即使评级机构对评级对象表现判断有严重不实之处，他们也无须承担任何责任，这使得评级机构会以最大可能的比例评 AAA 级。而信用评级的偏高使得放贷市场的风险传递到了机构投资者市场，次贷危机进一步扩大。如此一来，国际上知名的几家大评级机构都因此次次贷危机声誉大降，那些为次级债券担保和给予好评的国际投行机构也再度被指为罪不可恕。

(4)投资银行等众多推手合力推动资产证券化产品被过度滥用

资产证券化的主要功能是将缺乏流动性的资产转化成为可流通交易的证券，从而加快资金的流转速度。正是依赖资产证券化这一作用，美国许多房贷发放机构肆无忌惮地发放住房贷款，尤其是次级住房抵押贷款。这些贷款经结构化处理和设计形成 MBS 和 CDO 等证券化产品后再向市场发售。在 2001—2006 年间，伴随着房地产市场的升温，美国借款人、贷款机构以及二级市场投资者都持高度乐观态度，导致住房抵押贷款和伴生的衍生品规模不断扩大。MBS 发行量由 2001 年年末的 390 亿美元飙升至 2006 年年末的 4700 亿美元，五年增长了 11 倍；CDO 发行量也从 2004 年的 1574 亿美元增至 2006 年的 5493 亿美元，两年增长了 2.5 倍。根据国际清算银行的统计，2007 年一季度美国仅 CDO 品种就发行了 2500 亿美元，而 2005 年，全年才发行 2490 亿美元。

在商业银行、投资银行、投资者等的合力推动下，美国的住房抵押贷款市场不断膨胀，房地产市场风险源源不断地向其他市场转移、扩散，最终使资产证券化成为危机全面爆发的催化剂和放大器。

除了上述因素之外，政府监管的缺位、政策调整的不及时甚或错误的政策都是此次美国爆发次贷危机并引发全球金融震荡的重要原因。但无论怎样，此次危机中全球五大国际投资银行巨头倒下三家，甚至余下两家也尝试改变业务范围和运作模式，的确令世人震惊，并由此引发了对投资银行业的持续质疑与深度思考，阴云至今未散。

2.对我国推行资产证券化的启示

美国的次贷危机发生引发的全球的金融震荡并且其余波至今未息，其对全球经济的打击可谓一场灾难。但是，由此全盘否定次贷、否定投资银行的存在价值、否定资产证券化等金融衍生品甚至否定金融产品的创新显然是不理智的。目前，我国个人住房抵押贷款发展迅猛，为住房抵押贷款证券化的推行奠定了很好的资产基础，结合国情，我们在开展住房抵押贷款证券化的过程中应该注意以下几点。

(1)严格住房抵押贷款的发放标准，加强客户信用风险量化评估

目前，我国房地产金融市场发展很快，隐含了较大的风险，加上近年我国放贷市场发展不够规范，部分银行为了竞争客户资源贷前审查流于形式，贷中向客户提供不合理的便利，贷后疏于跟踪管理现象较为普遍，因此应进一步健全房地产信贷风险管理的长效机制，做到严格执行首付政策，严格贷前信用审核，注重客户偿还能力等，从源头上减少住房抵押贷款市场的风险。

(2)加强市场监管，改善信用评级机制，保证投资者合法利益

次贷危机证明，面对日益繁复、频繁的市场创新和日益复杂的创新产品，单纯依赖信息披露来保护投资者利益已经不够充分，随着现代金融产品复杂性的加大，监管体系有必要从过去针对机构进行监管的模式向功能监管模式过渡，即对各类金融机构同类型的业务进行统一监管，以减少监管的盲区，提高监管的效率。同时，要采取措施保证信用评级的公平、中立和透明。评级机构的收入主要来源于债券发行、承销机构支付的中介费用，存在着“一荣俱荣、一损俱损”的利益关系，使得本该是客观中立的中介机构变成了与投资银行“合谋”的机构。没有公平、中立、透明的评级机构和信用评级结果，企业债券和结构信贷市场就如同建在沙滩上的楼阁，发展得越快，风险就越大。因此，必须建立组织形式独立、经营上自负盈亏的评估机构，规范评估运作，保障投资者的合法利益。

(3)合理运用政策调控市场，尽量避免政策性冲击过于猛烈

导致美国次贷危机的另一重要原因是美联储连续加息导致房地产市场不断下滑，使许多购房者无力偿还贷款，最终导致住宅抵押贷款市场资金链条破裂。而金融市场投资者众多，单个市场的风险可能迅速在各个市场传递，并引发风险的跨市场共振，此次危机中因资产证券化产品的广泛渗透最终将这一危机无限扩大化，最终酿成了恶果，即是明证。

我国近几年房价持续上涨，且始终面临通货膨胀的压力，央行为了遏止通胀压力和防范不断升温的房地产市场风险，先后几次出台相关政策进行调控，而2010年最新一轮的调控政策不仅涉及改变存款准备金率、收缩银行房贷规模、房产交易调控，甚至还出台了关于二套房、三套房等买卖的严厉调控措施，而有关房产物业税的传闻也一再传出，这些对房地产市场的影响相信是深远的。但同时，政府也应该考虑房产政策的稳定性和延续性，考虑在房价上涨到何种程度就需及时出台政策，而不是等房价已持续高位时再连续用猛药，从而会引发房地产的遇冷可能使宏观经济体系过度降温的隐忧。

(4)稳步推行住房抵押贷款证券化

美国实现住房抵押贷款证券化花了25年时间,加拿大也经历了十几年时间,虽然曾经一度辉煌,但此次次贷危机的发生也使这些国家该市场元气大伤。这些案例充分证明:没有一成不变永远成功的模式可以选择。当然也就更不可能有哪种模式可以永远完全照搬。推行一种新的产品,开拓一个新的市场,必须要有摸索、试验的过程,而不可能一蹴而就,更不可能一成不变。

我国的微观市场制度和金融基础建设相对落后,市场也很不成熟,在我国推行住房抵押贷款证券化就更需要不断地探索、修正,循序渐进,稳步进行。

(5)尽快培育一批较为成熟的投资银行机构

在现代金融产品的创新和推广中,投资银行的作用无疑是巨大的,其作用在于加速金融市场的发展。我们不能仅因为此次金融危机的出现就全盘否定其功能,而应该理性看待,合理发展。就我国实际情况而言,我国金融市场非常不成熟,同时也缺乏成熟的机构投资者和个人投资者,这就使得培养投资者的任务更加迫切,培养一支理性的、健康的投资银行队伍同样迫切。

第八章

基金管理业务

基金管理是指有关基金的设立、投资、经营以及风险的控制，以实现基金价值增值的各种活动的总称。基金管理是资本市场业务中的一个重要组成部分，它扩大了投资银行可以向客户提供的服务和产品的品种，并越来越成为投资银行业务中新的利润增长点和竞争最激烈的领域之一。由于投资银行拥有高水平的金融专业人才、迅捷的信息渠道、先进的技术、丰富的经验和广泛的金融业务网络，从而具有在开展基金业务方面的能力和优势。它既可以兼任基金的发起人和管理人，也可以接受基金发起人的委托进行基金管理，有时还可担任基金发行的承销商。此外，与证券承销、交易和企业并购业务的收入流相比，基金管理业务收入流的波动要小。

第一节　基金的当事人及其运营

对于个人投资者而言，倘若你有一万元打算用于投资，但其数额不足以买入一系列不同类型的股票和债券，或者你根本没有时间和精力去挑选股票和债券，购买基金是不错的选择。当你选择了基金作为投资对象时，你必须与基金运作中各种各样的当事人打交道。

一、基金当事人

在投资基金的运作中，涉及多个当事人，具体包括：基金持有人（基金投资人或受益人）、基金管理人、基金托管人，以及基金销售机构、过户代理机构、会计师事务所和律师事务所等中介服务机构，其中主要当事人为前三者。基金当事人之间的关系，如图 8-1 所示。

1. 基金持有人

基金持有人是基金出资人和基金受益人。它包括个人投资者和机构投资者。作为基金财产的最终所有人，投资者享有多项权利。同时履行相应义务。每份基金单位代表同等的权利和义务。投资者的权利主要包括：分享基金财产收益；参与分配清算后的剩余基金财产；依法转让或申请赎回其持有的基金份额；出席基金持有人大会（契约型基金）或股东大会（公司型基金）并对审议事项行使表决权；监督基金运作情况，查询或复制公开披露的基金信息资料；对基金管理人、基金托管人和基金销售机构损害其合法权益的行为依法提起诉讼；以及基金合同（契约型基金或公司型基金）规定的其他权利。投资者应履行的义务一般有：遵守基金合同或公司章程，交纳基金认购、申购款项及相关费用、承担基金资产的投资风险和基金终止的有限责任等。

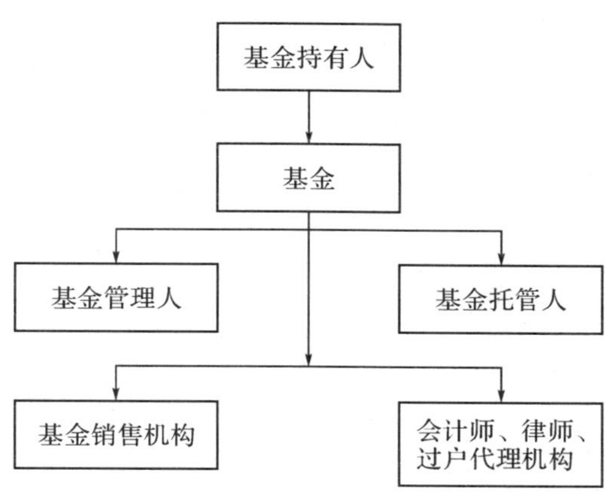

图 8-1　基金当事人关系

基金份额持有人大会是基金的最高权力机构。它依法由基金管理人召集或按规定由基金托管人召集，投资者亦有权按照规定要求召开或自行召集基金份额持有人大会。基金的下列事项应当召开基金份额持有人大会审议决定：提前终止基金合同；基金（封闭式基金）扩募或者延长基金合同期限；转换基金运作方式；提高基金管理人、基金托管人的报酬标准；更换或解任基金管理人、基金托管人；基金合同约定的其他事项。每一基金份额具有一票表决权，基金份额持有人可以委托代理人出席大会并行使表决权。

2. 基金管理人

基金管理人是指具有专业的投资知识与经验，根据法律、法规及基金章程或基金契约的规定，经营管理基金资产，谋求基金资产的不断增值，以使基金持有人收益最大化的机构。基金管理人由依法设立的基金管理公司或者法律、行政法规规定可以从事基金管理业务并取得基金管理资格的其他机构担任。基金管理机构通常由投资银行、信托投资公司发起设立，具有独立法人地位。在不同的国家，基金管理人有不同的称谓，美国称为基金管理公司，英国称为投资银行公司，日本称为投资信托公司。

契约基金必须聘请专业的基金管理人从事基金管理，如果基金管理公司作为基金发起人，则在基金成立后一般成为该基金的管理人，即基金管理公司可以同时担任同一基金的基金发起人和基金管理人。公司型基金则可以选择聘请基金管理人或不聘请。因为如果公司型基金本身是管理公司型的，则无须聘请基金管理人，基金公司本身即可从事基金管理业务；如果基金公司本身不是管理公司型的，则必须聘请专业的投资顾问作为基金管理人。

基金管理人的主要业务是依法募集设立基金和管理基金财产。由于基金持有人通常是人数众多的中小投资者，为了保护这些投资者的利益，必须对基金管理人的资格做出严格规定，以便使基金管理人能够更好地负起管理基金财产的责任。

对基金管理人所需具备的条件，各个国家和地区有不同的规定。根据我国《关于申请设立基金管理公司若干问题的通知》，基金管理公司的主要发起人应当是依法设立的证券公司或信托投资公司，其他市场信誉较好，运作规范的机构也可以作为发起人参与基金管理公司的设立。其他应具备的条件包括：主要发起人经营状况良好，最近三年连续盈利；每个发起人实收资本不少于 3 亿元人民币；拟设立的基金管理公司最低实收资本为 1000 万元人民币；有明确可行的基金管理计划；有合格的基金管理人才；有完善的内部控制制度；中国证券监督管理委员会规定的其他条件。

基金管理人依据法律法规和信托契约规定所拥有的权利主要包括：担任或委托其他机构担任注册登记人；运用并管理基金财产（如制定基金财产投资目标、投资对象范围和投资策略。运用基金财产进行投资等）；召集基金份额持有人大会；选择、更换基金销售代理人并对其相关行为进行监督和处理；监督基金托管人的托管行为；确定基金收益分配方案；代表基金份额持有人利益行使诉讼权利或实施其他法律行为；获取基金管理人的管理费、其他法定收入和约定收入。基金管理人同时承担以下的义务：对所管理的不同基金财产分别管理、分别记账、进行证券投资；及时足额地向基金持有人分配基金收益；办理基金单位的认购、申购、赎回和其他业务或委托其他机构办理该项业务；办理基金备案手续；负责基金注册登记；进行基金会计核算并负责编制基金财务会计报告；编制中期和年度基金报告；计算并公告基金资产净值、确定基金份额申购、赎回价格；办理应当由基金管理人负责的与基金业务活动有关的信息披露事项；保存基金财产管理业务活动的记录、账册、报表和其他相关资料；代表基金处理与第三人的法律纠纷；确保应当向基金投资者提供的各项文件或者资料在规定时间内发出，保证投资者能够按照基金合同或者基金章程规定的时间和方式，查阅、复制与基金有关的公开资料；保守基金秘密，不得泄露基金投资计划、投资意向等；接受基金委托人的监督；承担因过错导致基金财产损失的赔偿责任；参加基金清算组，参与基金财产的保管、清理、估价、变现和分配；代表基金行使基金所投资公司股东大会的表决权；政府证券监管部门规定的其他业务。

契约型基金的管理除了应当履行上述权利义务外，还应当履行以下职责：拟定基金合同修改方案；为基金聘请注册会计师和律师；根据基金合同制订基金收益的具体分配方案。

截止到 2010 年 6 月，我国一共有基金 601 只，基金管理公司 60 家，平均每家管理基金 10 只，最多的一家管理基金 18 只。具体见表 8-1。

表 8-1　注册资本排名前五的基金管理公司名录

序　号	公司名称	公司代码	注册资本（万元）	注册地点	网　址
1	上投摩根基金管理有限公司	50380000	25000	上海	www.51fund.com
2	华夏基金管理有限公司	50030000	23800	北京	www.chinaamc.com
3	国海富兰克林基金管理有限公司	50420000	22000	南宁	www.ftsfund.com
4	招商基金管理有限公司	50210000	21000	深圳	www.cmfchina.com
5	大成基金管理有限公司	50090000	20000	深圳	www.dcfund.com

【专栏 8-1】

截至 2009 年 12 月 31 日，华夏基金公司蝉联了公募基金资产管理规模头把交椅的位置，并且也是市场上唯一一家公募基金规模超 2000 亿元的公司。公司目前管理着 27 只公募基金，共计 2657.59 亿元，市场占比接近 10%，领先第二名约 4 个百分点，绝对优势明显，较上一年相比进一步拉开了与市场其他竞争对手的差距。除华夏基金遥遥领先以外，第一梯队其余位置的竞争非常激烈，易方达、嘉实、博时、南方、广发和大成基金资产规模均超过了 1000 亿元，紧随华夏的易方达基金 2009 年规模大幅增长了 82%，达到 1354.66 亿元，旗下深证100ETF联接基金首发规模将近190亿元，使其规模排名从2009年初的第五一跃成为2010年的榜眼。华安与交通银行施罗德资产规模也已超900亿元，逼近千亿规模。资产规模前五名的基金公司旗下均管理着超过20只的基金，较多的基金数目以及过百亿的重量级基金数目是几大公司资产规模扩大的主要因素。

3.基金托管人

基金托管人是投资人权益的代表，是基金财产的名义持有人或保管的机构。为了充分保障基金投资者的权益，防止基金资产被挪作他用，各国的证券投资投资法规都规定：基金都要由某一托管机构，即基金托管人来对基金管理机构的投资操作进行监督和保管基金资产。也就是说，按照资产管理和资产保管分开的原则运作基金，基金设有专门的基金托管人保管基金资产。如美国1940年《投资公司法》规定，投资公司（基金公司）应将基金的证券、资产及现金存放于托管公司，托管公司应为基金设立独立账户，分别管理，定期检查。

基金托管人的出现是基金有效运作的一种制度安排。由于基金持有人并不直接参与基金财产的运作和管理，他们既缺乏基金财产具体运作的信息，又无法观察和及时监督基金管理人的行为。或需要为此付出高昂的监督成本，而基金管理人则享有基金运作的详细信息。两者之间的委托代理关系和信息不对称，容易使基金管理人出现道德风险行为，如将基金财产挪作他用，为自己或他人谋取利益，或缺乏提供尽责的投资管理服务等，从而损害基金持有人的利益。基金托管人的引入则能够有效缓解基金持有人与基金管理人之间因信息不对称而产生的利益冲突。基金托管人接受基金持有人的委托，保管基金财产，能够利用专业手段、技能和规模效应，以低廉的成本获取基金财产的相关信息，及时监督基金管理人的投资运作行为，降低监督成本，使基金持有人的利益得到有效保障。

基金托管人是依据基金运行中"管理与保管分开"的原则来对基金管理人进行监督和保管基金资产的机构，是基金持有人权益的代表，通常由有实力的商业银行或信托投资公司担任。基金托管人与基金管理人签订托管协议，在托管协议规定的范围内履行自己的职责并收取一定的报酬。基金托管人在基金的运行中起着不可或缺的作用。

基金托管人的作用决定了它对托管的基金承担着重要的法律及行政责任，因此国内外对基金托管人的任职资格都有严格的规定。基金托管人应该是完全独立于基金管理机构、具有一定经济实力、实收资本达到相当规模、具有行业信誉的金融机构，并要通过严格的审批程序。

在我国，根据《证券投资基金管理暂行办法》的规定，基金托管人实收资本不少于80亿元。其他应当具备的条件包括：净资产和资本充足率符合有关规定；有独立的基金托管部门；有合格的基金托管业务人员；有安全保管基金资产的条件；有安全高效的清算、交割系统；有符合要求的营业场所，安全防范设施和与基金业务有关的其他设施；法律、行政法规规定的其他条件。

基金托管人的基本职责是安全保管基金财产，监督基金管理人的投资运作以防止基金财产挪作他用。它因此被称为基金安全的"守护神"。基金托管人行使的权利主要有：依据法律、法规和信托契约的规定持有并保管基金财产；获取基金托管费、其他法定收入和约定收入；监督和管理基金管理人的投资运作（包括有权拒绝执行基金管理人的违反法律、法规和信托契约规定的投资指令，立即通知基金持有人和及时向证券监管部门报告；对依据交易程序已经生效的但是违法违约的投资指令，也应当按前述管理要求办理）；按规定履行基金份额持有人大会、法律、法规和信托契约规定的其他权利。基金托管人应履行的义务包括：开设基金财产的资金账户和证券账户；对所托管的不同基金财产分别设立账户，确保基金财产的完整和独立；保管基金托管业务活动的记录、账册、报表和其他相关资料；根据基金管理人的投资指令，及时办理证券清算、交割和基金名下的资金往来；办理与基金托管业务活动有关的信息披露事项；对基金财务会计报告、中期和年度基金报告出具意见；复核、审查基金管理人计算的基金资产净值和基金份额申购、赎回价格；监督基金管理人按法律、法规和信托契约的规定履行义务，代表基金持有人向基金管理人追偿因其过错而造成的基金财产损失，但不承担连带责任和赔偿责任；对自身托管行为过错导致基金财产损失承担赔偿责任；参加基金清算组，参与基金财产的保管、清理、估价、变现和分配。我国公募基金托管银行托管市场占比如图 8-2 所示。

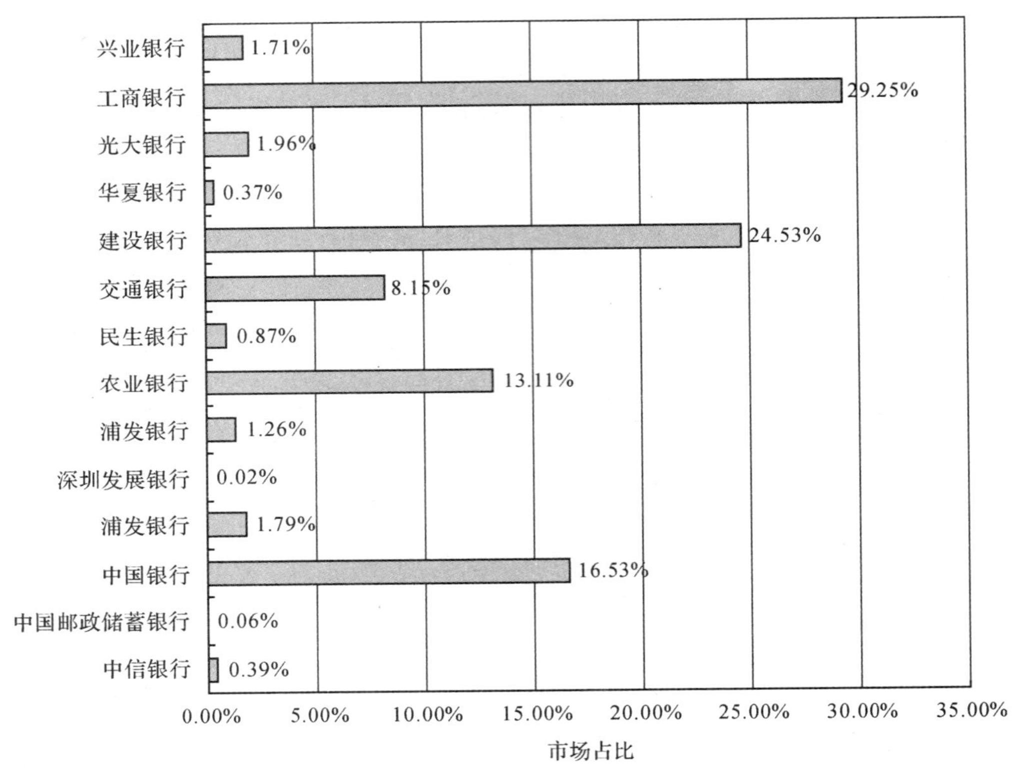

图 8-2 公募基金托管银行托管市场占比

数据来源：Morningstar 晨星（中国），截止日期：2009-12-31。

4. 其他当事人

基金销售机构。随着基金市场规模的不断扩大，基金行业内部的专业划分不断深化。除基金管理人直接销售外，基金的销售也可由承销商批发或通过中介机构代理完成，这些独立销售机构为基金管理人提供销售服务，并收取一定的销售佣金和服务费。在我国，根据《证券投资基金管理暂行办法》规定，开放式基金单位的认购、申购和赎回业务可以由基金管理人直接办理，也可以由基金管理人委托其他机构代为办理。商业银行以及经中国证券监督管理委员会认定的其他机构可以接受基金管理人的委托，办理开放式基金单位的认购、申购和赎回业务。

截止到2010年6月，我国境内共有基金销售机构126家，其中商业银行37家，证券公司89家，目前尚没有独立基金销售机构。

过户代理机构。负责投资者账户的管理和服务，负责基金单位的登记、过户以及红利发放等服务内容。根据《开放式证券投资基金试点办法》规定，开放式基金单位的注册登记业务可以由基金管理人办理，也可以委托商业银行或者中国证券监督管理委员会认定的其他机构办理。

会计师和律师事务所，作为专业、独立的市场中介，会计师和律师事务所为基金提供专业、独立的会计、律师服务，为基金管理人提供内部控制审计报告。

基金持有人、基金管理人和基金托管人是基金的主要当事人。基金主要当事人之间依据基金合同，行使各自的权利并履行相应的义务，由此形成分工协作、相互监督、相互制衡的关系。基金的运作遵循基金财产的管理与基金财产保管完全分开原则。基金持有人是基金财产的实际所有者和委托人，他们通过买卖基金份额来表达对基金管理人为其投资管理服务的选择意愿，通过参加基金份额持有人大会对基金的重要行使表决权。基金财产的管理和保管则分别由基金管理人和基金托管人担任，他们根据基金合同(或委托管理协议和委托保管协议)履行受托职责，并须依法披露基金信息，接受投资者对基金运作的监督。基金管理人和基金托管人必须分属不同的法人，双方不得相互出资或持有股份(即法律地位和财产完全独立)，其从业人员也不能在对方机构任职(即人员关系完全独立)。作为受托人，基金管理人和基金托管人必须确保基金财产独立于各自的固有财产，即使受托人因依法解散、被依法撤销或者依法宣告破产等原因进行清算，基金财产不属于其清算财产。基金管理人不得有下列行为：将其固有财产或者他人财产混同于基金财产从事证券投资；不公平地对待对其管理的不同基金财产；利用基金财产为基金持有人以外的第三人牟取利益；向投资者违规承诺收益或承担损失。正如前面所谈到的，基金管理人负责基金财产的投资决策及日常管理，并向基金托管人发出以资金买进或卖出证券及相关指令，其本身并不实际接触基金财产；基金托管人负责基金财产的保管，根据基金管理人的指令办理证券的清算交割和现金的收付。双方各司其职，既有严格分工，又有密切合作，且任何一方都要受到对方的监督，违反基金合同的行为被制止。这种分工协作、相互监督、相互制衡的运行机制，为基金财产的安全和有效运用提供了制度保障，体现了保护投资者利益的内在要求。

二、基金的设立、发行和交易

投资基金的设立，是指按照法律的规定组建投资基金的行为和过程。由于契约型基金和公司型基金作为基金的两大基本类型，存在组织结构上的差异，它们的设立过程也有所不同，最主要的差异在于基金设立是否要以取得法人资格作为前提。因此，公司型基金设立前必须制定投资基金章程并签订信托契约，而契约型基金只需订立基金信托契约即可。但是，不论何种类型的投资基金，它的设立都要大致经过三个过程：一是由基金发起人负责设计基金具体运作方案，确定基金性质和类型，并制作或准备申请设立基金的法律文件；二是向证券监管机构提交募集基金申请文件；三是公布基金招募说明书和发行公告。

1.基金的发起

(1)基金发起人的工作和职责

基金发起人是指以设立基金为目的,发起筹办基金并完成相关法定程序和基金设立行为的机构。契约型基金发起人若为基金管理公司,则在基金设立后一般成为基金管理人;如果基金发起人不是基金管理公司,因而需要成立一家基金管理公司来管理基金,基金发起人往往会成为该管理公司的主要股东。对公司型基金而言,因基金的设立意味着投资公司或基金公司的成立,发起人是通过组建投资公司或基金公司的形式设立基金的。

作为完成基金设立法定程序的执行者,发起人负责基金设立前的各项筹备工作,并承担基金不能设立的责任。主要工作有:订立发起人协议、成立发起人组织或基金筹备组织;设计基金的具体方案;制作或准备申请设立基金的法律文件;与拟委托基金管理人、基金托管人、基金销售代理机构等洽谈相关事宜并签订委托协议等。发起人必须就基金设立的重大事项做出决定。这些事项主要涉及设立基金的申请报告、基金合同和基金招募说明书等法律文件。

基金合同是规范基金具体运作、约定基金当事人的权利和义务的法律文件。基金合同的主要内容包括:募集基金的目的和基金名称;基金运作方式;封闭式基金的基金份额总额和基金合同期限,或者开放式基金的最低募集份额总额;确定基金份额的发售日期、价格和费用的原则;基金份额持有人、基金管理人和基金托管人的权利和义务;基金份额持有人大会召集、议事及表决的程序和规则;基金份额发售、交易、申购、赎回程序,时间、地点、费用计算方式,以及给付赎回的款项的时间和方式;基金收益分配原则、执行方式;基金管理人的管理费和基金托管人的托管费的提取、支付方式与比例;与基金财产的管理、运用有关的其他费用的提取、支付方式;基金财产的投资方向和投资限制;基金资产净值的计算方法和公告方式;基金募集未达到法定要求的处理方式;基金合同解除和终止的事由、程序以及基金财产的清算方式等。

申请报告主要包括说明基金设计方案,拟设立基金的必要性和可行性、拟委托的基金管理人和基金托管人等内容。发起人对基金性质(公司型或契约型基金,封闭式或开放式基金)和类型(如收入型、平衡型、货币市场基金等)的确定,是基金设计方案的重要内容。基金性质关系到将来基金设立后的管理和运作,各当事人主体的权利和义务等方面有区别,因此在基金设立过程中显得很重要。基金类型即基金产品的设计及创新,则需要综合考虑市场的发展水平、投资者需求及风险承受能力、基金管理人的管理能力、基金销售渠道、服务方式、相关金融政策等因素。例如,在货币市场和债券市场发展滞后的条件下,由于可供选择的金融产品种类少、规模小,货币市场基金的发展将受到制约。

基金发起人还必须承担基金不能设立的责任。当证券监管部门核准募集的基金在募集期限届满,不能满足法律对所募集基金份额总额和基金持有人人数等条件规定的,基金发起人应以其固有财产承担因募集行为而产生的债务和费用。发起人还应在法律规定的期限内,及时将已募集的款项并加计银行同期存款利息返还给投资者。

(2)依法向证券监管机构提交申请设立基金的文件

设立基金涉及范围较广,影响较大,因此需要以法律来规范基金设立行为。国际上,基金的设立方式主要采取注册制和核准制。依照《中华人民共和国证券投资基金法》的规定,基金的设立,必须向国务院证券监管机构提交相关文件,并经其核准。应提交的申请文件包括：申请报告；基金合同草案和托管协议草案；招募说明书草案；基金管理人和基金托管人的资格证明文件；经会计师事务所审计的基金管理人和基金托管人最近三年或者成立以来的财务会计报告；律师事务所出具的法律意见书；监管机构规定提交的其他文件。

(3)公布基金招募说明书和发行公告

基金发起人在收到证券监管机构核准文件后，应于基金发行三日前公布基金招募说明书、基金合同以及其他相关文件，公告基金发行方案。

基金招募说明书旨在使投资者了解基金的性质、运作内容、投资政策等详细情况。它既是推销基金份额的有力工具，又是保护投资者利益的主要依据。基金招募说明书列示了基金募集申请的核准文件名称和核准日期，基金管理人和基金托管人的基本情况，基金发售机构及登记机构名称，以及律师事务所和会计师事务所的名称和住所。它应向投资者提供基金合同和基金托管协议的内容摘要，基金份额的发售方式，发售日期、价格、费用和期限，以及基金管理人、基金托管人的报酬及其他相关费用的提取、支付方式与比例等信息。招募说明书还应向投资者揭示基金运作的风险，说明基金资产计价和收益分配方案的规定，以及基金信息披露等事项。

2. 基金的发行和认购

(1)发行

基金的募集也即基金的发行，就是基金发起人向投资者销售基金份额的行为和过程。它是投资基金整个运作过程的基本环节之一。基金份额发行应在证券监管机构核准的募集期间进行，在此期间募集的资金存入专门账户，在募集行为结束前，任何人不得动用。

一般而言，基金的发行方式同样可以按发行对象和发行范围的不同分为私募和公募两种。基金的发行既可以由基金发起人或同时担任基金发起人的基金管理人负责办理，即直接发售给投资者，也可以委托经证券监管机构认定的其他机构代为办理。基金的发行既可以采取网上发行方式(多适用于封闭式基金)，也可以采取网下发行方式(适用于开放式基金)。

基金的发行并不表明基金正式成立。在发行期限届满，封闭式基金所募集的份额总额达到核准总额的某一法定比例(80%)，开放式基金募集的基金份额总额超过核准的最低募集份额总额，并且基金持有人人数符合证券监管机构规定的，基金发起人应依据法律规定聘请法定验资机构验资，向证券监管机构提交验资报告，办理基金备案手续，并予以公告，基金办理备案手续，意味着基金合同生效，基金正式成立。

(2)基金的认购

基金的认购与基金的发行，实际上是一个事物的两个方面。基金的发行是基金发起人的行为，基金人认购则是投资者的行为，即在基金发行期内投资者申请购买基金份额的行为。具体而言，对契约型基金的投资以购买基金份额来实现；面对公司型基金的投资则是通过购买基金公司的股票来实现的。在一般情况下，对投资者首次认购基金份额都规定了最低认购投资额。若追加认购，则必须为某一数额(如1000元)的整倍数。认购基金份额的程序与认购股票的程序相类似，投资者须先申请开立基金账户，办理认购手续。

开放式基金的认购费用通常有两种收费方式，即前端收费和后端收费。前者是指投资者在认购基金单位时即收取认购费用(称前端认购费用)；后者则是指投资者在赎回基金单位时即收取认购费用(称为后端认购费用)，为鼓励投资者长期持有基金。基金管理人通常对后端收费的费率按每年降低一定比率的方式递减，直至最后完全免除。当投资者选择后端收费方式并长期持有基金时，则可降低其基金投资成本。

(3)交易和赎回

基金的交易是指基金成立后，在基金存续期间买卖基金份额的行为。但因各种类型的基金性质不同，这里的交易是专门针对封闭式基金而言的，指基金份额的上市买卖活动；对开放式基金而言，则表现为投资者向基金管理人提出申购和赎回基金份额的行为。

封闭式基金交易，封闭式基金成立后即进入封闭期。在封闭期内，基金份额总是固定的，不能售出或赎回基金份额。因此，投资者只能通过交易方式转让基金份额以获得现金，新的投资者要参与基金投资，只能通过二级市场购买基金；基金交易主要在证券交易所竞价交易。一般而言，封闭式基金在发起设立后的1～3个月内即可申请挂牌上市，它需要符合法律规定的条件。在证券交易所上市的基金份额，其交易程序、方法与规则同股票类似。

由于封闭式基金的发行单位数固定不变，在进入封闭期后，基金份额的买卖价格以基金单位的资产净值为基础，主要由市场供求关系来决定。一般来说，基金单位资产净值既受基金管理人管理水平的影响，也受证券市场走势及交易活跃程度等因素的影响。而基金投资者的风险偏好、投资心理以及基金交易成本、基金产品种类和规模等会影响基金市场供求关系。在市场需求变化时，交易的价格将有可能出现相对于基金单位而言的溢价、折价或平价的情况。封闭式基金份额的交易要通过证券经纪商进入证券交易所交易，投资者在买入和卖出基金份额时，需要支付交易手续费。

开放式基金的申购和赎回。开放式基金在宣告成立后，经过一个合同约定的短暂封闭期(如 30 个工作日)，投资者就可以向基金管理人申购或赎回基金份额。申购是指自基金开放日起投资者在基金存续期间向基金管理人提出申请购买基金份额的行为。赎回则是指投资者在基金存续期间向基金管理人提出申请卖出基金份额的行为。基金管理人应按法律规定在每个工作日(即证券交易所的正常交易日)或依基金合同的约定为投资者办理基金份额的申购或赎回业务，基金合同对基金申购或赎回的最低数额作了约定，基金管理人可根据市场情况，调整申购、赎回份额的数量限制。基金管理人对投资者的赎回申请不能拒绝，对赎回价款的支付也不得延迟，除非因不可抗力导致基金管理人不能支付赎回款项，或证券交易所依法决定临时停市导致基金管理人无法计算当日基金资产净值，或基金合同约定的其他特殊情形。

由于开放式基金的投资者可以随时向基金管理人赎回或申购基金份额，这类基金通常不挂牌上市。投资者欲申购或赎回基金份额，应该在各基金管理公司专门开设的柜台或在其委托代理销售基金的机构网点办理相关手续。基金份额的申购或赎回价格，是按申购或赎回申请日当天每一单位基金份额资产净值加上申购费或减去赎回费计算的。这里的单位基金份额的资产净值，是某一时点上该投资基金每一单位实际代表的价值，是基金单位价格的内在价格。用公式表示为：

单位基金份额资产净值＝(基金资产总额－基金负债总额)÷基金份额总数

与封闭式基金的交易价格在买卖行为发生时即已确知不同，开放式基金的投资者在提出申购申请或赎回申请时不知道当天的交易价格，基金份额的买卖采取的是“未知价”法，这是因为，基金所投资的各项资产(包括上市交易的股票、债券和其他有价证券)的市场价格是不断变化的，只有在每日收市后才能计算基金的资产总额，进而才能确定当天的单位基金份额资产净值。这样,在基金申购或赎回申请行为发生时,当天的单位基金份额资产净值尚未确知,以此净值为基准的买卖价格同样是未知的。由于这一特点,开放式基金的买卖通常实行“金额申购,份额赎回”的原则,即申购以金额申请,赎回以份额申请。相对应的计算公式分别为:

基金单位申购价格=基金单位资产净值×(1+申购费率)

申购份额=申购金额÷基金单位申购价格

基金单位赎回价格=基金单位资产净值×(1-赎回费率)

赎回金额=赎回份额×基金单位赎回价格

开放式基金的转换也是基金交易的一种方式,基金转换是指开放式基金持有人将其所持有的某一只基金的全部或部分基金份额转换为同一基金管理人管理的另一只开放式基金的基金份额的行为。基金管理人开办基金转换业务,为投资者根据其理财需求在两只开放式基金之间进行转换提供了便利。

投资者办理基金转换业务,转出方的基金必须处于可赎回状态,转入方的基金应处于可申购状态。基金合同对每次或单笔转换的最低份额做出了约定。基金转换以份额为单位进行申请,即采用“份额转换”原则。基金转换同样采取“未知价法”,即基金的转换价格以转换申请日的基金单位资产净值为基础计算。

基金转换的计算公式为:

转出金额=转出基金份额×转出基金单位资产净值

基金转换费=转出金额×基金转换费率

转入金额=转出金额-基金转换费

转入基金份额=转入金额÷转入基金单位资产净值

基金持有人可利用基金转换功能以有效降低风险。例如,当股市低迷、债券行情看好时,持有股票基金的投资者可以将其所持有的股票基金份额转换为债券基金,从而获得稳定收益,降低投资风险;相反,当股票市场行情看好时,投资者将所持有的债券基金转换为股票基金,可以获得超额收益。基金转换的效果相当于赎回并申购一次,但费用通常低于申购和赎回费用的总和。有些基金则规定,基金之间的转换不收取赎回费用。

(4)基金的变更和终止

如基金合同或基金章程有规定,并经基金份额持有人大会决议通过,经中国证券监督管理委员会核准,封闭式基金可变更为开放式基金。如封闭式基金扩募或者续期,除具备上述条件外,还应具备年收益率高于全国平均收益率,基金托管人、基金管理人近三年无重大违法、违规行为等条件。

封闭式基金封闭期满、未经批准续期,或经批准提前终止;或因重大违法、违规行为被中国证券监督管理委员会责令终止的,应成立清算小组,对基金资产进行清算;清算结果报中国证券监督管理委员会批准并予以公告。

基金清算小组负责基金资产的保管、清理、估价、变现和分配,并依据分配方案,将基金清算后的全部剩余资产扣除清算费用后,按基金持有人的基金单位比例进行分配。基金清算账册和文件由基金托管人保存15年以上。

第二节　基金投资运作和管理

基金投资运作和管理的核心问题是投资目标、投资政策和投资限制。投资目标是指基金所追求的收益类型，投资政策是指基金实现投资目标的手段，而投资限制表明投资基金不可从事的活动及超越的界限，包括投资操作的限制和投资规模的限制。投资目标、投资政策和投资限制通常是在基金招募说明书中列明，以供投资者选择。

一、基金投资目标

基金投资目标是基金设立的宗旨，是对基金财产投资运作的风险控制和预期收益的基本要求，反映了基金所追求的投资收益与风险偏好。基金投资目标是影响基金投资运作和管理的核心因素之一，基金的投资政策和投资计划的制订都将围绕投资目标展开。

对基金投资目标的设定，是一项确定基金的盈利目标并兼顾投资的安全性和流动性的工作。因为，基金也是一种金融资产，同样要遵守流动性、安全性和盈利性三原则。对基金来讲，盈利性是指基金的运作必须获得投资收益；流动性是指基金资产低成本地转变为现金的能力；安全性则是指基金规避投资风险，保全资本的能力。“三性”之间是相互制约、相互影响的。盈利性通常与流动性、安全性呈反方向变动，追求盈利的提高往往会降低安全性和流动性；而欲提高流动性和安全性，则往往需要以牺牲盈利为代价。流动性和安全性几乎是同方向变化的，提高了基金资产的流动性，往往也增强了安全性。这意味着基金在设定投资目标时，必须处理好“三性”之间的关系。各类基金的共同点之一是通过资产组合分散投资来降低基金资产整体风险，通过长短期投资的搭配以保证基金资产的流动性，从而实现投资收益与风险相匹配。

一般来说，任何基金的主要投资目标都是下列三个目标之一。

1. 当期收入的最大化，避免过高的投资风险

这一目标所设定的收益水平往往不高，但收益来源很稳定。具体来说，这种投资目标强调稳定的股息、利息支付，如债券基金、股票收入基金、货币市场基金等属于收入型基金。

2. 资本长期增值即资本利得最大化，主动承受较高的投资风险

这一目标所设定的获利能力较强，但同时损失本金的可能性也比较大。具体来说，这种投资目标侧重于通过基金所持有股票的增值而增加基金的总资产，如积极成长型基金、成长型基金。

3. 当期收入和资本利得兼顾

这一目标是上述两个目标的综合即兼顾长期资本增值和当期收入的最大化，如成长收入基金、平衡基金等属于平衡型基金。在实际的操作过程中，基金管理人往往不会把当期收入或资本利得作为唯一的收入来源，而是在上述两种典型的投资目标之间作某种选择，或将这两种投资目标不同程度地结合在一起，设计出各类不同投资收益与风险目标的基金产品，以满足投资者的需求。

二、基金的投资政策

基金的投资政策是指基金为指导其证券投资活动而制定和实施的原则性、方针性措施。也就是为了实现基金的投资目标，基金所选择的投资资产类型和所采取的投资策略。其中最为重要的是对各类证券投资者进行选择的原则和方针。每只基金都需要在招募说明书中陈述它的投资政策，以使现有的和潜在的投资者了解基金的投资资产类型和投资策略。

具体来说，基金的投资政策涉及这样一些内容。

1.投资资产类别和组合

不同的基金由于投资目标不同，其投资资产类别和组合也不同。这方面的具体内容有：投资组合中应该包括哪些类型的资产；确定每一适宜类型资产的投资比重；确定每类资产投资的变动范围和幅度；确定投资组合应该购买哪一种特定证券。

2.证券分散化的程度和证券组合质量的高低

分散化投资是基金的一个基本特征。投资基金分散化的程度由该基金所持证券的种类数以及基金总值中不同类型证券的比重决定。各只基金分散化政策是不相同的。而证券组合能否保证投资基金实现投资目标是确定证券组合质量高低的依据。

3.基金充分投资的程度

如果基金注重取得当期固定收入或追求较高的资本增值，往往会把全部资产投资于有价证券，而有些基金则可能根据对证券市场前景的判断，经常在货币市场、债券和股票市场之间进行资本转移。

4.侧重于经常收入的稳定性还是获取资本利得

侧重于经常收入的稳定性还是获取资本利得，也就是着重于经常收入的稳定性，还是着重于买卖利润或资本增值的相对程度，即投资基金的投资政策是注重证券的收入还是证券的增值。前者注重选择防守型证券，取得稳定的利息和股利；后者注重选择进攻型证券，取得买卖利润和长期资本增值。

5.投资策略的选择

投资策略是投资政策的重要内容，它是基金实现投资目标的重要手段。投资策略明确了基金资产配置管理的指导思想。体现了基金的投资理念和投资风险。基金投资策略包含投资组合管理策略、不同资产类型的配置策略和具体投资对象（如个股、债券品种）的选择策略等多层次的内容。

积极投资策略和消极（或被动）投资策略是两种典型的投资组合管理策略。积极投资策略是指在基金资产配置上追求充分投资，基于对宏观经济和市场状况的研究分析，积极构建投资组合，并选择有利的投资时机，在投资品种间转换投资，动态调整资产配置，以期达到优化配置的效果。也就是说，积极投资策略就是试图通过对股票进行挑选，选择一些价值被低估的公司股票，或者有良好增长前景的股票构成投资组合。消极（或被动）投资策略是指以某一具体的证券指数为标的，按指数权重复制指数证券（或以抽样方式，选择投资其中具有代表性的证券）而组成投资组合，并不根据行业发展动态及对市场时机的研究分析而主动调整投资品种及其仓位（数量）。两种投资策略都试图获得（或实现超过）基金设定的业绩比较基准的收益。

不同的资产类型的配置策略涉及各种资产的组合搭配及投资比例的调整，一般分别从长远和近期的角度，提出战略资产配置和战术资产配置的基本依据和要求。资产配置策略通常还明确对证券的行业结构、期限配置、单只证券持有比例及潜在风险和流动性进行控制的方法和措施。投资对象的选择策略是对单只股票(或债券品种)的具体选择标准和采取方法。例如，对个股的选择，往往依据对企业的价值、竞争能力、价值增长等要素的比较分析，采取价值性策略或成长性策略，或两种策略的综合运用。对债券品种的选择，一般依据发行人的信用等级、债券的收益水平、市场流动性、期限结构、税收政策等因素，结合未来利率变动的影响，采取利率预期策略、期限管理策略等。

三、基金的投资限制

基金的投资决策和投资方案都是由基金管理人做出的。基金管理人的投资操作行为，将直接影响基金所面临的风险，直接关系着投资者的切身利益。为了保护基金持有人的利益，各国的基金监管部门对基金投资活动做出了很多限制。在投资基金的运作中，基金的投资限制包括对基金的投资对象、投资规模及运营方法做出限制。

1. 投资规模的限制

为了避免基金的投资过于集中，要求基金在投资时遵循分散化投资原则。投资规模的限制具体包括两个方面：对单只有价证券投资额占该有价证券总额的限制，即投资于同一家上市公司有价证券的总额不得超过该公司发行的该种有价证券总额的一定比例。例如，我国《证券投资基金管理暂行办法》中规定同一基金管理人管理的全部基金持有一家公司发行的证券总和，不得超过该证券的 10%。

对某一企业有价证券(尤其是股票)的投资额占该基金资产净值的一定比例。即投资基金对于任何一家上市企业股票的投资额不得超过该投资基金资产净值的一定比例。例如，我国《证券投资基金管理暂行办法》中规定一只基金持有一家上市公司的股票不得超过该基金资产净值的 10%，这些规定旨在控制基金运作风险，通过分散投资减低资产组合的总体风险；同时也防止基金以大量资金去操纵某一证券价格，保证证券市场运作的公正性。

2. 投资对象及行为的限制

基金的投资对象主要是有价证券，而有价证券的种类很多，风险级别虽各不相同。基金是证券市场的主要机构投资者，基金投资行为规范与否影响着证券市场的正常运作。因此，包括我国在内的一些国家和地区的法律规定了基金不能投资的有价证券，同时明文禁止某些投资行为。例如，规定基金财产不得用于承销证券；不能买卖其基金管理人和基金托管人发行的证券；不得投资于与基金托管人或基金管理人有重大利害关系的公司发行的证券；不得从事可能使基金财产承担无限责任的投资；不得向他人贷款或提供借款保证；不能买卖其他基金份额；不能从事内幕交易、操纵证券价格及其他不正当的证券交易活动等。我国《证券投资基金管理暂行办法》明确禁止基金从事下列行为：基金之间投资；其他证券自营业务；基金管理人员从事资金拆借业务；将基金资产用于抵押、担保、资金拆借或贷款；以基金资产进行房地产投资；从事可能使基金资产承担无限责任的活动；将基金资产投资于与基金托管人或者基金管理人有利害关系的公司发行的证券。

上述这些限制旨在防范利益冲突，规避投资风险，防止基金进行不正当交易，保护投资者的利益，维持证券市场的稳定与公开、公正和公平的原则。

四、信息披露

信息披露是法律规定的保护投资者利益的重要手段。由于涉及众多的投资者利益，而且在基金运营中投资者和基金经理人之间存在委托代理关系，因而信息不对称问题也就表现得非常明显。投资者和基金管理人之间的信息不对称可能会导致基金管理人利用信息优势损害投资人利益，这个问题如果不加以有效解决，必然会对基金产生不利影响。因此，为了保护投资者利益，充分的信息披露是非常重要的。从各国基金运作实际情况来看，信息披露大致包括以下内容：

定期报告。基金的定期报告包括年度报告、中期报告、投资组合公告、基金资产净值公告和公开说明书。年度报告和中期报告主要涉及基金在一个会计年度以或半个会计年度内的投资、运作业绩；投资组合报告涉及基金投资于不同行业的股票分类比例以及基金投资按市值计算的持仓情况；基金资产净值公告主要公告截止日基金的净值和单位净值；公开说明书仅针对开放式基金而言，内容与基金招募说明书相似，同时要对基金成立以来的运作业绩进行说明，一般每六个月发布一次。

不定期报告。不定期报告包括临时报告和澄清报告与说明两类。基金及其管理人或委托人发生有可能影响基金运作的重大事件时，有关当事人应当公告临时报告书；基金运作过程中出现可能会对基金价格产生误导性影响或引起较大波动的消息时，有关当事人应及时向投资者做出说明，并对外公告。

【专栏 8-2】

基金新闻分类阅读

一般来说，财经媒体关于基金的新闻报道和分析大致包括以下几个方面：基金重大信息披露公告、基金公司高管或投研团队的访谈、基金投资行为的研究、基金疑似违规行为的曝光等。

1. 重大信息披露公告

《证券投资基金信息披露管理办法》规定，基金信息披露义务人应当在中国证监会规定时间内，将应予披露的基金信息通过中国证监会指定的全国性报刊和基金管理人、基金托管人的网站等媒介披露，并保证投资人能够按照基金合同约定的时间和方式查阅或者复制公开披露的信息资料。

相关规定要求，基金发生重大事件，有关信息披露义务人应当在两日内编制临时报告书，予以公告。所谓的“重大事件”，共有 28 项内容。其中包括：①基金份额持有人大会的召开；②提前终止基金合同；③基金扩募；④延长基金合同期限；⑤转换基金运作方式；⑥更换基金管理人、基金托管人等；上述重要事件会在三大证券报和基金管理公司的网站中及时披露。

2. 基金公司高管及投研团队访谈

基金新闻报道中的另一类重要内容是财经媒体对于基金管理公司的高管及投研团队的

访谈。从此类访谈中，我们可以了解到基金管理公司对于宏观经济、市场环境的研判，以及未来短、中、长期的投资策略。投资者阅读这些访谈记录一方面可以学习和研究机构投资者的分析方法和分析逻辑；另一方面，对于相对专业的投资者来说，也能够根据基金管理公司的预测和判断选择适合自己投资哲学和市场判断的基金产品。

3. 基金投资行为研究

在当前主流媒体的基金新闻报道中，对于基金投资行为的分析也比较多，尤其是在定期财务报告公布之后，对于基金资产配置和持股结构的调整往往成为财经媒体关注的热点，包括基金的投资组合变化、重仓股进出、基金持股集中度和行业投资集中度的变化等。

投资者在阅读此类新闻中，一方面要注意记者的报道是着眼于基金整体的方向还是个体基金的方向，前者对于研判机构投资者的整体态度作用重要，而后者可以用来分析所持有的基金最新动向是否领先于市场整体趋势。另一方面，要注意记者报道内容的时效性，尤其是定期报告中的持股结构，由于定期报告披露滞后15～20个交易日，基金的最新持仓并不完全等同于基金季报中的情形。

4. 基金涉嫌违规行为的曝光

财经媒体作为市场经济中的一把利剑，当然也会关注基金可能出现的违规行为，包括基金经理老鼠仓、基金之间的利益输送、基金公司治理结构中的缺陷等内容。我们建议投资者在阅读此类信息时，应更多参考主流财经媒体，作为获取基金新闻的主要来源。

五、基金的费用

基金的运作会带来一定的投资收益，同时也会发生各种费用支出。基金的费用按发生时间的先后，分为期初费用、期中费用和期末费用。期初费用是指为发行基金份额支付的费用，以及与基金募集相关的其他费用，主要包括开办费和固定资产购置费；期中费用是指基金运营过程中所发生的一切费用，包括基金管理人的管理费、基金托管人的托管费、封闭式基金上市年费、基金销售服务费、证券交易费用、基金信息披露费用、基金份额持有人大会费用、会计师费和律师费等；期末费用则是基金合同终止时，对基金清算所需要的费用，按实际支出从基金资产中提取。

上述费用中，除开办费是由基金持有人在申请认购时一并交纳、固定资产购置费由基金管理公司支付外，其余费用均由基金资产支付。由于投资基金是一种信托投资方式，基金持有人是基金财产的所有者，因此由基金资产支付的费用，实际上是对基金投资收益的扣除，其最终承担者是基金持有人。

按照规定，基金管理人和基金托管人因未改选或未完全履行义务导致的费用支出或基金资产的损失，以及处理与基运作无关的事项发行的费用不列入基金费用。基金的各项费用支出有一定的支付标准，具体规定如下。

1. 基金管理费

基金管理费是支付给基金管理人的报酬，其数额一般按照基金净资产的一定比例（年费率）逐日计算累积，从基金资产中提取，按月支付。基金管理费是基金管理人的主要收入来源，基金管理人自己的各项开支不能另外向基金或基金公司摊销，更不能另外向投资人收取。

基金管理费率的高低与基金规模成反比，与基金投资的风险成正比。在基金业发达的国家和地区，竞争较为激烈，基金的年费率较低，一般不超过1%，我国基金管理费的收取分两类：固定费率，通常情况下基金年费率为2.5%；固定费率加上业绩报酬。1999年增发的"安顺基金"和"裕隆基金"固定费率为1.5%，业绩报酬按照基金管理业绩每年计算出来后，一次支付。

2. 基金托管费

基金托管费是基金托管人为基金提供托管服务而向基金或基金公司收取的费用。基金托管费通常按照基金资产净值的一定比例提取，逐日计算累积，定期支付给托管人。

基金托管费的收取与基金规模和所在地区有一定的关系。通常基金规模越大，基金托管费用越低。基金行业越发达的地区，基金托管费率也越低，新兴市场国家和地区的长管费率相对较高。托管费率国际上通常为0.2%左右，我国现阶段的基金托管费的年费为0.25%。

3. 开放式基金的申购费和赎回费

我国开放式基金可收取申购费和赎回费，申购费不得超过申购金额的5%，申购费用可在基金申购时收取，也可以赎回时从赎回金额中扣除。赎回费不得超过赎回金额的3%。赎回费收入在扣除基本手续费后，全额部分归开放式基金所有。

六、基金的收益和分配

1. 基金的收益

不同类型的投资基金，从各自确定的投资目标出发，所采取的投资组合与投资策略往往各不相同，因而取得投资收益(包括收益的构成及其比重)也就存在差异。就基金整体而言，其投资收益的构成有；利息收入、股利收入、资本利得和其他收入。

(1)利息收入。投资基金的利息收入来自两个方面：一是存款利息收入；二是有价证券利息收入。无论是封闭式基金还是开放式基金，为了保持资产流动性，获得更多的盈利机会，一般都会持有一定数量的存款和债券。开放式基金必须保留一定比例的现金，以应付投资者随时可能提出的赎回基金的要求。由于基金的赎回不需要马上支付(一般是在赎回申请日的隔天或之后几天办理)，所以基金可以以存款形式保留现金而无须直接持有过多的现金。这样，基金将获取一定的利息收入。对货币市场基金、债券型基金而言，其基金资产主要是商业票据、大额可转让定期存单、银行承兑汇票、国债、公司债券等，利息收入是这些基金的主要收益来源。

(2)股利收入。包括红利和股息。这是基金持有股票获得的收入。常见的股利分配形式是支付现金或送红股或是两种形式的结合。现金股利可直接增加投资基金的现金收入；股票红利(红股)则增加基金的资产总额，由于股票可以在证券市场上出售转化为现金，因而也是一种收入。

(3)资本利得。即通过有价证券的"低买高卖"或"高卖低买"所得的价差。投资基金利用证券市场的价格波动，进行套利交易、投机交易或者金融工具的资本增值等来获得价差收入均是资本利得。

(4)其他收入。是指基金投资获得的其他合法收入。因运用基金资产带来的成本或费用的节约也计入收益。

2.基金的收益分配

基金收益分配是对投资者回报。基金管理人要根据基金合同的约定,确定基金收益分配方案。其主要内容包括:基金收益的范围、基金净收益、基金收益分配对象、收益分配原则、分配时间、分配数额及比例、分配方式和支付方式等。

基金净收益是基金的收益扣除按照国家有关规定可以在基金收益中扣除的各项费用后的余额。基金净收益扣除基金应交纳的税款,即为基金可分配收益。

在国家对证券投资基金免征营业税和所得税的情况下,基金可分配收益等于基金净收益。

基金投资并不保证获得正值的净收益。基金当年收益应先弥补以前年度亏损后,才可进行当年收益分配。在基金收益的特定时日,持有基金份额的投资者即为基金收益分配的对象,每一基金份额享有同等分配权。按照我国《证券投资基金管理暂行办法》规定以现金方式分配收益。基金收益包括基金投资所得红利、股息、债券利息、买卖证券差价、存款利息等。收益扣除按照有关规定可以在基金收益中扣除费用之后的余额为基金净收益。基金当年盈利,并弥补往年亏损后,应拿出不低于净收益的90%,以现金方式向投资者分配。货币市场基金通常把可分配收益全部分配给投资者,常见的基金收益分配方式有三种:

分配现金。是最普遍的形式。

分配基金单位。是将应分配的净收益折为等额的新的基金单位送给投资者。这种分配形式类似于通常所说的“送股”,实际上是增加了基金的资本总额和规模。

红利再投资。红利再投资就是不分配。也就是既不分配基金单位,也不分配现金,而是将应分配的净收益列入本金进行再投资,体现为基金单位资产净值的增加。

对于后两种方式,投资者可根据自己的需要通过赎回基金份额获得现金收益。当基金收益分配选择红利再投资方式时,意味着基金持有人可将当期分配所得红利再投资于该基金,再投资红利按权益登记日的基金单位资产净值自动转为基金单位。对于投资者来说,红利再投资通常可省去基金申购费用,从而可获取低成本的再投资选择权。在我国,基金的会计年度为每年5月1日到第二年的4月30日。

七、基金的税收

从税收情况看,在所得税方面,各国一般不对收益实行双重征税,只对基金投资者征税,而不对基金或基金公司本身征税。投资者在取得基金的收益后所需缴纳的所得税,可由基金公司或基金管理人代扣代缴,也可纳入投资者所得由投资者自己缴纳。

我国财政部和国家税务总局于1998年3月发布了《关于证券投资基金税收问题的通知》,对基金和基金持有人的税收做出了规定。按照规定的要求,我国对基金管理公司征收所得税和营业税,不对基金投资所得征税。利息、股息、红利和资本利得不在个人所得税的征税范围内,所以个人从基金获得的收益暂不征所得税,不存在重复征税的问题。

八、基金的选择及其调整

我们前面介绍了投资基金的优势,但是市场上存在不同类别的投资基金,而且在每一种类中又有不同的基金管理人管理着，那么投资者如何在众多的投资基金中挑选适合自己的基金品种进行投资呢？

一般来说，投资者的决策过程应分为以下几个步骤：第一步是衡量自身的风险承受能力；第二步是确定自己的投资目标，挑选适合的投资研究对家；第三步是对同一类型的投资基金进行评估，选择出最佳的投资基金品种；最后是根据市场情况的变化和自身条件的变化，对自己的投资品种进行调整。我们下面就这几个步骤进行详细阐述。

1. 风险承受能力的确定

任何投资都是有风险的，高收益伴随着高风险，投资基金也不例外。因此，投资者在进行投资决策之前必须对自身的风险承受能力有一个较为正确的认识。投资者的风险承受能力主要受以下因素的影响。

(1)投资者的风险偏好

按照对市场风险的态度，投资者可以分为风险偏好型、风险中立型和风险回避型。风险偏好型的投资者愿意承担较大的市场风险力图获得较高的回报，因此风验承受能力也较高，而风险回避者对于同样的收益水平所愿意承担的风险水平就较低，故其风险承受能力也就较弱。大部分投资者都属于风险中立型。

(2)收入和支出状况

投资者的收入越高、越稳定，风险承受能力也越强。另外，投资者的投资金额由其收入和支出的差额决定，这个差额越大，风险的承受能力也就越强。

(3)投资收益的目标年限

一般来说，投资收益的目标年限越长，投资者的灵活性越大，从而其风险承受能力也就越强。

投资者根据以上三方面的自身情况，能大概地了解自己的风险承受能力。

2. 确定投资目标及选择基金类型

一般来说，投资目标可分为以下几种：

(1)收入型

有的投资者是希望通过购买投资基金能够在每年都有稳定的收入来支付日常的支出，我们可将该类投资者的投资目标定为收入型。

(2)稳健成长型

有的投资者是希望通过购买投资基金在较远的将来获得较高的回报，这类投资者的投资目标可以称作稳健成长型。

(3)积极成长型

有的投资者是希望通过参与购买基金投资，在较短时间内能获得较高的回报，我们可以说这类投资者的投资目标是积极成长型。

(4)避税型

有的投资者是希望通过购买投资基金获得税收方面的优惠，即他们的投资目标是避税型。

投资者对自己的风险承受能力有了较为准确的认识并确定了自己的投资目标后，就可以在不同投资目标的投资基金类型中大致地进行选择，确定适合自己投资目标的投资基金类型。

3.评估并挑选最佳的投资基金品种

即使同在同一类型的投资基金中也仍有许多投资基金品种可供投资者进行选择，而且所有的投资基金在销售的时候，都会在法律允许的范围内对自己进行宣传。那么投资者如何才能在众多的候选投资基金中选择出真正表现优良而且适合自己的品种呢？投资者主要应从以下方面对被选的投资基金进行评估。

(1)基金以往的业绩

投资者的最终目标是获取投资收益。所以，投资者评估投资基金的首要指标就是投资基金的获利能力。但是，要想对投资基金将来的业绩做出准确的预测是不切实际的，我们只能根据投资基金以往的表现大致评估投资基金的获利能力或投资基金管理人的管理水平。在评估投资基金的经营业绩时，应当在进行风险调整的基础上进行分析，不但要关注它在市场上涨时期的表现，还要考察它在市场下跌时的业绩，并且投资者还应注意投资基金在销售宣传时公布的收益率的计算方法和计算区间，同时考察同类型投资基金的表现，要客观地评价投资基金以往的表现，从中选择优异的投资基金进行投资。

(2)基金的费用和税收

投资者在选择投资基金时，还应当将投资基金的费用考虑进去。这些费用包括投资基金管理费用、基金托管费用和基金的销售费用等。投资者认购投资基金时的认购费用会使投资者的实际投资金额减少；赎回基金时的赎回费用会使投资者不能全部取回自己的投资所得。基金的托管费和管理费则是在投资基金运作期内每天计提，它会不断侵蚀投资者的投资利润。同时，投资基金的表现和投资基金的费用高低并没有任何必然的联系，所以投资者一定要考虑费用的基础上对投资基金的业绩进行必要的调整。投资者还应注意不同的投资基金在税收方面的政策可能不一样，因而在对不同的投资基金进行比较时还应当计算投资基金税后的收益率。

(3)基金的服务

各个基金会提供不同的服务，以方便基金投资者。这些服务包括投资基金收益的自动再投资服务、自动投资计划服务、电话交易和询价服务、在同一投资基金家庭内转移服务以及定期的交易和纳税资料服务等。一般来说，投资基金向投资者提供的服务越多，对投资者越有利，虽然目前我国的投资基金尚处于发展初期，提供的服务较少，但随着基金市场的发展，为了竞争的需要，证券投资基金所提供的服务也会越来越多。因此，投资者在选择投资基金时也应当将其考虑进去。

4.调整投资决策

投资者在选定适合自己的投资基金品种进行投资后，应当不断地关注市场整体情况的变化以及投资基金本身状况的改变来调整自己的投资决策。

(1)市场状况的变化

在同样的市场状况下，不同类型投资基金的表现是不一样的。如果在股票市场下跌的情况下，股票投资基金的业绩会较差，而债券投资基金的业绩一般来说则比较稳定，或者说其净资产值下降减少，因此投资者应根据市场情况的变化，适时地调整投资品种，以获得最佳的投资收益。

(2)注意基金净资产值和投资组合的变动

无论是开放式基金还是封闭式基金都会定期公布自己的净资产值和投资组合的变动。

基金的投资者应当密切关注基金净资产值的变动情况，并将其与市场的整体状况和其他同类型基金的表现进行比较，看自己选择的投资基金是否表现较好。同时，投资者也应当从投资基金公布的投资组合判断投资基金的投资范围和比例方面是否符合投资基金事先的承诺，以保证基金的投资风险得到控制和基金的资产得到充分运用。

(3)注意基金投资策略的变化

基金投资者是根据自己的投资目标和投资基金在公开说明书中载明的投资目标来选择适宜的投资基金进行投资的。但是，投资基金有时可能会在某些时候通过法定程序改变投资基金的投资政策或通过改变投资基金的投资范围使基金的实际投资政策发生变化，基金投资者应密切关注这方面的变化，看其是否和自己的投资目标仍然符合，并判断是否需要重新进行投资决策。

(4)注意基金管理人的变动

投资基金的业绩是由基金管理人的水平所决定的，我们可以说，投资基金品种的选择从某种意义上来说就是对基金管理人的选择。基金管理公司和基金经理的变更会不可避免地影响投资基金的业绩，因此投资者应留心基金管理人的变动情况，对新的基金管理人以往业绩进行评估，做出正确的投资决策。

总之，基金投资者在投资时只有根据自己的风险承受能力和投资目标选择适宜的投资基金，并对投资的基金不断地跟踪和了解，才能真正地利用基金专家理财的优势获得好的投资回报。

第三节 基金家族管理

基金家族(fund family)是同一基金管理公司发行并管理的全部基金的总称。基金家族旗下通常包含股票型基金、债券型基金和货币市场型基金等基金品种，投资者一般可以将资金在同一基金家族管理的不同基金之间进行转换。基金家族集中管理和运作多只基金资产，是基金市场中最主要的参与者。每个基金家族可被视作基金市场中的一个生产部门，为广大投资者(基金市场中的需求方)提供多元化的基金产品。基金家族的主要职责是进行旗下基金资产的投资运作、负责基金内资产的财务管理、促进基金资产的保值增值以及其他与旗下基金资产有关的经营活动。

随着全球基金市场的不断发展壮大，基金家族在数量、资产规模、旗下基金只数等方面都有了显著提高，并且开始提供不同种类和投资风格的基金产品以满足投资者多元化的投资需求。与此同时，基金市场的产业组织特征也逐渐显现，一个基金家族往往拥有多只不同类型的基金产品，不同基金家族的发展状况也不尽相同。大基金家族与小基金家族无论是在基金市场份额、市场竞争力、投资者口碑，还是在基金产品的数量、品种、质量(即基金业绩)等方面都存在着较大差异。

基金家族作为管理基金的投资公司，总资产从几千万到上千亿元，拥有的投资人或者几百人，或者上百万人，管理的基金可以是几只到上百只，可以是完善的产品线也可以是侧重于某类投资领域。

在基金的高速发展中，一方面，出现了管理业绩辉煌的明星基金与明星基金经理，例如彼得·林奇，他在1977年到1990年担任小麦哲伦基金经理13年间，使该基金管理的资产由此2000万美元增长到140亿美元，成为富达集团的旗舰基金，并且是当时全球资产管理基金金额最大的单只基金，平均每年回报增长近30%，缔造了金融投资界的传奇。王亚伟从2006年开始执掌华夏大盘基金，两年牛市创下了近730%的收益率，成为中国大陆传奇基金经理。另一方面，也造就了基金家族的崛起，例如富达集团、先锋集团等知名的基金公司。根据晨星公司的统计，2005年美国市场上有578个基金家庭，其中有83家管理的资产规模超过了100亿美元。

【专栏8-3】

先锋的故事

先锋集团是全球第二大基金管理人。至2005年5月底，其管理了130只美国国内基金和35只国际基金，资产规模达到8500亿美元，拥有1800万机构投资者和个人投资者账户。旗下最大的基金是先锋500指数基金，规模达到了1040亿美元，也是全球最大的共同基金。现在全球的雇员达到10000多人。先锋集团的公司结构很独特，公司本身是被旗下管理的基金共同持有的，因此基金持有人实质上是先锋公司的股东，先锋反过来又为基金持有人提供投资管理服务。而一般的基金是由外部的管理公司所控制，这些外部的管理公司则由其他投资者所持有。因而，先锋公司所创造的利润就由基金的股东所分享，从而对基金持有人而言，实际支付的成本很低。目前先锋基金公司中委托外部管理的基金占31%，聘用25家基金管理机构；其聘请的管理人员只做投资，其他账户管理、信息披露、销售等环节均由公司总体负责，从而降低成本。坚持合理的低费率一直是先锋的原则。根据晨星公司的统计，先锋旗下股票基金的平均营运费率约为0.27%，远远低于其他基金公司的水平。先锋集团是指数化投资最先的倡导者和实践者。其投资哲学主要体现在谨慎、着眼于长期收益和清楚界定的目标三个方面。无论金融市场如何变化，先锋都声称将一如既往地坚持既定方针，对每一个基金密切监控以保证和投资目标保持一致。凭借富有竞争力的管理能力、多样化的基金产品和最少的营运支出，先锋已经成为全美备受尊敬和信赖的基金家族品牌。

一、基金的规模效应

基金家族的目标是实现资产规模的最大化，以获得较高的管理费并在基金市场中占据更多的市场份额。为达到这一目标，基金家族需要保证其家族内的基金能够实现并保持较好的业绩，因为好的基金业绩是实现基金家族规模扩张的前提条件。相对于小规模基金家族来说，大的基金家族拥有的资源更多，能够更加有效、灵活地配置其可以使用的各项资源，通过减免管理费、在基金间变动基金经理、投入更多研发成本等方式提高基金业绩，从而吸引更多资金流入。在美国，所有的共同基金都隶属于某个基金家族，而规模最大的前50个基金家族持有超过基金市场80%的股票型基金。我国2009年共有60家基金管理公司，其中规模最大的前十大基金管理公司占有50.41%的市场份额（见表8-1）。

表 8-1 我国前十大基金管理公司资产管理规模统计(全部基金)

基金公司	总计(全部基金)				
	数目(基于投资组合)	数目(基于分级基金)	规模(亿元)	市场占比(%)	排 名
华夏基金	25	27	2657.59	9.94	1
易方达基金	19	22	1595.23	5.96	2
嘉实基金	19	20	1554.39	5.81	3
博时基金	18	20	1504.56	5.63	4
南方基金	21	23	1216.61	4.55	5
广发基金	12	13	1104.71	4.13	6
大成基金	16	18	1060.46	3.97	7
华安基金	15	18	930.18	3.48	8
交银施罗德基金	11	13	923.92	3.45	9
银华基金	13	14	747.10	2.79	10
合 计				49.71	

数据来源:Morningstar 晨星(中国),截止日期:2009-12-31。

二、基金的明星效应

明星基金的溢出效应(star fund's spillover effect)是指业绩好的基金能够吸引投资者对家族内其他基金的申购。在基金市场的实际运行中,投资者往往对表现优异的明星基金及其所属的基金管理公司给予更多的关注,认为这些明星基金家族拥有更强大的投资研发团队、掌握更多的市场信息等研发资源。当投资者增加对明星基金的投资金额时,他们发现申购家族内的其他基金不仅能更充分地利用该基金家族的研发资源,而且可以有效地分散投资风险。媒体在对明星基金"额外关注"的同时,也增加了其基金家族以及家族内其他基金的"媒体曝光"机会以及投资者的关注程度,并为家族内其他基金带来更多的资金流入。因此,溢出效应是基金持有人的正向赎回交易,是基金的品牌效应在投资者与整个基金家族互动过程中所带来的必然结果。许多研究表明,基金市场存在正反馈交易。

三、基金家族的投资策略

在基金市场的实际运行中,每只基金并不是一个独立的投资主体。基金家族有权力制定旗下所有基金的总体投资方针,并通过分配家族所掌控的各种资源和市场信息来影响单只基金的投资决策,从而影响基金的长期业绩。一方面,基金家族能够通过专业的资产管理及投资研发能力产生规模经济和范围经济效益,并提高投资者收益;同时,基金家族通过努力构建品牌效应,提供多种投资风格的基金产品,不仅能够减少投资者的搜寻成本,而且有利于投资者分散投资风险。但另一方面,基金家族也可能扭曲对基金经理的投资激励,从自身利益出发,制定损害广大基金持有人利益的投资策略。

1.基金家族的交叉补贴

基金家族作为基金市场中典型的经济组织,也往往以整个家族利益最大化为目标,采取这种交叉补贴的投资策略。

(1)打造明星基金品牌

在市场操作中,基金家族往往实施打造明星基金品牌的策略,其原因主要有以下两点:

第一个原因是基金市场中存在凸形的历史业绩——资金流入关系。假设基金公司面临两种投资决策选择:第一种,平均分配资源给所有基金,使各只基金的市场表现趋同并在基金市场业绩排名中位于中等水平;第二种,将更多的资源分配给旗下的个别基金,使其在市场中有较为突出的表现,而其余基金的业绩表现较差。这种凸形的关系意味着基金家族选第二种策略能够为整个家族带来更高的资金流入水平,从而增加家族的资产规模。因此有理由相信,基金家族会有意识地提升旗下个别基金的业绩,即打造基金品牌,尽管这种策略不利于家族内其他基金业绩的提高。

基金家族努力打造明星基金的第二个原因是明星基金的溢出效应。家族内各基金的资金流入水平存在较强的相关性,明星基金不仅能够为自身带来较多的申购资金,而且可以提高家族内其他基金的资金流入水平,从而增加整个家族的资金规模。

(2)其他交叉交易

除了上述打造明星基金品牌的策略以外,认为基金家族交叉补贴的方式还包括以损害旗下低收费比率基金业绩为代价,提高高收费比例基金的业绩;以损害旗下"老基金"业绩为代价,提高新成立基金的业绩。这是因为在同等申购水平的情况下,收费比率高的基金能为家族带来更多的收益;另一方面,根据 Chevalier&Ellison(1997)的研究,新基金的历史业绩——资金流入曲线的凸性更大,提高新基金的业绩能为家族带来更多的资金流入。

2.基金家族内部的业绩竞争

在美国基金市场中,投资者往往倾向于申购历史业绩好、业绩排名高的基金。许多研究表明投资者的这种对历史业绩的偏好关系能够激励基金经理积极参与到基金市场的业绩竞争中,努力提高业绩水平以吸引投资者的资金流入。实证结果表明,我国基金家族共同持股行为趋于严重,基金家族通过共同持股的方法提高业绩的同时也增加了投资风险。基金家族实施家族共同持股的投资行为,其原因可能是家族内施行投资总监负责制、共用一个研究团队、基金经理能力有限以及股价操纵等,这说明我国基金家族治理结构以及基金市场结构存在一定问题。

第九章

投资银行风险管理

风险管理是投资银行的永恒主题，这是由投资银行自身的行业和业务特征所决定的。投资银行业务无论是传统业务，还是创新业务，都伴随着较大风险。与其他企业相比，风险的管理和控制对投资银行而言，更显得至关重要。投资银行的风险管控过程，就是对投资银行运作中一些不确定因素所带来损失的可能性进行识别、分析、规避、消除和控制。本章我们在对风险深入剖析的基础上，探索了对投资银行运作风险进行防范、度量、规避等风险管控的操作思路和基本框架。

第一节　投资银行风险概述

风险是存在于社会经济生活中的普遍现象，在市场经济条件下，风险已逐步成为任何经济主体包括个人、企业、政府都必须客观面对并加以控制的重要因素。在市场经济条件下，风险与收益是对称的，要想获得收益，就必须承担风险。正是风险的存在，才出现企业间的竞争，促使资源配置的效率得以极大提升。市场化改革的过程，就是促使社会风险分散由各经济主体分别承担，需要对风险的形成、传导与防范进行综合性、整体性的分析和判断，对形式及内容在不断变化的风险特征和变化趋势进行动态把握，力求对各种风险做出客观、全面系统分析，进行动态管理和控制。

一、风险的含义

一般认为，风险是指某一事件出现的实际状况与预期状况（实际值与预测值）有背离，从而产生一种损失，这种损失表现为实际值的减少或机会损失，而这种差异的出现是不确定的，以一定的概率随机发生，不能事先准确预计。用简洁的语言来定义，风险是某一不利事件（损失）的不利程度（损失额大小）和该事件出现概率的函数；或风险是不利结果（或损失）出现的可能性。风险一词包括两方面的内涵。其一，是指风险意味着出现了损失，或者是未实现预期的目标值；其二，是指这种损失出现与否是一种不确定性随机现象，它可用概率表示出现的可能程度，不能对出现与否做出准确性的判断。

从投资决策和投资过程来分析，风险是投资运作过程所有可能出现的后果及每种后果出现的可能性。也可以说，风险是决策过程具有各种可能性的不同结局，或各种不同后果的随机变量分布的状态。

风险是投资银行业务的固有特性，与投资银行相伴而生。投资银行在经营活动中会涉及各种各样的风险，如何恰当而有效地识别、检测和控制每一种风险，对其经营业绩和长期发展关系重大。在对投资银行运作风险的有效管理和控制的过程中，可通过外部监管和内部管控双管齐下的方式来实施，然而主要应立足于内部管控方面。虽然监管当局可以通过设定相应的行业标准，要求投资银行定期提交报告，并在必要的时候对投资银行展开强制检查或突击检查等手段来督促投资银行规范经营，但是，投资银行风险管控的主要责任还是要由公司本身来承担。因此，投资银行要建立完善的风险管控架构，防范各类风险，在风险最低的前提下，追求收益的最大化，或在收益一定的前提下，实现风险的最小化。

二、风险分类

投资银行运营中风险主要来源于环境的不确定性，构成风险的种类很多，从风险性质和涉及的范围角度而言，可以将其归纳为两大类：一是系统风险，二是非系统风险。而总风险就是系统风险和非系统风险之和。

1. 系统风险

系统风险是指由影响所有同类企业收益的因素所导致的那部分企业收益的不确定性，单靠企业自身是无法排除的，属不可分散风险。造成系统风险的原因主要有：政治、政策法规、经济、市场和社会等因素。

(1)政治风险。各国投资银行运作都与本国的政治形势、政局的稳定性、政府财政状况、世界政治局势等息息相关，与战争、社会稳定等因素相关。

(2)政策法规风险。政策法规风险是指由于国家宏观政策及法律法规的调整及变化对资本市场所造成的始料不及的负面影响。这种政策调整变化越频繁，力度越强，投资银行运营所面临的风险就越大。资本市场是市场经济发展的必然产物，而投资银行又是基于资本市场的发展而产生的，因而它与资本市场乃至整个市场经济休戚相关，从而也就使得其受国家经济政策影响较大。

这一点，对于处于经济体制转轨时期的发展中国家更是如此。所以，投资银行的从业人员，尤其是管理者，必须熟悉国家最新的政治经济形势，了解国家最新的宏微观经济动态，预测国家或其他经济管理部门有可能制定的一些影响投资银行的政策，使投资银行不至于因为运作滞后于政策而引起巨大的风险。

政策风险主要包括反向性政策风险和突变性政策风险，前者是由于政策的导向与资本市场内在发展方向不一致而产生的风险，后者是由于管理层政策口径发生突然变化而对资本市场造成的风险。投资银行在对政策风险进行管理和控制时，首先，要提高对政策风险的认识。对资本市场中面临的政策风险应及时地观察分析，并加以研究，以提高对政策风险客观性和预见性的认识，充分掌握业务发展的主动权。其次，要对政策风险进行预测和决策。为防止政策风险的发生，应事先确定业务运作的风险度，并对可能的损失有充分的估计，通过认真分析，及时发现潜在的政策风险并力求避免。

(3)经济风险。经济风险是市场经济运行中所产生的风险，包括诸如经济运行导致市场破坏、经济衰退，金融危机导致的市场波动，有些情况变化很难被决策者所预测，几乎不能预测，因此市场风险很容易给企业造成损失。资本运营名义收益中包括真实收益和通货膨胀补偿两部分，当发生非预期的通货膨胀时，资本运营的收益会有所降低，即资本运营主体实际收益的货币购买力达不到预期的货币购买力。

(4)市场风险。这是金融体系中最常见的风险之一,通常指市场变量(价格、利率、汇率等)的变化给金融机构带来的风险。在有关市场风险的模型中,往往把它定义为金融工具及其组合的价值对市场变量变化的敏感程度。根据这些市场变量的不同,市场风险又可以细分为以下一些种类:

①利率风险。利率风险是指利率变动致使证券供求关系失衡,从而导致证券价格波动而造成投资银行发生损失的可能性。特别是结构性债券和逆浮动利率产品等衍生证券,由于利率发生上升,上述所持有的衍生证券的收益和这些证券的市场价值随之下降,造成巨额亏损。

②汇率风险。汇率风险是指由于外汇价格变化而对投资银行的经营造成损失的可能性。投资银行在外汇买卖业务、承销以外币面值发行的证券业务以及外汇库存保值等方面要承担汇率的风险。

③市场发育程度风险。这是指资本市场的监管程序和投资者的成熟程度对投资银行业务可能带来的损失。特别是由于我国资本市场是一个新兴的市场,与西方经济发达国家相比,市场监管还不完善,投资者也很不成熟,投资银行业务中的"黑箱"操作时有发生,二级市场投机色彩较浓,所有这些都可能会使得投资银行业务暴露在风险之中。

④资本市场容量风险。资本市场容量是指由居民储蓄总额、可供投资的渠道以及投资者的偏好所形成的投资证券的最大资金。资本市场容量的风险是指投资证券最大资金量的变化引起投资银行业务损失的可能性。测算资本市场容量对投资银行业务有指导作用,尤其是在证券发行和交易方面。

(5)社会风险。这是指由于社会因素而引起的资本运营风险。所谓社会因素,诸如文化、宗教、道德、心理因素、就业与失业等。因此,进行资本运营,尤其涉及跨国公司经营,不能忽略对异域文化习俗、风土人情的了解,要在实际调查的基础上对异域社会因素进行协调与整合,避免冲突。资本运营与商品经营不同,由于并购、重组、剥离、破产等常常会涉及人才及劳动力资源的调整,必然涉及就业与失业的问题。失业是社会因素中最为敏感的问题之一,大可影响社会动荡,小则引起企业无法正常运行或无法进行资本运营,这是企业资本运营过程中必须考虑的一个重要问题。

(6)不可抗拒的突发事件。某些如地震、火灾等自然因素引起的破坏事件,由于其存在着不可预测和预防性,一旦发生将会给企业经营活动带来巨大损失,因而必须采取财产保险等方式预加防范,若未加任何防范,应属于经营失误。

2.非系统风险

非系统风险是指投资银行运作过程中由某些不确定因素所引起的,只与运营主体和运营对象相关的风险。非系统风险可以通过运营主体的努力得到分散,是一种可分散风险。因此,投资银行运营过程中最能发挥出主观能动性来防范和控制的就是非系统风险。造成非系统风险的原因主要是企业自身的经营、行业、技术、财务、管理及资金等因素。

(1)经营风险。经营风险是指企业在资本运营过程中由于经营状况的不确定而导致的风险。主要包括:①决策风险。决策风险主要指风险投资者对市场判断有失误或者任命的参与管理者对项目前景所做的判断有失误的可能,从而会损失极佳的投资机会或浪费投资银行的物力财力。②经营方向选择不当。在资本运营过程中,正确确定资本的流动方向是至关重要的环节,如果资本运营决策者对市场分析不透,对自身经营能力把握不住或目标选择不恰当,必然会导致经营方向的失误,这是经营风险的主要原因。③经营行为与市场脱节。在市场经济条件下,投资银行的经营行为受市场运作体系和运行规律的约束,资本运营的行为就是要通过资本的流动使经营行为更适应市场的需求,如果不能准确把握市场需求的变化,即便经营方向选择正确,仍然面临着市场拒绝接受的风险。这种风险是构成经营风险的重要成因。

(2)信用风险。信用风险是指交易对手不能正常履行合约所规定的义务的可能性,包括贷款、掉期、期权以及在结算过程中交易对手违约带来损失的风险,因而它又被称为违约风险(default risk)。投资银行在签订业务协议、场外交易合同和授权时,将会面临信用风险。通过风险管理以及要求交易对手保持足够的抵押品、支付保证金和在合同中规定净额结算条款,可以最大限度地降低信用风险。值得注意的是,在金融实践活动中,随着人们对信用风险重视程度的提高和信用风险管理技术的发展,信用风险的概念得到了重大扩展。在传统的定义中,只有当违约实际发生的时候,风险才转化为损失,在此之前,投资银行资产的价值与交易对手的履约能力和可能性无关——这样做会让很多潜在的风险无法在转化为损失之前引起充分重视和足够的准备。现在,很多金融机构采取盯市的方法,对手的履约能力和信用状况会随时影响金融机构有关资产的价值,而且在纯粹信用产品交易市场上,信用产品的市场价格是随着履约能力不断变化的。这样,信用风险在转化为现实的损失之前就能在市场和银行的财务报表上得到反映,从而它的定义也相应地扩展为交易对手履约能力变化造成的资产价值损失风险。

(3)法律风险。法律风险来自交易一方不能对另一方履行合约的可能性所引起的法律风险,可能是因为合约根本无从执行,也可能是因为合约一方超越法定权限的非法行为。所以,法律风险包括合约潜在的非法性以及交易对手无权签订合同的可能性。而且,法律风险随着投资银行越来越多地进入新的、不熟悉的业务领域正变得日益突出。

(4)流动性风险。对于金融机构而言,流动性风险往往是指其持有的资产流动性差和对外融资能力枯竭而造成的损失或破产的可能性。由于投资银行属于高负债经营的金融机构,因而要求资产结构向高流动性、易于变现的资产倾斜,而不宜过多参与长期投资,以避免陷入兑付危机。一般来说,投资银行的资产流动性和变现性好,偿债能力强,其抗风险的能力也就很强。

(5)操作风险。操作风险是指因交易或管理系统操作不当而引致损失的风险,包括公司内部风险管理失控所产生的风险。公司内部风险管理失控表现包括:超过风险限额而未察觉、越权交易、交易或后台部门的欺诈(包括账簿和交易记录不完整,缺乏基本的内部会计控制)、职员的不熟练以及不稳定、易遭非法侵入的电脑系统等。

【专栏 9-1】

控制操作风险的重要性

1995 年 2 月,巴林银行的倒闭突出说明了控制操作风险的重要性。英国银行监管委员会的有关调查报告显示,巴林银行倒闭的原因是新加坡巴林期货公司的一名职员尼克·利森越权交易,而巴林银行管理层对利森隐瞒的衍生工具交易毫无察觉。利森作为交易员,同时兼任不受监督的期货交易、结算负责人的双重角色,巴林银行没能对该交易员的业务进行独立监督，以及未将前台和后台的职能分离等，正是这些操作风险导致了巨大的损失并最终毁灭了巴林银行。

巴林银行倒闭不久，日本大和银行又爆出类似丑闻。1995 年，大和银行发现有一名债券交易员因为能够接触到公司会计账簿而隐瞒了约 1 亿美元的债券市场亏损。与利森一样，大和银行的这名交易员也同时负责交易和会计。这两家银行错误的根源是违背了风险管理中要将交易职能和支持性职能分开的基本准则。

(6)信息系统风险。信息系统风险指的是计算机信息与决策系统风险。随着信息技术在金融领域的广泛应用，在投资银行信息与决策系统中，无论是各营业部局域网子系统或通讯子系统等，都存在系统数据的可靠程度问题、信号传递的及时程度问题、决策模型的完善程度问题及网络系统的安全问题等。

(7)体系风险。体系风险包括单个公司或市场的崩溃触发连锁或整个市场崩溃的风险：①因单个公司倒闭、单个市场或结算系统混乱而在整个金融市场产生多米诺骨牌效应，导致金融机构相继倒闭的情形。②引发整个市场资金周转困难的投资者“信心危机”。1998 年华尔街被迫联手拯救长期资本管理公司可见体系风险的高度危险性。1998 年亚洲金融危机，是形成体系风险在深度和广度达到极致的年份，香港百富勤的破产和长期资本管理公司的濒危，综合体现了上述各类风险的危害性。2007 年发端于美国的金融危机更是引发了雷曼等国际知名投资银行的倒闭风潮，危害极其强大。

3. 投资银行经营业务风险

投资银行经营业务风险的构成因素复杂繁多，在理论上对风险的分类及风险的构成要素所强调的重点并不一致，因而对其风险的分类也有所差异。从管理的实质性操作的角度来分，可按主要业务进一步剖析投资银行的风险所在。

(1)证券承销风险

证券承销风险是指投资银行在承销股票、债券等经营活动的过程中，由于不能在规定时间内按事先约定的条件完成承销发行任务而造成损失的可能性。承销风险包括发行方式风险、竞争风险、违法违规操作风险等。

发行方式风险的大小是和承销方式联系在一起的，投资银行在承销方式的选择上有代销、全额包销和余额包销三种方式。其中，代销业务由于承销余额可以退回发行公司，因而风险最小，余额包销的风险次之，全额包销因为承销商在发行前必须先将拟发行证券全额认购，因而风险最大。

市场判断风险是指如果投资银行在对市场未来的走向进行研究和判断的基础上确定项目后，在争取项目过程中介入太深，投入过大，则一旦在竞争中败下阵来，就要承担先期投入的费用等方面的损失。如果所选择的发行企业或行业的发展并非如原来预料的那样好，得不到市场的认可，则会导致承销的证券无法按原计划出售，或者上市后业绩表现太差，从而有损投资银行的信誉和形象。

违法违规操作风险是指由于业务人员在承销业务过程中贪污受贿、违法犯罪，给公司承销业务造成损失以及由于上市公司违反有关规定，披露信息不实而带来的风险。在证券承销的过程中，作为企业和投资者之间的桥梁，作为信息高度不对称的交易双方的媒介，投资银行从业人员的职业道德、公司内部监管制度和来自外部的有关监管机构对投资银行的行为构成了多重监督，但在巨大的经济利益和激烈的市场竞争面前，还是不乏以身试法的前车之鉴。

(2)证券经纪风险

证券经纪风险是指投资银行在接受客户委托,代理交易股票、债券时候所面临的风险。证券经纪风险主要包括:第一,规模不经济的风险,指的是当开户数量和经纪规模低于一定水平的时候,投资银行的经纪业务难以获得理想的经济利益,甚至出现亏损的风险;第二,信用风险,指的是投资银行向客户提供融资时产生诈骗、亏损以及政策限制的可能性;第三,操作风险。是指由于人为的或者信息系统的错误,在委托、受托和交易的过程中,使得交易结果违反委托人意愿或者不能及时有效地进行正常交易而给投资银行带来经济损失的风险。

(3)证券自营风险

证券自营风险是指投资银行在进行证券投资活动中面临的风险,包括投资品种本身内含风险、证券市场价格异常波动的风险、投资决策不当风险等。由于投资银行在证券市场中相对一般投资者而言,在投资技巧、投资经验、信息渠道、研究水平和资金实力等诸多方面具有一定的优势,因此其规避和抵御风险的能力较强。但是,由于投资规模巨大,一旦风险形成,其可能遭受的损失也是非常大的。

(4)资产管理风险

投资银行在资产管理中所面临的主要风险是市场风险和公司内部的非系统风险。虽然资产管理可实行投资组合,投资组合比投资相应单一种类的有价证券要风险低,但是投资组合毕竟也是投资于有价证券,因此投资有价证券的风险同样也会体现在资产管理上。

(5)兼并收购风险

进入 20 世纪 90 年代后,兼并收购业务在投资银行业务收入中所占的比重不断增加,而且投资银行对于企业并购活动的参与正朝着全方位、深层次的方向发展。具体来说,投资银行在进行并购业务的时候面临着以下几种风险:

①融资风险和债务风险。在企业的并购活动中,投资银行在为其提供咨询策划操作的同时,一般还会为企业提供一定的并购活动所需资金,通常叫作“过桥”贷款(bridge loan),企业并购成功以后会将其还给投资银行。这笔资金可能是自有资金,也可通过举债方式筹集,但不管采取何种方式,一旦企业并购失败,与之相联系的并购资金就存在着难以全额按期收回的风险。

②营运风险。如果并购后企业运营不理想就会面临营运风险。如果投资银行在与企业签署的契约文件中忽略了这些问题而没有将其列入免责条款。则企业的营运风险就可能会波及投资银行,从而投资银行也就可能要因此而承当相应的经济责任。

③信息风险。投资银行在策划企业并购的过程中,作为财务顾问却因为调研不充分、信息不准确而造成决策失误,并购失败。

④操作风险。这主要体现在企业并购目标公司的时候,被目标公司部署反并购战略,出现反并购风险。

⑤法律风险。法律风险包括两个方面:一是投资银行制订出来的并购方案违反目标公司所在地的某些法律而使并购策略无法进行;二是投资银行在帮助企业并购的过程中因操作不当或疏忽或与某些法律规定相背离而出现被起诉、败诉和并购成本增加。它们形成了投资银行在参与、帮助企业并购目标公司工程中面临的主要风险。这些风险从经济上来看,轻则会增加投资银行的费用成本。重则不仅收不回策划企业并购的费用,而且可能收不回对企业并购行为的融资贷款,从而给投资银行带来极大的损失。

(6)资产证券化风险

资产证券化的风险来源主要是证券化资产本身的质量和预期效应以及投资者和资本市场对它的认同程度。具体来说，投资银行作为这一业务中的特别目的机构(SPV)，主要面临以下几种风险：

①资产风险。即投资银行如果是购买信贷资产再将其证券化，那么在这一过程中就存在着本金损失的可能性。

②收益风险。投资银行在操作证券化的过程中，由于多种原因而导致未能获取收益或未能足额获取收益的可能性。

③市场风险。市场风险是指投资银行在承销资产支撑证券后，卖不出去或者只能高买低卖的可能性。

④价格风险。价格风险是指投资银行在承销资产支撑证券的过程中由于证券价格制定不当而导致损失的可能性。

⑤汇率风险。如果资产证券化业务是通过跨国市场来运作的，投资银行还面临着汇率波动的风险。

第二节　投资银行风险管理系统

资本运营与商品经营相比较，所面临环境带来的风险威胁更大，操作过程更为复杂。因此建立投资银行风险管理控制程序及体制、制定风险策略、加强防范风险意识，是投资银行运作的主要内容，直接影响到投资银行运作目标的实现。

一、投资银行风险管理目标及思路

投资银行风险管理的目标不是要消除经营活动中的风险，而是要了解风险的来源及性质，分析风险的大小，预测风险发生的概率，制定相应的对策，做出风险管理决策，并控制和监督风险决策的执行。投资银行风险管理应该达到：保护投资银行经营管理顺畅进行；保护金融体系的安全与稳定；保护客户的投资利益三大的目标。

为了达到这三大目标，应树立对风险进行分层次管理的理念。①战略层次，是指根据投资银行的战略发展目标制定相应风险管理策略，使风险管理策略与发展目标相一致。这项工作通常由风险管理委员会负责制定。比如，根据风险程度的高低，投资银行的业务可以分为低风险业务(证券经纪业务)、中等风险业务(承销)和高风险业务(自营)。从战略的高度，应该寻求三类业务的最佳平衡。而从收益性、安全性、流动性的协调和统一作为经营管理的整体目标来讲，投资银行必须根据不同阶段的不同外部经营环境和不同经营要求，有所侧重，从而实现资产结构与流动性相适应以及投资组合与风险分散相对应，在积极进取与稳定经营之间取得平衡。②管理层次，是在风险管理策略实施过程中制定的一整套管理制度和机制；这是各个部门高级经理的职责之一。③技术层次，就是有关对风险进行分析、度量、预警、控制的一系列方法和手段。由有经验的专家和风险管理部门工作人员共同完成。

二、风险管理系统构建的基本原则

一般来说，不同国家或地区的投资银行不会有相同的风险管理系统，但是仍有相似的基本构建原则。

1.系统要有事前识别、评估风险的能力

具体内容包括：能够对业务项目、决策过程做必要的审查和衡量；按照风险涉及资产与扩散范围的大小实行分类、分级管理。

2.系统实行风险管理职责的专门化

由于业务经营部门自行测定、监控风险不利于提高风险管理水平。风险管理应当增设或指定专门机构负责管理风险事项，有利于行使事前规划和日常监督的职权。

3.系统具有完善的信息传递机制

根据信息论的观点，控制是信息的反馈问题，即信息反馈消除系统的不确定性。从而达到系统内部控制的目的。系统信息管理必须具备三个必要条件；一是掌握完备的信息；二是畅通的信息系统；三是及时而准确的信息分析。很多著名的投资银行都对信息传递效率非常重视，并建立相应的信息管理系统保证信息系统能够实现以上要求。

4.系统重视并完善风险管理的制度建设

制度建设是风险管理系统的基础工作，制定并不断完善内部各项规章制度，是投资银行必须长期坚持的风险管理措施。

三、投资银行风险管理程序

所谓投资银行运营的风险管理，是指在投资银行业务活动中，针对事件的不确定性而进行的谋略及规划过程，由于考虑了风险因素的制约和影响，业务管理过程相对来说较为复杂。一般的，可以把投资银行运作的风险管理分为以下七个步骤。

1.界定范围，明确目标

即首先确定风险管理对象的状态范围，明确风险管理活动所要达到的目标。投资银行管理者要从业务运营操作的整个过程中可能遇到的风险出发，根据目标要求建立投资银行业务运营风险管理的总目标及各阶段分目标，并进行目标风险分析，然后根据潜在的风险影响来调整目标体系结构，最终建立一套完善的风险管理目标系统。

2.分析风险成因、识别风险类型

在建立了风险管理目标系统后，应根据风险管理目标要求，认真研究投资银行业务的内外部环境状况，分析风险形成的根本原因，并据此划分风险类型，从而为制定风险防范策略提供思路。

3.判断风险概率及风险强度

风险概率是指风险实际发生的可能性；风险强度则是指风险影响程度，即风险值。这两个指标都可以通过风险测量的定量方法加以确定。衡量风险的方法有多种，可根据不同内容及要求进行选择。

4. 风险效用评估

风险效用评估主要是根据人们对待风险的态度，确定出各种不同类型的业务运营主体对风险的效用值。

通过风险效用评估确定出业务运营主体的风险收益效用值后，就可以做出相应的控制风险的对策。

5. 风险规避设计

风险规避设计是风险管理的核心，它主要由预警、防范、控制、应急等子系统组成。预警系统的主要功能是监控可能的风险因素，尤其是重点监视风险值较大的关键要素，及时敏锐地发现异常征兆，并准确地预报风险。风险预警一般通过设置临界值来实现，当投资银行业务运营的内外部条件变化处于临界值以内，说明运营过程处于安全状态；当变化超出临界值时，则表明状态异常，应及时发出警报。须准备一定的应急措施，以便在发生意外风险的情况下运用，尽量减少风险带来的不良影响。

6. 风险管理效果评价

风险管理的效果一般采用"费用—效益比值法"进行评价判断，即该比值＝效益/费用。效益是指达到风险管理目标后所取得的实际效果，通常用经济效益和社会效益来表示；费用则是指风险管理活动的实际支出，可分为货币支出与非货币支出两种费用。该比值越大，则说明风险管理活动的效果越好，否则相反。

7. 总结经验，提升水平

在整个风险管理活动结束后，投资银行经营者应对前一阶段的风险管理运作进行总结，以积累更多的经验，提升对业务运营过程中风险管理的能力和水平。

四、风险管理组织机构及其职能

1. 董事会

明确整个机构对风险的态度、对风险的偏好，以及承担和控制风险的责任分配。另外，董事会还要批准投资银行风险政策和风险限额系统，并在系统基础上对这些工作进行有效的监督和检查。

2. 风险管理委员会的职能

风险管理委员会为投资银行的常设议事机构，集中统一管理总体风险及做出处理决策，一般由总经理、监察委员会和审计稽核部等组成，必要时可聘请有关风险管理专家参与。通常，风险管理委员会定期召开会议，对业务运作和投资的风险进行评估并做出决策，必要时将评估报告送至董事会作决策参考或风险预警。

风险管理委员会总体职责是，设计或修正风险管理政策和程序，制定风险管理准则，使总体风险水平、结构符合经营战略。主要的具体职责有：组织制定业务风险管理制度；检测业务风险管理制度的完善性；检查评估业务内部管理制度的执行情况；检查业务管理制度的规定、完善和执行；审核、评估各业务部门定期提交的部门内部风险自查报告，在发现问题时提供解决指引并提交董事会审阅；对资产运作的风险进行预测、评估和控制；对业务重大创新产品的推出进行评估；对业务存在的风险隐患或出现的风险问题进行研究，提出解决办法等。

一般为有效控制投资银行的风险，风险管理委员会设立风险分析小组。风险分析小组主要由风险管理专家、业务部门专家等组成。风险分析小组的主要职责是：基于数量化的风险管理系统和管理办法，对投资银行的业务风险进行日常的测量、评估和监控。具体包括：评估与资产运作有关的各金融市场风险状况；提示全部资产的风险与收益水平；分析评估证券组合品种的收益和风险状况；基于上述分析和对未来市场风险的预测，提出调整投资策略的建议等。

3. 监督委员会的职能

监督委员会主要由监事会成员、独立董事、有关的风险管理专家以及法律专家等组成。主要职责有：对内部风险管理制度、投资决策程序以及业务运作流程是否科学合理、完善健全、合法合规进行审查，发现有漏洞应及时提出补救措施；对建立“防火墙”提出建议；审核、监督对外信息披露；检查监督公司相关员工遵纪守法和遵守职业操守情况；及时督促处理有关风险问题，如发现业务中有重大违规行为，应立即报告给董事会、管理层处理。

4. 审计稽核部的职能

审计稽核主要由稽核专家或者聘请会计师、审计师等组成，负责对业务的各种风险实施持续的稽核审察，具体包括：根据国家有关法律法规，制定业务审计稽核制度，经批准后组织具体实施；对各项内部控制制度及执行情况做出评价并提出建议；对投资决策、执行以及交易行为情况稽核监督；对会计账目稽核审察等。

5. 风险控制部的职能

风险控制部主要由专职的风险管理人员组成，主要职责有：制定各业务部门的风险控制细则；审议投资组合方案，并形成相应的风险控制和处理意见；对部门投资管理中潜在的风险进行系统评估和识别，并提出相关方案；对投资管理所使用的各种分析模型进行定期评估，提出进一步的改进和完善意见；对于违反规定的行为进行提醒、警告、制止，必要时上报风险管理委员会；负责日常风险监控、识别、评价工作以及危机处理等；对照各项监控指标进行自我监测和风险评价，并提出风险控制措施和对违规行为的处罚措施；定期向风险管理委员会提交风险评估报告。

第三节　投资银行风险管理外部配套系统

一、建立完善的投资银行保险制度

投资银行保险制度是指通过建立投资银行保险机构及保险基金，为防止投资银行因过失行为、经营不善或投资银行之间相互兼并而造成利益损害，保障整个证券市场乃至国家整体经济的正常运行和健康发展而建立的一种保险制度。

目前世界许多国家和地区已建立了投资银行保险制度。例如，美国在1970年制定的《证券投资保护法》中规定，设立证券投资者保护协会，要求所有在证券交易所注册的投资银行都必须成为该协会的会员，并按照经营毛利的一定比例交会费，以建立保险基金，用于投资银行陷入困境破产时的债务清偿；新加坡的《证券法》也规定证券交易所必须建

【专栏 9-2】

美林公司的风险管理系统

美林公司的风险管理系统如图 9-1 所示。

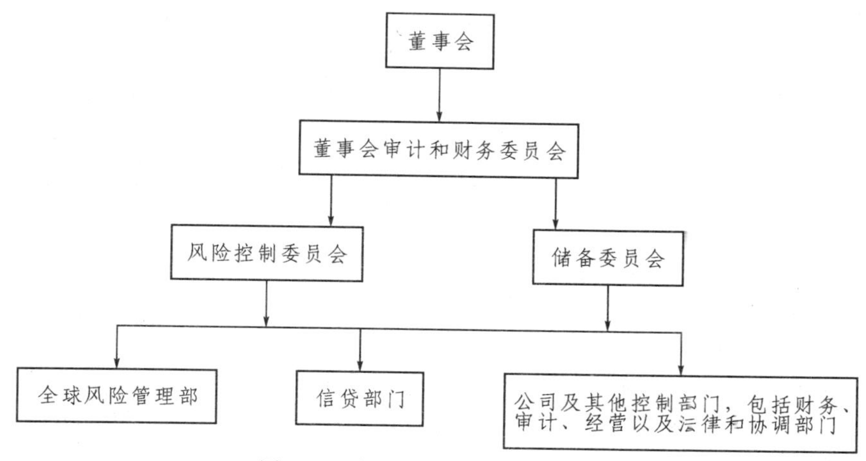

图 9-1 美林公司的风险管理系统

立会员保险基金，主要用于证券交易所会员公司发生支付困难或债务危机时的补偿和救济；我国香港地区的《证券管理条例》也规定，在证券事务监察委员会下设赔偿专门委员会，要求各证券经纪商会员缴纳 2500 美元的现金建立赔偿基金，以备破产或无力偿还债务时的债务清偿。由此可见，投资银行保险制度已经成为许多国家或地区证券市场体制中不可缺少的重要环节。

通常证券市场中各投资银行在资金实力、从业人员素质、管理水平等方面良莠不齐，这样便会使得很多管理水平低、人员素质差的投资银行在激烈的竞争中被淘汰，面对被重组、兼并、破产、倒闭的残酷现实。如果投资银行被宣告破产倒闭退出市场，不仅给客户造成损失，而且会影响证券市场的信用，甚至可能会对整个市场形成强烈冲击。建立投资银行保险制度，不仅为合理解决投资银行的市场退出问题清除了障碍，而且也确保了投资者的利益以及维护了整个证券市场的稳定。在高风险的证券市场，如果没有相应的投资银行保险制度，一旦出现投资银行破产倒闭，势必引起多米诺骨牌效应，波及整个证券市场。而通过投资银行保险制度，可以防患于未然，在最大限度内有效地防范风险和减少危害。

为充分体现各投资银行公平合理竞争，且符合保险法规定的大数法则要求，应对所有在证券交易所注册登记的会员实行强制保险，保费的收缴和赔付实行统一标准。具体的措施如下：保险基金实行以固定费率和浮动费率相结合的方式收取。固定费率部分，各投资银行按年主营业务收入的一定比例缴纳，浮动费率部分则由保险基金管理机构根据各投资银行的人员素质、资产负债状况、清偿债务能力和盈利能力等各项指标进行综合评估，确定其承担风险大小，按若干等级来规定不同的浮动费率标准；保险基金的提取方式和资金来源采取动态调整原则，根据证券市场风险的实际情况，适当调整保险基金规模和交纳方式，体现保险基金管理的灵活性和目的性。

二、建立投资银行信息披露制度

健全的信息披露制度，是加强投资银行内控外部监督的有效手段，是提高投资银行内部控制有效性的重要途径。它不仅影响投资银行的信誉与发展能力，而且也能对投资银行产生激励或形成压力。投资银行必须披露的重大信息包括：公司的经营成果和财务状况；公司的发展战略和计划；公司股权结构及变化等。健全的信息披露制度不仅影响投资银行的信誉与发展能力，而且本身就是对管理层的一种制衡约束手段。健全的信息披露机制是对公司进行市场监督的基础，是股东正确行使表决权的关键。实现这种信息披露制度必须做到如下三个方面：

一是确保外部中介机构对投资银行内控评审工作的独立性。如会计师事务所等中介机构的聘请，应当由董事会中审计专业委员会决定；中介机构对证券公司的内控真实情况应向公司董事会和证券监管部门报告等。

二是证券监管部门应通过多种途径获得投资银行内控状况的监管信息。如在合规性、日常性等监管活动中，应当充分重视内控有效性的监管，积极引导投资银行健全内控制度，落实内控措施，防范风险，进而达到监管目标。

三是健全有关法律法规，强制推行投资银行信息披露制度，将财务信息、治理结构和内控建设等方面的详细情况，通过媒体定期向投资者公开披露，接受各方面的监督。

三、建立投资银行退出机制

一个高度市场化的证券市场可以通过其内在的运行机制实现其自身的均衡发展。通过市场化的动态调整过程，促使资源从衰败的劣质公司流向高效的优质公司，促进资源合理有效地配置，实现投资银行的新陈代谢。建立健全的退出机制的意义在于：

一是有助于改善投资银行的主体结构，提高证券公司的整体质量，迫使劣质公司退出证券市场，给成长性良好的证券公司留下更大的发展空间，将充分发挥证券市场的筹资功能和优化资源配置功能。

二是有助于建立投资银行的现代公司治理结构。通过完善投资银行外部治理环境，建立起科学的现代公司治理结构，从而有效地防止内部人控制现象产生，形成有效的约束和制衡机制，促进投资银行运作规范化和制度化。

三是有助于产生警示效用和压力效果。特别是对于那些处于亏损边缘的投资银行，退出机制无疑形成了巨大的压力和挑战，同时对于那些业绩一般的投资银行也是一种警示效用，如何维持其经营业绩的稳定性与增长性，以避免重蹈覆辙，对它们来讲是一个持续的挑战。

四、建立投资银行资信评级制度

投资银行资信评级制度的基本作用是揭示风险，将被评级投资银行的信用状况以简单的形式公之于众，使公众快速、方便地得到客观、简明的信用信息，为投资者的决策提供参考。投资银行资信评级制度的一般作用如下。

1. 对投资者的作用

简单而客观地提供有关债务偿还的风险信息，保护投资者免于信息量不足而蒙受损失，降低投资者寻求风险信息的成本，为证券定价、风险与收益的评估提供参考指标等。

2. 对投资银行的作用

通过提供客观公正的资信等级证明，使得投资银行更容易拓展融资渠道，扩大投资者基础，降低筹资成本，提高新证券发行的效率，树立良好的信用形象。

3. 对监管部门的作用

为开展和加强对监管对象的分级分类管理提供依据，加强对投资银行的指导和监督，并作为管理证券市场的重要依据，提高证券市场的效率和透明度。一般在市场经济条件下，信用等级高的投资银行容易获得市场的认同，并可拥有广泛的客户；反之，资产状况差，信用水平低的投资银行则难以开拓市场，并有可能失去已经拥有的市场份额。

第四节 投资银行风险管理的国际经验及趋势

投资银行在西方国家已经有百年发展历史，它们在风险管理方面具有很多特别有价值的经验值得研究借鉴。

一、具有清晰的风险管理理念

西方投资银行由于有清楚的权益关系，使得它们对风险管理具有强烈的内在需求，管理风险是投资银行管理不可分割的部分，由此形成比较成熟的风险管理理念。当然各投资银行风险管理理念有所不同。

美林公司的风险管理理念：风险控制、风险识别和风险评估更重要。美林认为一个产品的主要风险不是产品本身，而是产品管理的方式。风险管理的主要目的是减少风险发生的可能性。风险通常源自无法预计的事件，风险模型的使用只能增加可靠性，但不能提供保证，因此，对这些风险模型的依赖是有限的。

摩根士丹利的风险管理理念：风险是投资银行业务固有的特性，与投资银行相伴而生。投资银行在经营活动中会涉及各种各样的风险，如何恰当有效地识别、评价、检测和控制每一种风险，对其经营业绩和长期发展关系重大。公司的风险管理是一个多方面的问题，是一个与有关的专业产品和市场不断地进行信息交流，并做出评价的独立监管过程。

二、具有完善的风险管理架构

西方投资银行风险管理的组织结构大致相同，一般设立直属董事会的风险管理委员会，该委员会一般由公司各主要部门的主管组成，同时还设有审计委员会、执行管理委员会、风险监视委员会、风险政策小组、业务单位及公司各种管制委员会等。这种风险管理部门的横向联系与业务部门的纵向联系形成矩阵网络式的监管体系。这种矩阵网络式风险控制结构的最大优点是使风险置于纵横交错的网络式管理体系之下，从而能达到两方面的效果。

一是达到风险管理全面性。投资银行风险形成的影响因素很多，而且这些因素作用的强弱又随着时间和空间的不同而不断演变。因此，投资银行的风险管理体系必须是个全面完整的管理体系。例如，从风险管理的业务和部门看，投资银行的任何一项经营业务和经营管理部门，都必须纳入风险管理之中，不能出现风险管理的盲区，还要进行持续的全过程管理。

二是符合风险管理系统要求的有效性。这个有效性是指：管理手段的科学化，要利用现代信息技术和网络系统等科学手段，及时、全面、准确地对风险运行的整体状态，具体业务和具体环节所面临的风险做出判断分析；作为现代企业的投资银行，对风险管理的理论和方法也必须是科学的，要实行风险管理责任制，实行严格的激励与处罚机制，使防范风险成为外在压力和内在利益驱动共同追求的目标。

三、具有先进的风险管理方法

一是大量使用风险信息系统。西方的投资银行主要运用风险数据库、风险监视系统、风险模拟系统等信息系统进行风险计量分析，如风险数据库可以每日按产品、信用等级提供证券风险暴露头寸的合计总数；风险监视系统可以使风险管理部门及时检查交易行为是否符合已建立的交易限额，允许风险管理部门检测交易头寸，并进行风险分析；风险模拟系统可以模拟分析市场波动情况下的风险损失。

二是积极使用金融衍生工具规避风险。金融证券化的迅速发展，为衍生品种的创新和市场的持续扩张提供了动力。从风险管理上来看，这种推动作用提供了新的管理技术和管理手段，大大降低了风险管理的成本，提高了管理的效率。正是在这种背景下，西方投资银行积极利用衍生产品规避风险，利用自身优势对商品、利率、汇率、股票指数等进行各种研究，开发和使用非常复杂的衍生产品满足风险管理的不同需求。同时投资银行还可以利用这些衍生产品进行套期保值，规避风险，优化资产负债管理模式。

三是力求保证资产的流动性。西方投资银行资产组成的结构呈现多样化，主要是具有较好流动性的现金、现金等价物、证券、短期融资协议、风险储备现金或证券等。资产的高度流动性为投资银行融资及资产管理提供了很大的便利和灵活性，同时也极大地降低了风险。

四、具有科学完善的内外部监管机制

西方投资银行在长期的经营实践中，研究出了很多行之有效的管理策略和运作规则。一是具有独立、权威的内部风险管理体系。这种体系的特点是：第一，内部审计独立。如投资银行的日常管理部门无权干预内部审计体系的运作，稽核人员选任独立，稽核部门有独立的财务预算等。第二，稽核部门分工细致，人员充足。如花旗银行的稽核总部除首席审计师外，下设调查部、业务审计部、辅助管理部、监督检查部、审计培训部、现场检查部，在现场检查部下又根据业务和区域分设北美一部（负责资金、证券审计），北美二部（负责零售业务审计）、北美三部（负责衍生工具审计）、亚太部、拉美部、欧洲一部和欧洲二部等部门。

二是具有完善的外部风险监管机制。西方投资银行的监管体制有三个显著特点：

第一，针对投资银行业监管的专门法律法规。以美国为例，有《证券法》、《证券交易法》《证券投资保护法》等专门法律来规范投资银行的业务活动，使投资银行业务活动有法可依，所有活动均纳入法制化轨道。

第二，有政府领导的市场监管机构，能公开、公平、公正地发挥监管作用，保护投资者的合法权益。

第三，有行业自律监管机构，以美国为例，有如下组织：全国性证券交易所，如纽约证券交易所、纳斯达克等；经过注册登记的证券协会，如全国证券商协会、全美期货业协会；职业稽核组织，如审计事务所、会计事务所等。

第五节　风险管控技术工具

科学地测量风险，是整个风险管控的重要环节。量化风险需要应用风险技术工具，现代金融理论的有关模型和技术工具主要也是围绕如何量化、控制和规避各种金融风险展开的。

由于市场风险和信用风险是投资银行的核心业务风险，因此是投资银行风险管理的主要对象和核心内容。进入 20 世纪 90 年代以来，应用数学模型来测量市场风险已经成为世界范围内众多风险管理的要点。国际证监会组织(Internation-al Crganization of Securities Commissions，简称 IOSC)技术委员会在 1998 年 5 月提交的《证券公司及其监管当局风险管理和控制指引》的文件中，指出 VaR 模型为最重要的风险技术工具。

一、VaR 方法

风险价值 VaR(Value at Risk)，最先起源于 20 世纪 80 年代末交易商对金融资产风险测量的需要；作为一种市场风险测定和管理的新工具，则是由 J. P. 摩根最先提出的。VaR 技术是借助概率论为思想基础，用数理统计的语言和方法对金融市场风险的量化与测度。它的问世对测定和控制金融市场风险带来了希望。

VaR 比较规范的定义是，在正常的市场条件和给定的置信水平(confidence interval，通常是 95%或 99%)上，在给定的持有期间内，某一组合投资预期可能发生的最大损失，或者说在正常的市场条件和给定的时间段内，该投资组合发生 VaR 值损失的概率仅仅是给定的概率水平(置信水平)。从统计的角度来看，VaR 实际上是投资组合回报分布的 1 个百分位数(percentile)。从这个意义上来理解，则它和回报的期望值在原理上是一致的。

1. 单一资产 VaR 的计算方法

如果单一资产的风险价值为 S，持有期限为 T，要求的置信水平为 $X\%$，那么单一资产的风险价值可以简单地表示为：

$$\mathrm{VaR} = -S\sigma_{\mathrm{day}}\bar{N}(1-X\%)\sqrt{T}$$

其中，$N()$ 为标准正态分布的累计函数，而上式的 $\bar{N}()$ 为 $N()$ 的逆函数(见表 9-1)；σ_{day} 为资

产收益率的日波动率。对于较长的时间度量，应考虑对资产价值的漂移加以修正，如果漂移率为 μ，则上式修正为：

表 9-1　置信水平与均值离差之间的关系

置信水平(%)	偏离均值的标准差数
99	2.326324
98	2.053748
97	1.880790
96	1.750686
95	1.644853
90	1.281551

$$\mathrm{VaR}=S[\mu T-\sigma_{\mathrm{day}}\bar{N}(1-X\%)\sqrt{T}]$$

例 1　投资者 A 持有一个价值 500 万元的 B 公司的股票头寸，B 公司股票的日波动率为 3%。假定该资产的价值变动呈正态分布，并且该股票的变动即漂移率为 0(这对于一很短的持有期限是正确的)，计算该资产持有期限 10 天，置信水平为 99%的风险价值。求解如下：

$$\begin{aligned}\mathrm{VaR}&=-S\sigma_{\mathrm{day}}N(1-X\%)\sqrt{T}=-500\times 0.03\times N(0.01)\times\sqrt{10}\\&=110.522(\text{万元})\end{aligned}$$

2. 资产组合(线性)VaR 计算方法

假设资产组合由 M 个资产构成，第 i 个资产的价值为 α_i，波动率为 σ_i，而第 i 个资产和第 j 个资产之间的相关系数为 ρ_{ij}。则该资产组合的风险价值为：

$$\mathrm{VaR}=-\sigma_P\bar{N}(1-X\%)\sqrt{T}=-\bar{N}(1-X\%)\sqrt{T}\sqrt{\sum_{i=1}^{M}\sum_{j=1}^{M}\alpha_i\alpha_j\sigma_i\sigma_j\rho_{ij}}$$

例 2　某投资基金的资产组合由价值 100 万元的 X 公司股票和价值 200 万元的 Y 公司股票构成，X 公司股票的日波动率为 3%，Y 公司股票的日波动率为 2%，且 X 公司股票和 Y 公司股票收益率之间的相关系数为 0.5，计算该组合持有期限为 10 天，置信水平为 99%的风险价值。求解如下：

$$\begin{aligned}\mathrm{VaR}&=-\bar{N}(1-X\%)\sqrt{T}\sqrt{\sum_{i=1}^{M}\sum_{j=1}^{M}\alpha_i\alpha_j\sigma_i\sigma_j\rho_{ij}}\\&=0.448\end{aligned}$$

即在正常的市场条件和 99%的置信水平上，该投资组合在未来 10 天内预期可能发生的最大损失为 44.8 万元。

3. VaR 的参数选择

要确定一个金融机构或投资组合的 VaR 值或建立 VaR 模型必须确定以下三个关键参数；持有期、观察期间和置信水平。

(1)持有期限(holding period)或目标期限(target horizon)。持有期限或目标期限是指衡量回报波动性和关联性的时间单位，也是取得观察数据的频率，如所观察数据是日收益率、周收益率、月收益率还是年收益率等。持有期限应该根据组合调整的速度来具体确定。调整速度快的组合，如有些银行所拥有的交易频繁的头寸，应选用较短的期限（如 1 天）；调整相对较慢的组合，如某些基金较长时期拥有的头寸，可以选用 1 个月，甚至更长。在既定的观察期间内（如 1 年），选定的持有期限越长，在观察期间内所得的数据越少（只有 12 个），进而就会影响到 VaR 模型对投资组合风险反映的质量。

(2)观察期间(observation period)。观察期间是对给定持有期限的回报的波动性和关联性考察的整体时间长度。观察期间的选择要在历史数据的可能性和市场发生结构性变化的危险之间进行权衡。为了克服商业循环等周期性变化的影响，历史数据越长越好，但是时间越长，收购兼并等市场结构性变化的可能性也就越大，会使得历史数据越来越难以反映现实和未来的情况。

(3)置信水平(confidence interval)。置信水平过低，损失超过 VaR 值的极端事件发生的概率过高，就会使 VaR 值失去意义。置信水平过高，超过了 VaR 值的极端事件发生的概率可以得到降低，但统计样本中反映极端事件的数据也越来越少，会造成对 VaR 值估计的准确性下降。VaR 的准确性和模型的有效性可以通过返回测试(back testing)。置信水平决定了返回检验的频率，例如，对于日回报率的 VaR 值，95%的置信水平意味着每 20 个营业日进行一次返回检验，而采用 99%的置信水平，返回测试的频率只有 100 个营业日一次。

除了要确定 VaR 模型的三个关键系数外，另一个关键问题就是确定金融机构或资产组合在既定的持有期限内回报的概率分布，即概率密度函数(probability density function, PDF)。如果能够拥有或根据历史数据直接估算出投资组合中所有金融工具的收益的概率分布和整个组合收益概率分布，那么作为该分布的 1 个百分位数的 VaR 值也就能相当容易地推算出来。但要取得所有金融工具的收益分布是不容易的，所以投资组合收益分布的推算就成为整个 VaR 法中最重要也是最难解决的一个问题。目前解决的办法是将这些金融工具的收益转化为若干风险因子(risk factors)的收益，这些风险因子是能够影响金融工具收益的市场因素，如利率、汇率、股票指数等，然后把投资组合转化为风险因子的函数，再通过各种统计方法得到这些风险因子收益的概率分布，再在此基础上得到整个组合收益的概率分布，最终求解出 VaR 的估计值。

VaR 风险测量技术由于其方法的科学性，世界上许多投资银行和其他金融机构纷纷运用这一技术对金融风险进行测量和管理。比如，美国的 J. P. 摩根和银行家信托投资公司都在风险管理中采用了 VaR 技术。除金融机构外，一些非金融机构也开始采用 VaR 技术进行资产风险价值评估和控制，如 IBM 公司和西门子公司等。巴塞尔(Basel)银行监管委员会在最近几年中发布了一系列防范金融风险的制度与规则。其中一项重要文件“巴塞尔协议”(修正版)作为指导性规章在欧盟成员国正式执行。核心内容就是把 VaR 技术确定为测量金融风险的标准方法。在美国，联邦金融监管机构如 FASB 和 SEC，也已公开宣布支持金融机构使用 VaR 技术。1995 年 12 月，美国的一些较著名的投资银行，都纷纷投入力量，开发和应用 VaR 风险管理技术方法，从此，VaR 在投资银行的风险管控中的运用逐步趋于普遍化。

VaR 技术受到金融机构青睐的重要原因，主要是因为它具有如下优点：

(1)风险的测量建立在科学的概率论和数理统计基础之上，计算并不十分复杂。既具有很强的科学性，也表现出方法操作上的简便性。VaR 值的计算只需要解决好一个根本问题，即确定给定的持有期内投资组合损益的 VaR 把对预期的未来损失的大小和该损失发生的可能性结合了起来，所以比起持续期、凸性等指标而言，它的适用范围非常广泛；作为一种用规范的统计技术来全面衡量风险的方法，客观、全面、准确地反映了金融机构所处的风险状况，不仅增加了风险管理系统的科学性，而且由于简单易行，一般管理者和投资者容易理解和掌握。

(2)VaR 方法可以用于事前计算风险而不像传统的风险测量管理方法仅仅用于事后衡量风险，金融机构定期测算 VaR 值并予以公布，增强了市场透明度，使投资者对捉摸不定的风险做到比较“心中有数”。

(3)VaR 方法用途广泛：第一，可以用来测量全部投资组合直至投资银行的整体风险，用来向管理层以及外界提供易于理解的前后一致的、综合的风险衡量指标，能让管理层以及外界对现有投资组合头寸的市场风险暴露和风险限额执行情况有充分了解，以便确认风险暴露和风险限额状况处于管理层的授权与风险承受能力之内。第二，在风险限额管理体系中的应用。独立的风险管理部门(如风险控制委员会)来负责各业务单位 VaR 值的计算，并且对其加以设定或调整，在正常业务中对限额的执行情况予以定期或不定期地多层次和多方面的检查与监督。第三，在业绩评估中的应用，证券投资中，高收益常常伴随着高风险，下级部门或交易员可能不惜冒巨大的风险去追逐利润。公司出于稳健经营的需要，必须对下级部门或交易员可能的过度投机行为进行限制，因而有必要引入考虑风险因素的业绩评价体系。VaR 方法用于业绩评估可以较真实地反映各部门或交易员的经营业绩，并对其投机过度行为进行限制，可以使公司更好地选择在最小风险下获取较大收益的项目。第四，VaR 作为风险测量和管理的有效手段，不仅可以用于风险限额体系和业绩评估中，而且还可以在矫正证券定价和风险模型、信息披露和监管等方面发挥重要作用。第五，VaR 法不仅能计算单个金融资产的风险，还能计算多个金融资产构成的资产组合风险。此时，资产组合的收益率是一个多维随机变量，我们需要先求出多维随机变量的协方差矩阵，因而需要确定不同金融资产之间的相关系数。

但是，VaR 方法存在着局限性，主要表现在：

(1)主要适用于正常条件下对于市场风险的衡量，在市场出现极端情况的时候则无能为力，所以应力测试被作为 VaR 方法在这个方面的重要补充手段。

(2)由于 VaR 方法对数据的要求比较严格，所以对于交易频繁、市场价格数据容易获得的金融工具的风险衡量效用比较显著，但对于缺乏流动性的资产，由于缺乏每日市场交易的价格数据，有时需要将流动性差的金融产品分解为流动性较强的金融产品的组合，然后才能使用 VaR 模型进行分析。

(3)VaR 模型对历史数据有很强的依赖性，但未来却并不一定总能重复历史，所以这是一个固有的缺陷。

(4)按照最新发展的总体风险管理理论 3P 理论，即风险的价格(price，转移或对冲风险付出的代价)、投资者对风险的心理偏好(preference)、概率(probability)三个因素共同决定了现代金融风险管理的框架，但是在 VaR 方法管理体系下受到重视的只是概率因素。

(5)使用 VaR 方法来衡量市场风险还存在模型风险，对同一资产组合采用不同的模拟法时，会得到不同的 VaR 值，这就使得其可靠性难以把握；还有，VaR 技术可以较好地测量市场风险，但对于信用风险、操作风险、流动风险等的测量却难以运用，而计算出来的 VaR 值如果没有包括以上风险，显然难以用其准确评估金融风险。因此，在运用 VaR 方法进行风险分析时，应充分注意到其局限性。特别是在金融市场不够规范的条件下，金融市场风险中来自人为的因素、市场外的因素占有较大的比重。故在运用 VaR 技术分析金融风险时，必须结合对制度因素、政策因素、管理因素、主体行为因素、市场操作因素的全面分析，才有可能得到较为准确的结论。否则，忽视其他因素的影响而得出的分析结论，有可能与现实情况存在较大差异，达不到有效控制风险之目的。

VaR 模型的这些局限，决定 VaR 风险价值分析只是风险管理和检测的一个组成部分和重要参考。投资银行在实践中需要不断弥补存在的局限，如在 VaR 模型外加入敏感性分析和应力测试等更多的技术工具，以提高应用的可靠程度。

VaR 方法对金融机构或资产组合市场风险的衡量的有效性是以市场正常运行为前提条件的，如果市场发生异常波动或出现极端情况，VaR 的缺陷就需要应力（stress testing，或称压力）测试来弥补，因此，同时结合应力测试法（stress testing）、幕景分析法（scenario analysis）来防范和化解金融风险具有较大现实意义。

二、VaR 方法的补充

1. 应力测试

所谓应力测试，是指将整个金融机构或资产组合置于某一特定的（主观想象的）极端市场情况之下，例如，假设利率骤升 10 个百分点、某一货币突然贬值 30%、股价暴跌 50%等异常的市场变化，然后测试该金融机构或资产组合在这些关键市场变量突变的压力下的表现状况，看看是否能经受得起这种市场的突变。正是鉴于应力测试在衡量金融机构或资产组合在异常市场条件下风险状况时的重要作用和 VaR 相应的局限性，金融监管部门在同意金融机构使用以 VaR 为基础的内部模型的同时，除了要求使用返回检验来衡量 VaR 模型的有效性外，还要求使用应力测试来衡量金融机构在遇到意外风险时机构的承受能力。以弥补 VaR 模型的不足。

由于应力测试在很大程度上是一种主观测试，由测试者主观决定其测试的市场变量（风险因素）及其变动幅度，而且测试变量一旦确定，就假设了测试变量与市场其他变量的相关性为零；同时，在应力测试下，引起资产组合价值发生变化的风险因素也非常清楚，再加上应力测试并不负责提供事件发生的可能性。因而也没有必要对每一种变化确定一个概率，这样就避免了模拟整个事件概率分布的麻烦，也使得这种风险衡量方式较少地涉及高深的数学和统计知识，而显得简单明了。

不过，使用这一方法在实践中也存在着几个需要注意的问题：

第一，合理的测试变量的选择要考虑它是否与市场中其他变量的相关性为零；第二，进行应力测试的时候，某一或某些市场因素的异常或极端的变化可能会使得风险分析的前提条件发生变化，所以对分析的前提条件要重新确认；第三，对众多的风险因素进行不同幅度的应力测试，所带来的工作量是巨大的，而且，由于每次应力测试只能说明事件的影响程度，却不能说明事件发生的可能性，这使得管理者对众多的应力测试难以分清主次，因而仅仅有应力测试对管理者的决策作用并不大，它应该与其他风险衡量的方法尤其是 VaR 相结合，而不是替代 VaR。另外，目前应力测试尚没有一套标准的做法，也没有一套标准的场景，它们在很大程度上取决于风险经理的经验和判断。

【专栏 9-3】

美国监管机构的应力测试

北京时间 2009 年 2 月 24 日晚间消息，美国总统巴拉克·奥巴马(Barack Obama)正计划通过严格审查和清理不良资产的方式，驱散笼罩在美国银行业头上的阴云，拉动银行类股价从 20 年以来的最低水平回弹。美国监管机构将于 25 日开始对 20 家左右的最大型银行进行所谓的"应力测试"，目的是确保这些银行拥有足够资金，来经受住经济最艰难时期的考验。金融监管机构官员 23 日在华盛顿发表声明称，在"应力测试"之后，那些需要额外资金却又无法从民间投资者那里获得融资的银行将可申请更多的政府扶持。国际货币基金组织(IMF)前首席经济学家、芝加哥大学金融学教授拉古拉姆·瑞占(Raghuram Rajan)称："我们清理银行系统的目的是让投资者知道，未来不会再有更多的危机。政府如果能在进行'应力测试'后采取相应行动，则将有助于做到这一点。"

——资料来源：http://finance.sina.com.cn/stock/usstock/comment/20090224/22275896308.shtml

2.幕景分析

幕景分析与应力测试有许多相似之处，而不同之处为，应力测试只是对市场中的一个或相关的一组变量在短期内的异常变化进行假设分析，而幕景分析假设的则是更为广泛的情况，包括政治、经济、军事和自然灾害在内的投资环境。在这种假设的环境变化中，例如，投资国出现政治动荡、战争或经济危机，先分析出主要市场变量的可能变化，再进而分析对资产组合的影响。如果说应力测试是一个自下而上的过程，那么幕景分析就是一个自上而下的过程，因为前者直接假设了一个或一组相关市场变量的异常取值，然后测试投资组合的变化，而幕景分析则是首先假设一个整体环境的变化，再推断出在这种特定情景下市场变量的可能变化，最后再考察这些市场变量变化对投资组合的影响。

幕景分析法是一种能在风险分析中帮助辨识引起风险的关键因素及其影响程度的方法。所谓幕景，是指对一个决策对象的未来某种状态进行逐一描述。现代的大型风险决策一般必须依赖计算机才能完成复杂的计算和分析任务。应用幕景分析，则是在计算机上实现各种状态变化条件下的模拟分析。当某种因素发生不同的变化，它对整个决策产生的各种影响、影响的程度、产生的后果等模拟状况，如同电影镜头或电视图景可一幕幕地展示出来，供分析人员进行比较研究。幕景分析的结果一般可分为两类：一类是对未来某种状态的描述；另一类是描述目标问题的发展过程，预测未来一段时期内目标问题的变化链和演变轨迹。比如，对某项投资方案的风险分析，幕景分析可以提供未来三年内该投资方案最好、一般和最坏的前景，并且可以详细给出上述三种不同情况下可能发生的事件和风险，为决策者提供参考依据。

在风险决策分析中，幕景分析可以发挥以下作用：①把采取的决策措施和政策看作一个影响因素角度揭示这些因素对决策系统产生的影响及可能发生的风险或不利后果，提醒决策者进一步修正和完善即将推出的决策措施。②发现决策系统中某些关键性因素对目标问题的重大影响。③提供关于决策系统或目标问题发展变化过程中需重点关注和监测的风险范围和主要参数。在投资银行运作风险分析中，应用幕景分析法的原理，可以设计一些重要的参数和预警指标，决策者在日常的风险管理中就只需要对这些参数和指标进行监控，基本上就可以有效地实现风险监控之目的。如果这些参数超出一定的范围，就能自动为决策者提供预警信息。④具有动态模拟和情景分析的功能，能使各种因素在不同状态条件下对决策系统的影响及后果动态显示出来，以利于决策者及时根据变化的情况，做出决策调整或修正，尽可能减少因客观条件发生变化而产生的风险损失。

幕景分析法在风险辨识的具体应用过程中包括筛选、监测和诊断三大紧密相连的步骤。筛选是依据一定的程序，将可能导致风险或具有潜在风险的业务、过程、现象进行分类选择的风险辨识过程；监测是对上述各种具有潜在风险的因果进行观测、记录和分析的显示过程；诊断则是根据实际状况，提出改进措施。简单地说在幕景分析中，筛选、监测和诊断的过程，是关于导致风险的某种（或某些）因素的分类辨识估计、观测记录和最后确认判断的逻辑有序的分析过程。

（1）构建幕景。即构建一系列假想的极端市场情况（极端的场景）。构造幕景一般有两种方法：一种方法是创建模式化的极端幕景，如假设市场波动或标准差放大 10 倍，其具体原因可能是因为某些极端事件的发生而造成的冲击；另一种方法是模拟某些极端的事件，相应的幕景便是模拟出极端的事件对市场造成的冲击状况。如假想发生金融危机、战争或“黑色星期一”重演等。在投资银行，每周至少要对多种场景做出风险分析评估，创设的场景包括：1987 年的股灾、海湾战争、1990 年垃圾债券危机、1994 年债券市场大动荡、1998 年亚洲金融风暴、“9・11 事件”、伊拉克战争等。

（2）幕景分析。即在所构建的幕景下，分析投资组合中各金融工具的价格所受到的影响以及整个投资组合价值所受到的冲击。

此外，若投资组合依赖于动态套期保值或对冲，即投资组合必须频繁地随时变动调整，那么极端幕景带来的投资组合的流动性风险就必须认真考虑，因为在市场低迷的情况下有可能很难找到交易对手。还有两种情况值得注意，如假设投资组合中使用了期货对另外一些流动性较差的证券进行套期保值。由于期货是每日计算的，而被套期保值的证券短期内难以套现，这就可能出现因资金周转不灵导致期货的保证金不能被补齐而被强行平仓的情况，它将使套期保值良好的投资组合遭受严重损失。

（3）根据幕景分析对某些幕景制订应急策略和方案。在大多数情况下，投资组合一旦遭受市场冲击，损失是难免的，但我们可以根据不同情况和拥有的条件采取相应的对策以尽量减少这种损失，如事先筹措资金以应付突发的紧急的资金需求。

进行幕景分析的关键首先在于对情景的合理设定。为此，投资银行应该从两方面入手：一是充分认识自身业务的性质和特点，了解可能发生的相关事件，包括战争冲突、社会稳定、重大经济改革和政策措施的出台、市场因素的突变等，并对这些事件可能对证券市场进而对自身经营行为产生的重大影响进行分析；二是要对设定情景进行深入细致的分析以及由此对事态在给定时间内可能发展的严重程度和业务及投资因此而可能遭受的损失进行合理预测。

总之，幕景分析从更广泛的视野、更长远的时间范围来考察投资银行运营机构或投资组合的风险问题，这种具有战略高度的分析，无疑弥补了 VaR 和应力测试只注重短期情况分析的不足；幕景分析与 VaR 和压力测试结合起来，使得风险管理更加完善。

3. 返回检验

用 VaR 方法来衡量投资银行所面临的市场风险，以及进而用 VaR 值来作为监管部门确定该机构应具备的资本充足水平的依据，一个重要的问题是它的有效性的问题，由于 VaR 方法只是一种由历史数据或假定的统计参数和分布建立的统计预测模型，其对未来风险状况的预测是否准确、有效是需要检验的。检验的主要方法就是返回检验。统计学中的返回检验(back testing)是指先将实际的数据输入被检验的模型中去，然后检验该模型的预测值与现实结果是否相同的过程。

例如，一个 VaR 模型对某一投资组合的风险衡量结果为：在 99%的置信水平上该组合在未来的 6 个月内的日 VaR 值为 10 万元，即每天损失超过 10 万元的概率为 1%，或者说，每 100 天内，只有 1 天的损失将超过 10 万元。对 VaR 的这一预测值进行返回检验，就是多次考察实际 100 天的交易数据，如果损失超过 10 万元的天数的确不超过 1 天，则基本说明该模型是有效的，如果损失超过 10 万元的天数是两天甚至更多，则该模型的有效性就值得怀疑。

然而，需要注意的是，这种返回检验本身也会存在是否有效可靠的问题。上例中对 VaR 有效性的判断是基于假设返回检验本身是有效的，没有发生下面两种类型的错误：第一，VaR 的预测实际上是对的，但检验结果却表明它低估了风险，这在统计上被称为 1 类错误；第二，VaR 的预测实际上低估了风险但是检验结果却没有显示这一结果，这在统计上被称为 2 类错误。影响返回检验有效性的主要因素有：

(1)样本空间的大小。数据量的大小对统计检验是非常重要的，尤其是在对概率较小的事件进行检验的时候，所需的历史数据更多，这使得对有较长的持有期限的 VaR 的检验难以进行，如对 10 日 VaR 值的检验，10 年交易历史才能提供 250 个观测数据。因此，返回检验一般选用日 VaR 值检验。

(2)对投资回报概率分布的假设。一般情况下，投资组合的回报被假设呈现正态分布，并且有稳定的期望和方差。这些假设不仅使得 VaR 模型的预测是合理的，而且较长持有期限的 VaR 值也可以由日 VaR 值合理得到(如对 VaR 值乘以 2 就可以得到两周 VaR 值)。然而这些假设在现实中却往往不成立，实际的回报分布往往出现肥尾现象，而且其期望和方差也是变动的。因此在对 VaR 的有效性进行检验的时候对这些有关分布的假设应该予以重新审视。

(3)置信水平的选定。置信水平越高，则意味着越需要对可能性更小、更极端的事件进行检验。显然，这种小概率事件的历史数据是稀少的，所以对其检验起来也就更加困难。

三、Creditmetrics 模型

Creditmetrics 模型是 J. P. 摩根银行于 1997 年推出的用于量化信用风险的风险管理方法，该模型引起了金融机构和监管部门的高度重视，是分析、度量信用风险的主要方法之一。

1. 模型的基本思想

(1)信用风险取决于债务人的信用状况，企业的信用状况由被评定的信用等级表示，因此，信用计量模型认为信用风险直接来源于企业信用等级变化。在该方法中，假定信用评级体系是有效的，即企业投资失败、利润下降、融资渠道不畅等信用事件对其还款能力的影响都能及时恰当地通过其信用等级的变化而表现出来。信用计量模型的基本方法就是信用等级变化分析。

(2)信用工具(包括债券、贷款、信用证等)的市场价格取决于债务发行企业的信用等级,即不同信用等级的信用工具有不同的市场价值,因此,信用等级的变化会带来信用工具价值的相应变化。如此一来,如果能够获得信用工具信用等级变化的概率分布(一般由信用评级公司提供),同时计算出该信用工具在各信用等级上的市场价值,就可以得到该信用工具市场价值在不同信用风险状态下的概率分布,从而也就可以达到使用传统的期望和标准差衡量(单一)资产信用风险的目的。

(3)信用计量模型的一个基本特点就是从资产组合而不是单一资产的角度看待信用风险。根据资产组合理论,多样化的组合投资具有降低非系统性风险的作用,而信用风险很大程度上又是一种非系统性风险,因此它在很大程度上也就能被多样性的资产组合降低。另一方面,由于经济体系中共同因素(系统性因素)的作用,不同信用工具的信用状况之间存在相互联系,由此而产生的系统性风险是不能被分散掉的。这种相互联系由其市场价值变化的相关系数(这种相关系数矩阵一般也由信用评级公司提供)表示。由单一的信用工具市场价值的概率分布推导出整个资产组合的市场价值的概率分布,可以采取资产组合分析法,即整个资产组合的市场价值的期望值和标准差可以表示为:

$$E(r_p) = \sum_{i=1}^{n} w_i E(r_i)$$

$$\sigma_p^2 = \sum_{i=1}^{n} \sum_{j=1}^{n} w_i w_j Cov(r_i, r_j) \qquad (i \neq j)$$

由于信用计量模型将单一的信用工具放入资产组合中衡量对整个组合风险状况的作用,而不是孤立地衡量某一信用工具自身的风险,因而,该模型使用了信用工具边际风险贡献的概念以及反映单一信用工具对整个组合风险状况的作用,平均边际风险贡献是指在组合中因增长率加某一信用工具的一定持有量而增加的整个组合的风险(以组合的标准差表示):

$$\text{平均边际风险贡献} = \frac{\text{组合因增加某一信用工具而增加的风险}}{\text{该信用工具的市场价值}}$$

通过对比资产组合中各信用工具的边际风险贡献,进而分析出每种信用工具的信用等级、与其他资产的相关系数以及其风险暴露程度等各方面因素,就可以清楚地看出各种信用工具在整个组合的信用风险中的作用,最终为投资者的信贷决策提供科学的量化依据。

2. 模型的基本方法

(1)确定组合中的每种信用工具当前的信用等级。

(2)估计每种信用工具在既定的风险期限内由当前信用等级变化到所有其他信用等级的概率,并由此得出转换矩阵,即所有不同信用等级的信用工具在风险期限内的变化到其他信用等级或维持原级别的概率矩阵。这一矩阵通常由专业的信用评级公司提供(见表 9-2)。

表 9-2　穆迪投资服务公司的一年期信用转换矩阵

	Aaa	Aa	A	Baa	Ba	B	Caa	Default
Aaa	93.40	5.94	0.64	0.0	0.02	0.0	0.0	0.0
Aa	1.61	90.55	7.46	0.26	0.09	0.01	0.0	0.02

续表

	Aaa	Aa	A	Baa	Ba	B	Caa	Default
A	0.07	2.28	92.44	4.63	0.45	0.12	0.01	0.0
Baa	0.05	0.26	5.51	88.48	4.76	0.71	0.08	0.15
Ba	0.02	0.05	0.42	5.16	86.91	5.91	0.24	1.29
B	0.0	0.04	0.13	0.54	6.35	84.22	1.91	6.81
Caa	0.0	0.0	0.0	0.62	2.05	4.08	69.20	24.06

(3)确定每种信用工具期末在所有信用等级上的市场价值。对于不能交易、不能盯市的信用工具,具体方法是对信用工具的剩余期限内所有现金流用于特定信用等级相适应的收益率进行贴现。这样,结合(2)就可以得到每一信用工具风险期末价值的概率分布图。

(4)确定整个资产组合在其各种信用工具不同信用等级变化下的状态值。如果每种信用工具的等级变化有八种可能,两种信用工具的组合就有 8×8 个状态值,三种组合有8×8×8 个状态值,n 种组合就有 8^n 个状态值。由此可见,数据规模非常庞大,实践中常采用模拟法。

(5)估计各种信用工具因信用事件而引起的价值变化的相关系数,共有 $n\times n$ 个,即 $n\times n$ 相关系数矩阵。这一相关系数矩阵通常是由信用评级公司提供的。尽管信用风险一般被认为是非系统性风险,但这仅是粗略的假定。更准确地说,除了借款人独特的原因而使信用风险表现出的非系统性特征外,信用风险也存在系统性因素,即借款人信用等级甚至违约的发生并非是完全独立的,而是由于诸如宏观经济变化等系统性因素的作用导致信用风险之间仍然存在相关性,具有一定的系统性特征。因此,该相关系数矩阵对准确反映和计算资产组合的信用风险具有相当重要意义,它是 Creditmetrics 的重要输入数据。然而,由于信用事件引起资产组合价值变化的数据远比市场风险的数据多,因而对该相关系数矩阵的估计是应用该模型最困难的工作之一。

(6)根据上述步骤就可以得到该资产组合 8^n 种状态值的联合概率分布,并由此得出该资产组合作为一个整体的概率分布特征(包括期望和方差),从而确定的置信水平上得到该资产组合的信用。同时对步骤(4)和步骤(6)两个矩阵进行分析,可以得出每种信用工具的所谓边际风险贡献(绝对的和平均的),从而为信贷决策提出风险管理上的建议,使得贷款限额等信用风险管理决策有了量化的依据。

例 1 以一项金额为 1 亿元,年利率为 6%的 5 年期 BBB 级固定利率贷款为例,计算情况如表 9-3 所示。

表 9-3 BBB 级贷款的 VaR 的计算(基准点是贷款的均值)

年末信用评级	状态概率	新贷款价值加利息/亿元	概率加权的价值/亿元	价值偏离均值的差异/亿元	概率加权差异的平方
AAA	0.02	1.0937	0.0002	0.0228	0.0010
AA	0.33	1.0919	0.0036	0.0210	0.0146
A	5.95	1.0866	0.0647	0.0157	0.1474

续表

年末信用评级	状态概率	新贷款价值加利息/亿元	概率加权的价值/亿元	价值偏离均值的差异/亿元	概率加权差异的平方
BBB	86.93	1.0755	0.9349	0.0046	0.1853
BB	5.30	1.0202	0.0541	(0.0506)	1.3592
B	1.17	0.9810	0.0115	(0.0899)	0.9446
CCC	0.12	0.8364	0.0110	(0.2345)	0.6598
违约	0.18	0.5113	0.0009 1.0709＝均值	(0.05596)	5.6358 8.9447＝价值的方差

σ = 标准差 = 299(万元)
假设正态分布:5% 的 VaR = 1.65 × α = 493 万元 1% 的 VaR = 2.33 × α = 697(万元)

假设实际的分布:5%的 VaR＝实际分布的 95%＝1.0709－1.0202＝0.0507
1%的 VaR＝实际分布的 99%＝1.0709－0.9810＝0.0899

注:5%近似地由 6.77%的 VaR 给出(也就是 5.3%＋1.17%＋0.12%＋0.18%),1%的 VaR 近似地由 1.47%的 VaR 给出(也就是 1.17%＋0.12%＋0.18%)。

资料来源:J. P Morgan. Credit Metrics-Technical Document. April 2,1997(28).

第十章

投资银行监管

投资银行在金融市场特别是资本市场中地位的日益显现，它对一个国家经济运行的重要地位和社会稳定的巨大影响及自身的风险性，决定了一国对投资银行进行监管的必要。人们在总结导致金融危机的众多原因时，金融监管问题成为关注的焦点。

第一节　国际证监会组织(IOSCO)的证券监管目标和原则

国际证监会组织在 1998 年 9 月提出了一个证券市场国际监管标准。其中指出了证券市场监管的三个核心目标是：保护投资者；确保市场的公平、高效和透明；降低系统风险。证券监管目标虽不是直接适用于投资银行监管，但大部分条款涉及投资银行经营的监管。

一、监管目标

1. 保护投资者

投资者应当受到保护以免被误导、操纵或被欺诈，包括内幕交易、插队交易和滥用客户资金等。对投资者决策具有重要意义的信息进行充分披露是保护投资者最重要的方法。

只有正式注册或得到授权的人士才可以为公众提供投资服务，比如市场中介机构或交易所经营者。对中介机构的监管应该通过制定市场参与者的最低标准来保护投资者的目的。

作为信息披露要求的重要组成部分，应当建立会计和审计准则，并且采取国际公认的高标准。投资者因而能更好地评价潜在风险和投资收益，保护好自己的利益。

资本市场的投资者特别容易被中介机构或其他人的违法行为损害，但个人投资者采取行动的能力是有限的。而且，证券交易与欺诈阴谋的复杂性也要求严格有力的执法行为。因此当有违法事件发生时，必须严格执行有关证券法律以保护投资者利益。

投资者受到不良行为侵害时应当可以寻求中立机构(如法院或其他争议仲裁机构)来解决或运用其他补救和补偿手段。

2. 确保市场的公平、高效和透明

监管机构对于交易所、交易系统的经营者及交易制度的审批有助于确保市场的公平。

对市场的监管应发现、阻止并处罚市场操纵或其他的不公平交易行为。监管活动应当确保投资者公平地利用市场设施、市场和价格信息；同时也应当促进公平的指令处理和可靠的价格形成过程。

在一个有效的市场中，有关信息的发布是及时和广泛的，并且反映在价格形成过程中。监管活动应该提高市场效率。

透明度可以定义为交易信息包括交易前与交易后能够及时地被公众获知的程度。交易前信息是指公司买卖报价的公布，由此投资者可以较为准确地知道他们能否或在什么价位上可以成交。交易后的信息是关于每笔已实现交易的成交价格和数量。监督活动应当确保市场最高的透明度。

3. 降低系统风险

虽然监管本身不能阻止市场中介机构的破产，但监管活动应致力于减少风险（包括设置资本金和内部控制方面的要求）。一旦破产真的发生，监管活动就应力求减低它的影响，特别是应努力隔离这种风险。因此，市场中介机构必须遵守资本充足规定和其他的谨慎性要求。如有必要，一家中介机构应当能停止经营但不造成其客户和同行的损失或其他的系统风险。对此，在1997年亚洲金融风暴以前有很大的争论，许多国家的证券监管者认为，系统性风险在银行业才存在，证券业不存在系统性风险，因此，长期以来许多国家的证券市场监管模式，主要是强调保护投资利益和确保市场的公平、高效和透明，认为系统性风险的防范不是证券市场监管机构监管的目标。但是现在这种观点已经转变了。1998年在金融风暴中，美国长期资本管理公司陷入危机，美联储组织大商业银行和投资银行联合进行救助。这一事件，使美国监管当局重新认识到大的投资银行的倒闭仍然会引发系统性危机，因此，在监管政策上也进行了调整。

承担风险对一个活跃的市场来说必不可少，监管活动不应也不必要遏止合理的风险承担。相反，监管当局应当促进和加强对风险的有效管理。资本充足和其他谨慎性要求应足以保证合理的风险承担，能消化一部分损失并检查出过度的风险。另外，一个适当监管，运用有效风险管理工具的高效准确的清算、结算过程也是极为重要的。

处理违约行为必须有一个有效的、法律上安全的制度安排，这已经超越了证券法范畴而牵涉至一国司法制度中的破产条款。

发生在其他某个或几个司法管辖区域的事件可能会导致本国市场的不稳定，因此面对市场动荡，各监管机构应当通过加强合作和信息共享来努力谋求本国和全球市场的稳定。

上述三个目标是紧密相连的，而且在某些方面还是相互重叠的。如许多有助于确保市场公平、高效和透明的要求也能起到保护投资者、降低系统风险的作用。同样，许多降低系统风险的措施也有利于保护者，更进一步，很多做法，如全面的监管和遵守程序、有效的实施等，对于实现上述三个目标都是必需的。

二、监管原则

各国的监管原则由于时代背景和国情的不同而呈现出复杂性与多样性。然而，现代证券市场监管的原则却存在许多共同点和趋势。为此，IOSCO分门别类地概括了证券市场监管的原则，共八个方面。

1. 关于监管机构的原则

关于监管机构的原则包括如下五个部分：监管机构的责任范围非常清楚；监管机构独立

运作并在行使职能、权力的过程中承担责任；监管机构具备足够的权力、准确的信息来源以履行职责；监管机构需要拥有充分的权力和适当的资源；监管机构需要遵循最高的职业标准，包括适当的保密原则。

(1)明确的职责。监管机构公正、尽职、高效的监管依赖于以下因素的支持：对于职责的明确界限，最好以法律形式颁布；与有关当局之间通过适当渠道的有力合作；对监管机构和工作人员履行职能与权力给予充分的法律保护。

(2)独立性和责任。在行使职能权力时，监管机构应不受外界政治和商业因素的干预，保持独立性，并对权力和资源的使用负责。

(3)充分的权力和适当的资源。监管机构应当拥有充分的权力、适当的资源以及发挥功能和运用权力的能力。

(4)清楚、连续的监管程序。在行使权力和发挥职能时，监管机构应该采取连续、易于理解、对公众透明、公平和公正的程序。

(5)工作人员的行为规范。监管机构的工作人员必须遵守最高的职业道德标准，并在以下具体事项上得到明确指引：避免利益冲突包括工作人员可能买卖证券的情形，合理使用在行使权力或履行责任时获取的信息，遵守保密规定和保护个人数据资料，保持工作程序的公平性。

2.关于自律原则

自律原则包括两个部分；其一，监管当局应当充分利用自律组织，根据市场的规模和复杂程度，使自律组织在各自擅长的领域内担当一线监管的责任；其二，自律机构应该接受监管者的监督，在执行相关权力和承担责任时遵循公平、保密性原则。

(1)自律组织的作用。自律组织是监管机构实行监管目标的一个重要补充。自律模式多种多样，自律功能应用的程度也千差万别。多数国家自律组织的共同特征是独立于政府监管机构，由工商企业参与管理，如果情况允许也会有投资者参与。

(2)核准与监督。监管机构赋予自律组织权力之前，应当要求自律组织达到一定的标准，同时不断地对自律组织进行监管。一旦自律组织开始工作，监管机构还需要保证其权力的使用符合公众利益，有助于证券法律、法规、自律组织条例等得到公正、连续的贯彻。

3.关于证券监管实施的原则

证券监管实施的原则包括三个部分：其一，监管机构在实施过程中需要具有审核、调查和监察的综合权力；其二，监管机构具有综合的执行能力；其三，监管体系应该确保有效和诚信地运用审核、调查、监察、执行等权力，保证有效的执行程序得以贯彻。

(1)检查与稽核程序。运用检查和监督手段对市场中介机构进行的监督有助于保持其服务的高标准及加强投资者保护，只要它认为必要，监管机构就有权获取所需信息或对中介机构的经营实施检查和稽核。

(2)综合实施权力。证券交易与欺诈阴谋的复杂性要求严格有力的执法行为，证券市场的投资者特别容易受到中介机构或其他人违法行为的侵害，为此，监管机构或其他主管当局应当具有调查和执法的综合权力。

(3)国际实施。证券市场的国际化及证券业务活动跨越多个司法管辖区的事实带来了一些特殊的问题。立法及监管机构的执法能力应足以对付跨越国界的违法活动，因此监管机构应努力保证其自身或者管理辖区内的其他机构获取必要信息的权力，这些信息对于调查和起诉违反法律及相关证券法规的行为非常必要。同时还要保证这些信息可以通过直接或间接的方式与其他监管者共享。

(4)洗钱。洗钱这一术语包含了各种为掩盖黑钱的非法来源、制造合法取得假象的行为和过程。监管机构应要求市场中介机构制定相应的政策和程序,以最大限度地降低利用中介机构洗钱的风险。

4.关于监管合作的原则

监管合作的原则包括三个部分:其一,监管机构应该具有国内外的同行共享公开或非公开信息的权利;其二,监管机构之间应该建立信息共享机制,并明确在什么情况下如何与国内外的同行共享有关的公开和非公开信息;其三,监管体系还应对在行使职能和权力时遇到的外国监管者提供必要的援助。

(1)国内监管合作的必要性。当存在以部门为基础的监管职责分工或当证券法和相关的基本法律存在交叉时,国内各部门的信息共享就显得非常重要。国内合作的必要性不仅表现在执法问题上,当证券、银行和其他金融部门存在职责分工时,有关某一领域活动授权和降低系统风险的信息同样需要国内合作。

(2)国际合作的必要性。对国内市场的有效监管也需要国际合作,不能提供监管协助将会严重危及证券市场的有效监管,金融活动国际化和金融市场全球化程度的提高,意味着监管国际合作的重要性。

(3)监管合作的范围。合作的形式和内容根据情况而定。重要的是,援助不仅是在调查时提供,而应该成为制止不法行为执法程序的一部分。另外,对于监管的一般信息交流也是必要的,包括财务和其他检查信息、专业技术、监督和实施的技术、投资者教育等。

(4)针对大型金融集团监管的合作。经营涉及多个金融机构涵盖金融和非金融领域的综合性大型金融集团越来越多,由此通过国际合作不断完善证券监管的方法和手段也就显得非常重要,以便对这样的大型金融集团进行有效的监管。

5.关于发行人的原则

发行人的原则包括三个部分:其一,发行人应该充分、准确、及时地披露财务报表,以及其他投资者的决策有重大意义的信息;其二,所有股东都应受到公平和公正的对待;其三,会计和审计应采用高标准的国际公认准则。

(1)信息披露应当清楚、及时、相对具体。投资者应当持续不断地获得有关信息,并据此做出投资决策,对影响投资决策的信息进行充分、及时、准确的披露直接关乎投资者保护和市场公平,效率和透明度等监管目标的实现。

(2)必须披露信息的情况。信息披露原则上至少应该包括以下内容:公开募股的条件、招股说明书和其他发行文件的内容、有关发行的补充性文件、有关证券发行的广告宣传、上市公司重要关联人的信息、谋求公司控制权的人的信息、对上市证券价格和价值产生重要影响的信息、定期报告、股东投票结果等。

(3)关于公司控制权的信息。为保证所有股东享有公正平等的待遇,应当要求披露管理层和大股东的持股情况。

(4)会计和审计标准。财务信息的可比性和客观性是进行投资决策的关键,会计准则与审计准则为财务信息的客观性提供了保障。会计标准应确保财务报表使用者获得最基本的财务信息,应该有符合国际标准而且清晰、定义准确的会计原则,同时还应保证财务信息的正确性和相关性。

6. 关于集合投资组合的原则

集合投资组合的原则包括四个部分：其一，监管体系应该对集合投资组合的管理人进行资格审核；其二，监管体系应该对集合投资组合的法定模式和结构以及客户资产的分离和保护等做出规定；其三，监管机构应要求集合投资组合进行信息披露，这对于评价该集合投资组合是否适合某个投资人以及保护投资人在该集合投资计划中的权益是必不可少的；其四，监管制度应该确保集合投资组合的资产评估、定价和赎回的规定建立在适当的、充分披露的基础之上。

(1)对管理人的资格要求。对集合投资组合管理人的资格要求应当有明确的标准。监管当局还应考虑这样一些因素：管理人的诚实与正直、管理人履行职责的胜任程度、融资能力、管理人的特定能力与责任、内部管理程序。

(2)对经营、利益冲突和代理人的监管。集合投资组合在操作过程中可能会出现投资者与管理人或代理人之间的利益冲突，监管制度应当使这种潜在的冲突发生的可能性降至最小，同时确保冲突发生时能得到正确的信息披露。

(3)法定模式和结构。监管体系应当规定集合投资组合的法定模式和结构，以便投资者评价他们的权力和利益，并使投资者的资产能够与其他资产有效区分和隔离。

(4)对投资者的信息披露。对投资者和潜在投资者需要披露对集合投资组合价值有重大影响的信息。

(5)对客户资产的保护。监管者应意识到保护投资者的好处，通过有效机制保护客户资产免受管理人破产或其他风险损失将有助于增强人们对金融市场的信心。

(6)资产评估和定价。监管制度应力求确保一个集合投资组合的全部财产能够得到公平和准确的估价，资产净值能够得到正确的计算。

(7)集合投资组合单位的赎回。集合投资组合监管的法律和法规应当确保投资者可以按照文件中明确规定的条件赎回自己的份额，并确保赎回权的暂停是保护投资者利益的，监管者应该随时被告知各种赎回权暂停的情况。

(8)国际监管合作。越来越多的集合投资组合在国际上销售，而且发起人、管理人、托管人与投资者分别属于不同国家的现象也很普遍，因此对集合投资组合的审批应该考虑到国际合作的需要。

7. 关于市场中介的原则

市场中介的原则包括四个部分：其一，监管应为市场中介设定最低准入标准；其二，应根据市场中介所承担的风险，提出相应的初始资本、持续资本及其他审慎要求；其三，市场中介应遵循内部组织标准和运营操守，以保护客户的利益，确保合理控制风险以及管理层承担与此相应的主要责任；其四，应确立处理市场中介倒闭的有关程序，以减少投资者损失和控制系统风险。

(1)发证与监管。对市场中介机构的发证及监管应为市场参与者制定最低标准，并一贯地对所有相似情况的中介机构一视同仁。这也将减少由于疏忽或非法行为或资本不足导致投资者损失的风险。发证过程应要求对申请人及所有控制或影响申请人的所有人员进行综合评估。发证机构应有权拒绝不符合标准的申请人。只要入场标准未达到，发证机构应有权收回执照或处罚领证人。中介机构控股人的变化或其他有重大影响的变化应通知主管机构，以保证其对该中介机构的评估仍然有效。若控股的变化不能符合相关要求，监管机构应有权收回执照或批准。

(2)资本充足。通过对持续资本标准的充分监管可促进对投资者的保护和金融系统的稳定。资本充足标准有利于增进金融市场信心，标准应允许证券公司在市场有较大不利走势时能吸收一些损失，以创造这样一个环境，使得一家证券公司可在较短的时间内逐渐减少业务，而没有给其客户或其他公司的客户造成损失，也不至于破坏金融市场的有序运作。资本标准应使得监管机构有时间进行干预从而实现有序停业的目的。

(3)业务条例规则及其他审慎要求。市场中介机构应以保护客户利益及维护市场健全的方式运作。市场中介机构的管理层应承担责任，确保整个公司保持适当的行为标准并执行适当的程序。这包括对该中介机构业务相关风险的管理。不应期望监管使市场摆脱风险，但应确保对风险有适宜的控制。应对被监管实体的风险管理程序进行定期评估，这方面可吸纳自律组织及外界审计师等第三方提供协助。

(4)中介机构财务破产时的举措。一家中介机构的破产可能导致系统性后果。监管机构应有处理市场中介机构破产的明确计划。金融破产的情况往往是难以预测的，因此该计划应具有灵活性。

(5)中介机构的监管。监管应确保对市场中介机构有持续、适宜的监管。监管应提供：检查权力——即使没有违规嫌疑的情况下，监管机构应拥有检查市场中介机构的账簿、记录及业务运营的权力，以确保其遵循相关规定。必须做出保存全面记录的补充要求；调查及执法权——在出现违规嫌疑或违规行为时，监管机构或其他主管机构应拥有所有调查权和执法措施；惩戒及撤销——应有公平、迅速的程序来惩戒违规的中介机构，必要时暂停或撤销其执照。惩戒及撤销执照可委托给适当的自律组织，但必须在监管机构的监管之下且授权不能过大；投诉——应有有效的机制来处理投资者的投诉。

(6)投资顾问。投资顾问是指主要从事于对证券的价值、投资、买卖证券提出建议的人员。若投资顾问也替客户交易，则前述的对其他中介机构适用的资本及其他运营控制也应适用于顾问。若顾问不交易，但获准保管客户资产，应对客户资产的保护进行监管，包括分账、定期检查(由监管机构或独立第三方进行)。

8. 关于二级市场的原则

二级市场的原则包括六个部分：其一，交易系统包括证券交易所的建立应该得到监管当局的批准和监督；其二，应该对交易所和交易系统实行持续的监督与控制，以保证不同市场参与者的需求能在公正、公平的原则下得到适当的平衡，从而确保交易的公正；其三，监管制度应促进交易的透明度；其四，监管制度的设计应有利于及时发现并制止市场操纵或其他不公正的交易行为；其五，监管制度应有助于实现对重大风险、违约事件和市场混乱情况的有效控制；其六，证券交易的清算和结算系统应该受到监管当局的监督，系统的设计应有助于确保公平和有效，并能降低系统风险。

(1)证券交易所和交易系统。监管程度的高低取决于市场特性，包括市场结构，市场作用者的成熟程度、市场进入的权利和交易产品类型。在有些情况下，交易系统在较大程度上免受直接监督是适宜的，但应得到有关监管当局的批准，在这之前，监管当局应认真考虑给予批准(或豁免)的理由。

(2)对市场运行系统和信息的持续监管。监管机构必须确保作为批准前提的相关条件在系统运行过程中依然得到满足，交易系统规则的修改方案应提交监管机构或由其批准，当交易系统被认定不符合批准条件或证券法规时，监管部门应重新审核或撤销原来的批准。

(3)交易透明度。透明度可定义为交易信息(包括交易前和交易后信息)能够及时为公众所获取的程度。确保即时获得信息是二级市场交易监管的关键，即时获取有关交易信息使投资者能更好地保护自己的利益，降低市场操纵或其他不公平交易发生的风险。

(4)禁止操纵市场和其他不公平交易行为。对二级市场交易的监管应禁止操纵市场、误导、内幕交易、扭曲价格、造成某些投资者处于不利地位的欺诈、欺骗行为。

(5)重大风险、违约诉讼程序和市场混乱。重大风险是指一个足以引致市场或清算公司风险的持仓，市场当局应对此密切监控并保证信息共享以便对风险进行正确评估。市场当局应使市场参与者了解关于市场违约诉讼程序的相关信息，监管机构应确保与有关的诉讼程序的有效性和透明度。相关产品(现货或衍生工具)的市场监管当局应尽可能彼此沟通以将市场混乱的负面影响降到最低限度。

(6)清算和结算。清算和结算系统是指为了计算市场参与者的义务并对各方义务进行结算的系统，它包括数据或文件的提供、交换过程以及资金和证券的转移过程。应使市场的参与者了解清算和结算系统的操作规则与程序，应该对清算结算系统及其运作人员实施直接监督。

(7)清算和结算系统的标准与监督。清算和结算系统的监管部门应制定一个使其能够确保系统可靠性的监管框架，使其能够监控或在可能的情况下预测并防止清算和结算问题的发生。

(8)清算和结算系统交易的确认。清算和结算系统应能及时提供对交易的确认，其标准应尽可能地接近即时确认。

(9)清算和结算系统中的风险问题。应该在连续的基础上辨别和控制风险的程序，证券市场的监管不仅要努力降低风险，还要致力于风险识别和防止风险在参与者之间转移。

第二节　对投资银行的监管

一、市场准入的监管

从监管体系的角度来看，对市场准入的控制是保证整个投资银行业平稳发展预防性措施。所谓市场准入的监管，也就是对投资银行资格的监管。为了保障金融体系的安全，世界上任何一个存在资本市场的国家都对投资银行设立了最低的资格要求，各国的监管机构都会参与投资银行的审批过程;但由于各国对资本市场竞争的认识有所不同，所以在参与程度和方式上存在着一定的国别差异。

综观世界各国情况，投资银行市场准入监管制度可以分为两种:一种是以美国为代表的注册制;另一种是以日本为代表的特许制(日本在 1999 年以前实行的是特许制，1998 年 12 月 1 日，通过新的《证券交易法》，将特许制改为注册制)。

1. 注册制

在注册制条件下，监管部门的权力仅限于保证投资银行所提供的资料无任何虚假的事实，投资银行只要符合法律规定的设立条件和有关资格规定，并在相应的证券监管部门及证券交易部门注册并提供全面、真实、可靠的资料，便可以设立并经营投资银行业务。

美国《证券交易法》规定，投资银行必须取得证券交易委员会的注册批准，并成为证券交易所或证券业协会的会员，才能开展经营业务活动。实质上，美国投资银行的注册必须经过证券交易委员会和证券交易所两道程序才能完成。

(1)在证券交易委员会登记注册

投资银行必须填写注册申请表，内容包括投资银行的注册资本及构成、经营活动区域、经营的业务种类、组织管理机构等。接到投资银行的注册申请，证券交易委员会对投资银行进行考察，主要有以下几个方面：投资银行的交易设施是否具备，自有资金是否充足，来源是否可靠；投资银行管理人员的资格是否具备，尤其是要考虑其是否曾违反证券法规和其他法律；投资银行具备从事其申请的业务能力。然后，将在 45 天内以予以答复。同时，投资银行还要向证券交易委员会缴纳一定的注册费。

(2)在证券交易所登记注册

申请注册的程序与在证券交易委员会的注册程序基本相同。投资银行必须经过证券交易委员会的注册批准之后，才能在证券交易所注册。同时证券交易所还要考察其是否能够遵守证券交易所的规章制度。投资银行被批准成为交易所的会员后，要按规定交纳会员费。

从美国的注册之中，可以看出注册制则更多地强调市场机制的作用，通过市场机制和交易所席位的限额来控制投资银行的数量。其理论依据是“太阳是最有效的防腐剂，灯光是聪明能干的警察”。如果市场机制不完善，或交易所限额失控，将会使进入金融市场的投资银行数量失控，进而造成金融体系的混乱。因此，实行注册制的前提是要有一个成熟、有效和完善的证券市场及金融市场。

2. 特许制

在特许制条件下，投资银行在设立之前必须向有关监管机构提出申请，经监管机构核准之后才能设立，即设立的审批权掌握在监管机构手中。同时，监管机构还将从市场竞争状况、证券业发展目标、该投资银行的实力等方面来考虑批准其经营何种业务。一般都有对投资银行的最低资格要求。比如，要有足够的、来源可靠的资本金和比较完备、良好的硬件设施，管理人员必须具有良好的信誉、素质和证券业务水平，业务人员接受过良好教育且具有经营证券业务的相关知识和经验。

在日本，根据《证券交易法》规定，任何从事证券业的投资银行在进入证券业之前，必须向大藏省提出申请，大藏省在考察其资本金、业务水平、未来的盈利性以及市场竞争状况和证券业发展目标等因素之后，根据不同的业务种类发放不同的许可证。如对从事证券经纪、自营、承销等业务者授予综合类业务的许可证，对从事证券经纪业务者授予经纪业务的许可证等。日本对投资银行的最低资格要求主要有以下几个方面：①拥有足够的资本金，而且资本金的来源是稳定可靠的。例如，规定从事证券承销业务的投资银行最少要有 30 亿日元的资本金；②投资银行的管理人员要具有良好的信誉，有良好的素质和证券业务水平；③投资银行的业务人员也必须受到良好的教育，并且与管理人员一样必须具有相当的证券业务知识和实践经验；④要求投资银行具有比较完备、良好的硬件设施。

除日本外，法国、意大利、韩国、我国大陆和我国台湾地区也实行证券公司特许制管理。与注册制相比，特许制对投资银行的市场准入要求更为严格，行政色彩较为浓厚。特许制要求投资银行的设立不仅自身要具备一定的经营实力，而且还要考虑到整个证券市场的情况。这种制度下，政府起着主导作用。

此外，对于既从事证券经纪业务，又经营证券自营买卖业务的投资银行，各个国家和地区的监管机构一般都设置了更高的要求。除了一般的资格要求之外，监管机构对从事自营业务的投资银行规定要拥有更高的资本金，其管理人员和从业人员要具备更好的证券业务水平，要通过严格的考核。

我国证券公司的设立采用许可制。即证券公司的设立必须获得中国证监会颁发的许可证。根据修订前的《证券法》的规定，我国证券公司分为综合类和经纪类两类，两类证券公司必须获得中国证监会颁发的相关许可证。

我国2006年1月1日开始实施的《证券法》规定，设立证券公司，必须经国务院证券监督管理机构审查批准。未经国务院证券监督管理机构批准，任何单位和个人不得经营证券业务。同时，设立证券公司，应当具备以下条件：有符合法律、行政法规规定的公司章程；主要股东具有持续盈利能力，信誉良好，最近三年无重大违法违规记录，净资产不低于人民币2亿元；有符合本法规定的注册资本；董事、监事、高级管理人员具备任职资格，从业人员具有证券从业资格；有完善的风险管理与内部控制制度；有合格的经营场所和业务设施；法律、行政法规规定的和经国务院批准的国务院证券监督管理机构规定的其他条件。

二、日常经营活动的监管

综观各国投资银行业日常经营活动的监管，主要包括以下几个方面的内容。

1. 经营报告制度

投资银行必须将其经营活动按统一的格式和内容报告证券监管机关。有些国家还规定，经营报告分为年报、季报和月报三种，经营状况好的投资银行只需要上交年报，而那些被认为需要重点监管、管理的投资银行则必须上交季报甚至是月报。这样可以让金融监管机构随时了解投资银行的经营管理状况，以便更好地实施监督和管理，防止金融危机的爆发。上报的这些情况成为决定是否对那些经营不好的投资银行采取相应措施的重要依据。我国2002年1月1日开始实施的《证券公司管理办法》规定，证券公司应当按照中国证监会的要求报送财务报表、业务报表和年度报表。

2. 收费限制

为了防止投资银行在证券承销、经纪服务中收费过高，人为抬高社会筹资成本，证券监督机构对投资银行经营证券承销、经纪以及咨询服务等业务的收费标准一般实行最高限制。例如，美国投资银行经纪业务的佣金金额不得超过交易额的5%，其他业务的佣金比例不得高于10%，否则将按违法论处。

3. 资本比例限制

为了防范投资银行过度地追求风险，很多国家都对投资银行的资本充足率指标作了要求，规定了投资银行持有净资本的最低限度。例如，美国证券交易委员会规定，投资银行的净资本（由现金和可以随时变现的自有资本组成）与其负债之比最低不得低于1∶15。该原则实际上是要求投资银行在经营中保持足够的现金资产，以便把投资银行的经营风险控制在一定的范围内。我国2002年1月1日开始实施的《证券公司管理办法》规定，证券公司净资本不得低于其对外负债的8%；证券公司流动资产余额不得低于流动负债余额；综合类证券公司的对外负债不得超过其资产额的九倍；经纪类证券公司的对外负债不得超过其资产额的三倍。美国对投资银行的资本金充足监管因2008年金融危机，监管机构可能会要求投资银行持有和商业银行一样多的资本金。这剂“苦药”可能让华尔街难以下咽，因为这意味着减少利润和股价下跌。

4.经营管理制度

考虑到证券市场应该建立在非垄断、非欺诈的平等基础上，证券监管机构应建立严格的投机经营管理制度，制定“反垄断条款”“反欺诈、假冒条款”和“反内部沟通条款”等。投资银行可以在不违反这些条款的前提下，开展合理的证券投机活动。反垄断条款的核心是禁止证券交易市场上垄断证券价格的行为，制止哄抬或打压证券价格，制止一切人为造成证券价格波动的证券买卖；“反欺诈、假冒条款”的核心是禁止证券交易过程中的欺诈、假冒和蓄意损害交易对手的行为；“反内部沟通条款”的核心是禁止投资银行内幕交易行为，以及公司内部人员或关系户利用公职之便在交易中牟取私利。

5.交纳管理费制度

除了投资银行注册费外，投资银行必须按经营额的一定比例向证券监管机构和证券交易所缴纳管理费，证券监管机构和证券交易所将这些管理费集中起来，主要用于对投资银行经营活动进行检查、监督等方面的行政开支。我国政府规定自2003年1月1日起，对在我国境内登记注册的证券公司、基金管理公司、期货经纪公司均收取机构监管费。对证券公司和基金管理公司每年按注册资本金的0.5‰收取，最高收费额为30万元。对期货经纪公司每年按注册资本金的0.5‰，最高收费额为5万元。期货市场监管标准为年交易额的0.002‰，向上海、郑州、大连期货交易所收取。

三、主要业务活动的监管

前已述及，投资银行业务有狭义和广义之分，狭义或传统的投资银行业务主要指证券的承销我经纪业务，广义的投资银行业务则处于动态发展过程中，具有不断创新的特点。它除了包括狭义的投资银行业务外，还包括项目融资、公司理财、资产管理、咨询服务、投资基金业务、企业兼并与收购业务、商业银行业务以及资产证券化、衍生金融交易和金融工程等资本市场业务。随着投资银行业务的不断发展，投资银行业务的监管也在不断发展。

1.对证券承销业务的监管

投资银行在证券发行者和证券投资者之间承担着桥梁的作用，一方面通过合法承销证券，为众多企业筹集大量的资金；另一方面努力将承销的证券出售给投资者。由于其证券承销时很容易通过掌握大量的证券来操纵证券市场价格，从而获取不正当的收益，所以监管一般都着重于禁止其利用承销活动获取不合理利润，以及利用热门股票发行或稳定价格时操纵市场等方面。

具体来说，对投资银行承销业务方面的监管有如下几个方面的内容：①禁止投资银行以任何形式欺诈、舞弊、操纵市场和任何形式的内幕交易。具体来说，严禁投资银行和证券发行者制造、散布虚假或使人迷惑的消息，严禁通过合资或者集中资金来影响证券的发行及发行价格，严禁内幕人员利用内幕信息买卖证券或者根据内幕信息建议他人买卖证券。②投资银行要承担诚信义务。信息的首次披露应完全披露企业与发行证券相关的所有情况，应该定期对企业的财务状况和经营情况提出报告。禁止投资银行参与(或不制止)证券发行企业在发行公告中从事弄虚作假的、欺骗公众的行为。如果投资银行和发行企业之间存在着某种特殊关系，必须在公告书中加以说明，以便投资者有充分的心理准备和正确的认识。③禁止投资银行承销超过自己所能承受范围的证券，避免其过度投机。禁止投资银行对发行企业征收过高的费用，从而造成企业的筹资成本过高，侵害发行企业的利益。④在股票发行承销业务中，既要合理规范地帮助企业进行股份制改造，科学、合理、合法地充当企业财务顾问，协助其进行资产重组、调整资本结构，使企业符合股票发行和上市条件，确保企业股票发行和筹资的成功；同时又要严格遵守国家的有关法律和政策，在企业股票发行承销业务中，不弄虚作假，不搞伪装，以科学的态度进行合理的上市包装，不侵害投资者利益。⑤建立证券评级制度。证券评级制度是对资产质量进行评价的一种制度。对证券发行者来说，只有经过评级，所发行的证券才容易被公众所接受，才能顺利地销售出去。而投资者也需要它来比较各种证券的级别及其变动，以保证投资和交易质量，争取最大的收益，从而质量差的证券将被驱除出证券市场上。证券评级制度决定着证券的市场价格和销路，也决定着证券发行者的筹资成本和能否筹集到足够的资金，以此作为一种外部约束来督促证券发行者提高发行质量。

2.对证券经纪业务的监管

投资银行作为证券买卖双方的经纪人，按照客户投资者的委托指令在证券交易所买入或卖出证券，其最大的特点就在于投资银行无须运用自己的资金，不承担任何投资风险，而只需按投资者的指令行事，并按交易金额的一定比例收取手续费。因此，为了维护投资者的利益，有必要加强这方面的监管。

监管的具体内容如下：①投资银行在经营证券经纪业务时必须坚持诚信的原则，禁止任何欺诈、违法和私自牟利的行为。在提供给投资者的相关信息中，必须保证所提供信息的真实性和合法性，同时保证语义清楚，不得含有易使投资者混淆的内容。②资本金方面的约束。投资银行向客户提供的贷款不得超过证券市价的一定百分比，而且还得满足初始保证金和维持保证金的要求。初始保证金是投资者必须用现金支付的证券市价比率，而维持保证金则规定了在投资者的保证金账户中权益数额占证券总市价的最低比率。投资银行应严格要求客户满足这些要求，防止客户无法偿还贷款所导致的金融风险。③在接受客户委托方面，有些国家禁止投资银行全权接受客户委托，替客户选择证券种类、买卖数量、买卖价格和时机等，以防止投资银行做出伤害客户利益的事情发生。另一些国家虽然允许设立“全权委托账户”，但是也作了一些规定，禁止投资银行做出不必要的买进卖出，以多牟取佣金。未经委托，投资银行不得自主替客户买卖证券；接受委托，从事证券买卖后，必须将交易记录交付委托人。我国《证券法》第一百四十三条规定，证券公司办理经纪业务，不得接受客户的全权委托而决定证券买卖、选择证券种类、决定买卖数量或者买卖价格。④在从事经纪业务中，要遵守一些道德约束。不得向客户提供证券价格即将上涨或下跌的肯定性意见；不得劝诱客户参与买卖证券；不得利用其作为经纪商的优势地位，违规限制某一客户的交易行为；不得从事可能对保护投资者利益和公平交易有害的活动；也不得从事有损于整个行业信誉的活动。我国《证券法》第一百四十四条规定，证券公司不得以任何方式对客户证券买卖的收益或者赔偿证券买卖的损失做出承诺。⑤应严格按规定收取佣金，不得私自决定收费标准和佣金比例。很多国家都对投资银行向客户收取佣金的比例作了规定，佣金费一般为其交易额的5%。如果政府监管机构没有规定的话，可以自行决定，但决策时必须坚持诚信原则，不得故意欺诈客户。⑥除了接受金融监管机构和国家执法机关等行政机关的调查外，投资银行负有对客户证券交易信息等资料保密的义务，不得以任何方式向第三人公开和泄漏。

3.对证券自营业务的监管

证券自营业务就是投资银行用自己的资金进行证券买卖交易，以获取利润。一般来说，投资银行在证券自营交易中只会买进那些可以卖高价的热销证券，这种在利益的驱动下追求高收益的动机往往会忽视对风险的防范，因此投资银行证券自营业务的风险很大，同时由于其自身拥有资金、信息等优势，也存在着更大的操纵市场的可能性，还有可能通过混淆其自营业务和经纪业务来侵犯客户利益。

各国的监管机构都在如下几个方面对投资银行的证券自营业务进行严格监管：①禁止投资银行操纵证券价格。在这方面一般规定某一投资银行所能购买的证券数量，不得超过该证券发行企业所发行的证券总量的一定百分比，或者不得超过该发行企业资产总额的一定百分比。②限制投资银行所承担的风险。要求投资银行在进行证券交易时按一定比例提取准备金；严格限制投资银行对外负债的总额不超过其资本净值的倍数以及流动性负债的规模不超过流动资产的一定比例，限制其通过借款来购买证券；限制投资银行大量购买"有问题"的证券(包括财务严重困难或遭遇重大自然灾害的企业股票，连续暴涨暴跌的股票等)。我国《证券法》第一百三十五条规定，证券公司从每年的税后利润中提取交易风险准备金，用于弥补证券交易的损失，其提取的具体比例由国务院证券监督管理机构规定。③公平、公开交易的原则。投资银行不得利用其在资金、信息、技术等多方面的优势来从事不公平交易，必须遵守证券市场规则，公平参与竞争。必须标明其自营业务的内容，坚持交易程序、交易价格、交易数量公开，不搞内幕交易和暗箱操作。④投资银行的自营业务和经纪业务必须严格分开，防止投资银行通过兼营自营业务和经纪业务侵犯客户利益。规定实行委托优先和客户优先的原则，即当客户和自营部门同时递交相同的委托时，即使投资银行叫价在先，也要按客户的委托优先成交；在同一交易时间，不是同时对一种证券既接受委托买卖又自行买卖。我国《证券法》第一百三十六条规定，证券公司应当建立健全内部控制制度，采取有效隔离措施，防范公司与客户之间、不同客户之间的利益冲突。证券公司必须将其证券经纪业务、证券承销业务、证券自营业务和证券资产管理业务分开办理，不得混合操作。⑤规定投资银行必须实名经营。我国《证券法》第一百三十七条规定，证券公司的自营业务必须使用自有资金和依法筹集的资金。证券公司不得将其自营账户借给他人使用。⑥在经营自营业务时，应该尽力维护市场稳定、维护市场秩序。投资银行是依托资本市场而生存的，维护市场秩序是投资银行的天职。同时，投资银行是拥有巨资的机构投资者，也有能力来维护市场的交易秩序和安全。不得出现侵犯客户利益和过度投机的行为。

4.对基金管理业务的监管

基金的运作涉及投资人、基金管理人以及基金托管人之间的委托/代理关系和信托关系，各当事人的权利和义务关系比较复杂。立法和监管是基金业健康运作的基础，也是加快基金业发展的首要工作，因此基金的全部运作必须被置于严格的监管之下，以充分保护投资人的财产权和收益权。

投资银行基金管理业务的监管内容主要有以下几个方面：①基金资格的监管。基金的设立有两种主要，即注册制和核准制。在注册制下，只要符合规定的条件即可获准成立，属于一种形式管理，大多数国家和地区都是采用这一方式，如美国、日本、中国香港等。所谓核准制，是指设立基金的申请需经审核批准方可发行，属于一种实质管理。②基金信息披露的监管。监管是建立在信息充分披露的基础上的，要求披露的主要内容有注册登记表、招募说明书、中期报告、年度报告、股东大会报告及股东账户与启示等。招募说明书必须能给投资者提供充分和准确的信息，监管部门鼓励投资者在做出投资决策之前咨询和阅读投资公司的招募说明书，招募说明书必须分发到每一位基金投资者手中。要充分、公正地对投资人披露信息，以便让投资人而不是政府去判断每个基金投资的优劣。投资者的利益也就是基金的利益，因此基金必须将投资者的利益放在首位，要为他们提供优质的服务。③对基金运作的监管。基金操作需要规范化，各国法律都对投资基金运作的有关方面作了明确的规定，如发行与认购、投资策略和范围、收益的分配及信息的公开等。监管包括定期检查和临时检查来确保这些规定得到严格遵守。定期检查在时间间隔上，对于规模较大的投资公司一般是每两年检查一次，对于规模较小的投资企业一般是每五年检查一次。临时检查主要是在以下两种情况下进行：一是接到投诉信；二是新闻媒体报道的信息。监管机构对基金分散组合投资做出规定，以便降低基金的投资风险，并使基金获得享受税收优惠的价格。④对行业组织与基金组织本身进行监管。对行业组织的监管，包括检查这些行业组织的监管系统、调查工作的手法和程序以及违法行为的处分惩罚制度是否得到有效实行。此外，还通过证券交易所、清算机构等组织来保证基金交易的合法性。对投资基金本身进行监管包括监管部门应对投资企业和投资顾问的有关文件进行选择性的审查，并对其中规模和社会影响较大的基金公司的文件和报告作详细检查。

5. 对企业兼并与收购业务的监管

企业兼并与收购业务具有广阔的市场前景，可为投资银行圈定一大批稳定的客户群，增强自身的核心竞争力，并带动证券承销、自营、代客理财及风险投资等传统和创新业务的发展。信息披露制度能使投资者在相对平等的条件下获得信息，是防止证券欺诈内幕交易等权力滥用行为的最有效措施。因此，各国均将信息披露制度作为收购立法的重点，这也是对投资银行从事收购业务进行监管的主要方式。

具体的监管内容如下：①主要信息披露制度。上市企业重大的购买或出售资产行为、董事会、中介机构报告、监事会意见、是否产生关联交易和同业竞争等问题，均应及时披露。持续时间较长的并购必须定期连续公告。美国《威廉姆斯法案》还规定，在收购的信息公开中，下列行为是违法的：对重要事实作任何不实陈述；在公开信息中省略那些为了不引起人们误解而必须公开的事实以及在企业收购中的任何欺诈、使人误解的行为和任何操纵行为。这些均属于虚假陈述，投资者可以对此提出起诉。②股东持股信息披露义务。股东获得某一企业有投票权的股份达到一定数量时，必须公开一定的信息，以此防止大股东暗中操纵市场。大股东持股信息披露的关键内容是披露持股的比例要求，披露的期限与股份变动数额。要求开始披露的持股比例越低，越有利于保护中小股东的利益。③禁止内幕交易。这里的内幕人员主要是指投资银行的相关工作人员。内幕交易主要包括利用内幕信息买卖证券，或者根据内幕信息建议他人买卖证券的行为；向他人泄露内幕信息，使他人利用该信息获利的行为。投资银行的部分职员由于帮助公司实施并购方案，能比公众多掌握一些内部信息，出于保护公平交易的考虑，应该禁止他们从事内幕交易。我国《证券法》规定，禁止证券交易内幕信息及知情人和非法获取内幕信息的人利用内幕信息从事证券交易活动。《证券法》所界定的证券交易信息的知情人包括：发行人的董事、监会、高级管理人员；持有公司5%以上股份的股东及其董事、监事、高级管理人员；由于所任公司可以获取有关内幕信息的人员；证券监督管理机构工作人员以及由于法定职责对证券的发行、交易进行管理的其他人员；保荐人、承销的证券公司、证券交易所、证券登记结算机构、证券服务机构的有关人员；国务院证券监督管理机构规定的其他人。

6.对金融衍生产品业务的监管

为了规避风险和追求利润，各国金融业都热衷于金融创新，从而使得越来越多的金融衍生产品被开发出来。金融衍生产品的运用在为使用者带来收益的同时，也给金融体系带来了更大的风险，给监管机构提出了新的挑战。各国监管机构都非常重视对投资银行金融衍生品业务的监管。

具体监管内容如下：①增加市场透明度。要求交易机构制定出一套完善的风险管理、咨询制度；密切注意资本市场的变化，定期向监管机构和投资者公布信息。同时还规定投资银行公开的资料会计口径必须标准化，以便于评估市场风险。②证券（期货）交易所、票据交易所必须强化交易、清算以及交割的管理，将交易日到交割日的期限标准化，扩大使用交易当天便交割的制度，以增加市场流动性。③加强协调合作。这一方面指的是大户投资者或机构投资者必须与投资银行合作，遵从相关的交易法令；另一方面指的是投资银行之间要加强协调与合作，共同抵御风险，以维护金融体系的安全。④重视对电子信息系统的安全性管理，要在技术上加强安全，以避免重大损失。

7.对金融创新的监管

金融创新促进了经济发展，同时也使金融风险加大，因而需要更加严厉的金融监管来加以防范。金融创新是逃避金融监管的结果，它使大量的金融产品和金融工具不断产生，使金融体系发生了深刻变化；金融创新又促进了金融监管的调整，为了保持金融体系的安全和稳定，各国金融监管机构都发生了显著的变动。这种相互影响、相互作用、相互促进的结果构成了金融创新与金融监管的辩证关系。

对金融创新的监管内容如下：①调整监管。当投资银行创新的许多工具和做法被越来越多地仿效时，金融监管机构需要进行金融监管的调整来面对这种创新，可以是放松某些管制，也可以是加强立法和监督，以杜绝某些有危害的创新。②扩大监管范围。不仅对投资银行的基本业务进行监管，其衍生业务（包括各种创新业务）也应纳入监管范围。③采用新的会计制度。用代表市场价值的会计核算制度来代替原有的只反映资产账面价值的核算方式，对投资银行的财务报告进行更准确的评估。④加强电子信息系统的安全管制。由于金融市场的国际化和电子化，交易的规模和成交速度发生了根本变化，要从技术上采取安全措施，防止出现危害甚大的“机器故障”。加强监管的国际合作。由于现在的投资银行业务呈现出国际化的趋势，因而有必要在全球范围内加强证券监管部门的合作，以确保金融交易的高效安全以及投资银行的规范运作。

四、投资银行从业人员管理制度

1. 从业人员资格管理与考试

投资银行从业人员，是指证券公司中从事自营、经纪、承销、投资咨询、受托投资管理等业务的专业人员，包括相关业务部门的管理人员。投资银行从业人员应当按照有关规定，通过考试取得从业资格和执业证书。按照2003年2月1日起颁布的《证券从业人员资格管理办法》规定，由中国证券业协会负责组织从业人员从业资格考试、执业证书发放以及执业注册登记工作。具体的规定如下。

(1)从业考试、从业资格和执业证书

第一，参加资格考试的人员，应当年满18周岁，具有高中以上文化程度和完全民事行为能力。第二，资格考试由中国证券业协会统一组织。参加考试的人员考试合格的，取得从业资格。第三，从业资格不实行专业分类考试，资格考试内容包括一门基础性科目和一门专业性科目。根据证券市场发展的需要，协会可以在资格考试之外另外组织各项专业的水平考试，但不作为法定考试内容，由从业人员自行选择，供机构用人时参考。第四，取得从业资格的人员，符合以下条件的，可以通过机构申请执业证：①已被机构聘用；②最近三年未受过刑事处罚；③不属于因违法行为或者违纪行为被开除的证券交易所、证券登记结算机构、证券公司的从业人员和被开除的国家机关工作人员；④未被中国证监会认定为证券市场禁入者，或者已过禁入期的；⑤品行端正，具有良好职业道德。申请执业证券投资咨询以及证券资信评估业务的，申请人还应同时符合《证券法》相关规定："专业的证券投资咨询机构、资信评估机构的业务人员，必须具备证券专业知识和从事证券业务两年以上经验"。

申请人符合上述规定条件的，协会应当自收到申请之日起30日内，向中国证监会备案，颁发执业证书；不符合办法规定条件的，不予颁发执业证书，并应当自收到申请之日起30日内书面通知申请人或者机构，并书面说明理由。执业证书不实行分类。取得执业证书的人员，经机构委派，可以代表聘用机构对外开展本机构经营的证券业务。

(3)日常监督管理

①取得执业证书的人员，连续三年不在机构从业的，由协会注销其执业证书；重新执业的，应当参加协会组织的执业培训，并重新申请执业证书。

②从业人员取得执业证书后，辞职或者不为原聘用机构所聘用的，或者由于其他原因与原聘用机构解除劳动合同的，原聘用机构应当在上述情形发生后10日内向协会报告，由协会变更该人员执业注册登记。取得执业证书的从业人员变更聘用机构的，新聘用机构应当在上述情形发生后10日内向协会报告，由协会变更该人员执业注册登记。

③机构不得聘用未取得执业证书的人员对外开展证券业务。

④从业人员在执业过程中违反有关证券法律、行政法规以及中国证监会有关规定，受到聘用机构处分的，该机构应当在处分后10日内向协会报告。

⑤协会和证券公司都应当分别定期组织取得执业证书的人员进行后续职业培训，提高从业人员的职业道德和专业素质。

⑥协会依据本办法及中国证监会有关规定的从业资格考试办法、考试大纲、执业证书管理办法以及执业行为准则等，应当报中国证监会核准。协会应当建立从业人员资格管理数

据库,进行资格和执业注册登记管理。

⑦取得从业资格的人员提供虚假材料,申请执业证书的,不予颁发执业证书;已颁发执业证书的,由协会注销其执业证书。机构办理执业证书申请过程中,弄虚作假、徇私舞弊、故意刁难有关当事人的,或者不按规定履行报告义务的,由协会责令整改;拒不改正的,由协会对机构及其直接责任人员给予纪律处分;情节严重的,由中国证监会单处或者并处警告、3万元以下罚款。

⑧机构聘用未取得执业证书的人员对外开展证券业务的,由协会责令改正,拒不改正的,给予纪律处分;情节严重的,由中国证监会单处或者并处警告、3 万元以下罚款。

⑨从业人员拒绝协会调查或者检查的,或者所聘用机构拒绝配合调查的,由协会责令其改正,拒不改正的,给予纪律处分;情节严重的,由中国证监会给予从业人员暂停执业 3～12 个月,或者吊销其执业证书的处罚;对机构单处或者并处警告、3 万元以下罚款。

⑩被中国证监会依法吊销执业证书或者因为违反本办法被协会注销执业证书的人员,协会可在三年内不受理其执业证书申请。

2. 高级管理人员任职资格管理

证券经营机构高级管理人员专指证券经营机构的董事长、副董事长、总经理和副总经理。中国证监会 1998 年颁布了《证券经营机构高级管理人员任职资格管理暂行办法》,2000 年又颁布了关于《证券经营机构高级管理人员任职资格管理暂行办法》的补充通知。其具体管理办法如下。

(1)任职资格

证券经营机构高级管理人员任职须具备以下条件(经中国证监会认定的特殊情况除外):①具有中华人民共和国国籍;②按照中国证监会有关规定,取得两种《证券从业人员资格证书》,并从事证券工作 3 年以上;未取得《证券从业人员资格证书》的,应具有硕士以上学历,从事证券工作 5 年或金融工作 8 年以上;或具有大学本科学历,从事证券工作 6 年或金融工作 10 年以上;其他学历人员,需从事证券工作 10 年,或金融工作 15 年,或经济工作 20 年以上。③身体状况良好;④具有良好的职业道德;⑤具有履行高级管理人员职责所必备的经济、金融、证券知识和组织协调能力;⑥中国证监会要求的其他条件。

(2)禁入条款

有下列情形之一的,不得担任证券公司高级管理人员:①《公司法》、《证券法》及《证券经营机构高级管理人员任职资格管理暂行办法》所列不适宜担任证券公司高级管理人员行为的;②近三年受过其他金融监管部门及其他主管部门处罚,不适宜担任证券公司高级管理人员的;③因个人管理能力造成公司经营严重亏损或业务活动出现重大问题的;④近五年内受过有关党纪政纪处分的;⑤有欺诈或不诚实行为的;⑥因涉嫌重大投诉或违法违规行为处于调查之中且没有定论的;⑦近三年受过中国证券业协会经济处分的;⑧有赌博、吸毒、嫖娼等违反社会公德行为,造成不良影响的;⑨利用职务便利为自己直接或间接牟取不正当利益的;⑩个人负有数额较大债务且到期未清偿的。

(3)任职资格的申请与审查

证券公司拟聘任高级管理人员时,应事先报中国证监会进行任职资格审查;证券公司拟聘任的高级管理人员申请任职资格,要由两名具备任职资格的证券公司高级管理人员的推荐。推荐人应如实陈述被推荐人情况,并对被推荐人的业务水准、职业道德及遵规守法情况出具意见。推荐意见中有虚假陈述的,将记入推荐人的档案。未经中国证监会进行任职资格审查或审查不合格的人员,证券公司不得为其办理任职手续。

(4)后续管理

第一,证券公司高级管理人员不得在各级党政机关任职,不得兼任其他企事业单位的高级管理人员。证券公司高级管理人员不得从事除本职工作以外的其他任何以盈利为目的的经营活动。

第二,证券公司高级管理人员应当于每年3月底前,将上年度述职报告和公司董事会评价意见报中国证监会备案。中国证监会对证券公司的年检包括对证券公司高级管理人员任职资格的考核。中国证监会对举报或反映证券公司高级管理人员违法违规的情况可以进行调查,并可根据调查结果对其任职资格重新进行审查。

第三,证券公司董事长或总经理离任时,所在机构董事会或股东大会应当委托具有从事证券相关业务资格的会计师事务所根据有关法律、法规对其进行离任审计,并将审计结果报告中国证监会。中国证监会负责建立证券经营机构高级管理人员任职档案。

五、投资银行主要违法违规行为监管

1. 内幕交易

内幕交易是指内幕人员以不正当手段获取内幕信息并且违反法律、法规的规定,泄露内幕信息,根据内幕信息买卖证券或者向他人提出买卖证券建议的行为。

内幕交易行为人为达到获得或避损的目的,利用其特殊地位或机会获取内幕信息进行证券交易,违反了证券市场"三公"原则,侵犯了投资公众的知情权和财产权益。内幕交易丑闻会吓跑众多的投资者,严重影响证券市场功能的发挥。同时,内幕交易使证券价格和指数的形成过程本身失去了有效性和客观性,使证券价格和指数成为少数人利用内幕信息炒作的结果,最终会使证券市场丧失优化资源配置及作为国民经济晴雨表的作用。

(1)内幕人员,内幕人员是指由于持有发行人的证券,或者在发行人、与发行人有密切联系的公司中担任董事、监事、高级管理人员,或者由于其会员地位、管理地位、监管地位和职业地位,或者作为发行人的雇员、专业顾问履行职务,能够接触或者获得内幕信息的人员。包括:

第一,发行人的董事、监事、高级管理人员、秘书、打字员以及其他可以通过履行职务或者获得内幕信息的人员;

第二,发行人聘请的律师、会计师、资产评估人员、投资顾问等专业人员;

第三,根据法律、法规的规定对发行人可以行使一定管理权的人员,包括证券监管部门和证券交易所的工作人员,发行人的主管部门和审批机关的工作人员以及工商、税务等有关经济管理机关的工作人员等。

第四,由于本人的职业地位、与发行人的合同关系或者工作联系,有可能接触或者获得内幕信息的人员,包括新闻记者、编辑、电台主持人以及编排印刷人员等。

第五,可能通过其他合法途径接触内幕信息的人员。

(2)内幕信息

内幕信息是指为内幕人员所知悉,尚未公开的可能影响证券市场价格的重大信息。包括：①发行人订立重要合同，该合同可能对公司的资产、负债、权益和经营成果中的一项或多项产生显著影响；②发行人的经营政策或者经营范围发生重大变化；③发行人发生重大投资行为或者购置金额较大的长期资产的行为；④发行人发生重大债务；⑤发行人未能归还到期重大债务的违约情况；⑥发行人发生重大经营性或者非经营性亏损；⑦发行人资产遭受重大损失；⑧发行人的生产经营环境发生重大变化；⑨可能对证券市场价格有显著影响的国家政策变化；⑩发行人的董事长、1/3 以上董事或者总经理发生变动；⑪持有发行人 5%以上的发行在外的普通股股东，其持有该种股票的增减变化达到该种股票发行在外总额的 2%以上的事实；⑫发行人的分红派息、增资扩股计划；⑬涉及发行人的重大诉讼事项；⑭发行人进入破产、清算状态；⑮发行人章程、注册资本和注册地址的变更；⑯因发行人无支付能力而发生相当于被退票人流动资金 5%以上的大额银行退票；⑰发行人更换为其审计的会计师事务所；⑱发行人债务担保的重大变更；⑲股票的二次发行；⑳发行人营业用主要资产的抵押、出售或者报废一次超过该资产的 30%；㉑发行人的股东大会、董事会或者高级管理人员的行为可能依法负有重大赔偿责任；㉒发行人的股东大会、董事会或者监事会的决定被依法撤销；㉓证券监管部门做出禁止发行人有控股权的大股东转让其股份的决定；㉔发行人的收购或者兼并；㉕发行人合并或者分立；㉖其他重大信息。

(3)内幕交易行为

内幕交易行为客观上表现为：内幕人员利用内幕信息买卖证券；内幕人员向他人泄露内幕信息，使他人利用该信息买卖证券；内幕人员获得内幕信息后，根据该信息建议他人买卖证券；非内幕人员通过不正当手段或者其他途径获得内幕信息，并根据该买卖信息买卖证券；非内幕人员通过不正当手段或者其他途径获得内幕信息，根据该信息建议他人买卖证券。

2. 操纵市场

操纵市场是指以获取利益或者减少损失为目的，利用资金、信息等优势或者滥用职权，影响市场价格，制造证券市场假象，诱导投资者在不了解事实真相的情况下做出证券投资决定，扰乱证券市场秩序的行为。

操纵市场行为人人为地扭曲了证券市场的正常价格，使价格与价值严重背离，扰乱了证券市场秩序。它是证券市场中竞争机制的天敌，是造成虚假供求关系，误导资金流向的罪魁祸首，是引发社会动荡的重要隐患。证券市场上的操纵手法主要有以下几种：

(1)虚买虚卖，又称洗售、虚售，是指以影响证券市场行情为目的，人为地制造市场虚假繁荣，从事所有权非真实转移的交易行为。洗售的手法有多种，一种是交易双方同时委托同一经纪商，与证券交易所相互申报买进卖出，并做相互应买应卖，其间并无证券或款项交割行为；另一种是投机者分别下达预先配好的委托给两位经纪商，经由一经纪商买进，另一经纪商卖出，所有权未发生实质性转移。第三种手法就是洗售者卖出一定数额的股票，由预先安排好的同伙配合买进。继而退还证券给做手，取回价款。

(2)相对委托，又称合谋，是指行为人为了影响市场行情，与他人同谋，由一方做出交易委托，另一方依知悉的对方委托内容，在相似内容，在相似时间，以相似价格、数量委托，并达成交易。与洗售相比，相对委托中双方当事人证券所有权确实换手，因此此种手法比洗售更具有技巧和隐蔽性。

(3)连续交易，是指为引诱他人购买或出售某种证券，对该证券做一连续的买卖，制造繁荣交易假象,以抬高或压低证券市场价格。

(4)散布谣言、提供不真实资料,是指行为人借助与散布谣言或不实资料,故意使公众投资者对证券价格趋势产生错误判断,自己趁机获取利益或避免损失。

以上四种手法是操纵市场的最常见手段,此外还有其他多种操纵价格的手段。其中,有些手段可以由一个利益主体单独实施,有些手段可以或只能由多个利益主体共同实施。如果是多个利益主体共同实施操纵行为,就构成联手操纵。无论单独操纵,还是联手操纵,行为人有时使用一种手段,有时使用多种手段,而且常常是多种手段并用。

3.欺诈客户

欺诈客户是指证券经营机构、证券登记、清算机构及证券发行人或者发行代理人等在证券发行、交易及相关活动中诱骗投资者买卖证券或其他违背客户真实意愿、损害客户利益的行为。

目前,我国证券市场还处在发展的初级阶段,投资者以中小散户居多,他们在证券市场处于弱者地位,容易成为欺诈对象。严厉打击欺诈客户行为,是维护广大投资者利益,保障证券市场健康发展的要求,也是吸引越来越多的投资者参与证券投资、培育市场需求的重要组成部分。

欺诈客户主要包括下列行为:①证券经营机构将自营业务和代理业务混合操作;②证券经营机构违背被代理人的指令为其买卖证券;③证券经营机构不按国家有关法规和证券交易场所业务规则的规定处理证券买卖委托。④证券经营机构不在规定时间内向被代理人提供证券买卖书面确认文件。⑤证券登记、清算机构不按国家有关法规和本机构规定办理清算交割、过户、登记手续。⑥证券登记、清算机构擅自将客户委托保管的证券作为抵押。⑦证券经营机构以获取佣金为目的,诱导客户进行不必要的证券买卖,或者在客户的账户上翻炒证券。⑧证券发行人或者发行代理人将证券出售给投资者时,未向其提供招股说明书。⑨证券经营机构保证客户的交易收益或允诺赔偿客户的投资损失。⑩其他违背客户真实意愿、损害客户利益的行为,如证券经营机构对客户收取不合理佣金和挪用客户保证金行为。

4.虚假陈述

虚假陈述是指行为人对证券发行、交易及其相关活动的事实、性质、前景、法律等事项作了不实、严重误导或有重大遗漏的陈述或者诱导,致使投资者在不了解真相的情况下做出证券投资决定的行为。

信息公开与如实披露,是保证证券投资市场公平与公正的基石。只有及时准确地了解到有关信息,投资者才可能根据真实的信息,对相关证券的投资作正确判断,并做出相应的投资决定。虚假陈述恰恰是对信息公开制度的违反,这种行为干扰投资者的投资判断,挫伤了投资者的投资信心,损害投资人利益,并且加剧了过度投机,怂恿了不正当竞争,直接危及证券投资的有效监管。

虚假陈述行为主要包括:①证券发行人、证券经营机构在招股说明书、上市公告书、公司报告及其他文件中做出虚假陈述;②律师事务所、会计师事务所、资产评估机构等证券专业服务机构在其出具的法律意见书、审计报告、资产评估报告及参与制作的其他文件中做出虚假陈述;③证券交易所、证券自律组织做出对证券市场产生影响的虚假陈述;④证券发行人、证券经营机构、证券专业服务机构、证券自律组织在向证券监管部门提交的各种文件、报告和说明书中做出虚假陈述。⑤证券发行、交易及其相关活动中的其他虚假陈述。

【专栏 10-1】

2013 年深圳证券交易所监管纪律处分情况

2013 年深圳证券交易所监管纪律处分情况如表 10-1 所示。

表 10-1　2013 年深圳证券交易所监管纪律处分情况

违规类型	信息披露违规		证券交易违规		公司治理违规		其他违规行为	
违规类型细分	重大事项披露违规	21	违规超比例增/减持	9	资金占用	5	拒不配合监管工作	1
	业绩预告/业绩快报违规	8	短线交易	1	关联交易	2		
	财务会计报告违规	4	敏感期交易	9	违规使用募集基金	2		
	其他	2	离职后六个月内减持	2	违规提供担保及财务资助	2	其他	2
			同时存在违规超比例增/减持和短线交易	2	其他重大事项未履行审议程序	4		
各类违规小计	35		23		15		3	

资料来源：摘自深圳证券交易所 2013 年自律监管工作报告。

第三节　投资银行监管体制

一、投资银行的监管体制模式

综观世界各国对投资银行业的监管方式，一般分为政府主导型的外部监管和市场自律管理两个层次。

所谓外部监管，主要是通过政府设立监管机构负责对全国市场进行监管，这种监管方式是带有强制性。投资银行必须遵守有关的法律法规，违法者将受到法律追究。但不同国家所采用的具体实施模式也不尽一致。自律管理主要是通过投资银行的行业自律组织以及证券交易所监管机构对证券市场实施行业监管。这种监管主要是通过在行业内部规定协商一致的公约、章程等规章制度对行业内部的所有投资银行建立一致的约束条件、对于违规者实施道义谴责和行业内部的行政处罚等方式实行的监管。

1. 以政府机构为主导的外部监管模式

由于各国资本市场的发展历史和管理模式存在较大的差异，但从总体上说，在证券监管过程中，政府机构为主导的外部监管模式中对投资银行实行有效的外部监管，有以下四种不同的监管主体：

(1)以美国证券交易委员会(SEC)为最高管理层的监管主体。它是在 20 世纪 20 年代末、30 年代初美国股市大崩溃以后按照美国国会的一系列证券市场管理法律而建立起来的。该委员会是一个独立的、超党派的准司法管理机构。其总部设于华盛顿,直属于美国总统,不受中央银行和财政部管辖,主要任务就是监督并实施美国的证券法律。

(2)以德国中央银行——德意志联邦银行作为最高的监管主体。德国的商业银行与投资银行实行混业经营模式,它的管理也只能由中央银行行使。德国强调对投资银行的自律管理,联邦政府负责制定法律,各州政府负责法律的实施与监督。

(3)以英国金融服务局为投资银行业的最高监管机构。这是 1998 年新成立的部门。英国在 1986 年金融大改革以前,在传统上主要依靠市场和投资银行业自律管理为主,具体是通过证券业协会和证券交易所协会为核心的非政府机构进行自我监管。1986 年金融大改革以后,英国首次以国家立法的方式对投资银行业进行直接管理。当时由财政部负责对银行业和证券业实行统一监管。在财政部外又成立了一个非政府监管机构——证券与投资管理委员会,负责实施《1986 年金融服务法》中所赋予的监管职能。1998 年 6 月 1 日,金融服务局成立,对英国的金融市场实行统一监管,原来较为松散的自律管理格局逐步被集中监管的格局所替代。金融服务局从英格兰银行接管了对商业银行的监管职能,从证券与投资管理委员会接管了对投资银行业的监管职能,成为英国金融业的超级监管者。加大监管力度,打击投资银行的违法犯罪活动,降低监管成本正成为金融服务局的工作目标。

(4)以日本金融监督局为主要监管主体的政府监管模式。日本原来的政府监管主体是大藏省,在经过长期的经济萧条之后,日本实施了金融体制改革,成立了金融监督厅,统一监督全国金融机构的活动,原来属于大藏省及其他部门的对金融机构的监管职能集中交由金融监督厅行使。证券交易所则由大藏省与金融监督厅共管。这样,日本对投资银行的监管模式变得与美国基本类似。

2. 以行业协会与交易所为主的自律管理模式

除了政府机构实行外部监管以外,各国投资银行一般都成立行业协会与证券交易所一起对市场实行自律监督管理。美国 1934 年《证券交易法》除了规定建立证券交易委员会以监管证券市场以外,还要求民间会员组织(证券商协会和证券交易所)承担规范会员的商业行为、监督证券市场交易活动的监管责任。日本在第二次世界大战结束以后仿照美国的体制建立了一套自律管理机制。英国的自律管理模式较具特色,英国政府除了某些必要的国家立法以外,较少干预证券市场。传统的英国证券市场主要通过以证券业协会和证券交易所协会实行自律管理,尤其在很大程度上依靠伦敦证券交易所严格的交易规则、注册制度与信息披露制度和高水准的投资银行进行自我监管。1998 年金融服务局成立以后,虽然在政府监管方面加强了立法措施与监管手段,但传统的习惯依然存在。这使英国的监管模式逐步从基本的自律管理向政府主导和自律管理相结合的模式转换。在自律管理中,交易所在监管体系中的作用显得日益重要,其主要原因在于全球资本市场的放松管制使交易所的市场地位突显出来。

20 世纪 80 年代以后,大多数国家的资本市场发展迅速,金融产品创新和放松管制成为世界潮流,各个市场的复杂性和市场间的依存度越来越高,政府监管的难度越来越大。政府开始把对投资银行业的监管权限逐步下放给自律管理机构。于是,证券交易所的监管地位和作用不断得到加强,其主要职能就是保证证券法及其相应法规的贯彻,并遵照交易所的规则,在交易所会员间实施,对会员进行全面和日常的监管,调查并惩罚违法违规的会员。投资银行作为交易所的会员，必须按照交易所的业务运作规则和相关法律进行操作，以符合交易所监管的有效性。

发端于美国的2007年世界金融危机，人们在总结导致这次金融危机的众多原因时，金融监管问题成为关注的焦点。客观地说，任凭金融市场自我运行，各金融机构的逐利性导致市场的无序，监管不足在一定程度上促成了此次危机的爆发。对投资银行的自律监管能否投信任票遭到一定程度的怀疑。

【专栏 10-2】

与商业银行相比，投资银行以往所受的监管较少，目前对投资银行的监管方式也基本与商业银行相同。美国第五大投资银行贝尔斯登因次贷危机而濒临破产，这使人们对华尔街投资银行的金融状况提出质疑，凸显对投资银行加强监管的必要性。考克斯说，投资银行和商业银行的运作方式不同，需要不同的监管体制，因此以监管商业银行的方式监管投资银行是错误的。对此，美联储持相同立场。但在由谁监管投资银行的问题上，证券交易委员会和美联储各不相让。克利斯托弗·考克斯说，应由证券交易委员会监管投资银行。美国财长 Timothy F. Geithner 则说，美联储必须对从央行(美联储)借款的任何机构实施直接监管。

二、我国对投资银行的监管体系

我国于1992年起开始构建资本市场的政府监管体系，当时还包括国务院证券委员会。1998年初，中央决定撤销国务院证券委员会，同时改组中国证监会，将证券委员会的职能并入中国证券监督管理委员会，形成了目前的投资银行业监管模式(见图10-1)。

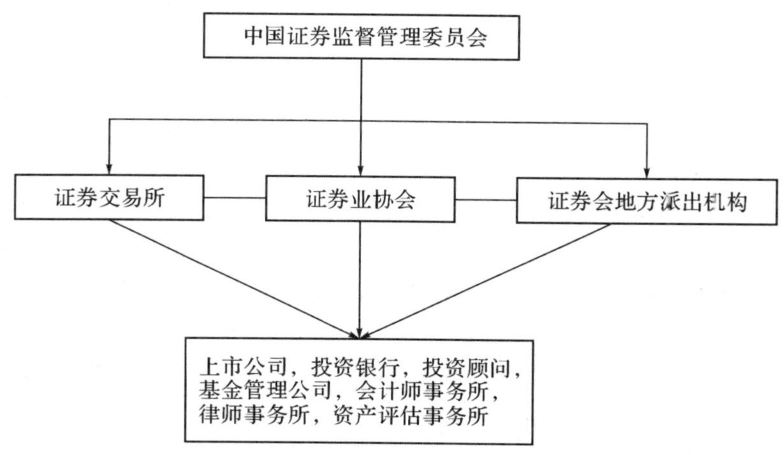

图 10-1　中国投资银行监管模式

1. 中国证券监督管理委员会

中国证券监督管理委员会简称证监会，是依照法律法规对证券期货市场的具体活动进行监管的国务院直属单位。证监会设发行部、交易部、上市公司部、机构部、基金部、法律部、稽查部、信息中心、国际业务部、期货部、首席会计师办公室、外事部、人事部和办公室等职能部门，分别具体行使证监会的各种职责权限。证监会还下设相对独立的发行审核委员会，聘任社会上的相关专家和证监会有关人员，负责对申请公开发行股票企业的申报材料进行复审。

证监会的主要职责是：起草证券、期货法规，制定管理规则和实施细则；对有价证券的发行、上市、交易及相关业务进行监管；审批和监管证券期货经营机构、证券登记和清算机构；会同有关部门制定市场中介组织及其从业人员从事证券、期货业务的资格标准、业务规则和行为准则，并对其业务活动、从业行为进行监管；依法对证券交易所、证券业协会的业务活动进行监管；对期货交易所、期货经纪公司的设立进行审核，对其活动进行监管；依法对上市公司进行监管；依法对境内企业直接或间接向境外发行具有股票性质、功能的证券以及在境外上市活动进行监管；依法（规）对证券期货违法违规行为进行调查和处罚；审批和监管投资基金；会同有关部门管理证券、期货市场信息，对有关信息咨询进行监管；办理国务院交办的其他事宜。

2. 证监会地方派出机构

随着证券市场规模的不断扩大，为了加强管理力量，全国各地省一级政府和计划单列市政府相继成立了证券管理机构，即地方证券监管部门，它根据中国证券监督管理委员会以及当地人民政府的授权，管理当地的证券事务。这些机构的成立，对中国证券监督管理委员会监管证券市场起到了有益的补充作用。至 2008 年年底，中国证监会在省、自治区、直辖市和计划单列市设立 36 个证券监管局以及上海、深圳证券监管专员办事处。

这些区域性派出机构的职能主要有：负责对设立在本区域内的证券经营机构、证券投资咨询机构、期货经纪公司、从事期货经纪业务的非期货经纪公司会员单位的业务活动进行日常监管；在中国证监会授权范围内，负责查处设立在本区域内的上述监管对象及其从业人员、证券或者期货市场投资者的违法违规行为；查处本区域内非法发行证券等其他破坏证券或期货市场秩序的行为；负责处理本区域内有关证券或者期货的信访投诉和举报，调解证券或者期货纠纷和争议。

3. 证券业协会

中国证券业协会正式成立于 1991 年 8 月 28 日，是依法进行注册的具有独立法人地位、由经营证券业务的金融机构自愿组成的行业性自律组织。它的设立是为了加强证券业之间的联系、协调、合作和自我控制，以利于证券市场的健康发展。

中国证券业协会采取会员制的组织形式，凡依法设立并经批准可以从事证券业务经营和中介服务的金融机构，承认协会章程，遵守协会的各项规则，均可申请加入协会，成为协会会员。我国的所有证券公司都是证券业协会的会员。

中国证券业协会的职能是：根据国家有关政策、规划，拟定自律性管理规则；统一会员的交易行为，维护市场秩序，斡旋、调解会员间的纠纷，监督、审查会员的营业及财务状况，并对会员进行奖励和处罚；组织业务培训，提高从业人员的业务技能和管理水平；开展证券市场研究；提供国内外证券行业信息，进行综合分析并组织出版专业研究刊物，向会员和社会公众提供有关咨询及国际交流与合作；接受主管机关和其他有关单位的委托事宜。

4. 证券交易所

作为自律性的监管机构，证券交易所的监管职能包括对证券交易活动进行监管，对会员进行监管以及对上市公司进行监管。

（1）证券交易所对证券交易活动的监管。证券交易所应当保证不同市场参与者的需求能在公正、公平和公开的原则下得到适当的平衡，从而确保交易的公正性。交易所必须就交易证券的种类和期限，证券交易方式和操作程序，证券交易中的禁止行为，清算交割、交易纠纷的解决，上市证券的暂停、恢复与取消交易，开市、收市、休市及异常情况的处理，交易手续费及其他有关费用的收取方式和标准，对违反交易规则行为的处理等做出规定。证券交易所对证券信息的提供和管理等事项制定具体的交易规则，在业务规则中，交易所应对证券交易合同的生效和废止条件做出详细的规定，维护在证券交易所达成的证券交易合同的有效性。证券交易所应当保证其业务规则得到切实执行，对违反业务规则的行为要及时处理。对国家有关法律、法规、规章、政策中规定的有关证券交易的违法、违规行为，证券交易所负有发现、制止和上报的责任，并有权在职责范围内予以查处。

证券交易所有责任促进交易的透明度。它必须以适当方式及时公布证券行情，按日制作证券行情表，并就其市场内的成交情况编制日报表、周报表、月报表和年报表，及时向社会公布。证券交易所应保证投资者有平等机会获取证券市场的交易情况和其他公开披露的信息，并有平等的交易机会。证券交易所及其会员应当妥善保存证券交易中产生的委托资料、交易记录、清算文件等，并制定相应的查询和保密管理措施。

对于上市的证券，证券交易所有权依照有关规定，暂停或者恢复其交易。证监会也有权要求证券交易所暂停或者恢复上市证券的交易。证券交易所建立市场准入制度，并根据证券法规的规定或者证监会的要求，限制或者禁止特定证券投资者的证券交易行为。除此以外，证券交易所不得限制或者禁止证券投资者的证券买卖行为。

证券交易所必须建立符合证券市场监管和实时监控要求的计算机系统，并设立负责证券市场监管工作的专门机构。证监会可以要求证券交易所之间建立以市场监管为目的的信息交换制度和联合监管制度，共同监管跨市场的不正当交易行为，控制市场风险。

(2)证券交易所对会员的监管。证券交易所有责任就取得会员资格的条件和程序，席位管理办法，与证券交易和清算业务有关的会员内部监管、风险控制、电脑系统的标准及维护等方面要求，会员的业务报告制度，会员所派出市代表在交易场所内的行为规范，会员及其出市代表违法、违规行为的处罚等事项制定具体的会员管理规则。

证券交易所接纳的会员应当是经批准设立并具有法人地位的证券经营机构。证券交易所决定接纳或者开除会员及正式会员以外的其他会员应当在规定时间内报证监会备案。证券交易所必须限定交易席位数量，设立普通席位以外的席位应当报证监会批准，调整普通席位和普通席位以外的其他席位的数量，应当事先报证监会批准。证券交易所必须对会员取得的交易席位实施严格管理，会员转让席位必须按照证券交易所的有关管理规定由交易所审批，严禁会员将席位全部或者部分以出租或者承包等形式交由其他机构和个人使用。

证券交易所有责任根据国家关于证券经营机构自营业务管理的规定和证券交易业务规则，对会员的证券自营业务实施监管。对会员代理客户买卖证券业务应在业务规则中做出详细规定并实施监管。证券交易所每年应当对会员的财务状况、内部风险控制制度以及遵守国家有关法规和证券交易所业务规则等情况进行抽查或者全面检查，并将检查结果上报证监会。证券交易所有权要求会员提供有关业务的报表、账册、交易记录及其他文件、资料，同时可根据证券交易所章程和业务规则对会员的违规行为进行制裁。

参考文献

[1][美]罗伯特·库恩.投资银行学.北京:北京师范大学出版社,1996
[2][美]查理斯·R.吉斯特.金融体系中的投资银行.北京:经济科学出版社,1998
[3]任淮秀.投资银行学.北京:中国人民大学出版社,2006
[4]周莉.投资银行实务运作.北京:经济科学出版社,2006
[5]谢剑平.现代投资银行.北京:中国人民大学出版社,2004
[6]代鹏.金融市场学导论.北京:中国人民大学出版社,2002
[7]胡海峰,李坟.投资银行学教程.北京:中国人民大学出版社,2005
[8]何小锋,韩广智.新编投资银行学教程.北京:北京师范大学出版社,2001
[9]李勇,瞿宝忠.投资银行核心教程.上海:东华大学出版社,2009
[10]宋国良.投资银行概论.北京:对外经济贸易大学出版社,2006
[11]安东尼·桑德斯.信用风险度量:风险估值的新方法与其他范式.北京:机械工业出版社,2001
[12]中华人民共和国证券法(注释本).北京:法律出版社,2008
[13]陈琦伟等.投资银行学.大连:东北财经大学出版社,2007
[14]栾华.投资银行理论与实务.上海:立信会计出版社,2006
[15][美]林达·艾伦.资本市场与机构——全球视角.北京:中国人民大学出版社,2003
[16][美]大卫·史文森.机构投资与基金管理的创新.北京:中国人民大学出版社,2002
[17][美]凯斯·布朗等.投资分析与投资组合管理.沈阳:辽宁教育出版社,1999
[18][美]弗兰克·J.法博齐.投资管理学.北京:经济科学出版社,1999
[19][美]威廉·F.夏普.投资学.北京:中国人民大学出版社,1998
[20]常振明.投资银行的魅力——中美投资银行业比较研究.北京:社会科学文献出版社,2001
[21]吴晓求.证券业务规范文本.北京:中国人民大学出版社,2002
[22]吴晓求.证券市场操作性规则.北京:中国人民大学出版社,2002
[23]戴天柱.投资银行运作理论与实务.北京:经济管理出版社,2009
[24]周春生.融资、并购与公司控制.北京:北京大学出版社,2006
[25][美] P.G.贝克等.新金融资本家.上海:上海财经大学出版社,2000
[26][美]约翰·肯尼斯·加尔布雷斯.1929 年大崩盘.上海:上海财经大学出版社,2006
[27][美]巴顿·比格斯.对冲基金风云录.北京:中信出版社,2007
[28]周正庆.证券知识读本.北京:中国金融出版社,2006
[29]中国证券业协会.证券投资基金.北京:中国财政经济出版社,2006
[30]胡猛等.共同基金.北京:中国金融出版社,2002

[31][美]罗格·格温斯坦.赌金者——长期资本管理公司的升腾与陨落.上海:上海远东出版社,2006
[32][美]丽塔·里卡多·坎贝尔.阻击恶意收购.北京:电子工业出版社,2004
[33][美]G.P.贝克等.新金融资本家.上海:上海财经大学出版社,2000
[34]中国证券业协会.证券发行与承销.北京:中国财政经济出版社,2006
[35]尚福林.证券市场监管体制比较研究.北京:中国金融出版社,2006
[36]戴国强,吴林祥.金融市场微观结构理论.上海:上海财经大学出版社,1999
[37][美]詹姆斯·B.阿科波尔等.公开上市.北京:中国人民大学出版社,2002
[38][美]汤姆·科普兰等.价值评估——公司价值的衡量和管理.北京:电子工业出版社,2002
[39][美]安德瑞·史莱佛.并非有效的市场——行为金融学导论.北京:中国人民大学出版社,2003
[40][美]阿沃斯·达莫达让.深入价值评估.北京:北京大学出版社,2005
[41][美]黄奇辅,李兹伯格.金融经济学基础.北京:清华大学出版社,2003
[42][美]艾伦·加特.管制、放松与重新管制.北京:经济科学出版社,1999
[43][美]查尔斯·R.吉斯特.金融体系中的投资银行.北京:经济科学出版社,1998
[44][美]查尔斯·R.吉斯特.华尔街投资银行史.北京:中国财政经济出版社,2005
[45][美]里莎·埃特里奇.高盛文化.北京:华夏出版社,2001
[46]任映国,徐洪才.投资银行学.北京:人民出版社,2004
[47]叶辅靖.全能银行比较研究:兼论混业与分业经营.北京:中国金融出版社,2001
[48]中国证券业协会.全国证券从业资格考试统编教材(2009).北京:中国财政经济出版社,2009
[49]陈立.影响未来的中国产业.北京:中国财政经济出版社,2001